PAREJAS CONYUGALES EN TRANSFORMACIÓN

UNA VISIÓN AL FINALIZAR EL SIGLO XX

CENTRO DE ESTUDIOS DEMOGRÁFICOS,
URBANOS Y AMBIENTALES

PAREJAS CONYUGALES EN TRANSFORMACIÓN

UNA VISIÓN AL FINALIZAR EL SIGLO XX

Julieta Quilodrán
(Coordinadora)

EL COLEGIO DE MÉXICO

306.850972
P2278

Parejas conyugales en transformación : una visión al finalizar el siglo XX / Julieta Quilodrán, coordinadora. — 1a. ed. — México, D.F. : El Colegio de México, Centro de Estudios Demográficos, Urbanos y Ambientales, 2011.
668 p. ; 21 cm.

ISBN 978-607-462-277-5
Incluye referencias bibliográficas

1. Demografía familiar — México — Siglo XX. 2. Demografía familiar — América Latina — Siglo XX. 3. Nupcialidad — México — Siglo XX. 4. Nupcialidad — América Latina — Siglo XX. 5. Matrimonio — México — Siglo XX. 6. Matrimonio — América Latina — Siglo XX. I. Quilodrán, Julieta, coord.

Primera edición, 2011

Imagen de portada: *Nado sincronizado*, de Mario Barrón.

ISBN 978-607-462-277-5

La investigación contenida en este libro fue realizada en el marco del proyecto “Las parejas conyugales jóvenes, su formación y descendencia”, patrocinado por el Consejo Nacional de Ciencia y Tecnología (Conacyt); Proyectos 29051-S y 41022-S.

Impreso en México

ÍNDICE

SEGUNDA PARTE
¿SOLOS O EN PAREJAS?

CUARTA PARTE
LAS PAREJAS Y SU DESCENDENCIA

INTRODUCCIÓN

JULIETA QUILODRÁN

Desde los inicios de los años noventa del siglo XX, los análisis de la nupcialidad en México comenzaron a poner en evidencia el final de una larga época de estabilidad de la cual gozó este fenómeno durante al menos medio siglo, de los años cuarenta a los ochenta. Puede afirmarse que en la década de los treinta el modelo de nupcialidad legal, impuesto por las Leyes de Reforma de mediados del siglo XIX, estaba ya consolidado. La inoperancia del orden institucional que se dio en muchos ámbitos durante el periodo de la Revolución mexicana –como fue justamente el caso del Registro Civil– retardó la instalación del matrimonio civil como única forma legal de establecerse en unión conyugal. Este retraso se zanjó entre 1922 y 1940 con un incremento sostenido de la nupcialidad legal. De 1940 a 1990 los niveles se mantienen constantes con tasas que oscilan entre 7 y 8 matrimonios civiles por mil habitantes. Se trata de los años donde la institucionalización del matrimonio alcanza sus niveles máximos, entre 80 y 85% del total de las uniones conyugales. Esta expansión de la nupcialidad legal se acompaña de una estabilidad sin precedente de los matrimonios, los cuales se disuelven casi exclusivamente por la muerte de alguno de los cónyuges (Quilodrán, 2001). El descenso de la mortalidad y el alargamiento de la esperanza de vida de las personas que se da en paralelo, propicia la extensión de la duración de la vida en pareja (Quilodrán y Zavala de Cosío, 1996).

De 1965 en adelante, el país se sumió en un profundo proceso de desaceleración de su ritmo de crecimiento demográfico. El descenso de la fecundidad, presente en algunos grupos pioneros de mujeres, se extiende rápidamente entre la población con la puesta en marcha por parte del gobierno federal del Programa Nacional de Planificación Familiar (1977), programa que se convierte con el transcurso de los años en una de las más exitosas políticas de Estado que ha conocido el país. Esto explica el seguimiento estrecho que se le dedicó a la evolución de los niveles de la fecundidad: encuestas levantadas regularmente y un sinnúmero de análisis de índole demográfica y sociodemográfica que apoyaron la construcción de escenarios futuros sobre los volúmenes de población a nivel nacional y estatal (proyecciones de población).

Un cambio de la envergadura como el que experimentó la fecundidad, no podía producirse sin impactar de manera importante otros ámbitos de la realidad demográfica y social del país. Es así como desde muy temprano –en los años setenta– se comienza a advertir sobre las posibles consecuencias que tendría un manejo voluntario de la fecundidad, no solamente sobre la dimensión de la descendencia de las parejas sino también sobre la organización de las familias. Las especulaciones sobre el rompimiento de las secuencias tradicionales en la formación de las parejas resultaron acertadas, no así la evolución de los niveles de la fecundidad que han disminuido con una velocidad e intensidad no prevista.

A fines de los años ochenta Van de Kaa y Lesthaghe (1987; 1986) sistematizan los cambios que se estaban observando en las sociedades europeas, que para entonces ya habían finalizado su Transición Demográfica (TD) –en lo que dan en llamar Teoría de la Segunda Transición

Demográfica (STD)–. Lo que comenzó como una pregunta que se formularon estos autores en su momento sobre el significado de las transformaciones que estaban ocurriendo, se ha convertido en un útil y ampliamente adoptado instrumento para el análisis de otros cambios, básicamente, en torno a la formación de las familias. Sin embargo, la denominación de STD es controvertida, más que nada porque carece del carácter predictivo de una teoría y porque tampoco incorpora los otros fenómenos que definen la dinámica demográfica. Considera solamente la fecundidad y el efecto indirecto de la nupcialidad sobre el crecimiento de la población, y deja de lado el papel que juegan en él la mortalidad y la migración. Sus elementos centrales giran en torno a las nuevas modalidades de establecerse en pareja que están surgiendo, la inestabilidad que las caracteriza y el consecuente aumento de las nuevas nupcias así como la prolongación de la soltería derivada de la postergación del matrimonio. Todo esto en un contexto de muy baja fecundidad.

En los años noventa, a la postergación de la edad a la primera unión que ocurre a partir de los años ochenta, se añaden –en el caso de México y de América Latina– signos de cambio en el mismo sentido de los que estaban en marcha desde hacía algún tiempo en las sociedades desarrolladas, en especial en los países europeos. Es decir, el tiempo pasado "en solitario"[1] comenzaba a aumentar como consecuencia principalmente de la postergación de la edad al primer matrimonio o unión, sobre todo entre las mujeres; también las uniones libres o consensuales empezaban a incrementarse luego de años en disminución; y las separaciones y divorcios iban poco a poco ocupando el lugar privilegiado que ostentaba la viudez como primera causa de disolución. Esto, al mismo tiempo que se

[1] Sin pareja conyugal.

registraban importantes incrementos en las proporciones de embarazos premaritales. De estas constataciones refrendadas una y otra vez con información censal, de los registros vitales y, especialmente de encuestas, *surge la pregunta de si México, que se encontraba al final de su TD en los años noventa, transitaría hacia una STD y de hacerlo, si el proceso adquiriría características similares a las que habían venido presentando los países desarrollados durante este mismo lapso.*

En los años sesenta fue motivo de grandes discusiones académicas el tema de si la TD –descenso de la mortalidad y de la fecundidad– se llevaría o no a cabo en las condiciones socioeconómicas que prevalecían entonces en América Latina. En esa época se dudaba que esta transición pudiese ocurrir antes que se alcanzara un cierto umbral de desarrollo. No obstante, la TD ocurrió y se dio en plazos mucho más cortos que los que necesitaron los países desarrollados gracias, en gran medida, al apoyo de la tecnología contraceptiva cuya expansión se inicia desde principios de los años sesenta. Esta vez, las controversias sobre si la región avanza o no hacia una STD se originan en el cuestionamiento de la existencia misma de esta transición o si estamos viviendo las consecuencias de la TD. Ya sea que se trate de otra etapa de la misma TD o de una STD, lo importante es determinar si conceptualmente nos estamos refiriendo a los mismos procesos. Con excepción de las uniones consensuales, que tienen una larga historia en la región y que no corresponden al de una mujer empoderada, todos los demás fenómenos involucrados pueden ser interpretados como resultantes de un proceso de cambio social profundo alrededor de la familia. Desde fines de los años sesenta fue la disposición de las parejas a reducir el número de sus hijos y luego en los noventa, la visibilidad que comienzan a adquirir los fenómenos ligados a la formación y estabilidad familiar.

Con base en la investigación acumulada en los temas de fecundidad y nupcialidad formulé un proyecto de investigación que permitiera abundar en el análisis de los temas relacionados principalmente con la formación de las familias y de sus descendencias en México. Conacyt apoyó financieramente la ejecución de este proyecto, que duró de 1999 a 2006 y que llevó el nombre "Las parejas conyugales jóvenes, su formación y descendencia" (Proyecto 29051-S y su renovación 41022-S).

El protocolo del proyecto no consideró la publicación de un libro; sin embargo, una vez finalizado y releyendo tiempo después el material que se había generado, consideré que el reunirlo agregaba valor a los esfuerzos realizados. El libro contiene dos tipos de trabajos; por una parte, aquellos desarrollados por investigadores con experiencia en forma independiente o en coautoría con investigadores jóvenes (investigadores de proyecto) y, por otra, aquellos basados en las tesis de los becarios del proyecto. Por lo general, los primeros han sido publicados con anterioridad en revistas y libros de carácter científico, el resto constituyen trabajos fincados en las tesis destinadas a obtener los grados de licenciatura o maestría. Estos últimos fueron elaborados bajo mi supervisión para darles cierta coherencia y destacar las partes que más interesaban a los propósitos centrales del libro. Del total de las nueve tesis realizadas y terminadas en el marco de los dos proyectos Conacyt, se publican los resúmenes de seis de ellas. Cabe señalar que si bien las tesis de licenciatura se hicieron en el marco del proyecto, fueron dirigidas por profesores de las universidades de donde provenían los alumnos. La exigencia para otorgar las becas fue que los temas abordados en ellas formaran parte de los intereses del proyecto. De este modo, el libro conjuga avances de investigación en un tema que adquiere cada vez mayor relevancia como es el de los cambios en la organización de la familia y la reproducción con el interés en la formación de recursos humanos. Ambos objetivos son prioritarios en las convocatorias de los proyectos de investigación básica del Conacyt. La colaboración del maestro Jaime Ramírez Muñoz, de la Coordinación de Cómputo de El Colegio de México, a lo largo de todo el proyecto fue fundamental para el manejo de las bases de datos y programas computacionales necesarios para el desarrollo de los trabajos y el afianzamiento de los conocimientos estadísticos de los participantes. En la etapa de edición de este libro la participación del maestro René Morales fue igualmente esencial. Quiero agradecer a ambos su ayuda siempre solícita y oportuna.

El libro está organizado en cinco partes cuyos contenidos buscan plantear no solamente los niveles y tendencias de las principales variables de la nupcialidad sino desarrollar algunos temas nuevos e incluso, aplicar metodologías novedosas.

La primera parte incluye tres capítulos de la autoría de la coordinadora del libro –Julieta Quilodrán– donde se sientan las bases de la discusión más amplia que se hace en el resto de los capítulos. Así, el primer capítulo de la primera parte contiene una reflexión sobre las transformaciones profundas que experimenta la familia bajo la influencia de las exigencias de un entorno demográfico y social que cambia cada vez, de manera más acelerada. Los capítulos 2 y 3 de esta misma parte están dedicados al análisis de la formación de las uniones en México a finales del siglo XX y, más precisamente, sobre sus atisbos de cambios en la década de los noventa. En ellos la discusión se sitúa en torno al estado de avance de la TD y cómo, al finalizar ésta, comienzan a surgir nuevos comportamientos frente a la vida en pareja, comportamientos que fueron semejantes a los que comenzaron a instalarse en los países desarrollados hacia mediados de los años sesenta, es decir, una vez terminada la TD en ellos.

El primer capítulo de la segunda parte del libro trata del estudio de una de las primeras consecuencias de la postergación de la edad a la primera unión y de la inestabilidad de estas: el incremento de la población "en solitario", que es la forma como se está denominando a la población que se mantiene al margen de la vida conyugal de manera transitoria o permanente: solteros, viudos, divorciados y separados. Una comparación de la evolución de estas categorías conyugales entre 1970 y 2005 pone de manifiesto no solamente su incremento sino también la influencia de la dinámica demográfica sobre ellas. De modo que los volúmenes de población en estas condiciones –en solitario– varían, por una parte, por el efecto de esta dinámica que se manifiesta en cambios de las distribuciones por edad de la población; y por otra, por la postergación de la edad de ingreso en uniones y la mayor propensión a la disolución voluntaria de ellas; o sea, de los divorciados y separados (Boyer y Quilodrán). En el capítulo 2 se analiza la disolución de uniones por causas que vienen a reforzar, a través de una comparación de las probabilidades de disolución provenientes de tablas por cohortes de uniones, el argumento de un incremento de la inestabilidad conyugal por causas voluntarias que ya se planteaba en el capítulo 1 de esta parte (M. Gómez). El capítulo 3 trata, desde una perspectiva cualitativa, las razones que aducen los jóvenes para prolongar la soltería o preferir la unión libre al matrimonio o viceversa. Las entrevistas utilizadas y los testimonios recogidos enriquecen los datos duros que proporciona el análisis demográfico, con detalles que los acercan a la realidad, sin con ello desvirtuarlos (M. Morales). De este modo, tenemos que en esta parte se conjugan análisis que utilizan información proveniente tanto de fuentes censales y por lo mismo, de carácter macro y agregada, como de tipo individual contenida en las encuestas e incluso, en entrevistas semi-estructuradas donde se interroga a un pequeño grupo de jóvenes estudiantes y obreros cuyas respuestas nos ofrecen una visión de su imaginario de vida familiar.

La tercera parte, que incluye tres capítulos, está dedicada a temas en torno a la transición a la vida conyugal. En el primero aborda, por primera vez en México, el tema de la homogamia conyugal. La elección del cónyuge no responde al azar, así lo afirman los trabajos clásicos realizados en Francia por Alain Girard (1964) en la década de los sesenta y más recientemente los de Bozon y Heran (1988, 2006). El repaso de las características de quienes se casaron en el año 2000, que se hace para México en este capítulo, como son el lugar de origen, edades al contraer matrimonio y el nivel educativo de cada uno de ellos, revela cuán elevada es la endogamia residencial y la homogamia etaria y escolar en el país. Si bien se trata de un primer acercamiento a este tema, a su novedad se añade el aporte que significa en términos de perspectiva analítica. Un análisis de la similitud entre los miembros de la pareja nos habla de la manera en que se reproducen las estructuras sociales. Casarse entre iguales o semejantes otorga estabilidad al cuerpo social, mantiene las relaciones de poder entre grupos y entre géneros (Quilodrán y Sosa). El segundo capítulo se refiere a las uniones consensuales, que es un tema recurrente en los estudios sobre la nupcialidad en la región, y que ha recobrado interés dado el aumento que está experimentando, incluso en países donde su presencia había sido escasa. En él se comparan tres países –México, Brasil y Dominicana– con distintos grados de avance en la Transición Demográfica (TD) y con proporciones distintas de uniones consensuales. El objetivo es establecer si en ellos los incrementos registrados en este tipo de uniones son atribuibles al surgimiento de uniones consensuales de tipo moderno, asimilables a las de la STD, o a las de tipo tradicional, que son las que predominan en los grupos más desfavorecidos de la población (Quilodrán, 1999). El tercer capítulo es el único del libro que incorpora el tema de la edad a la primera relación sexual aprovechando una de las pocas encuestas que existen en México donde se formula esta pregunta a hombres y mujeres (Ensare, 1998). Una aproximación de esta pregunta y la correspondiente a la edad a la primera unión, le permite a la autora estimar otra de las características de la STD, la independencia entre las transiciones a la vida sexual y marital entre generaciones (A. Pérez).

La cuarta parte está dedicada a la fecundidad, básicamente al ritmo en que se está formando la descendencia de las parejas. El primer capítulo nos introduce en el tema de la gestación de los cambios, en este caso de las actitudes, de los comportamientos, y más ampliamente, de los valores con respecto al tamaño de la familia en un grupo de mujeres pioneras. Con el antecedente de un trabajo donde se elaboró el perfil de las mujeres que comenzaron a reducir su fecundidad en México desde una perspectiva cuantitativa,[2] se realizó un segundo donde se retoma el tema, pero esta vez utilizando técnicas cualitativas. Las opiniones de las mujeres entrevistadas matizan las conclusiones respecto a las causas que provocaron el descenso de la fecundidad constatada en el primer trabajo, ampliando el abanico con consideraciones, principalmente en torno a las relaciones de pareja (género) y a las exigencias relacionadas con la educación de sus hijos. Por su parte, los capítulos 2 y 3 buscan responder a dos interrogantes relacionadas con la reducción de la fecundidad y ello con los escasos –y a veces poco confiables– datos disponibles:

[2] Juárez y Quilodrán, 1990, "Mujeres pioneras del cambio reproductivo en México", en *Revista Mexicana de Sociología*, vol. 52.

¿el descenso de la fecundidad se acompañó de un incremento del aborto entre solteras y/o casadas? ¿Qué tanto difiere el descenso de las tasas de fecundidad masculina y femenina? En el caso del aborto los resultados de investigaciones anteriores sirven de base para estimar si los datos obtenidos con la encuesta manejada –Enadid, 1997– son razonablemente confiables. Establecido esto, se buscó estimar un factor de separación entre abortos espontáneos y provocados, para luego diferenciar estos niveles, según se encuentre la mujer casada o en unión libre. La pregunta de fondo es, en este caso, si el uso de anticonceptivos, además de hacer descender los niveles de fecundidad, ha reducido también los niveles de aborto provocado. Por esta razón, se añade al análisis de las tasas de aborto calculadas, la eficiencia de los anticonceptivos utilizados por las usuarias (Quilodrán y Sosa). El capítulo 3 aporta, por su lado, una comparación entre series de tasas de fecundidad masculina y femenina para algunos años de la década de los treinta y de los ochenta en México. La información sobre nacimientos clasificados según edad del padre en las estadísticas vitales es escasa y presumiblemente de mala calidad puesto que frecuentemente el dato no proviene de una declaración propia. A pesar de estas dificultades los resultados son congruentes con lo esperado, en la medida que los niveles de fecundidad masculinos no difieren demasiado de los femeninos como tampoco los calendarios, en especial, cuando se trata de la época más reciente (Quilodrán y Sosa). El siguiente capítulo, el 4, proporciona estimaciones de los niveles de fecundidad para la zona "centroamericana de México" con datos de la Enadid, 1997. Se trata de una delimitación geográfica poco utilizada en los estudios de carácter demográfico en México, cuyo objetivo era comparar los resultados obtenidos en otros países de la región centroamericana. Como se desprende de la caracterización efectuada, no constituye una región homogénea ni en cuanto a sus condiciones socioeconómicas ni tampoco demográficas. Quintana Roo difiere del Sureste, pero sobre todo de Chiapas, que sin duda es la más marginada de las tres subregiones definidas en el estudio (J. Quilodrán, E. Pérez y J. Pérez). En el capítulo 5, dedicado a Haití, se analiza la fecundidad de este país recurriendo a una versión mejorada de la metodología sobre los determinantes próximos creada por Bongaarts (1982) en los años ochenta. Se trata del método de Stover (1998) que aprovecha las nuevas variables sobre edad a la primera relación sexual captada en las historias de embarazos de la Encuesta DHS de la ronda 2000. Con este método se puede obtener una estimación más exacta del periodo de exposición de la mujer al riesgo de concebir y con ello duraciones más exactas de la exposición a este riesgo. Este capítulo nos muestra de manera muy clara las ganancias de la aplicación de la metodología adoptada, además de actualizar las estimaciones de los niveles de fecundidad de Haití (E. Esquivel).

La quinta y última parte se aleja del análisis demográfico y también de los trabajos de corte cualitativo presentados hasta ahora, para introducirnos en el mundo de las leyes que regulan y regulaban en el pasado el ámbito de la familia. Aunque reconocido como espacio privado, la familia ha estado siempre regida por leyes de carácter civil y/o eclesiástico. El reconocimiento que posee como uno de los pilares de la sociedad, deriva en gran medida de la importancia que ella reviste para la función de la reproducción social y biológica. En estas circunstancias la sociedad debe apoyarla con leyes que faciliten su funcionamiento y en el caso que nos ocupa, aquellas que se refieren al matrimonio y el divorcio. En este sentido, los dos capítulos que conforman esta última parte estarían aportando información respecto al deber ser, cuáles son los derechos y obligaciones entre los cónyuges y de éstos con respecto a sus hijos, así como qué tanto las leyes vigentes contemplan las situaciones que se han analizado a lo largo del libro. En el capítulo 1 se efectúa un análisis comparado de las leyes que regulan principalmente el matrimonio y el divorcio en los países latinoamericanos. Esta revisión y comparación se realiza desde una perspectiva histórica y de género, que vincula la legislación colonial con la actual destacando las persistencias y diferencias que existen con respecto a la legislación actual en América Latina. Se trata de un trabajo muy erudito que conjuga un conocimiento profundo de la legislación sobre la familia en la época colonial y una extensa búsqueda en cuanto a las legislaciones vigentes en la región (Vasallo). El libro termina con un capítulo dedicado a la evolución de la unión libre y su tratamiento legal a través del tiempo. En él domina el interés por mostrar para México las diferencias que existen entre los derechos de los cónyuges casados y de sus hijos, con aquellos, más bien acotados, de quienes se establecen en concubinato. Se trata sobre todo de deslindar los privilegios del matrimonio con respecto a aquellos de los concubinos, pero da cuenta, a la vez, de la mayor protección legal que estos últimos han obtenido en tiempos recientes (C. Díaz).

Todos los trabajos que contiene este libro nos hablan de cambios en torno a las parejas conyugales y su descendencia, cualquiera sea la perspectiva de análisis o la metodología empleada. Esto no significa, sin embargo, que todos estos cambios se estén dando con la misma intensidad, como tampoco que posean calendarios comunes; nada asegura, por lo demás, que todos ellos persistan en el tiempo. La presencia o ausencia de ciertos cambios, así como la sincronía entre ellos, cuando se dan, van imprimiendo características únicas a los procesos de cada sociedad.

Los resultados presentados muestran a la vez que las consecuencias de una TD realizada en tiempos comparativamente breves –60 años– se están manifestando también rápidamente. Los cambios generacionales que expresan los estudios que aquí se han reunido son prueba de las transformaciones que está experimentando la vida familiar y en general, las sociedades de los países considerados. En este sentido, la última década del siglo pasado constituiría un parteaguas en lo que se refiere a la manera de vivir en pareja. La posibilidad de ejercer una "sexualidad sin consecuencias", es decir, sin la obsesión de un embarazo no deseado, configura un escenario de vida distinto. Aunque la posibilidad de regular la fecundidad data de los años sesenta se necesitaron casi tres décadas para que la adopción de la tecnología anticonceptiva, conjuntamente con la expansión de la educación y la incorporación de la mujer al mercado laboral, produjeran nuevas formas de organizar la vida en familia.

En el camino han ido quedando las pautadas secuencias del pasado, las cuales van siendo reemplazadas por nuevas formas de vivir la sexualidad, la vida conyugal y las de formar una descendencia, en caso que se decida a hacerlo.

La posibilidad de que existan patrones de vida diversos supone que la sociedad ofrece opciones a los individuos, opciones en muchos ámbitos de sus vidas que se originan básicamente en políticas públicas, desde la salud y la educación hasta la compaginación de trabajo, vida familiar y ocio. Aquí hemos reseñado algunos de los grandes cambios que están ocurriendo a nivel de la familia, principalmente en la fase de su formación, la cual se corresponde con la etapa joven del curso de vida de las personas. El abanico de transformaciones que quedan en evidencia no está exento, sin embargo, de repercusiones sobre las solidaridades intra e intergeneracionales. Familias con menos hijos, formadas tardíamente y con una inestabilidad creciente, a lo cual se añade un celibato en ascenso, pueden redundar en un tejido social menos denso. Enfrentar el envejecimiento de la población en un ámbito de relaciones familiares "enrarecidas" por la propia dinámica demográfica sin considerar los aspectos socioeconómicos que conlleva, debe ser encarado como uno de los tantos retos que está generando el cambio de régimen demográfico o más modestamente, la postransición.

BIBLIOGRAFÍA

Bongaarts, J. (1982), "Un marco para el análisis de los determinantes próximos de la fecundidad", *Ensayos sobre población y desarrollo*, núm. 3, Corporación Centro Regional de Población y Population Council.

Bozon, M. y F. Héran (2006), "Introduction. La formation des couples: genèse, raison et fruits d'un enquête", en *La formation du couple. Textes essentiels pour la sociologie de la famille*, La Découverte, París, pp. 5-26.

_____ (1988), "Le découverte du conjoint. Les scènes de rencontre dans l'espace social", *Population*, 1, pp. 121-150.

Girard, A. (1964), "Le choix du conjoint: une enquête psycho-sociologique en France", *Cahier*, Institut National d'etudes Démographiques, núm. 44, Press Universitaires de France.

Juárez, Fátima y Julieta Quilodrán (1990) "Mujeres pioneras del cambio reproductivo en México", en *Revista Mexicana de Sociología*, vol. 52.

Quilodrán, J. y María Eugenia Zavala (1996), "Apéndice: Efecto del descenso de la mortalidad sobre la esperanza de vida de las parejas", en Juárez, F., Quilodrán, J., y Zavala M., *Nuevas pautas reproductivas en México*, El Colegio de México, México.

Lesthaeghe, R. y D. J. Van de Kaa (1986), "Twee demografische transities", en Lesthaeghe, R. y Van de Kaa, D. J. (eds.), *Groei of Krimp? Boekuitgave Mens en Haatschappij*, Deventer, Van Loghum Slaterus.

_____ y C. Wilson (1986), "Modes of production, secularization and the pace of the fertility decline in Western Europe, 1870-1930", en S. Watkins y A. J. Coale, *The Decline of Fertility in Europe*, Princeton University Press, Princeton.

Quilodrán, J. (1999), "L'union libre en Amerique Latine: aspects récents d'un phénomène séculaire", *Cahiers Quèbècois de Demographie*, vol. 28, núm. 1-2, pp. 53-80.

_____ (2001), *Un siglo de matrimonio en México*, El Colegio de México.

Stover, John (1998), Revising the Proximate Determinants of Fertility Framework, *Studies in Family Planning*, vol. 29, núm. 3, pp. 255-267, Nueva York.

Van de Kaa, D. J. (1987), "Europe's second demographic transition", *Population Bulletin* 42, núm. 1, Nueva York, Oficina de Referencias Demográficas.

Van de Kaa, D. J. (1997), "Narraciones ancladas: historia y resultado de medio siglo de investigación sobre los determinantes de la fecundidad", *Notas de Población*, núm. 66, Celade.

Primera parte

RASGOS PRINCIPALES DE LA FORMACIÓN FAMILIAR EN AMÉRICA LATINA Y MÉXICO*

* Agradecemos a El Colegio de México y a la Universidad Autónoma del Estado de México su autorización para reproducir los capítulos I y III de esta primera parte.

I. LOS CAMBIOS EN LA FAMILIA VISTOS DESDE LA DEMOGRAFÍA: UNA BREVE REFLEXIÓN*

JULIETA QUILODRÁN**

La naturaleza misma de la familia propicia, por su proximidad y cotidianidad, que todos tengamos opiniones sobre su funcionamiento y devenir. El problema comienza cuando manejamos como certeza la información que obtenemos de la observación de nuestro entorno y la consideramos representativa de lo que sucede en los grupos de mayor tamaño e incluso en la población en su conjunto. Dada la gran dosis de emotividad que permea el tema de la familia, nuestras afirmaciones suelen ser exageradas tanto para expresar sus bondades como los defectos derivados de los continuos cambios que experimenta. Ésta es una constante que solamente los resultados aportados por la investigación pueden confirmar o refutar.

La plasticidad de la institución familiar se ha dejado ver a lo largo de la historia. A pesar de sus mutaciones no ha perdido hasta la fecha su calidad de célula social básica, de ámbito de la reproducción biológica y social, así como de refugio para la expresión de los sentimientos.

* Texto revisado de la intervención realizada en el panel Tendencias Sociodemográficas, durante la ceremonia inaugural del "Foro Internacional sobre nexo entre ciencia social y política", auspiciado por la Unesco, sede Córdoba, Argentina, el 21 de febrero de 2006.

** Profesora-Investigadora de El Colegio de México.

Crea lazos de consanguinidad entre sus miembros y con ello construye el andamiaje de las relaciones de parentesco. En palabras de E. Jelin, la familia constituye una institución social "anclada en las necesidades humanas universales de base biológica; vale decir, la sexualidad, la reproducción y subsistencia cotidiana".

A través del tiempo la familia se ha organizado de distintas maneras para llevar a cabo las funciones básicas relacionadas con los aspectos recién mencionados. En el camino ha redefinido, compartido con otras instituciones e incorporado nuevas funciones, o bien abandonado algunas de ellas. Ha modificado sus estructuras jerárquicas, reasignado los roles entre sus miembros y, atendiendo a los vaivenes de la mortalidad y de la fecundidad, ha reducido o agrandado su tamaño.

La familia, como todos sabemos, no es una célula social aislada; sus integrantes interactúan con el mundo exterior y reelaboran en su seno las influencias que reciben en un proceso de retroalimentación constante. Con la inserción de sus miembros en la vida social y con la interacción que propicia entre ellos la cohabitación, se van gestando nuevas actividades y comportamientos, y junto con ellos los referentes para la socialización de las nuevas generaciones. Aunque las necesidades que impone la reproducción son básicamente las mismas, cada sociedad tiene su propia manera de satisfacerlas, de ahí las variaciones en los modelos de familia a través del tiempo y del espacio.

La época actual se caracteriza por la velocidad con que ocurren los cambios en todos los órdenes de la vida social. En el ámbito demográfico lo sabemos muy bien, pues la transición demográfica que duró dos siglos en los países de Europa está ocurriendo en menos de uno en los que la iniciaron apenas entrado el siglo XX. A este respecto persiste la incógnita sobre el tiempo que tardarán en efectuarla los países subsaharianos. Esperemos que la disminución de sus tasas de crecimiento resulte de la reducción de sus niveles de fecundidad y no de la pandemia de SIDA que los amenaza.

Después de la Segunda Guerra Mundial y una vez finalizado el repunte de la fecundidad conocido como *baby boom* se instaló definitivamente en Europa y en general en los países más desarrollados un nuevo régimen demográfico: la fecundidad y la mortalidad se equipararon pero esta vez en bajos niveles. Entre el *baby boom* –que ocurrió entre finales de los cuarenta y comienzos de los sesenta– y la época actual, la fecundidad no solamente regresó a sus niveles de preguerra sino que continuó descendiendo de manera inesperada hasta alcanzar en muchos países tasas que están por debajo del reemplazo poblacional.

El impacto principal de este nuevo régimen de fecundidad se está dejando sentir tanto con carácter macro –envejecimiento de la población, cambios en las relaciones de dependencia, escasez de mano de obra, etc.– como individual y familiar. En realidad lo que está en proceso es una nueva manera de vivir en sociedad, donde la familia se transforma una vez más para adaptarse a las condiciones que en parte ella misma generó.

El hecho de que cada vez se viva durante más tiempo y que cada vez más los eventos importantes de la vida emanen de las decisiones individuales, obligan a redefinir el papel de las personas y el de las instituciones. El tener o no hijos, tenerlos dentro o fuera de un matrimonio, prolongar la soltería y disponer aún de tiempo suficiente para lograr los dos hijos que la gran mayoría manifiesta desear, equivocarse en la elección de pareja y contar todavía con tiempo para rehacer la vida conyugal, etc., ponen de manifiesto las variadas opciones de organización familiar que posibilita una esperanza de vida prolongada.

Sin embargo, el transformar estas posibilidades en opciones reales supone un largo trayecto que conlleva cambios en las actitudes de las personas y en sus comportamientos y también en las instituciones y en las leyes que los regulan. Para avanzar en este proceso es conveniente que lo relativo a la familia se aborde de manera integral, como un asunto que atañe a la sociedad.

Al revisar algunos de los cambios más importantes que se han venido dando en el ámbito de la formación familiar debemos reconocer que todos ellos atañen a situaciones conocidas, pero cuya mayor presencia les otorga visibilidad. La sexualidad fuera del matrimonio, los hijos nacidos al margen de éste, el control natal, la interrupción de uniones, las nuevas nupcias, así como las uniones informales, han estado siempre presentes en la sociedad. Lo que ha cambiado es la incidencia de cada uno de estos fenómenos y las razones a las cuales responde.

Así tenemos que la difusión de la tecnología anticonceptiva no solamente ha permitido regular la fecundidad dentro del matrimonio sino que ha abierto paso a la separación entre el ejercicio de la sexualidad y la reproducción biológica, y con ello se ha cuestionado el papel del matrimonio como hito fundador y regulador de la vida sexual y reproductiva.

Si bien desde el advenimiento de la anticoncepción se esperaban la disminución del número de hijos por mujer y el debilitamiento del vínculo entre la vida sexual y reproductiva, han surgido al menos dos hechos inesperados en esta evolución. La primera sorpresa fue que el descenso de la fecundidad podía llegar a situarse por debajo del nivel de reemplazo; esto significa que 2.1 hijos por mujer, que es la fecundidad que lo asegura, ha perdido su calidad de cifra mítica. En muchos países europeos, en especial los mediterráneos y algunos de Europa del Este, la fecundidad ha descendido por debajo de este rango que había sido considerado su límite inferior.

La otra novedad son los cambios en la formación y la estabilidad de las parejas conyugales. A pesar de que la nupcialidad no es un fenómeno que forme parte de la ecuación demográfica, su desempeño fue clave en el Antiguo Régimen. Asociada ahora con cambios de orden valórico ha vuelto a constituir un tema relevante en la discusión sobre la baja fecundidad de las parejas y por ende, la reproducción de la población. En la actualidad su influencia ya no deriva exclusivamente del hecho de retirar a las mujeres de la exposición al riesgo de concebir mediante la postergación de la edad al matrimonio o de la soltería definitiva.

¿CUÁLES SON LOS ASPECTOS DE LA NUPCIALIDAD QUE ESTÁN TRANSFORMÁNDOSE MÁS EN LA ERA POSTRANSICIONAL?

Detengámonos un momento en estos factores que están, por lo demás, en el centro de la discusión sobre la Segunda Transición Demográfica (STD).

La soltería prolongada. Conduce a una elevación de la edad al matrimonio. Se trata de un fenómeno en franca expansión: en los países desarrollados las edades promedio al primer matrimonio son cada vez más tardías, cerca de 30 años para los hombres y entre 25 y 30 para las mujeres, alrededor del año 2000. En muchos países asiáticos una de cada tres personas permanece soltera a la edad de 35 años. Cabe mencionar que en los países desarrollados, a diferencia de lo que sucede en los asiáticos, en su gran mayoría los matrimonios van precedidos por cohabitaciones.

La estabilidad de las parejas. La mayoría de las personas adultas continúa viviendo en pareja y teniendo hijos, pero duran menos tiempo juntos, son menos estables que en el pasado. Ahora que quienes se separan o divorcian tienen la opción de volver a contraer nupcias, la viudez da esa oportunidad solamente al cónyuge sobreviviente.

La interrupción de las uniones genera dos tipos de subpoblaciones: la de quienes permanecen solos y la de quienes vuelven a ingresar en uniones conyugales –matrimonios o uniones libres–. Cuanto más interrupciones haya y mayores sean los diferenciales de las probabilidades por sexo y edad de ingresar en nuevas uniones, más grande será el volumen de población que permanecerá sola con o sin hijos. Ahora, al ser estas probabilidades diferenciales por tipo de unión –matrimonio o unión consensual– el abanico de arreglos conyugales posibles se diversifica.

La desinstitucionalización de las uniones conyugales. Las parejas no necesariamente inician su vida marital contrayendo matrimonio. Hay quienes nunca lo hacen, algunas legalizan sus uniones informales transcurrido cierto tiempo, otros consideran este tipo de uniones una manera alternativa de formar una familia, mientras que para otros se trata solamente de un periodo de prueba en la definición de una relación más estable.

Un aspecto de la nupcialidad, que también está cambiando, pero del que poco se habla, es el de la elección del cónyuge: se trata de una etapa de la formación de las uniones poco estudiada por los demógrafos a pesar de que es la primera cronológicamente hablando. La elección del cónyuge, cualquiera sea el sexo de éste, pone en juego todo el capital social de los candidatos, de ahí la importancia de estudiar las formas de emparejamiento en el contexto social actual. Cabe preguntarse acerca del efecto de los flujos migratorios crecientes sobre los matrimonios mixtos, sobre todo cuando existe una selectividad por sexo que hace proclives a quienes migran en edades casaderas a concluir sus uniones en los lugares de destino.

Conviene también conocer los efectos que pudieran estar derivándose de la irrupción de Internet como un espacio alternativo para encontrar pareja. Se trata de la globalización que, al introducirse en las familias, modifica los niveles tradicionales de homogamia conyugal que aseguran estabilidad y cohesión social al estar basados en la formación de parejas cuyos miembros tienen características semejantes. Los encuentros en espacios "cercanos" como el trabajo, las escuelas, las fiestas familiares o la comunidad han favorecido hasta ahora una homogamia relativamente elevada. Su disminución se convertirá en un nuevo reto que las familias tendrán que resolver. El yerno o la nuera ya no serán del pueblo ni del barrio, ni tampoco compañeros de escuela o de trabajo; vendrán de lejos, con costumbres distintas, aunque puedan contar con los mismos diplomas y trabajar en el mismo lugar. Sin duda la circulación creciente de estudiantes o de cuadros jóvenes de las empresas –que no podemos calificar propiamente de migraciones– profundizará la diversidad de origen de los cónyuges.

Desde luego que tales fenómenos no se manifiestan necesariamente en todas partes, y cuando llegan a ocurrir no lo hacen con la misma rapidez e intensidad.

INDICIOS DE CAMBIOS

Ahora, ¿qué tan presentes están estos cambios en América Latina? ¿Podemos seguir pensando en que la familia tradicional domina en la región, pese a la elevación de los niveles de educación y la creciente inserción de la mujer en el mercado de trabajo?

Se ha documentado ampliamente que la situación demográfica latinoamericana actual está muy lejos de la que prevalecía en los años sesenta. Esto no significa, sin embargo, que se hayan reducido de manera homogénea los niveles de mortalidad y fecundidad, las brechas persisten. Los rangos de crecimiento poblacional son bajos porque las tasas globales de fecundidad también son bajas, pues hoy día representan la mitad o menos de las que imperaban a mediados del siglo pasado. Esta disminución de la fecundidad ha acarreado la reducción del tamaño de las familias; cabe añadir a esto la complejidad que agregan las migraciones, especialmente las internacionales, a la organización familiar. Las migraciones afectan la formación de las parejas a través de su selectividad por sexo, así como la responsabilidad en cuanto a la crianza de los hijos, ya que hay padres ausentes, uno o más hijos fuera, niños a cargo de los abuelos, y mujeres solas, solteras o casadas con marido ausente. Por otra parte, dado el marcado incremento de la escolaridad entre generaciones cabe cuestionar si en muchos lugares de América Latina los hijos de los emigrantes que se quedan en el sitio de origen están siendo criados por personas analfabetas que poco pueden contribuir a elevar su rendimiento escolar, y lo mismo puede ocurrirle a los que pertenecen a familias en que el padre y la madre trabajan fuera del hogar.

En cuanto a los cambios que está experimentando la formación familiar en la región, cabe reiterar en primer lugar que se ha prolongado la soltería, como lo muestran las mujeres de las generaciones más jóvenes de los países incluidos en las encuestas Demographic Health Survey (DHS) de fines de los noventa. Alrededor de 20% de ellas continuaba soltera a los 30 años de edad en comparación con 5% de las nacidas en los cuarenta. Paralelamente se observa que el grupo de mujeres que se unen antes de los 30 años lo están haciendo a edades más tempranas. Esto ha dado origen a una segregación: por un lado, un nutrido grupo de mujeres que prolongan la soltería y, por otro, las que ingresan en uniones y que lo hacen en forma cada vez más temprana. Este proceso es especialmente notable en países como Brasil y Colombia.

Una de las mayores implicaciones del retraso de la formación de un nuevo núcleo conyugal, de que los jóvenes permanezcan más tiempo sin pareja o sin pareja estable lo constituye el hecho de que hombres y mujeres vivan durante más tiempo en el hogar de los padres y retrasen una de las transiciones más importantes hacia la vida adulta: el abandono del hogar familiar. Lamentablemente en América Latina casi no disponemos de información sobre el tema, pero dada la escasez de puestos de trabajo puede suponerse que esta situación se expandirá en el futuro. La escolaridad cada vez más prolongada de los jóvenes actuales, la falta de un empleo estable, la posibilidad de mantener relaciones sexuales sin la presión del embarazo de la mujer y el consecuente matrimonio de reparación, son, sin duda, algunas de las muchas razones que explican la prolongación de la soltería y correlativamente la edad más tardía de abandono del hogar paterno. Esto es bastante común en los países desarrollados de Europa, sobre todo en los mediterráneos donde la edad promedio supera ya los 30 años.

En lo que se refiere a la institucionalización del vínculo conyugal cabe recordar que en la gran mayoría de los países de América Latina la unión libre o consensual constituye una forma tradicional de formar una familia relativamente estable. Lo novedoso de lo ocurrido en los últimos 30 años ha sido su difusión en países como Argentina, Brasil, Chile y Uruguay, donde las proporciones eran muy escasas. Perviven en los de Centroamérica, donde son y han sido siempre abundantes. Al examinar la información contenida en la ronda de censos 2000 y compararla con la de los censos de 1990 se advierte que la unión libre sigue creciendo en Chile y sobre todo en Brasil; en el resto de los países hay descensos o al menos un estancamiento de sus niveles. De cualquier forma, esto no debe ser interpretado como un regreso a la situación anterior. Si las cosas suceden como en México, donde disponemos de información sobre la naturaleza del vínculo conyugal desde el censo de 1930, lo que podría ocurrir es una mayor secularización del matrimonio, pues el civil y religioso ha sido reemplazado progresivamente por el matrimonio solamente civil y por las uniones consensuales, muchas de las cuales se legalizan al transcurrir cierto tiempo.

La información disponible y los análisis realizados han mostrado que la legalización es un fenómeno frecuente en la región; luego de un periodo de convivencia algunas personas que vivían en unión libre deciden contraer matrimonio. En el caso de México su proporción alcanzaba hasta hace algunos años alrededor de 50%. No podemos prever en este momento si la frecuencia de la unión libre alcanzará los mismos niveles y si reproducirá el mismo calendario de las generaciones pasadas.

Aunque la situación predominante en la región sigue siendo la unión libre tradicional asociada a condiciones de pobreza, coexiste con la que podemos calificar de moderna, cuyas características se asemejan a las de las cohabitaciones propias de los países desarrollados en que ambos cónyuges cuentan con altos niveles educativos. La permisividad cada vez mayor hacia este tipo de uniones podría ocasionar que aumentaran en el futuro, ya que más personas podrían preferir la unión libre como primera unión e inclinarse por la misma al contraer nuevas nupcias.

Pero también cabe preguntar, ¿cómo está afectando este contexto de mayor tolerancia a las relaciones sexuales extramaritales?, ¿qué tan solteros pueden ser considerados quienes se declaran como tales aun teniendo una pareja sentimental con la cual no corresiden? O sea,

¿qué tan solteros son los que no han ingresado nunca en una unión estable o quienes han terminado la que mantenían? Cualquiera que sea la definición de lo que es una pareja conyugal en la actualidad, estamos frente a modalidades de relación no frecuentes en el pasado. El Living Apart Together (LAT), como se suele llamar a los arreglos sentimentales sin cohabitación, podría incrementarse en nuestra región si un mayor número de hombres y mujeres contaran con las condiciones económicas para solventarlo.

El problema conceptual que plantea la situación conyugal de las personas no es menor, sobre todo cuando esta situación es autodeclarada y no media ningún documento comprobatorio, como sucede en nuestros censos. Solteros que no son solteros, unidos que no están casados, separados que no se han divorciado, o separados que no pueden divorciarse porque nunca han estado casados; los matices aumentan y con ello las situaciones de hecho.

LA RECONFIGURACIÓN FAMILIAR: INTERRUPCIÓN DE UNIONES Y NUEVAS NUPCIAS

Al igual que el incremento de las uniones consensuales, el avance de la disolución voluntaria constituye otro de los rasgos característicos de la segunda transición demográfica (STD). Sin llegar a los niveles de disolución que se presentan en los países europeos, incluidos los de Europa del Este, Canadá, Estados Unidos, Australia y Nueva Zelanda, los divorcios y las separaciones de hecho aumentan a un ritmo creciente en toda la región. Las estadísticas de divorcio señalan a Cuba y Uruguay por su mayor frecuencia de divorcios en América Latina. Allí más de la mitad de las parejas termina divorciándose, al igual que sucede en Estados Unidos y Canadá. Sin embargo, el indicador de divorcio no refleja la realidad de la disolución voluntaria de uniones en el resto de los países de la región, pues al calcular el índice opera la informalidad tanto para constituir la pareja conyugal como para romper el vínculo existente.

El tema de la inestabilidad conyugal es recurrente en la prensa, en los discursos de los políticos y de los empresarios porque se le asocia con la desintegración familiar y la pérdida de cohesión social. Es difícil responder oportunamente y explicar con argumentos contundentes que se trata de un cambio social mayor y hay que aprender a vivir con él, para lo cual se requiere la conjunción de muchas acciones públicas y nuevos comportamientos de los actores directos –padres e hijos– para quitarle el dramatismo a un hecho no deseado. Lamentablemente hasta este momento los estudios demográficos existentes son escasos y los indicadores que se pueden construir con los datos de las estadísticas vitales dejan fuera las separaciones de hecho, con lo que se ignora a muchas parejas que han experimentado una disolución.

La "informalidad" observada en cuanto a la formación de las uniones se repite en el caso de la disolución de las mismas y la situación es aún más complicada en este último caso, ya que en la categoría de separados se confunden quienes lo son de matrimonios y los que provienen de uniones libres. Si la situación de México reflejara hasta cierto punto la de otros países de la región, encontraríamos que las proporciones de separaciones son el doble de las de los divorcios. Este dato coloca de inmediato en evidencia las limitaciones de las estadísticas vitales para dar cuenta del fenómeno de la disolución conyugal. El problema de la subestimación es tanto más agudo porque incide sobre las nuevas nupcias, responsables en gran medida de la complejidad que está adquiriendo la organización familiar. En estas circunstancias el abanico de arreglos posibles se multiplica sobre todo en el presente, cuando ambos cónyuges sobreviven.

Si admitimos, como todo lo indica, que la mujer seguirá educándose y con ello aumentando sus posibilidades de conseguir trabajo fuera de casa y postergando su unión, debemos reconocer también que difícilmente reasumirá su rol tradicional de "mujer de hogar" dedicada únicamente al cuidado de los hijos y a las labores domésticas.

Así, habrá mucho más población joven soltera que cuando decida formar pareja optará por la unión libre más frecuentemente que en el pasado, independientemente de que luego contraiga un matrimonio, de preferencia civil. Las parejas así constituidas tendrán pocos hijos y una proporción importante de ellas terminará divorciada o separada al transcurrir un lapso no muy largo, y por lo tanto sus integrantes serán suficientemente jóvenes para contraer nuevas nupcias y tener quizás nuevamente hijos. Sin embargo, lo más probable es que se unan con personas que ya hayan formado previamente su descendencia en una unión anterior y cuyos deseos de tener hijos en común sean pocos.

Aceptado un escenario como el recién descrito, las preocupaciones se centran en el modo de asegurar el cuidado de los dependientes, hijos y padres ancianos. La carga que representa la población mayor no dejará de aumentar en el futuro, ni tampoco la de los hijos, ya que aunque menos numerosos, su crianza es más demandante y dura más tiempo. Ahora, de continuar elevándose la participación de la mujer en la fuerza de trabajo, de no revertirse la tendencia creciente a la disolución de las uniones y de mantenerse las divisiones de género dentro de la familia, el panorama será el de un número creciente de mujeres "sobrerresponsabilizadas".

Las exigencias relacionadas con la escolarización de los hijos, el aprovechamiento de los programas de ayudas estatales o de otras fuentes, la atención de los padres ancianos y la ejecución de su propio trabajo fuera del hogar para allegarse más recursos o simplemente porque se ha convertido en una costumbre más, le ocuparán todo el tiempo disponible. Si a esto añadimos el hecho de que las disoluciones de uniones se están dando de manera cada vez más temprana, cuando los hijos son más pequeños y demandan más atención, las posibilidades de estas mujeres de rehacer su vida en pareja son todavía más escasas.

De hecho las proporciones de mujeres en esta situación son por lo general tres veces mayores que las de los hombres. ¿Revertirán ellas esta tendencia al recurrir con mayor frecuencia a una relación tipo LAT que es más compatible con la condición de jefa de familia de un hogar monoparental? La no convivencia disminuye las responsabilidades asociadas a la gestión de un hogar más complejo y los eventuales conflictos entre los hijos, los padres y los hermanos no biológicos.

CONCLUSIONES

Una primera conclusión a la que llegamos luego del breve repaso realizado se refiere a que es necesario concebir los efectos negativos que se derivan de los cambios que está experimentando la familia como problemas que atañen a la sociedad en su conjunto, y entender que la reproducción social, cuya responsabilidad recae en gran parte en la institución familiar, representa un reto cuyo manejo la rebasa. En esta vía, una de las tareas urgentes que es preciso emprender es asegurar la compatibilidad de las labores cotidianas del hogar con la participación de la mujer en la fuerza de trabajo. Los avances realizados en tal sentido han sido más bien escasos, pero no hay duda de que se requiere perseverar en ese camino sensibilizando a la población sobre el tema y, sobre todo, adoptando políticas públicas basadas en un conocimiento cabal de la problemática familiar. Esto implica la disposición de información adecuada y la realización de análisis rigurosos de la misma teniendo siempre presentes las variantes culturales tan necesarias en el tratamiento de una institución especialmente sensible como es la familia.

Otra conclusión a la que podemos llegar tiene que ver con el grado de avance de la segunda transición demográfica en América Latina. Mi opinión es que sí están presentes los postulados teóricos: en muchos países los niveles de la fecundidad se están acercando rápidamente a los de reemplazo; las uniones libres, la disolución de las uniones y la proporción de hijos nacidos al margen del matrimonio se han incrementado. Sin embargo, la fecundidad no ha descendido todavía por debajo de los niveles de reemplazo; las uniones libres y los hijos fuera de unión son fenómenos que hay que analizar con cuidado, ya que desde siempre han estado presentes en la región. El fenómeno que parece encuadrarse mejor en esta teoría es el de la disolución de uniones, aunque casi en ninguna parte hayan alcanzado aún las proporciones de los países desarrollados. El pero es que la interpretación de la evolución de cada uno de estos fenómenos debe matizarse. Las uniones libres, los nacimientos fuera de unión, las separaciones de hecho, son todas situaciones seculares, forman parte de la cultura, tienen sus propios significados, y éstos no son necesariamente los mismos que dieron origen a la teoría de la segunda transición demográfica. La institucionalización del proceso de formación y disolución de las parejas nunca se universalizó, de modo que la situación actual no puede ser la de una desinstitucionalización al estilo de la que están experimentando las sociedades desarrolladas de hoy. Se parte de realidades distintas, aunque esto no implica negar que en la región existen grupos cuyos valores y comportamientos se ajustan al modelo de la segunda transición demográfica. Se trata, por el momento al menos, de la coexistencia de los dos modelos: el derivado de la situación tradicional de semi-institucionalización, y el otro cercano al imperante en los países más avanzados. Hasta la fecha es poco lo que se ha hecho para distinguir ambas poblaciones, por lo mismo considero que convendría ser cuidadosos antes de afirmar lo que aparentemente los datos nos indican, que estamos inmersos a fines del siglo XX en la denominada segunda transición demográfica (STD).

Para terminar he de anotar que el logro del bienestar social pasa indiscutiblemente por el desempeño familiar, pero no necesariamente por el que reivindica a la familia tradicional y estigmatiza su inestabilidad actual. Convencer de que en gran medida el modelo de familia patriarcal ya no responde a la realidad y aportar conocimientos sobre las razones de los comportamientos imperantes, me parece, son cometidos de nuestro quehacer como investigadores sociales.

BIBLIOGRAFÍA

Baizán, Pau, Aassve Arnstein y Francesco C. Billari (2002), "Institutional Arrangements and Life Course Outcomes: the Interrelations between Cohabitation, Marriage and First Birth in Germany and Sweden", Rostock, Max Planck Institute for Demographic Research (MPIDR Working Papers WP-2002-026).

Bumpass, L. y J. Sweet (2001), "Marriage, Divorce and Intergenerational Relationships", en Arland Thornton (ed.), *The Well-Being of Children and Families: Research and Data Needs*, Ann Arbor, University of Michigan Press.

_____, L. Wu y K. Musick (2001), "Historical and Life Course Trajectories of Nonmarital Childbearing, Out of Wedlock: The Causes and Consequences of the Rise in Nonmarital Fertility, Nueva York, Russell Sage Foundation, pp. 3-48.

Burch, Thomas K. y Daniele Belanger (1999), "L'union libre, l'étude des unions en démographie: des catégories aux processus", *Cahiers Québécois de Démographie*, Printemps-Automne, vol. 28, núm. 1-2, pp. 23-52.

Cherlin, A. (1992), "Marriage, Cohabitation, Sexual Behavior, and Chilbearing in North America", Actas de la Conferencia sobre el Poblamiento de las Américas, vol. 3, Lieja, IUSSP, pp. 223-243.

Inglehart, R. (1977), The Silent Revolution: Changing Values and Political Styles among Western Publics, Princeton, Princeton University.

Jelin, E. (2004), "Vida familiar y esfera pública: la familia en la acción política en la Argentina contemporánea", coloquio internacional: Las formas del poder social, Tandil, Programa del IEHS sobre Mercado, Estado y Sociedad, Universidad Nacional del Centro de la Provincia de Buenos Aires.

Jones, Gavin W. (2004), "Not 'When to Marry' but 'Whether to Marry': the Changing Context of Marriage Decisions in East and Southeast Asia", en Gavin W. Jones y Kamalini Ramdas (eds.) *(Un) Tying the Knot: Ideal and Reality in Asian Marriage*, Singapur, Asia Research Institute, National University of Singapore.

Juárez, Fátima y J. Quilodrán (1990), "Mujeres pioneras del cambio reproductivo en México", *Revista Mexicana de Sociología,* núm. 1, Instituto de Investigaciones Sociales, Universidad Nacional Autónoma de México.

_____ (2006), "El descenso de la fecundidad narrado por las pioneras del cambio", VIII Reunión Nacional de Investigación Demográfica en México, Guadalajara, Jalisco (mimeo).

Lesthaeghe, R. (1995), "La deuxième transition démographique dans les pays accidentaux: une interprétation", *Transitions démographiques et sociétés*. Chaire Quetelet 1992, Lovaina, Institut de Démographie, Université Catholique de Louvain-la-Neuve, Académia, L'Harmattan.

Livi Bacci, M. (1992), "Transitions démographiques et sociétés. Des faits aux idées et politiques", Chaire Quetelet 1992, Sesión 3: A propos de la transition démographique, Lovaina, Institut de Démographie, Université Catholique de Louvain (mimeo).

Oppenheimer, V. (1988), "A Theory of Marriage Timing", *American Journal of Sociology*, núm. 94, noviembre, pp. 563-591.

Quilodrán, J. (1985), "Modalités de la formation et évolution des unions en Amérique Latine", International Population Conference, Florencia, IUSSP, pp. 269-280.

_____ (1999), "L'union libre en Amerique Latine: aspects récents d'un phénomène séculaire", *Cahiers Quèbècois de Demographie*, vol. 28, núm. 1-2, pp. 53-80.

_____ (2001), *Un siglo de matrimonio en México*, México, El Colegio de México.

Rodríguez, R. (1994), *Familias: siglo XXI*, Santiago, Chile, ISIS Internacional.

Rosero-Bixby, L. (1996), "Nuptiality Trends and Fertility Transition in Latin America", en J. M. Guzmán, S. Singh, G. Rodriguez y E. A. Pantelides, *The Fertility Transition in Latin America*, Oxford, Clarendon Press.

Roussel, L. (1989), "La famille incertaine", París, Odile Jacob.

_____ (1992), "La famille en Europe Occidentale: divergences et convergences (The Family in Western Europe Divergences and Convergences)", *Population*, vol. 47, núm. 21, pp. 303-315.

Van de Kaa, Dirk (1987), "Europe´s Second Demographic Transition", *Population Bulletin*, vol. 42, núm. 1.

Villeneuve-Gokalp, C. (1990), "Du mariage aux unions sans papiers: histoire récente des transformations conjugales", *Population*, núm. 2, París, pp. 265-297.

II. LA FAMILIA, REFERENTES EN TRANSICIÓN*

JULIETA QUILODRÁN**

CAMBIO DE RÉGIMEN DEMOGRÁFICO

Hacia mediados del siglo XVIII se inicia en Francia un proceso de transformación de las tendencias demográficas de la población que luego irán conociendo progresivamente los demás países europeos a lo largo del siglo XIX o comienzos del siglo pasado. Este proceso, que se conoce como transición demográfica, implica que una población caracterizada por niveles de fecundidad y mortalidad elevados pase a ser una donde la fecundidad y la mortalidad presentan niveles bajos. El lapso transcurrido entre ambos estadios varía entre países, como también las formas o mecanismos utilizados para lograr el cambio de régimen. En la gráfica 1 podemos apreciar cuán altos eran los niveles de fecundidad y de mortalidad en Inglaterra hacia 1750 y, por lo mismo, el escaso crecimiento de la

* Versión ampliada y actualizada de la conferencia "Algunos hechos nuevos en torno a la formación familiar", impartida en las primeras *Jornadas Australes Interdisciplinarias sobre Mujer y Desarrollo, dilemas, desafíos y aprendizajes*, celebradas en la Universidad Austral de Valdivia, Chile, en 1999.

Este artículo fue publicado originalmente en *Papeles de Población*, núm. 37, 2003, Estado de México, Centro de Investigación y Estudios Avanzados de la Población, CIEAP, UAEM, pp. 51-82.

** Profesora-Investigadora de El Colegio de México.

población. Sin embargo, la brecha entre ambos fenómenos se fue ampliando, especialmente durante el siglo XIX, como consecuencia del acelerado descenso de las defunciones y la menos rápida baja de nacimientos. Este mismo proceso se repite, en primer término, en todos los países occidentales que hoy conocemos como desarrollados, lo que dio lugar a altas tasas de crecimiento. A comienzos del siglo XX, estas últimas tienden nuevamente a reducirse en la medida que la natalidad también baja. De este modo vuelven a converger la natalidad y la mortalidad, sólo que ahora en niveles bajos. Puede considerarse que Inglaterra y Gales, a mediados del siglo XX (Vallin, 1994), habían completado su cambio de régimen demográfico. Los países

Gráfica 1. Evolución de las tasas brutas de natalidad y mortalidad en Inglaterra y Gales. Desde 1750 hasta nuestros días

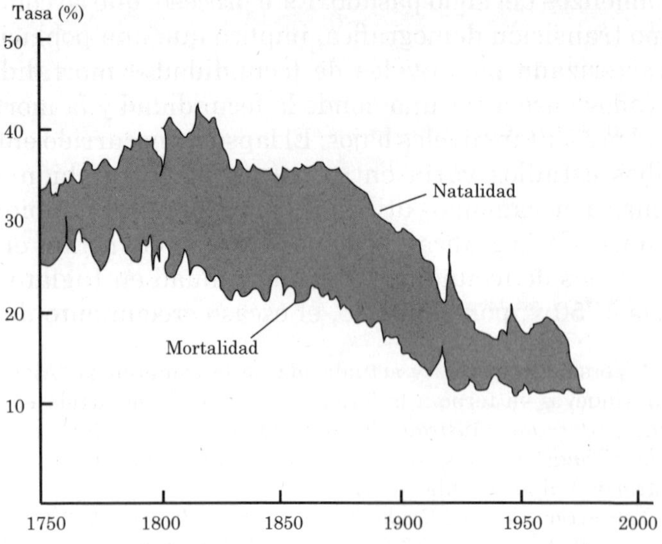

Fuente: Vallin, Jacques, *La Demografía*, Celade, Santiago, Chile, 1994, p. 76.

en desarrollo, en cambio, se incorporan al movimiento de descenso de sus tasas de mortalidad durante la década de 1930, y de las de fecundidad, aún más tarde: a partir de 1960. La transición demográfica se desarrolla de manera más rápida en estos últimos que en los países desarrollados, por lo que la mayoría de los países en desarrollo se encontraba concluyendo su transición demográfica a fines de la década de 1990.

Las modalidades adoptadas por el proceso de transición demográfica no fueron siempre las mismas. Podría decirse que una vez que se alejaron las grandes epidemias comenzó lentamente el descenso de la mortalidad en Europa. Por su parte, la regulación de la fecundidad se habría iniciado mediante la postergación de los matrimonios, mecanismo que fue muy efectivo sobre todo antes de la Revolución Industrial, y a partir de esa época los salarios abrieron la posibilidad de acumular en forma relativamente rápida el capital necesario para establecerse de manera independiente de los padres, como era lo habitual en la época.

Al mecanismo regulador, que representaba el matrimonio, se añadió posteriormente la emigración hacia América y, en el caso de Francia, el control de los nacimientos dentro del matrimonio. El coito interrumpido, utilizado masivamente, habría tenido un efecto importante sobre la disminución de la fecundidad en este país.

Para situar los niveles de mortalidad y fecundidad que imperaban en México al inicio de su transición demográfica acudimos nuevamente al caso de Inglaterra y Gales. Al comparar las series (gráfica 2) constatamos que las tasas brutas de natalidad en México rondaban 50 por mil en 1930, mientras en Inglaterra y Gales no superaban 20 por mil. Con todo y la gran disminución registrada de la fecundidad mexicana en los últimos 30 años del siglo, la brecha entre los niveles de estos dos países persiste,

Gráfica 2. Evolución de las tasas brutas de natalidad y mortalidad en México e Inglaterra y Gales, 1930-2000

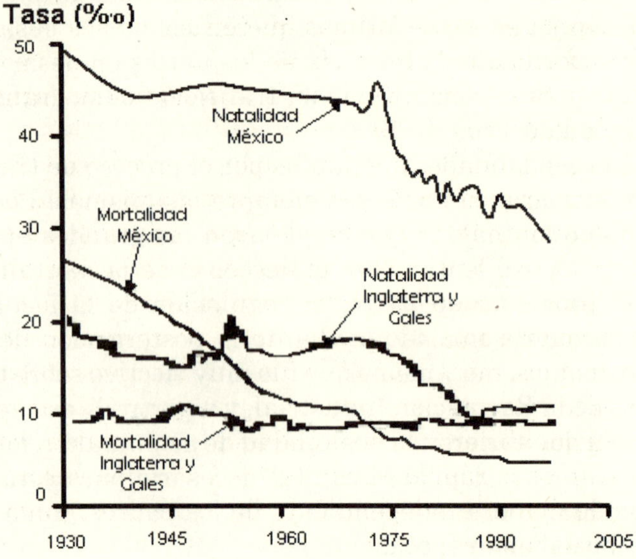

Fuentes: Para Inglaterra y Gales, gráfica modificada de Vallin, J. (1994), *La Demografía*, Celade, Santiago, Chile, p. 76; para México, Quilodrán, J. (2002), "100 millions de Mexicains...seulement", en *Revista Population et Sociétés*, INED, París, núm. 375.[a]

[a] Con base en las estadísticas contenidas en: para el periodo 1900-1968, Centro de Estudios Económicos y Demográficos (1981), *Dinámica de la población de México*, El Colegio de México, México, cuadro III-1, p. 47; para el periodo 1969-1970, SSA, *La salud pública en México 1959-1982*, México, 1982, p. 801; entre 1971 y 1975, SPP, Andrew Collver, 1895-1929, *Birth rates in Latin america: new estimates of historical trends and fluctuations*, University of California, Institute of Internacional Studies, Berkeley, California, 1965; y entre 1930-1970, INEGI, *Estadísticas históricas de México*.

incluso a fines de la década de 1990 (alrededor de 20 por mil). En cambio, México alcanza los niveles de mortalidad de Inglaterra y Gales (10 por mil) desde comienzos de la década de 1970 y, favorecido por una estructura de población joven, sigue reduciéndolos hasta fines de siglo (5 por mil en 2000).

En cuanto a la evolución de las tendencias durante el periodo de 1930 a 1990, en la gráfica 2 se observa un leve y breve repunte de las tasas de natalidad en Inglaterra y Gales después de la Segunda Guerra Mundial. Este fenómeno conocido como *baby boom* se dio en muchos de los países que habían participado en el conflicto armado. En México, la natalidad se mantuvo a niveles muy altos hasta avanzada la década de 1970, cuando comienza a "derrumbarse". En efecto, la fecundidad no deja de disminuir entre 1970 y 2000; pero aun con el acelerado ritmo al que desciende, a finales del siglo pasado el nivel de la natalidad de México continúa siendo superior al de Inglaterra y Gales en 1930. Esto se explica por la inercia o potencial demográfico acumulado por la población mexicana durante los años de alto crecimiento poblacional.

Podría decirse que la transición europea estuvo marcada por perturbaciones provocadas por las sobremortalidades que se daban de tiempo en tiempo a causa de las pestes y otros flagelos que la asolaban y las recuperaciones de la natalidad que sucedían a estos fenómenos. México, en cambio, experimenta una transición sin sobresaltos, típica de un país que la realiza a la sombra de los avances de la tecnología médica y anticonceptiva. Las transiciones de sus tasas de mortalidad y de natalidad son rápidas y sostenidas, pero se dan con un desfase de casi 40 años. Cuando la mortalidad estaba alcanzando los niveles de un país desarrollado como Inglaterra y Gales a fines de la década de 1960, apenas comenzaba a descender la natalidad.

Esto significa que si la natalidad requiriera de los mismos 40 años que la mortalidad para llegar a los valores que tenían las tasas de natalidad de Inglaterra y Gales a fines de la década de 1990 –10 por mil– la transición se completaría hacia 2010. Luego entonces, México debería estar próximo a finalizar la transición demográfica.[1]

Sin embargo, las proyecciones del Consejo Nacional de Población (Conapo, 2001:13) establecen que esto ocurrirá en 2050, cuando las tasas de natalidad y mortalidad lleguen al 10 por mil (Conapo, 2002:70). La realidad es que el término de la Transición va a estar determinado básicamente por la velocidad con la cual siga descendiendo la fecundidad. De adoptar México el patrón que se observa a nivel mundial, el promedio de hijos por mujer podría descender rápidamente por debajo del nivel paradigmático de 2.1 hijos por mujer, o sea, no asegurar dentro de pocos años el reemplazo de su población. Este escenario, que hubiera parecido remoto hace pocos años, se torna probable si se tiene en cuenta que todas las entidades federativas del país presentan en la actualidad tasas globales de fecundidad entre dos y tres hijos, a excepción del Distrito Federal, donde es incluso menor: 1.79 hijos por mujer (Conapo, 2003:13). El descenso de la fecundidad por debajo del nivel de reemplazo se ha extendido enormemente, pues abarca tanto a países desarrollados como en desarrollo, a tal punto que ha obligado a la División de Población de las Naciones Unidas a fijar en 1.85 hijos por mujer el nuevo umbral para hacer sus proyecciones de población.[2]

[1] Natalidad a niveles de 10 por mil y mortalidad alrededor de 5 por mil que es el valor actual de esta última tasa.

[2] Datos presentados en el Seminario "La fecundidad en América Latina y el Caribe: ¿Transición o Revolución?", Celade, Santiago de Chile, junio de 2003.

Conforme a la experiencia europea se esperaba que los países en desarrollo iniciaran la transición de su fecundidad con una postergación de la edad del primer matrimonio, pues el hecho de que las mujeres ingresaran más tarde a una unión conyugal tenía, en aquellos años, un doble efecto: alejarlas de las relaciones sexuales y, por lo mismo, de tener hijos. El efecto regulador de esta variable intermedia de la fecundidad opera, por lo tanto, cuando la población está todavía bajo un régimen de fecundidad natural y cuando los hijos que nacen lo hacen dentro de uniones conyugales estables. Sin embargo, el retraso de la nupcialidad no se dio ni en México ni en el resto de América Latina (Quilodrán, 1984 y 1991, y Rosero-Bixby, 1996, entre otros autores). Tal vez el efecto modernizador que debía acarrear el incremento de los niveles de educación no fue suficiente para que las mujeres se casaran más tarde, pero también pudo suceder que los anticonceptivos llegaron demasiado rápido, interfiriendo con los cambios que se estaban gestando. En efecto, el intervalo que medió entre la llegada de las primeras cohortes de mujeres con cierta escolaridad a la edad de casarse (finales de la década de 1950 en México) y el momento en que se populariza el uso del método del ritmo y el acceso a los métodos anticonceptivos modernos (década de 1960), no fue superior a 10 años. Un lapso demasiado breve para conseguir cambios en las actitudes y en los comportamientos en relación con un fenómeno tan codificado socialmente como el matrimonio. Otro motivo que también debió contribuir a que no se produjera el esperado cambio en la nupcialidad pudo ser la libertad para elegir el cónyuge. A diferencia de los países asiáticos o del norte de África, donde sí se dio la postergación de la edad a la primera unión, en los nuestros, la elección del cónyuge constituye, desde hace mucho, un asunto de carácter personal. Aunque las familias opinen sobre el asunto, la decisión recae en la pareja. En las culturas asiáticas y del Magreb, en cambio, el matrimonio de los hijos era hasta hace unos 30 años una decisión familiar, producto de una autoridad patriarcal mucho más rígida que en la cultura latinoamericana.

La natalidad ha venido disminuyendo como resultado del descenso de la fecundidad que se inició a mediados de la década de 1960 en muchos países de América Latina, entre ellos México. Grupos pioneros de mujeres comenzaron regulando la dimensión de su descendencia y años después manifestaron su espíritu innovador, postergando su edad al casarse (Juárez y Quilodrán, 1990:33). Para cumplir el primero de estos propósitos, las mujeres, con la colaboración de sus parejas, recurrieron al uso de métodos tradicionales y de barrera. Estos métodos aunque poco eficientes si se les compara con los modernos, incluida la esterilización, ayudaron a las mujeres a cumplir con sus deseos de tener menos hijos. De este modo, cuando aparecen los métodos anticonceptivos de tipo hormonal en los años sesenta, la demanda ya está creada, al menos entre estos grupos de pioneras que pertenecen a las clases sociales acomodadas a la vez que más educadas.[3] Sin embargo, la masificación de la anticoncepción no se habría dado tan rápidamente como sucedió (en aproximadamente veinte años) sin la intervención decidida de las instituciones gubernamentales y de los organismos internacionales. Hoy día quedan pocos países del mundo en desarrollo donde las mujeres no hayan tenido acceso en forma generalizada al uso de los anticonceptivos y, por ende, al descenso de sus niveles de fecundidad.

De acuerdo con las tendencias descritas, México se encontraba a fines del siglo XX en una etapa bastante

[3] Información proveniente de entrevistas en profundidad efectuadas a mujeres consideradas pioneras del cambio reproductivo en México (*cfr.* Parte 4, capítulo I).

avanzada de su transición demográfica. En 2003 lo está todavía más, con una tasa de natalidad de 19.3 por mil; de 4.5 por mil de mortalidad y de 2.4% de crecimiento natural; junto con una tasa global de fecundidad estimada en 2.21 hijos por mujer,[4] así como con una proporción cercana a 70% de mujeres unidas en edad fértil usando anticonceptivos (Conapo, 2003:13; 2001:42). Estos niveles se aproximan a los de un país como Irlanda cuya transición demográfica se considera concluida (TBN de 15 por mil, TBM de 8 por mil y 2.0 hijos en promedio por mujer); a Túnez en el norte de África (TBN de 17 por mil, TBM de 6 por mil y 2.1 hijos en promedio), o a Brasil (TBN de 20 por mil, TBM de 7 por mil y 2.2 hijos en promedio) en América Latina (Pison, 2003).

El ritmo al cual se ha venido desacelerando el crecimiento poblacional, como consecuencia de la baja de fecundidad, ha acarreado numerosas ventajas tanto a nivel macrosocial como de las familias, pero será también a este mismo ritmo que se manifestarán en un futuro no muy lejano sus inconvenientes. La modificación demográfica más patente se manifiesta en las estructuras por edades de las poblaciones. La inercia demográfica –también conocida como potencial demográfico– derivada de la evolución en el mediano y largo plazo de la mortalidad y de la fecundidad impone ciertas rigideces. Sin embargo, un manejo adecuado de éstas puede traducirse en beneficios; por ejemplo, aprovechar la abundancia de población en edades de trabajar (bono demográfico).[5] Otros cambios, aunque de naturaleza distinta, pueden ser las preferencias electorales de una población envejecida, cuya orientación mayoritaria podría quedar determinada por su

[4] La información proporcionada por el Censo de 2010 obligará a corregir esta tasa un poco a la alza.

[5] El incremento relativo de la población en edades productivas se traduce en un descenso de la relación de dependencia.

tendencia a conservar privilegios mediante la elección de representantes de edades avanzadas como las de ese sector poblacional, con lo cual se desalentaría la alternancia política en el gobierno, o bien, las modificaciones de las relaciones intergeneracionales cuando abundan familias con tres y cuatro generaciones sobrevivientes (abuelos, hijos, nietos y bisnietos).

La evolución que hemos venido describiendo significa que la población mundial pasó en dos siglos de un sistema demográfico dominado por altas tasas de mortalidad y fecundidad a uno donde la regla son bajas tasas de mortalidad y de fecundidad, las cuales, además, están alcanzando niveles inferiores a los necesarios para reemplazar a la población que perece, creando así una situación social inesperada. Expresado de una manera muy gráfica se puede decir "que se pasó de un régimen consumidor de vidas, porque nacían muchos pero también morían muchos, a otro ahorrador de vidas en el cual nacen pocos pero mueren también pocos" (Livi Bacci, 1994:449).

Si bien estas transformaciones son el resultado de complejas interacciones entre las distintas esferas del aparato social, los retos que plantean a las sociedades actuales son enormes, debido, entre otras cosas, a la velocidad con la cual se producen. La circulación de la información en un mundo globalizado obliga a adaptaciones rápidas que no siempre se alcanzan o simplemente, se desean. La dinámica poblacional impone cierta rigidez a las relaciones sociales, principalmente, por medio de las estructuras de edad que de ella resultan. En este juego se combinan diferentes ritmos e intensidades de cambio en cada una de las variables que intervienen, las cuales dependen a su vez de transformaciones sociales. Ahora, para que estas transformaciones ocurran, las "representaciones colectivas deben ser lo suficientemente favorables al cambio para procurarse los medios para llevarlos a la práctica" (Roussel, 1992:143). Es en esta interacción constante entre estructuras y procesos que se sitúa uno de los cambios más importantes de la postransición demográfica: la reconfiguración familiar.

A fines del siglo XX, el horizonte de vida de las personas no era de ningún modo el mismo que en el pasado. El azote de las grandes epidemias y demás catástrofes que diezmaban las poblaciones se ha alejado y hoy en día es posible, hasta cierto punto, planificar, tener dominio sobre eventos tales como el número de hijos que se desea tener y el momento de hacerlo (Roussel, 1989:42). En suma, ya no se requiere que las poblaciones se reproduzcan intensamente para poder reemplazarse. Esta circunstancia abre paso a nuevas modalidades de convivencia donde la familia numerosa no es un requisito a la sobrevivencia del grupo o de la especie. De hecho, la disminución de la fecundidad está configurando familias de menor tamaño, cuya constitución ocupa una proporción mucho menor del tiempo de vida de cada uno de los cónyuges, como consecuencia, justamente, del incremento de las esperanzas de vida de cada uno de ellos (gráfica 3).

A este respecto, en la gráfica 3 podemos observar un ejemplo que resulta muy ilustrativo de las transformaciones ocurridas durante el siglo XX. Se trata de los cambios que tuvieron lugar en Japón entre 1920 y 1992, y en México, entre 1930 y 2000, en relación con las edades en que se producen las principales transiciones vitales de la mujer. En ambos casos media un lapso de 70 años entre los valores presentados. Lo primero y más importante que se observa en la gráfica es que las mujeres de Japón viven en promedio 22 años más a fines del siglo XX que al comienzo de éste (1920). Otros cambios observados en este mismo país se refieren a la postergación de la edad en que se contrae el primer matrimonio –4 años más– y correlativamente, la del nacimiento del primer hijo. Éste

Gráfica 3. Edades de los principales acontecimientos vitales de la mujer en Japón y en México

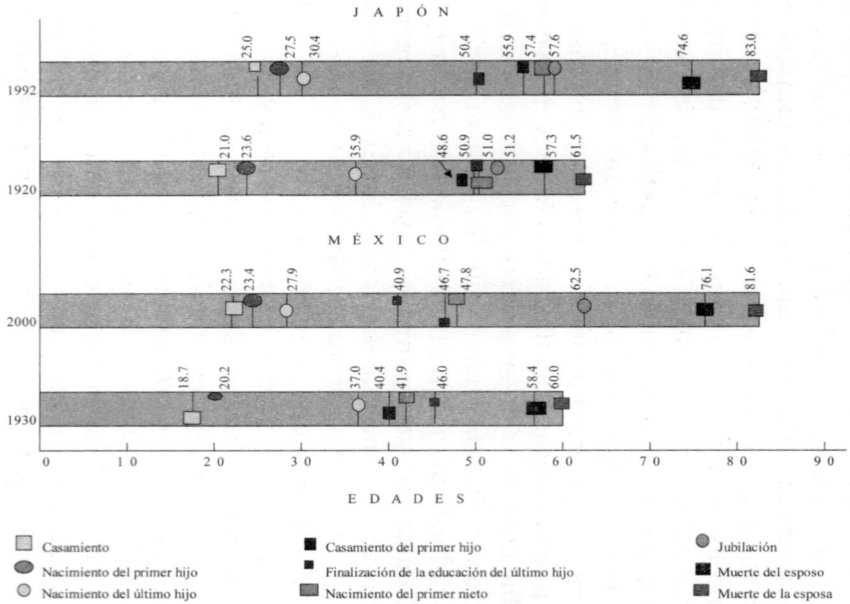

Fuente: Para Japón: Naciones Unidas (1998), *The State of World Population*, p. 37. Para México, *cfr*. Anexo.

nace a los 27.5 años en lugar de 23.6 años, vale decir exactamente cuatro años después, ya que no se registra una modificación del intervalo protogenésico entre 1920 y 1992.

Por otra parte, el descenso de la fecundidad redundó en que ahora las mujeres japonesas ocupan en tener a sus hijos sólo la cuarta parte del tiempo que empleaban en el pasado, pero tardan, en cambio, varios años más en criarlos (cinco años más, en promedio). Otros cambios importantes en la vida de la mujer japonesa radican en el tiempo que el primer hijo tarda en casarse (nueve años más), lapso que está ligado a la prolongación de los estudios. Además, el periodo de convivencia con el esposo después de la jubilación de éste casi se triplica (17 años, en lugar de 5.5). Por último, tenemos que el tiempo que la mujer permanece viuda se duplicó entre comienzo y fines de siglo.

Los dos intervalos que aumentaron de manera significativa en Japón fueron los relativos a:

1. El tiempo transcurrido entre el nacimiento del último hijo y el momento en que éste termina sus estudios.
2. El lapso que media entre la jubilación y el deceso del esposo, cuya esperanza de vida es menor que la de la mujer.

La mayor escolaridad de los hijos prolonga la estadía de éstos en el hogar y la dependencia de sus padres. Si la costumbre imperante es la de una cohabitación de los hijos con los padres durante toda su escolaridad, tener menos hijos ha significado solamente una reducción de 3.3 años de carga doméstica para la mujer. Antes, la mujer dedicaba más tiempo a tener hijos pero menos a su formación escolar, de modo que lo que se produce es una cierta compensación entre los valores de los intervalos entre el nacimiento del primer hijo y el final de la escolarización del último entre las generaciones (26.8 y 23.5 años). Lo que sí está otorgando a la mujer mayor esperanza de vida es un periodo más prolongado de convivencia con su esposo una vez jubilados, así como más años en condición de viuda.

Los supuestos de las estimaciones para México nos impiden establecer una comparación estricta con Japón: los cálculos efectuados para México se basan, entre otras cosas, en la esperanza de vida de las mujeres a partir de la edad promedio de su primera unión. De no haber adoptado este supuesto, se habría caído en el absurdo de que las mujeres nacidas en 1930 hubieran terminado de tener sus hijos después de morir, ya que la esperanza de vida al nacer era, en esa época, de solamente 37.5 años. En realidad, lo que buscamos para 1930 son órdenes de magnitud de los intervalos entre los diversos eventos contemplados. No puede ser de otra manera desde el momento en que los indicadores utilizados no siempre recubren los mismos conjuntos de personas, ni las mismas cohortes, ni estrictamente los mismos años. Se trata de aproximaciones, no de precisiones sobre el curso de vida de las mujeres en dos momentos bastante alejados en el tiempo. Esto nos debe permitir observar las grandes transformaciones que este curso de vida ha experimentado en la década de 1970.

Sin embargo, con todo y las restricciones que presentan los indicadores que tomamos en cuenta, constatamos que la edad a la primera unión se hizo más tardía,[6] que el

[6] No podemos establecer el número exacto de años porque la edad promedio para 1930 responde a una estimación con base en datos de la Encuesta de Fecundidad Rural 1969-1970 y la de 2000 y a datos censales, y los valores de las estimaciones resultantes varían mucho tratándose de una fuente u otra.

intervalo protogenésico disminuyó de 1.5 años (Quilodrán, 1984) a 1.1 años (Conapo, 2002: 31) y que el tiempo que las mujeres dedicaban en la década de 1930 a la formación de su descendencia –intervalo entre el nacimiento del primer y último hijo– pasó de 16.8 años en promedio (Quilodrán, 1984)[7] a menos de cinco años en 2000 (4.5 años). Además, el primogénito se casó en promedio 6.3 años más tarde en este último año que en 1930. En cuanto al tiempo que la mujer convivía con su esposo como jubilado puede considerarse que en 1930 era nulo al no existir en aquella época esta prestación y al hecho de que desconocemos a qué edad los hijos se hacían cargo de sus padres. En la actualidad, una parte de la población de México goza de una jubilación, la cual se otorga en promedio a los 62.5 años de edad. Esto significa que la mujer conviviría con su esposo en esta condición –jubilado– aproximadamente 14 años en promedio (13.6 exactamente) y luego permanecería viuda un promedio de 5.5 años; en 2000, el periodo de viudez de la mujer es cuatro veces más prolongado que en 1930 cuando escasamente llegaba a 1.6 años en promedio.

En suma, lo que se observa es que las primeras transiciones se han postergado –primera unión, o rejuvenecido poco, primer hijo–, pero que la formación de la descendencia está ocupando un intervalo muy breve en la vida de las mujeres japonesas y mexicanas (2.9 años y 4.5 años, respectivamente). Por otra parte, el fin de la escolaridad del último hijo, la unión conyugal del primer hijo y el nacimiento del primer nieto ocurren en un intervalo de 6.9 años, entre los 40.9 años y 47.8 años de edad de la mujer, en promedio. En realidad las transiciones se agrupan entre los 20 y los 30 años, y luego, entre los 40 y los 50 años. Para el año 2000 la pareja se forma y los

[7] Al nacimiento del primer hijo, 20.2 años de edad promedio, y 37 años al nacimiento del último (Quilodrán, 1983).

hijos nacen en un lapso relativamente corto (5.6 años) y se es abuelo antes de los 50 años, con lo cual la mujer puede llegar a vivir hasta que el primer nieto cumple los 34 años, y el hombre, hasta que ese descendiente cumpla los 28 (Anexo).

Todo lo anterior indica que el cambio de régimen demográfico tiene implicaciones individuales y familiares, las cuales repercuten a su vez, en toda la sociedad. Como ejemplo, porque las lecturas de esta gráfica pueden ser muchas, tenemos que el hecho de que los padres vivan más tiempo está asociado a la posibilidad de que los hijos efectúen estudios más prolongados y a que las generaciones sucesivas se traslapen durante más tiempo, con lo cual nietos y abuelos pueden convivir durante más años. De este modo, la acumulación tanto de capital social como cultural se torna más rápida y los beneficios a nivel personal y de la sociedad en su conjunto, también. Otro ejemplo es que el retraso de la edad de ingreso a la primera unión, conjuntamente con la aparición de los anticonceptivos ha influido sobre el incremento de la vida sexual fuera de unión. Esta permisividad estaría a su vez acarreando una elevación de la propensión a las concepciones prenupciales, e incluso, a los nacimientos fuera del matrimonio.

Las comparaciones recién establecidas revelan que las transformaciones que han venido instalándose a medida que finaliza la TD, van justamente en el sentido de los de la "segunda transición demográfica", de acuerdo con el término acuñado por Van de Kaa (1987).

LA SEGUNDA TRANSICIÓN DEMOGRÁFICA (STD)

La segunda transición, a diferencia de la transición demográfica clásica (TD), se caracteriza sobre todo por cambios en los comportamientos de los individuos a nivel, básicamente, de la formación y de la estabilidad familiar. De cualquier forma, ambas transiciones están permeadas por la intervención de los cambios tecnológicos, socioeconómicos y culturales que se influyen entre sí e imprimen diferencias a los procesos que se generan en los distintos espacios sociales y geográficos. En el caso de la TD los cambios se relacionaron principalmente con el desarrollo de la prevención y curación de las enfermedades, así como con el manejo voluntario de la fecundidad. De ese modo, la consecuencia directa de descenso de la mortalidad fue el incremento acelerado de los volúmenes de población; luego surgió la posibilidad de regular la fecundidad por medio de los anticonceptivos. En la segunda transición demográfica, en cambio, adquieren relevancia los factores psicosociales, es decir, aquellos que influyen sobre los valores, actitudes y comportamientos de los individuos. Una de las primeras manifestaciones de cambios registrados en el área de la formación familiar fue el cuestionamiento de la institución matrimonial. Esta institución ha constituido durante siglos una de las variables estructurantes más importantes de la vida social en el mundo occidental. Al reemplazo del matrimonio por uniones libres o consensuales provocado por el rechazo al matrimonio han venido a sumarse otras opciones, como son el celibato permanente o simplemente más prolongado, la unión conyugal sin hijos y la paternidad-maternidad fuera de uniones estables.

Junto con el abandono del matrimonio se ha ido extendiendo la disminución del control social sobre la práctica de la sexualidad fuera de las uniones, lo mismo que sobre la estabilidad de la pareja conyugal. La disolución de las uniones por separación y divorcio es menos reprobable que hace un cuarto de siglo tanto en el ámbito social como familiar. Progresivamente se está sustituyendo el modelo de regulación institucional estricto, representado por el matrimonio, por uno donde cada persona, llegada la edad de formar una pareja, desea hacerlo a su manera, manejando su propia historia, de modo que la legitimidad del vínculo entre los cónyuges emane solamente del consentimiento recíproco. Esta nueva situación supone, y también refuerza, la existencia de posiciones más simétricas dentro de las parejas, así como la de roles más igualitarios entre el hombre y la mujer, a la vez que hace que las interrelaciones entre ellos estén basadas fundamentalmente en la negociación (Roussel, 1992).

En pocas palabras, cada vez se asientan más los valores relativos a la realización personal y la acentuación de las necesidades existenciales. Este proceso de valorización del individuo por sobre los requerimientos de sus grupos de referencia se ha desarrollado lentamente: comienza a manifestarse en el siglo XVIII con el surgimiento de la Revolución Industrial, el Siglo de las Luces, la Revolución Francesa y la promulgación de la Declaración de los Derechos del Hombre y el Ciudadano, entre otros acontecimientos (Lesthaeghe, 1995a:133). Asimismo, esta segunda transición se caracteriza por el hecho de que las transiciones vitales se llevan a cabo en forma más gradual. Cada vez más el matrimonio va precedido de una cohabitación; la llegada del hijo en un intervalo decidido por los padres, excede al que fijan las condiciones de fertilidad de la mujer; se logra un trabajo estable luego de desempeñar una serie de ocupaciones más bien inestables; el hogar paterno se abandona de manera paulatina, jalonado de episodios de salidas y regresos. Estas mismas razones provocan que las transiciones se ritualicen menos y que los eventos que las caracterizaban y las hacían fácilmente identificables en el tiempo tiendan a borrarse o, al menos, a hacerse menos precisos en cuanto a su calendarización. Dicho de otra manera, hoy día es más difícil que hace veinticinco años atribuir fechas a cada evento de la vida de los individuos.

Como ya se anticipó, todos los aspectos que acabamos de señalar como característicos de la segunda transición demográfica giran en torno a la familia –su formación y su dinámica– de aquí el auge que están conociendo los estudios en torno a este tema, sobre todo en aquellos países que hace ya algún tiempo finalizaron su primera transición demográfica. Sin embargo, dada la velocidad con la cual se está desenvolviendo esta última en los países en desarrollo, junto con la difusión que han alcanzado los arreglos conyugales en boga en los países desarrollados, no es de extrañarse que ya se estén adoptando en nuestros países rasgos asociados con la segunda transición demográfica. Así, tenemos que la esperanza de vida de hombres y mujeres se ha prolongado muchos años, lo cual permite la coexistencia de varias generaciones; la fecundidad ha disminuido y con ello el tamaño de las familias; las disoluciones voluntarias de las uniones han aumentado –proporciones de divorciados y separados– y las de viudos han decrecido con la baja de la mortalidad; finalmente, las disoluciones en aumento han dado paso al incremento de las nuevas nupcias, sobre todo en un contexto de mayor sobrevivencia. Por otra parte, la condición de la mujer ha mejorado sustancialmente con el incremento de sus niveles de escolaridad, circunstancia en la cual tiene mayores oportunidades de acceso a la vida ocupacional. Ahora, y tal como la historia lo ha mostrado muchas veces, los indicadores pueden presentar niveles semejantes entre países, pero tener distintos significados, como también ser muy diferentes al interior de un mismo país o región.

En sus trabajos sobre la noción de segunda transición demográfica, Ron Lesthaeghe (1995b:17) señala que los hechos que mejor caracterizan este proceso son:

1. El rápido debilitamiento del control social ejercido por las instituciones, el cual es correlativo al incremento de la autonomía de la moral individual.
2. La mayor aceptación social de la sexualidad fuera del matrimonio.
3. La acentuación de las aspiraciones individuales dentro de la pareja.
4. El desarrollo de patrones de intercambio más simétricos al interior de las uniones.
5. El descubrimiento de costos de oportunidad resultantes de la autonomía económica de la mujer.
6. La fusión de lo doméstico y de las carreras de los cónyuges en las transacciones del hogar.
7. La disponibilidad de contraceptivos eficientes, que ayudan a la mujer en el control de su reproducción.

Según el propio Lesthaeghe –quien ha continuado desarrollando este concepto junto con Van de Kaa, desde que fue formulado por este último en 1987–, la teoría de la segunda transición demográfica estaría estrechamente asociada con la "revolución silenciosa" postulada por Inglehart (1977), por medio de las variables ideacionales. Lo central de esta argumentación se encontraría en la articulación entre la autonomía individual y el derecho de los individuos de elegir. En palabras de Lesthaeghe (1995a), "la era del control ejercitado por las doctrinas religiosas y políticas sobre las vidas de los individuos, que comenzó en Occidente con la Reforma y la Contrarreforma y que duró hasta la segunda parte del siglo XX, habría terminado". Este mismo autor considera, por lo demás, que la "revolución silenciosa" recién aludida, no puede presentarse separada de los cambios demográficos y que su inclusión en la interpretación de las transformaciones recientes de la familia ampliaría el alcance de las teorías económicas que existen al respecto (Becker,

1981; Easterlin, 1976:413). Esto, independientemente de si ellas están basadas en las aspiraciones de consumo, la estructura de oportunidades de los hombres, la autonomía femenina o el incremento de los costos de oportunidad de las mujeres. Todas estas afirmaciones se inscriben dentro de aquellas que Lesthaeghe viene haciendo desde hace mucho en el sentido de que las teorías sociológicas y económicas son más complementarias que excluyentes (Lesthaeghe, 1995b).

En resumen, podría decirse que hoy en día la vida de los individuos estaría guiada más bien por la realización personal y el incremento de las necesidades existenciales, lo cual implica que el funcionamiento de la sociedad depende, en gran medida, de las elecciones que cada persona realiza y de las satisfacciones que busca. Aun cuando estos presupuestos sean una de las formas de visualizar el devenir social y, en especial, el de la familia, hay que reconocer que esta última ha conocido en los países occidentales desarrollados transformaciones de una envergadura no prevista en los años sesenta. Estos cambios, que atañen básicamente a la formación de las parejas (nupcialidad) y su reproducción, se consumaron en un lapso muy corto: del final de la Segunda Guerra Mundial a la fecha. La velocidad cada vez mayor de circulación global de la información explica no solamente la rapidez con la cual se difundieron estos nuevos comportamientos en los países desarrollados, sino también aquella con la cual podrán difundirse en los países en desarrollo. Esto no debe interpretarse, sin embargo, en el sentido de una postransición o segunda transición demográfica con características homogéneas en todo el mundo, sobre todo cuando los cambios esperados involucran, en mayor medida que en el caso de la transición demográfica clásica, aspectos psicosociales y culturales relacionados con la familia y los valores sociales predominantes.

Si se está o no en la segunda transición demográfica –y, de haber ingresado, qué tanto hemos avanzado en ella– es uno de los temas más controvertidos de los estudios de población en los países próximos a concluir su transición demográfica clásica. De cualquier forma, independientemente de estas consideraciones comienzan a ocurrir nuevos hechos en el ámbito de la formación familiar en nuestros países. Por ello resulta indispensable hacer un seguimiento adecuado y continuo de los indicadores que mejor la caractericen, de manera que sea posible evidenciar e interpretar los cambios que está experimentando la familia, así como las modalidades que va adoptando.

EL MATRIMONIO CATÓLICO Y SUS PRINCIPALES TRANSFORMACIONES

El matrimonio civil es una institución cuya legalidad emana del orden público desde fines del siglo XVIII en Francia –y del XIX, en el resto de los países occidentales–, sin embargo, sus fundamentos están muy ligados a los del matrimonio católico. Por esta razón, abordamos a continuación los postulados del matrimonio eclesiástico, intentando entender mejor el origen y la naturaleza de los cuestionamientos que se realizan a esta institución cuya impronta subsiste a pesar de los embates que está experimentando. La Iglesia católica ha postulado tradicionalmente que:

1. Debe darse el libre consentimiento de los cónyuges en la celebración del matrimonio.
2. La sexualidad debe ejercerse solamente dentro del matrimonio, como lo señala el documento de la iglesia *Sexualidad humana: verdad y significado. Orientaciones educativas en familia* (Singer, 1978:23, y López, 1992:297).

3. En la práctica de la sexualidad conyugal debe existir siempre una apertura a la procreación (López, 1992, y Pío XI, 1995).
4. El débito conyugal es obligatorio.
5. La pareja debe ser monógama.
6. El vínculo matrimonial es indisoluble (*Documentos*, 1983: canon 1141).
7. No existe prohibición de permanecer soltero.
8. El matrimonio es un sacramento como lo establece el Catecismo de la Iglesia Católica (*Documentos*, 1993:2360).
9. Existe un ritual asociado a la celebración del matrimonio.

Si repasamos estos preceptos, tenemos que casi ninguno de ellos se cumple ni se ha cumplido estrictamente desde su promulgación: que incluso varios ya hace tiempo que han experimentado cambios. Este sería el caso, por ejemplo, del débito conyugal, cuya exigencia se fue suavizando a medida que la vida de los hijos y de la propia madre comenzó a ser valorada a partir del siglo XVIII. Por su parte, el tema relacionado con el libre consentimiento nos conduce a la elección del cónyuge cuyos cánones han sido más o menos estrictos según las épocas. La influencia de los padres es especialmente cierta tratándose de matrimonios que constituyen, de hecho, verdaderas alianzas con fines de mantener poderes económicos, políticos o la reproducción de ciertos grupos étnicos o religiosos. Otro postulado interesante que plantea la doctrina de la Iglesia católica es la opción que otorga al individuo de permanecer soltero, precepto que está ausente en otras culturas y religiones. La Iglesia no solamente lo aprueba sino que incluso lo alentó en muchos momentos de su historia. Esta aceptación es congruente con un régimen monogámico, ya que si el objetivo es asegurar que todas las mujeres se casen, se requiere, por lo general, de un régimen matrimonial poligámico. El catolicismo tampoco acepta el repudio de las mujeres al estilo del Islam; por el contrario, establece la indisolubilidad del matrimonio.

En realidad, es tal la importancia que la Iglesia concede al matrimonio que lo hizo un sacramento y lo rodeó de un ritual elaborado, que marca claramente el tránsito entre la vida de soltero y de casado, vale decir, entre la prohibición y la autorización para mantener relaciones sexuales y procrear. Desde luego que los fines del matrimonio católico trascienden el ejercicio de la sexualidad; aquí solamente hemos destacado aquellos que guardan relación con la vida marital y reproductiva.

En suma, el modelo de matrimonio católico vigente desde el Concilio de Trento[8] (1545), con todo y las modificaciones que ha experimentado desde entonces, busca asegurar una reproducción elevada dentro de un marco familiar estable. Los aspectos del modelo de matrimonio católico que están siendo cuestionados en la actualidad se refieren básicamente a la sexualidad fuera del ámbito matrimonial, al abandono del ritual o registro del inicio de la cohabitación conyugal y la indisolubilidad del vínculo establecido por la secularización de este último. En el fondo lo que se viene planteando, desde el momento en que se puede ejercer el manejo voluntario de la reproducción, sobre todo a partir de la disponibilidad de la tecnología anticonceptiva, es en cierta medida la separación entre el ejercicio de la sexualidad y la reproducción. El matrimonio estaría perdiendo su capacidad como institución que regula la vida en pareja y enmarca la repro-

[8] El Concilio de Trento empezó el 13 de diciembre de 1545 y se interrumpió dos veces, por lo que está cronológicamente dividido en tres periodos, en el tercer periodo (1562-1564) el Concilio definió el carácter sacramental del matrimonio el 11 de noviembre de 1563 (Olmedo, 1991).

ducción humana. Por su lado, el divorcio, que es una institución creada hace dos siglos, se está propagando de manera notable en momentos en que el promedio de vida de los individuos se prolonga. No obstante, estos cambios en los comportamientos de los individuos no ocurren automáticamente, están ligados a los valores asociados a ellos como también a la historia y a las costumbres que caracterizan a toda la sociedad, las cuales pueden facilitar u obstaculizar su difusión.

Antes de continuar, cabe hacer referencia a la institucionalización civil del matrimonio, que en América Latina data, en general, de la separación que se dio en el siglo XIX entre los asuntos de la Iglesia y del Estado. En el marco de esta separación se instituyó el matrimonio civil como el único con validez legal; no obstante, la celebración de matrimonios religiosos siguió permitiéndose. A pesar de la legalidad exigida, la secularización estricta del matrimonio no se produjo y la Iglesia sigue manteniendo su influencia imponiendo la doble institucionalización de los matrimonios. En efecto, los matrimonios civiles y religiosos constituyen hasta la fecha la categoría más numerosa de matrimonios en la mayoría de los países de América Latina. De cualquier manera, esta situación está comenzando a cambiar.

En México, por ejemplo, las uniones libres se hacen cada vez más frecuentes en las edades tempranas y los matrimonios solamente civiles aumentan en todas las edades. Esto significa que el matrimonio legal sigue siendo preponderante, pero la búsqueda de la sanción religiosa está retrocediendo (Quilodrán, 2000:25). Podría considerarse que este proceso de secularización del matrimonio se inscribe dentro de uno más amplio: el de la secularización de la sociedad, que es una de las principales características asociadas a la segunda transición demográfica, según sus autores.

MATRIMONIO *VERSUS* COHABITACIÓN

En este punto hay que aclarar que en Europa, y en general, en los países desarrollados la cohabitación es un fenómeno nuevo que ha venido a perturbar la institucionalización por siglos conformada. Ni siquiera la Revolución Francesa la interrumpió en su momento (Leridon, 1991:7). Este no es, sin embargo, el caso de América Latina, donde los conquistadores no pudieron imponer totalmente el modelo de matrimonio católico, que llegó con ellos. Con mayor o menor intensidad las uniones informales están presentes y lo han estado desde hace siglos en muchos países de la región.

Lo anterior significa que las uniones informales de los países desarrollados y las existentes en Latinoamérica no son estrictamente comparables, difieren tanto en su temporalidad como en su propia naturaleza. En nuestra región se trata de un rasgo cultural de larga data, una situación aceptada aunque no totalmente legitimada por la sociedad en virtud de que no cumple con lo prescrito por el modelo dominante que es el matrimonio legal, al cual se suma generalmente la sanción de la Iglesia (matrimonio católico).

En los países desarrollados, el cuestionamiento a la institución matrimonial vino a crear una serie de problemas de carácter social, legal y administrativo. El manejo de esta situación llevó rápidamente a la generación de una abundante investigación sobre el tema de la cohabitación. Los hallazgos apuntan a que esta última puede constituir una alternativa al matrimonio, un preludio al mismo, o una alternativa al celibato. En este mismo sentido Villeneuve-Gokalp (1990) agrega otro elemento: el tipo de cohabitación más frecuente es aquél que no implica compromiso para los integrantes de la pareja. Presenta, además, como razones para la proliferación de ésta –las uniones libres o consensuales en nuestro lenguaje– la prolongación de los estudios, las dificultades de inserción laboral de los jóvenes, la búsqueda de una autonomía por parte de las mujeres, la pérdida de eficacia de los medios de presión tradicionales (disminución del poder patriarcal) como era el temor a un nacimiento ilegítimo, la sexualidad fuera del matrimonio o la exigencia de un matrimonio de reparación en caso de embarazo de la mujer y, por último, la observancia de la indisolubilidad del matrimonio con el fin de proteger a la mujer y los niños. También se ha visto que las probabilidades de que las cohabitaciones se transformen en matrimonio varían según el tiempo transcurrido. En Australia, por ejemplo, una cohabitación de más de tres años tiene la misma probabilidad de transformarse en matrimonio que la que tiene una mujer soltera de contraer directamente uno; es decir, la legalización de uniones es frecuente allí (Bracher y Santow, 1997).

A lo anterior se añade la pérdida de influencia de la religión, y con ello de su capacidad de continuar imponiendo sus normas en torno a la sexualidad, como ha sido la prohibición del sexo fuera del matrimonio. De aquí que a una menor práctica religiosa corresponda en general, niveles más altos de cohabitación entre la población (Goldsheider y Kopp, 1998). No obstante, el cuestionamiento de la institución matrimonial no se corresponde necesariamente con un abandono de la vida conyugal. Generalmente, las uniones consensuales han compensado el descenso del número de matrimonios cuando éste ha ocurrido. No es, por lo tanto, la vida en pareja la que está en crisis, sino el apego a las instituciones que la regulan, léase Iglesia o Estado. Ahora, la pregunta que queda planteada es: ¿qué tanto se ha desinstitucionalizado el matrimonio? Y si es así, ¿qué significado tiene la eliminación de la ritualización civil o religiosa del matrimonio sobre la formación de la pareja y su descendencia?

Para ilustrar la situación en torno al abandono del matrimonio, en el cuadro 1 presentamos datos que revelan como éste ha ido declinando en Francia, Alemania, Noruega, Canadá y Estados Unidos entre 1970 y 1999. De los indicadores contenidos en este cuadro hay dos que apuntan directamente al progreso de la desinstitucionalización de la vida conyugal: la proporción de quienes contrajeron matrimonio al menos una vez antes de los 50 años de edad y la proporción de hijos nacidos fuera de matrimonio.[9] En este sentido, tenemos que en la década de 1970 más de 90% de hombres y mujeres contraían matrimonio en los países europeos considerados. Estas mismas proporciones eran, en este mismo momento, alrededor de 9% más bajas en Estados Unidos y Canadá. Además de estas diferencias entre América del Norte y Europa se observa que en este último continente y más precisamente, en los tres países comparados la proporción de mujeres casadas es ligeramente superior a la de hombres mientras en Canadá y Estados Unidos la relación es a la inversa, la intensidad del matrimonio es algo menor entre las mujeres. Ahora, la evolución entre la década de 1970 y fines de la década de 1990 es muy similar; la nupcialidad legal disminuye en todos los países salvo en Estados Unidos, país para el cual no disponemos del dato respectivo. En los países europeos la reducción es de alrededor de 40%, algo mayor entre los hombres que entre las mujeres.[10] Las disminuciones registradas en Canadá son

[9] No se consideró la proporción de quienes cohabitaron alguna vez, por tratarse de información que no es estrictamente comparable para todos los países considerados.

[10] Las variaciones oscilan en un rango que va de 42.6% en Alemania a 39.1% en Francia entre los hombres y 38.9% y 38.4% entre las mujeres de estos mismos países.

Cuadro 1. Características de la formación de las uniones conyugales en algunos países desarrollados 1970-1999[a]

		Alemania	*Francia*	*Noruega*	*Canadá*	*EUA*
Proporción de casados a los 50 años (%)						
Hombres	1970	0.919	0.915	0.920	0.835	0.827
	1999	0.528	0.557	0.545	0.582	n.d.
Mujeres	1970	0.978	0.920	9.560	0.812	0.804
	1999	0.598	0.567	0.600	0.631	n.d.
Edad promedio al casarse (años)						
Hombres	1970	26.0[b]	25.3[b]	24.9[b]	24.4[b]	23.5[b]
	1999	31.8[d]	26.0[d]	32.9[d]	28.9[b]	28.7[b]
Mujeres	1970	31.4	23.0	21.9	22.0[b]	21.5[b]
	1999	29.6[d]	27.2[d]	28.4[d]	26.2[b]	26.0[b]
Matrimonios que terminan divorciados tasas (%)						
Ambos sexos	1970	15.8	12.5	13.3	n.d.	26.1
	1999	38.0	35.5	40.4	38.4[c]	44.0
Edad promedio a la maternidad (años)						
Mujeres	1970	27.5	27.5	28.2	n.d.	26.1
	1999	27.7	28.3	28.6	n.d.	27,1
Nacimientos fuera del matrimonio						
Ambos sexos	1970	7.2	6.8	6.9	9.6	10.7
	1999	21.6	40.7	49.0	25.5	33.0

Fuentes:

[a] Sardon J.P. (2000), "Evolutions récentes de la démographie des pays développés", en *Population*, núm. 4-5, París, pp. 729-763.

[b] ONU (1990), Patterns of First Marriage: Timing and Prevalence, Nueva York, ST/ESA/SER.R/111.

[c] Cifras para Canadá, O. B. Adams y D. N. Nagur (1988), Marriage, Divorce and Mortality: A life Table Analisis for Canada and Regions, Staticstics Canada, Ottawa.

[d] ONU (2000), World Marriage Patterns, Nueva York.

menores, 30.3% y 22.3% entre los hombres y las mujeres respectivamente, pero hay que considerar que parten de niveles más bajos en 1970 que los que presentaban los países europeos en esos momentos. Estas disminuciones se dan simultáneamente con retrasos en las edades al contraer matrimonio del orden de 4 y 5 años tanto entre los hombres como entre las mujeres.

En cuanto a los hijos nacidos fuera de matrimonio su proporción se triplica en Alemania, se multiplica por 6 en Francia y por 7 en Noruega, mientras en Canadá y Estados Unidos solamente se triplican (2.7 y 3.1, respectivamente). En este caso no solamente las proporciones son más bajas en los países de América del Norte y Alemania (21.6%, 25.5% y 33.0%, respectivamente) sino también su ritmo de progresión. Noruega sobresale porque prácticamente la mitad de los niños nace fuera de matrimonio; sin embargo, Alemania, que es el país donde más disminuyeron los matrimonios, es al mismo tiempo donde menos se incrementa esta proporción. Es decir, que el hecho de que las personas se casen menos no significa necesariamente que aquellas que no lo hacen tengan los hijos fuera de matrimonio. Tampoco implica que no vivan en una relación marital de tipo informal. Estas situaciones nos ilustran también respecto a la manera en que la formación de la descendencia se va desligando de la situación matrimonial y la diversidad de arreglos conyugales que esto va configurando. Así tenemos países donde las uniones informales son reproductivas y en otros menos, países donde ni los matrimonios ni las uniones informales son muy reproductivas; y otros, donde la reproducción está circunscrita al matrimonio con o sin cohabitación previa. De cualquier forma, lo que estos datos nos indican es que a fines de la década de 1990 entre 1 y 5 niños nacían fuera de una pareja casada –solamente 1 en Alemania y 5 en Noruega– aunque ello no signifique

que vivan en una familia monoparental ya que muchos son criados por ambos padres en el seno de una unión informal y consensual.

La evolución del divorcio durante los últimos 30 años del siglo pasado (cuadro 1), pone de manifiesto el enorme incremento que ha experimentado este fenómeno, sobre todo en los países europeos. Los niveles en estos países hacia 1970 eran la mitad del que presentaba Canadá en esos mismos años. Sin embargo, en 1999 eran casi equivalentes a los de Canadá y Estados Unidos. Alemania, Francia y Noruega pasaron de que un matrimonio de cada siete se disolviera por divorcio en 1970 a que la ruptura alcanzara a uno de cada 2.5 matrimonios en la década de 1990. Una progresión rapidísima.

En resumen podemos decir que el análisis en los países desarrollados muestra que el matrimonio es cada vez menos frecuente, se celebra a edades más tardías y se disuelve más a menudo que en el pasado. A estas características se añade el hecho de que los hijos nacen a las mismas edades promedio de las madres, pero lo hacen cada vez más frecuentemente fuera de matrimonio. Por lo demás, el matrimonio no marca el inicio de la vida reproductiva, como tampoco la llegada de un hijo obliga a contraer matrimonio. Todo indica que caminamos hacia una diversidad de modelos de vida conyugal donde la secuencia matrimonio-hijos es una opción más y no la única norma social vigente. Los países no son, sin embargo, homogéneos en cuanto a este modelo general; varían con respecto a la intensidad y el calendario de cada uno de los eventos descritos, por lo cual generan una gama de combinaciones que terminan por conformar distintos patrones de nupcialidad en cada uno de ellos.

En el caso de América Latina (cuadro 2) hemos querido poner énfasis en la evolución de la unión libre durante la segunda mitad del siglo XX. Se trata del periodo para el

Cuadro 2. La Unión libre en América Latina: comparaciones 1960-1990 y 1990-2000*

País	*1960*[1]	*1970*[1]	*1975*[2]	*1980*[1]	*1990*[3]	*2000*[1]	*Incremento promedio anual (%). 1960-1990*	*Incremento promedio anual (%). 1990-2000*
Países con unión libre que es inferior al 20% de la nupcialidad general								
Argentina	6.2	13.1	—	5.9	21.1	20.4[4]	0.50	-0.07
Chile	6.7	5.3	—	7.9	11.6	—	0.16	—
Brasil	7.0	8.0	—	13.8	15.3	33.2	0.28	1.79
México	17.3	16.9	14.0	15.3	15.3	12.6	-0.07	-0.27
Costa Rica	15.3	17.8	18.6	20.8	21.0	16.8	0.19	-0.42
Uruguay	8.5	10.2	8.8	15.0	12.6	—	0.14	—
Países con unión libre que varía entre 20 y 40% de la nupcialidad general								
Paraguay	28.2	26.9	32.4	24.7	29.2	—	0.03	—
Nicaragua	33.4	—	—	—	56.3	—	0.76	—
Cuba	—	37.5	—	39.9	—	—	—	—
Ecuador	26.3	28.9	30.2	30.9	29.6	20.8[4]	0.11	-0.88
Perú	—	32.1	29.0	31.0	32.1	—	—	—
Bolivia	—	—	—	—	22.1	14.8[4]	—	-0.73
Colombia	20.2	21.5	21.5	34.9	45.9	—	0.86	—

Países con unión libre superior al 40% de la nupcialidad general								
El Salvador	50.1	54.9	—	—	56.4	—	0.21	—
Honduras	45.0	—	—	—	50.1	—	0.17	—
Guatemala	59.7	54.8	—	46.5	40.1	—	-0.65	—
Panamá	50.6	58.3	52.0	59.8	53.6	33.6	0.10	-2.00
R. Dominicana	57.7	54.2	63.2	61.0	59.7	—	0.07	—
Venezuela	40.3	33.7	34.0	33.9	34.8	—	-0.18	—

Fuente: *Población femenina de 15 a 49 años con base en datos censales.

[1] Rosero_Bixby, Luis, "Nuptiality trends and fertility transition in Latin América" en José M. Guzmán, Susheela Sigh, Germán Rodríguez y Edith A. Pantelides, The Fertility Transition in Latin America, 1996.

[2] Quilodrán, Julieta, (1985) «Modalités de la formation et évolution des unions en Amérique Latine» en Actes du Congrés de la UIESP, Florence 1985, Vol. III, ORDINA Ed., Lieja, Bélgica pp. 269-283.

[3] Quilodrán, Julieta, (1999) «L'union libre en Amerique latine: aspects récents d'un phénomène séculaire», Cahiers Quebècois de Demographie, Vol. 28, No. 1-2, pp.53-80.

[4] Datos censos de 2000 y 2001. En el caso de Ecuador se utilizó la población femenina total de 18 años y más.

cual disponemos de más datos y, por lo mismo, en el que mejor podemos estimar las diferencias que existen entre los países. Lo que resalta de la evolución observada es el incremento prácticamente generalizado de este último tipo de unión entre 1960 y 1990, sobre todo en los países que detentaban inicialmente los niveles más bajos. Es probable que los aumentos de las proporciones censales aquí presentadas hayan sido provocados, en parte por lo menos, por la inexistencia del divorcio vincular en estos países hasta fechas relativamente recientes. Ante la imposibilidad de contraer nuevas nupcias legales muchas personas habrían optado por la unión libre durante todos estos años. Otra posibilidad, que no se contrapone con esta última, es la de un incremento de las uniones libres como producto de la liberalización de las costumbres en torno a la vida conyugal que ya hemos comentado, liberalización que no sería ajena a la mayor escolaridad de las mujeres y a su participación más abundante en la fuerza de trabajo. No obstante, llama la atención que, con excepción de Brasil, en todos los demás países latinoamericanos con información disponible para 2000, la proporción de mujeres en unión libre tiende a disminuir.

Para América Latina, sin embargo, es insuficiente comentar que la unión libre se está incrementando en casi todos los países, su presencia secular obliga a formularse algunas preguntas adicionales. ¿La aceptación o tolerancia social de que goza la unión libre tradicional facilitará el incremento de uniones libres de tipo moderno similares a las vigentes en los países desarrollados? ¿Continuará siendo la unión libre un fenómeno limitado a los jóvenes o bien se extenderá a todas las edades? ¿Permanecerá la tendencia a la legalización de las uniones libres?

Hasta la fecha, los trabajos realizados indican que las uniones libres conservan sus características tradicionales, que quienes recurren a ellas siguen siendo las mujeres que pertenecen a los sectores sociales más desprotegidos (Castro, 2001; Quilodrán, 2001 y Solís, 2000). En cuanto a la inestabilidad conyugal, la información existente muestra una rápida expansión de los divorcios en toda la región (CEPAL, 2002). Sin embargo, como las separaciones de matrimonio y de unión libre no están incluidas en este indicador, el panorama que nos ofrece es limitado.

Los censos nos dan una idea de cuán importante es este fenómeno, pero no nos permiten estudios muy acabados. En realidad se requeriría que las encuestas que se levantan en numerosos países sobre los temas de fecundidad y salud (DHS, por ejemplo) añadieran preguntas sobre las historias de uniones de las mujeres. De este modo no solamente podríamos avanzar en conocer las tendencias de las interrupciones voluntarias de uniones (separaciones y divorcios), sino también la progresión de las nuevas nupcias y de los nacimientos fuera de uniones (matrimonios y uniones libres).

CONSIDERACIONES FINALES

La transición demográfica que ha caracterizado la evolución de las poblaciones durante los dos últimos siglos ha provocado cambios profundos en diversas esferas de la vida social. Aquí nos hemos interesado en los aspectos de la formación de las parejas, que es una de las transformaciones en curso más importantes, las cuales involucran de manera innegable la dinámica y la estructura familiar. Entre estos cambios figura el hecho de que el matrimonio ha dejado de ser la norma en los países más desarrollados, y en aquellos donde la unión consensual ha sido tradicional, como es el caso de América Latina, se vislumbra una coexistencia entre la unión libre tradicional y la moderna, vale decir, aquella que respondería a uno de los rasgos distintivos de la segunda transición demográfica. Sin embargo, ninguna de las características que lleva aparejada la unión libre "moderna" es desconocida en nuestras sociedades. Lo que cabría esperar, al sumarse este último tipo de unión libre al tradicional, sería la generalización de las relaciones sexuales prematrimoniales, el incremento de los hijos nacidos fuera de matrimonio, así como una mayor inestabilidad conyugal[11] que originaría, a su vez, un aumento de las probabilidades de contraer nuevas nupcias.

Como consecuencia de lo anterior, se abre paso a la implantación de estructuras familiares más complejas (familias reconstituidas) o más simples (familias monoparentales), según resulten de uniones sucesivas, de mantenerse al margen de la vida marital (solteros) o haberla abandonado por viudez, separación o divorcio. Se trata de nuevos modos de organizar la convivencia cotidiana, de los cuales difícilmente escaparán los países que están, como los latinoamericanos, finalizando su transición demográfica. Las señales de cambio en el ámbito familiar se hacen cada día más evidentes y obligan, por lo mismo, a mantener e incluso a acrecentar el estudio de sus consecuencias sobre la vida de las parejas y la de sus hijos, tema aún más descuidado.

BIBLIOGRAFÍA

Adams, O. B. y D. N. Nagur (1998), "Marriage, Divorce and Mortality: A Life Table Analisis for Canadá and Regions", *Staticstics Canada, Ottawa.*

____ (1988), Marriage, Divorce and Mortality: A Life Table Analysis for Canada and Regions", *Statistics Canada, Ottawa.*

[11] La mayor inestabilidad de las uniones libres cualquiera sea su tipo –tradicional o moderno– ha sido ampliamente documentada. Para bibliografía al respecto consultar Quilodrán (2001).

Becker, G. S. (1981), A Treatise on the Family (enlarged edition), Cambridge, Harvard University Press.

Benítez R., y Quilodrán J. (comps.) (1983), *La fecundidad rural en México*, El Colegio de México, México.

Bracher, M. y Santow, G. (1997), "Whiter Marriage? Trends, correlates, and interpretations", International Population Conference, Congrés International de la Population, UIESP, Beijing.

Castro, Martín (2001), "Matrimonios sin papeles en Centroamérica: persistencia de un sistema dual de nupcialidad", en *Población del Istmo 2000*, Rosero Bixby (ed.), Centro Centroamericano de Población, Universidad de Costa Rica.

CEPAL (2002), Vulnerabilidad sociodemográfica: viejos riesgos para comunidades, hogares y personas. Documento LC/R2086, CEPAL.

Conapo (2001), *La población de México en el nuevo siglo*, México.

_____ (2002), *La situación demográfica de México*, México.

_____ (2003), *Prontuario Demográfico de México 2000-2003*, México.

Documentos del Magisterio de la Iglesia (1983), *Código del Derecho Canónico*, www.prairienet.org/nrpcatholic/.

_____ (1993), *Catecismo de la Iglesia Católica*, Coeditores Católicos de México, México.

_____ (1995), "Constitución Pastoral *Gaudium et Spes*: sobre la Iglesia en el mundo actual", en *La familia, futuro de la humanidad*, Ed. BAC, Madrid.

Easterlin, R. A. (1976), "The conflict between aspirations and resources", *Population and Development Review*, vol. 2, núm. 3-4.

Goldscheider, Turcotte y Kopp (1998), "The changing determinants of first union formation in industrialized countries: the United States and Canada", Conference in the U.S National Institute of Health.

Inglehart, R. (1977), *The silent revolution: changing values and political styles among western publics*, Princeton, N. J., Princeton University.

Juárez F. y J. Quilodrán (1990), "Mujeres pioneras del cambio reproductivo en México", *Revista Mexicana de Sociología*, vol. LII, núm. 1, IISUNAM.

Leridon, Henry (1991), "Pourquoi le démographe s'intéresse-t-il á la nuptialité?", en Hibert Thérese y Louis Roussell (sous la direction de): *La nuptialité évolution récente en France et dans les pays développés*, pp. 7-18, París, PUF, Actes duixéme colloque national de démographie, INED, Congrés et colloques, núm. 7.

Lesthaeghe, R. (1995a), "La deuxieme transition démographique dans les pays occidentaux: une interpretation", en *Transitions démographiques et sociétés*, Chaire Quetelet 1992, Institut de Démographie, Université Catholique de Louvain, Louvain – la –Neuve, Académia, L'Harmatten.

_____ (1995b), "The second demographic transition in Western countries: an interpretation", en *Gender and family change in industrialized countries*, K. O. Mason y An-M. Jesen (eds.), Oxford, Clarendon Press.

Livi, Bacci (1994), "A propos de la transition démographique", en *Transitions démographiques et sociétés*, Chaire Quetelet 1992, Institut de Démographie, Université Catholique de Louvain, Louvain – la –Neuve, Académia, L'Harmatten.

López, Eduardo (1992), *Ética de la sexualidad y del matrimonio*, Ed. Paulinas, Madrid.

Olmedo, Daniel (1991), *Historia de la Iglesia Católica*, Porrúa, México.

ONU (1990), Patterns of First Marriage: Timing and Prevalence, Nueva York, ST/ESA/SER.R/111.

_____ (2000), World Marriage Patterns, Nueva York.

Pío XI (1995), "Encíclica *Casti connubii*", en *La familia, futuro de la humanidad*, Ed. BAC, Madrid.

Pison, G. (2003), "Tous les pays du monde (2003)", en *Population et Sociétés*, INED, París, núm. 392.

Pontificio Consejo para la Familia (1995), "Sexualidad humana: verdad y significado. Orientaciones educativas en familia", www.multimedios.org.

Quilodrán, Julieta (1983), "Análisis de la nupcialidad a través de la historia de uniones", en Benítez, R. y J. Quilodrán (comps.), *La fecundidad rural en México*, UNAM, IIS, El Colegio de México, México, p. 136.

_____ (1984), "Niveles de fecundidad y patrones de nupcialidad en México", México, Informe para la WFS, p. 495 (mimeo).

_____ (1985), "Modalités de la formation et évolution des unions en Amérique Latine", en Actes du Congrés de la UIESP, Florence, 1985, vol. III, Ed. Ordina, Lieja, Bélgica, pp. 269-283.

_____ (1991), *Niveles de fecundidad y patrones de nupcialidad en México*, El Colegio de México, México.

_____ (1999), "L'union libre en Amerique latine: aspects récents d'un phénomène séculaire", *Cahiers Quebècois de Demographie*, vol. 28, núm. 1-2, pp. 53-80.

_____ (2000), "Atisbos de cambios en la formación de las parejas conyugales a fines del milenio", en *Papeles de Población*, Universidad del Estado de México, año 6, núm. 25, pp. 9-33, Toluca, Estado de México.

_____ (2001), "L'union libre latinoaméricaine a t-elle changée de nature?", ponencia presentada en la XXIV Conferencia General de la Unión Internacional para el Estudio Científico de la Población (IUSSP), Salvador Bahía, Brasil.

_____ (2002), "100 millions de Mexicains... seulement", en *Population et Sociétés*, INED, París, núm. 375.

Rosero Bixby, Luis (1996), "Nuptiality trends and fertility transition in Latin América", en José M. Guzmán, Susheela Sigh, Germán Rodríguez y Edith A. Pantélides, *The Fertility Transition in Latin America*.

Roussel, L. (1989), *La Famille Incertaine*, Odile Jacob, París.

_____ (1992), "La famille en Europe occidentale: divergences et convergences", en *Population*, Institut National d'Études Démographiques, núm. 1, año 47.

Sardon, J. P. (2000), "Evolutions récentes de la démographie des pays développés", en *Population*, núm. 4-5, París.

Singer, H. (1978), *La nueva terapia sexual*, vol. 1, Ed. Alianza.

Solís, Patricio (2000), "Cambios recientes en la formación de uniones consensuales en México", presentado en la VI Reunión Nacional de Investigación Demográfica en México, julio 31-agosto 4, Somede, El Colegio de México, México.

UNFPA (1998), El estado de la población mundial, en www.unfpa.org/swp/1998/pdffiles.htm.

Vallin, Jacques (1994), *La demografía*, Celade, Santiago, Chile.

Van de Kaa, D. J. (1987), "Europe´s second demographic transition", en *Population Bulletin*, 42, núm. 1.

Villeneuve-Gokalp (1990), "Du mariage aux unions sans papiers: histoire récente des transformations conjugales", en *Population*, núm. 2, París.

ANEXO. ESTIMACIONES DE LAS EDADES PROMEDIO DE LAS MUJERES MEXICANAS AL EXPERIMENTAR SUS TRANSICIONES VITALES. MÉXICO, 1930 Y 2000

Dado el carácter didáctico de la gráfica sobre las transformaciones del curso de vida de las mujeres en Japón entre 1920 y 1992, publicada hace unos años por Naciones Unidas en un Boletín de UNFPA (1998), pareció interesante repetir el ejercicio para México. A falta de información disponible similar a la presentada para Japón, hubo que establecer una serie de supuestos con el propósito de una reconstrucción aproximada del curso de vida de las mujeres mexicanas. Reunir la información necesaria para caracterizar la situación alrededor de 1930 fue especialmente arduo y no se pretende que tenga la solidez de la disponible para 2000.

A continuación se explica la manera de calcular los parámetros utilizados para México, los supuestos adoptados, así como las fuentes utilizadas para generar la información contenida en la gráfica 3.

CRITERIOS Y FUENTES PARA LAS ESTIMACIONES DEL AÑO 1930

Edad promedio a la primera unión: 18.7 años. Corresponde a la de las generaciones 1920-1934 que habitaban en el área rural con influencia urbana de México alrededor de 1970. Se trata del dato disponible más cercano al que pudo haber sido el comportamiento frente a la nupcialidad de las mujeres hacia 1930. Fuente: Quilodrán J., en Benítez, y Quilodrán (1983:174).

Edad promedio al nacimiento del primero y del último hijo: 20.2 y 37.0 años. Esta estimación se realizó a partir de las edades promedios de las mujeres al tener el primer y último hijo en las generaciones 1925-1929.[12] De estas edades derivamos la extensión del ciclo reproductivo.[13] Fuente: Quilodrán J., en Benítez, y Quilodrán (1983:136).

Edad promedio de la mujer al matrimonio del primer hijo(a): 40.4 años. Se obtuvo agregando a la edad de la madre al nacimiento del primer hijo, su edad promedio al unirse más la mitad de la diferencia de las edades al unirse entre hombres y mujeres –1.5 años según las tablas de nupcialidad disponibles–,[14] porque puede ser un hombre o una mujer el que se case primero, asumiendo además que estas edades no habrían variado, de manera significativa, de una generación a otra (20.2 + 18.7 + 1.5 = 40.4 años).

Edad promedio al nacimiento del primer nieto: 41.9 años. Esta cifra resulta de suponer que entre el nacimiento del primer hijo(a) y el nacimiento del primer nieto media el mismo intervalo que entre la edad de la madre al tener el primer hijo. A esta edad se agrega el correctivo relativo de la diferencia de edades a la unión entre cónyuges (1.5 años en promedio) (20.2 + 20.2 + 1.5 = 41.9 años).

[12] Se trata de la extensión del ciclo reproductivo de las mujeres que nacieron poco antes de 1930, que comenzaron a formar su familia hacia 1945 y que en 1970 vivían en las zonas rurales de México.

[13] Si a este intervalo le agregamos 6 años de crianza de los hijos, sería de 23.5 años, es decir, algo superior a los 22.2 años estimados para los años 1976-1977 por el Conapo (2001).

[14] Diferencia promedio constante de alrededor de 3 años de 1930 a 1970 (Quilodrán, 2001:156).

Edad promedio al término de la escolarización del último hijo: 46.0 años. Se estimó esta edad agregando a la edad promedio de la mujer al nacimiento del último hijo, la edad de ingreso a la escuela primaria (6 años), más los 3 años promedio de escolaridad de la población de la época. Este último promedio se calculó a partir de la información de la muestra censal de 2000 con referencia a los años de estudio declarados por los sobrevivientes de las generaciones 1926-1930. Cabe aclarar que si este cálculo se hace únicamente con base en la población nacida en 1930, el nivel de escolaridad no cambia significativamente (37.0 + 6.0 + 3.0 = 46 años).

Edad a la jubilación. En 1930 no se otorgaba esta prestación en México, no existía en aquella época un sistema formal de protección social y tampoco está disponible información sobre la edad en que se abandona de hecho la actividad.

Defunción del esposo y la muerte de la esposa: 58.4 y 60 años respectivamente. Para definir estas edades se tuvo que adoptar, como referencia la esperanza de vida a la edad promedio de la mujer al unirse por primera vez (intervalo quinquenal).

Fue necesario tomar esta decisión debido a que, de lo contrario, o sea, si se tomaba la esperanza de vida al nacimiento, la mujer fallecía antes de terminar de tener los hijos.

Hombres (18.7 + 39.7 = 58.4) – Mujeres (18.7 + 41.3 = 60.0).

Fuente: Benítez y Cabrera (1930), "Las tablas abreviadas de mortalidad de la población de México", cuadros 24 y 25, pp. 50 y 51.

CRITERIOS Y FUENTES PARA LAS ESTIMACIONES PARA EL AÑO 2000

Edad promedio a la primera unión: 22.3 años.

Fuente: Rivera, P., 2004, "Las mujeres jóvenes en México ante la reproducción. Un análisis de sus primeras transiciones vitales", tesis de maestría, El Colegio de México.[15]

Edad promedio al nacimiento del primer hijo: 23.4 años. Datos del Conapo fijan el intervalo protogenésico en 13 meses, lo cual equivale a 1.1 año. Así, la edad promedio a la primera unión más el intervalo protogenésico nos proporciona la edad de la madre al nacimiento del primer hijo (22.3 años + 1.1 año = 23.4 años).

Edad promedio al nacimiento del último hijo: 27.9 años. Se adopta como referencia un promedio de 2.4 hijos en 2000 (Conapo, 2003). Este dato nos lleva a sumar a la edad promedio de la madre al tener el primer hijo, los intervalos intergenésicos entre el primer y segundo hijo y entre el segundo y el tercer hijo nacido vivo.

De acuerdo con la información proporcionada por el Conapo (2002:31) el intervalo intergenésico promedio es de 27 meses, que equivale a 2.25 años (23.4 + 2.25 + 2.25 = 27.9).

Fuente: Consejo Nacional de Población, 2003, "Prontuario demográfico de México 2000-2003", México.

Fuente: Consejo Nacional de Población, 2002, "La situación demográfica de México 2002", México.

Edad promedio al término de la escolaridad del último hijo: 40.9 años. Siguiendo el mismo procedimiento que

[15] El PRB 2000 da una cifra muy cercana como SMAM 22.4 años. *The World Youth*, 2000, www.prb.org.

para 1930 pero acudiendo esta vez a los datos sobre el nivel de escolaridad de la muestra censal de 2000 para la población de 6 a 24 años, el promedio de años de educación que se obtuvo fue de 7 años[16] (27.9 + 7.0 + 6.0 = 40.9 años).

Edad promedio al casamiento del primer hijo: 46.7 años. A la edad promedio de la madre al tener el primer hijo(a) se suma la edad de ella misma al unirse por primera vez bajo el supuesto de que ésta permanece constante. Al resultado se le agrega el correctivo antes utilizado para tomar en cuenta que el que se casa puede ser un hijo o una hija (mitad de la diferencia entre las edades promedio al unirse de los cónyuges que se unen por primera vez en el año 2000).[17]

(23.4 + 22.3 + 1.0 = 46.7 años).

Edad promedio al nacimiento del primer nieto: 47.8 años. Equivalente a la edad de la madre a la primera unión del hijo(a) (46.7 años) más el intervalo protogenésico, 1.1 año (46.7 + 1.1 = 47.8 años).

Edad promedio a la jubilación: 62.5 años. Se adoptó el intervalo promedio entre la edad que el Instituto Mexicano del Seguro Social (IMSS) considera como edad normal al retiro que son los 65 años y los 60 años que es la edad en que las mujeres pueden hacer uso de este derecho por cesantía en edad avanzada.
Fuente: Ley del Seguro Social vigente, artículos 154 y 162.

[16] El Consejo Nacional de Población (2001) presenta un promedio total de 7.4 años para esta misma fecha.

[17] La diferencia de edades promedio entre sexos resultante de las Tablas de Nupcialidad 2000 es de 1.9 años.

Edad promedio a la defunción del esposo y de la esposa: 76.1 y 81.6 años respectivamente. Estas edades corresponden a las esperanzas de vida a la edad promedio de la mujer al unirse por primera vez (intervalo quinquenal) de acuerdo con la tabla de mortalidad 2000-2005 del Centro Latinoamericano de Demografía.

Hombre (22.3 + 53.8 = 76.1 años), Mujer (22.3 + 59.3 = 81.6 años).

Fuente: www.eclac.cl.

III. ATISBOS DE CAMBIOS EN LA FORMACIÓN DE LAS PAREJAS CONYUGALES A FINES DEL MILENIO*

JULIETA QUILODRÁN**

INTRODUCCIÓN

En la actualidad contamos en México con suficientes conocimientos sobre la evolución de la nupcialidad y de la fecundidad en este siglo como para emprender, con bases sólidas, la exploración de nuevas preguntas sobre estos mismos temas. En este capítulo nuestro interés se centra en el estudio de la formación de las parejas conyugales y de su descendencia entre los jóvenes de fines del siglo XX.

De hecho México se encuentra en una etapa avanzada de su transición demográfica. Así tenemos que las estimaciones realizadas fijan su tasa de crecimiento natural en 1.8% para 1999; es decir, la mitad de la que imperaba a mediados de los años sesenta (Conapo, 1999). Estas cifras, aparentemente simples, expresan, sin embargo, cambios profundos en los comportamientos de las personas, los cuales se expresan, a su vez, en transformaciones sociales de envergadura. La prolongación de la esperanza de vida de las personas y la posibilidad de una regulación

* Este artículo fue publicado originalmente en *Papeles de Población*, núm. 25 (2000), Estado de México, Centro de Investigación y Estudios Avanzados de la Población, CIEAP, UAEM, pp. 9-33.

** Profesora-Investigadora de El Colegio de México.

voluntaria de la fecundidad son verdaderas revoluciones que están moldeando nuevos estilos de vida. Por una parte, han desaparecido o alejado las hambrunas y pestes que diezmaban cíclicamente a las poblaciones en el pasado y reducían drásticamente su tiempo de vida promedio. La posibilidad de contar con más años de vida permite que las transiciones vitales puedan efectuarse de manera menos apresurada que antes e incluso, flexibilizar la secuencia en que se efectúan. Por otra, la regulación voluntaria de la fecundidad a través de los anticonceptivos, añade otro factor de maleabilidad que involucra directamente a la organización familiar.

Tradicionalmente las sociedades se han organizado para preservar su supervivencia a través de la reproducción biológica y cultural. En este ámbito, uno de los aspectos más controlados ha sido justamente el de la sexualidad de las mujeres. Las fuertes regulaciones a que ésta estaba sometida y lo está aún, se explican por las implicaciones que tiene la formación de las parejas y los hijos que nacen de ellas, sobre la definición de las relaciones de parentesco y la formación de las familias. De aquí el carácter estructurador que tienen los aspectos relacionados con el establecimiento de las parejas conyugales; en definitiva otorgan identidad, y dan por lo mismo, sentido de pertenencia a las personas.

Ahora bien, la creación de métodos capaces de regular los tiempos de exposición de las mujeres al riesgo de concebir y la adopción de ellos por gran parte de las mujeres en edades reproductivas, ha tenido repercusiones en numerosos ámbitos de la vida social. Una de las transformaciones más importantes que ha generado, es el descenso de la fecundidad, incluso por debajo de los niveles de reemplazo en muchos países. Otra de las consecuencias, no menos importante, ha sido el cuestionamiento al cual se está sometiendo a la institución matrimonial. La lógica de este cuestionamiento reside, en gran medida, en que desde el momento en que la relación sexual no implica acabar fatalmente embarazada, el matrimonio deja de ser el hito de la iniciación sexual para las mujeres y el marco de protección frente al probable embarazo. La autonomía entre la vida sexual y la procreación que esta tecnología permite, debilita, según Bozón (1997), las "formas institucionales de la unión y se acompaña, en Europa, de una postergación de la edad al casarse y una disminución de los matrimonios".

El descenso de la fecundidad y la desinstitucionalización del matrimonio se acompañan, a su vez, de otros cambios en el plano de la familia:

- Postergación del matrimonio.
- Incremento de la población que vive sola.
- Modalidades menos formales de convivencia.
- Prolongación del periodo de residencia con los padres (*Baby bust*).
- Incremento de la procreación fuera del matrimonio.
- Aumento de la disolución voluntaria de uniones (divorcios y separaciones).
- Elevación de las nuevas nupcias (rematrimonios).

Desde luego que sería una simplificación demasiado burda atribuir exclusivamente a la adopción de los anticonceptivos la responsabilidad de todos estos cambios. Ellos forman parte de procesos más globales de transformación social que van desde lo económico hasta el ámbito de los valores. De cualquier forma hay que reconocer que, en los años sesenta, el advenimiento de los anticonceptivos modernos abre las puertas al descenso de la fecundidad y, por ende, de los ritmos de crecimiento poblacional, así como a cambios profundos en la organización de la vida familiar. Se reduce el número de miembros de las familias con la disminución del tamaño de la descendencia, lo mismo que el número de años que la mujer debe dedicar a su crianza. Esto significa tiempo liberado para poder trabajar, pero también anticipando –dadas las mayores oportunidades– tiempo para estudiar y poder así afirmar su autonomía dentro de la pareja.

Aunque la problemática antes descrita puede parecer un tanto alejada de los acontecimientos nacionales, es posible que muchos de los procesos mencionados ya se hayan desencadenado en ciertos sectores sociales o estén a punto de hacerlo. En realidad, México, lo mismo que la mayoría de los países de América Latina, experimentaron de manera bastante tardía la "Transición Demográfica" (primera o clásica), pero transitaron por ella de forma muy rápida, en comparación con los países europeos o con los demás países desarrollados. Los medios tecnológicos disponibles en la región permitieron acelerar el proceso de tal manera que podríamos afirmar que ambas transiciones –la primera y segunda– se están superponiendo, en lugar de sucederse como ocurrió en el caso de los países desarrollados. Nuestra preocupación principal reside justamente en comenzar a documentar, desde ahora,[1] los atisbos de la Segunda Transición o, si se quiere, de la segunda etapa de la Transición Demográfica que se inició con la era industrial. La naturaleza de los cambios esperados, que ya fueron enumerados, define por sí mismo nuestro grupo objetivo, esto es, el grupo de jóvenes entre 15 y 24 años. Es justamente en esta etapa de la vida cuando las personas experimentan algunas de las transiciones vitales más importantes: primera relación sexual, abandono del hogar paterno, matrimonio o inicio de una relación conyugal estable y la paternidad.

[1] Cabe recordar que este artículo fue publicado el año 2000.

La transformación de los patrones reproductivos a través del tiempo, de las generaciones según tamaños de localidad y regiones, así como sus diferencias según grupos sociales y tipos de uniones, ha sido bastante bien documentada para México. Lo que procede ahora es estudiar la aparición y progreso de la Segunda Transición Demográfica. Establecer, si es posible con los datos disponibles, a) qué tanto ha avanzado la disociación entre vida sexual, conyugal y reproductiva; b) profundizar en las características de quienes ingresan en uniones libres para dilucidar si son las mismas de quienes pertenecen a las uniones libres tradicionales o, por el contrario, si se asemejan a las de las uniones libres que imperan en los países desarrollados; c) analizar el incremento de los divorcios y de las separaciones de hecho; d) el aumento de los "rematrimonios"; todo ello sin descuidar el estudio de las nuevas modalidades matrimoniales y arreglos familiares que estas situaciones generan. Otro rasgo importante de tener en cuenta es la descendencia en las edades jóvenes, establecer cuán rápida es la llegada de los primeros hijos.

OBJETIVOS

En el presente trabajo nos limitamos a presentar una actualización de las tendencias de la nupcialidad que ya hemos analizado extensamente en el pasado. Aunque los objetivos del proyecto "Las parejas conyugales jóvenes" son más amplios, ya que se pretende realizar el tratamiento de otros temas *–fecundidad joven, homogamia conyugal, estructura de los hogares donde estos habitan–* hemos considerado indispensable efectuar previamente una revisión de la información disponible sobre la nupcialidad en la década de los noventa. El Censo de 1990 ofrecía ya algunas señales de cambios: leves incrementos en las proporciones de uniones libres en el Distrito Federal y entidades circundantes, indicios de rejuvenecimientos de las edades al contraer la primera unión en los hombres del norte del país y postergación de las edades de las mujeres en todas las entidades, así como un incremento pronunciado de la población separada y divorciada (Quilodrán, 1998a). La información del Conteo de Población de 1995 reveló incrementos en las edades promedio a la primera unión de los hombres en el quinquenio 1990-1995, mayores que los ocurridos en los últimos veinticinco años (Quilodrán, 1999b). Por su lado, la Encuesta Nacional de Planificación Familiar (Enaplaf, 1995) puso en evidencia una elevación inusitada de las proporciones de mujeres en uniones libres con respecto a la evolución que habían mostrado hasta 1990 (Gómez de León, 1999). Aun cuando se estimaba que probablemente estos cambios ocurrirían en un futuro no lejano (Quilodrán, 1998b), lo que llama la atención es la rapidez y la intensidad con la cual están apareciendo. Si los datos del Censo de 2000 confirman aquellos que han arrojado las encuestas de los años noventa, significaría que México estaría incorporándose rápidamente a la denominada Segunda Transición Demográfica[2] cuando aún la primera no se ha generalizado del todo. Dicho de otra manera, en el país pasarían a coexistir modelos o patrones de comportamiento transicionales correspondientes a la transición clásica –descenso de los niveles de la mortalidad y de la fecundidad– y transformaciones importantes, especialmente a nivel de la constitución de las familias, sin descartar la existencia de grupos que se mantienen aún en condiciones pre-transicionales (mortalidad alta y fecundidad natural).

[2] Por lo menos en términos de los niveles de los indicadores demográficos.

A continuación presentamos algunos indicadores estimados con información de la Encuesta sobre la Dinámica Demográfica II (Enadid, 1997), con el propósito de explorar si la información contenida en ella confirma las tendencias observadas en las encuestas que le precedieron. Con el fin de evaluar la magnitud de los cambios ocurridos procederemos a comparar los resultados obtenidos con la situación que imperaba al comienzo de la década de los setenta. En primer lugar, analizaremos las estructuras por estado civil que nos informarán sobre la suerte de la institución matrimonial; si continúa o no en ascenso el matrimonio legal o si, por el contrario, la unión libre o la "vida en solitario" (soltero, divorciado, separado o viudo) se perfilan como modos emergentes de la vida social entre los adultos. Luego, nos referiremos a la intensidad de las uniones y a la evolución de las edades a la primera unión, según el tipo de la unión. Finalmente, abordaremos brevemente el tema de la disolución de las uniones y la precocidad en la constitución de la descendencia. La información manejada abarca solamente a las mujeres en edades reproductivas, únicas personas representadas hasta este momento en México, en este tipo de encuestas. A este respecto, cabe señalar que en la actualidad son cada vez más numerosos los países donde estas encuestas incluyen a los hombres, en un afán de captar no solamente los componentes del crecimiento de la población, sino también el papel que juega el comportamiento masculino en la dinámica demográfica. En general, existe hoy en día una gran necesidad de incorporar al análisis de esta dinámica los aspectos culturales que rodean los fenómenos demográficos y hacerlo desde una perspectiva relacional entre géneros. La época en que la forma de subsistir de la mujer era estar y permanecer casada, además de tener los hijos que Dios le mandaba, puede considerarse que ha quedado atrás, al menos como su única aspiración. Esto conlleva la necesidad de comprender los mecanismos que está generando la sociedad para adaptarse a las nuevas condiciones de vida, entre ellos, el impacto que la mayor educación y participación de la mujer está ejerciendo sobre la formación de las parejas y la dinámica familiar posterior, es decir, en los *hombres y mujeres* unidos conyugalmente.

CAMBIOS EN LA COMPOSICIÓN POR ESTADO CIVIL

Conjunto de la población

La distribución por estado civil de la población es una de las características más sencillas que podemos obtener, sin embargo, comparándolas para fechas suficientemente distantes podemos apreciar cambios interesantes. Así tenemos que entre 1970 y 1997 –gráfica 1– han aumentado las mujeres de 15 a 49 años solteras, pero también las que se encuentran casadas o en unión libre y sobre todo aquellas en uniones interrumpidas voluntariamente. Esto, que parece un contrasentido, ha sido posible gracias a que la categoría de viudas disminuyó drásticamente en el intervalo de estos treinta años, pasando de 7% a solamente 2%. El descenso de la mortalidad ha contribuido a que más parejas sigan casadas o bien, hayan tenido tiempo de interrumpir su unión. Por otra parte, el incremento de la proporción de solteras estaría más bien asociado a la postergación de la edad de ingreso a la primera unión conyugal.

Ahora, si desagregamos estas grandes categorías según el tipo de unión en que se encontraban las mujeres al momento de la entrevista o la naturaleza de su última unión –cuadro 1–, observamos que el matrimonio legal como conjunto se ha incrementado (poco más de 2 puntos porcentuales), pero ha variado en su composición. Los

Gráfica 1. Distribución de las mujeres en edades reproductivas según estado conyugal

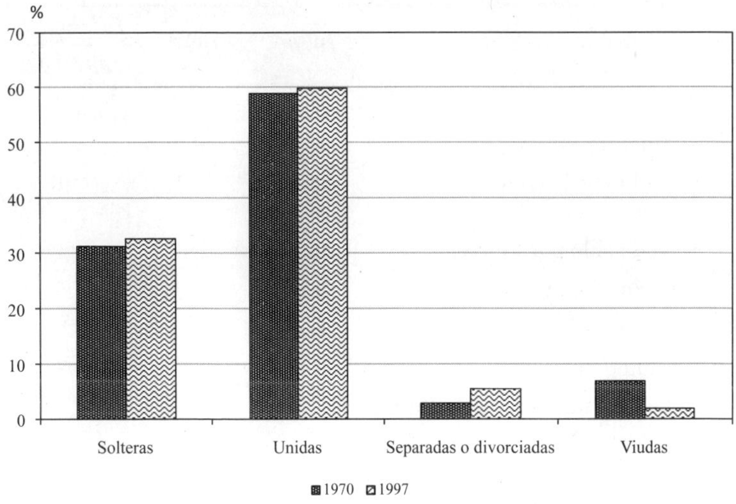

Fuente: cuadro 1.

matrimonios civiles y religiosos han disminuido y los matrimonios solamente civiles han aumentado (– 11.1% y + 39%, respectivamente). En 1970 de cada 10 matrimonios 7.5 eran civiles y religiosos, en 1990 esta relación ha bajado a 6.9. ¿Mayor secularización de la sociedad o simplemente, una crisis económica prolongada que ha postergado la celebración del matrimonio eclesiástico? Apenas perceptible en el Censo de 1990, la tendencia a casarse solamente por lo civil parece afianzarse. También cabría preguntarse si, frente al temor de una separación o divorcio, las parejas prefieren casarse solamente por lo civil, dado que es un matrimonio al que no otorgan, según opiniones obtenidas en entrevistas en profundidad (Quilodrán, 1998), un carácter definitivo como al reli-

Cuadro 1. Distribución de las mujeres en edades reproductivas según estado conyugal actual (porcentajes)

Estado conyugal	*1970*[a]	*1997*[b]	*Diferencia 1997-1970*
Soltera	31.3	32.6	1.3
Actualmente unida		59.8	1.0
Casada por lo civil y por la iglesia	58.8	32.1	-4.0
Casada sólo por la iglesia	36.1	2.1	-2.8
Casada sólo por lo civil	4.9	14.3	5.6
Vive en unión libre	8.7	11.3	2.2
Separada o divorciada	9.1	5.6	2.7
Separada de una unión libre	2.9	2.1	
Separada de un matrimonio	—	2.3	
Divorciada de un matrimonio	—	0.6	
Divorciada de un matrimonio por lo civil	—	0.6	
Viudas	—	2.0	-5.0
Viuda de un matrimonio	7.0	1.6	
Viuda de una unión libre		0.4	
Total	100.0	100.0	

[a] Fuente: Quilodrán (1998), *Le marriage au Mexique*, Université Catholique de Louvain, Département des Sciences de la Population et du Développement, Institut de Démographie, L'Harmattan, Academia Bruylant, tabla 3.1, p. 89.
[b] Fuente: Enadid, 1997.

gioso. Otra posibilidad es que, por el contrario, se casen solamente por lo civil para que en caso de desavenencia sea más fácil terminar con el matrimonio. En cualquier caso, hay aspectos culturales relacionados con los significados atribuidos a cada tipo de unión y al compromiso involucrado en cada caso que sería interesante estudiar específicamente, por la estabilidad diferencial que cada tipo de unión posee.

De cualquier forma, hay que recordar que la población casada legalmente aún representa las tres cuartas partes del total de la población unida. El otro 25% se reparte entre las uniones libres, que se elevaron en 24% entre 1970 y 1990, y los matrimonios solamente religiosos que se redujeron a la mitad en este mismo periodo. En esta última fecha, 11.3% de las mujeres en edades reproductivas estaban en una unión libre y solamente 2.1% en matrimonio solamente religioso.

Nuevamente en el terreno de las hipótesis, podríamos pensar que la renuncia a la sanción religiosa de los matrimonios ha afectado también a los matrimonios solamente religiosos, que no tienen ninguna validez legal, pero que han persistido a través del tiempo.

El incremento de las uniones libres no es un fenómeno exclusivo de México. De hecho se está presentando en numerosos países de América Latina, sobre todo en los del Cono Sur y en Brasil, donde hasta hace pocos años no existía el divorcio vincular. Por el contrario, algunos de los países donde tradicionalmente la unión libre constituye un tipo de unión muy frecuente en la población, como son los centroamericanos o caribeños, están viendo disminuir estas proporciones.

Lo anterior no significa, sin embargo, que se vaya hacia una homogeneización de los niveles de unión libre en la región, ya que aún distan mucho entre ellos; lo importante es la tendencia a incrementarse que se ha producido. En cuanto a las mujeres en uniones interrumpidas, la Enadid, 97, nos ofrece por primera vez la oportunidad de conocer el tipo de unión de las mujeres, viudas, separadas o divorciadas. Esto nos permite afirmar que las separaciones representaban en 1997 una proporción 3.7 veces superior a la de los divorcios: 4.4% y 1.2% respectivamente. Otro aspecto que surge es que las uniones libres interrumpidas son mucho más abundantes que los matrimonios de la misma naturaleza.

La relación entre separaciones de uniones libres y uniones libres actuales es de 18.6, cifra muy por encima al 7.5 de la relación entre separaciones y divorcios de matrimonios con respecto al total de mujeres en uniones legales.

DISTRIBUCIÓN POR GRUPOS DE EDAD

En la gráfica 2 mostramos las diferencias –en puntos porcentuales– de las proporciones de mujeres unidas según tipo de unión y edad entre 1970 y 1997 (Anexo 1). Lo que revelan los valores de las curvas por edad son los enormes cambios que se han venido registrando en la nupcialidad joven, es decir, en la naturaleza y el calendario de las uniones maritales de las generaciones nacidas a partir de fines de los años sesenta. Las mujeres involucradas en estos cambios corresponden, en términos de generaciones, a las hijas de mujeres nacidas en los años cuarenta, entre ellas las "pioneras del cambio reproductivo" (Juárez y Quilodrán, 1990).[3]

Se trata de mujeres más educadas que sus madres puesto que de diez, cuatro, alcanzaron al menos algún año de escolaridad secundaria, en lugar de una de diez, como era la situación de las jóvenes de los sesenta (Quilodrán, 1999b).

Los datos de la gráfica correspondiente al conjunto de las mujeres que muestran el momento de ingreso a las uniones conyugales, en vez de que una de cada 5 mujeres

[3] Se trató de un grupo de mujeres más educadas que se habían casado (en matrimonio legal) más tarde que el resto, que vivían en áreas metropolitanas y cuyos esposos eran profesionistas.

Gráfica 2. Diferencias porcentuales entre 1970 y 1997 por tipo de unión y edad

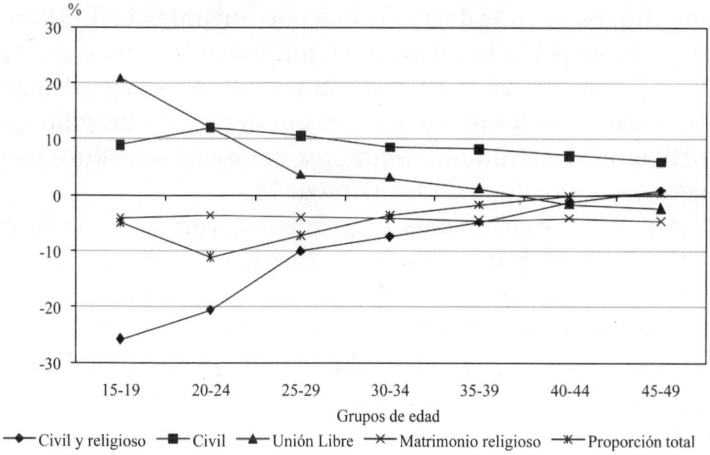

Fuente: Anexo 1.

esté unida antes de los 20 años solamente lo está una de cada 6 en 1997. La reducción es algo menor en el grupo 20-24 años. Aun así, la proporción de mujeres casadas en 1997 supera ligeramente la de 1970. Desde luego, que esto no asegura que la intensidad de la nupcialidad de las generaciones jóvenes en 1997 vaya a ser tan elevada como la de las jóvenes en 1970.

Sin embargo, las transformaciones verdaderamente importantes del periodo provienen de la distribución de las primeras uniones según tipo de unión. Los matrimonios legales se elevan en conjunto 0.8%, pero los civiles y religiosos se reducen 14.4% en total. Las disminuciones alcanzan a todos los grupos de edad, muy especialmente a los más jóvenes: 59% y 37%, respectivamente, en los grupos de 15-19 y 20-24 años. Correlativamente se incrementan las categorías de matrimonio solamente civil –de 14.8% a 24.3%– y las uniones libres –de 15.5% a 19.5%–. La proporción actual de uniones libres en el grupo 15-19 años supera en más de 20 puntos porcentuales la de 1970. Esta misma proporción es de 12 puntos en el grupo 20-24 años.[4] Entre los 25 y 40 años su ritmo de incremento es muy reducido y luego disminuye por debajo de los valores de 1970. El matrimonio solamente religioso se reduce por parejo en todas las edades (Anexo 1).

Ahora, si analizamos la gráfica 3, vemos como han declinado y se han hecho más tardíos los matrimonios civiles y religiosos, al tiempo que el otro componente de la nupcialidad legal, el matrimonio solamente civil, se ha incrementado en todas las edades por igual. Esta evolución implica, como vemos en una de estas gráficas, una disminución de los matrimonios con sanción religiosa a menos de la mitad en el grupo de 15-19 años y a un 60% en el de 20-24 años. Estamos aludiendo aquí a un hecho social importante. Por otra parte, los aumentos de las uniones libres no son menos importantes en términos porcentuales, pero afectan más que nada a la población menor de 25 años. Con respecto a 1970, cuando una de cada cuatro uniones celebradas entre los 15 y 19 años era una unión libre, ahora lo es casi una de cada dos; y, a los 20-24 años la situación ha pasado de una de casi cada 7 a una de cada 5.

Este cambio se ha producido en un contexto de baja de la nupcialidad joven. El descenso ha sido de un 25% entre las mujeres unidas antes de los 20 años y 18%, entre aquellas de 20 a 24 años (Anexo 1).

En resumen podemos decir que el matrimonio civil ha capitalizado prácticamente el total de la pérdida que ha sufrido el matrimonio civil y religioso y que la unión

[4] Ver Quilodrán (1999b), cuadro 4.

Gráfica 3. Mujeres por tipo de unión y edad, 1970-1997

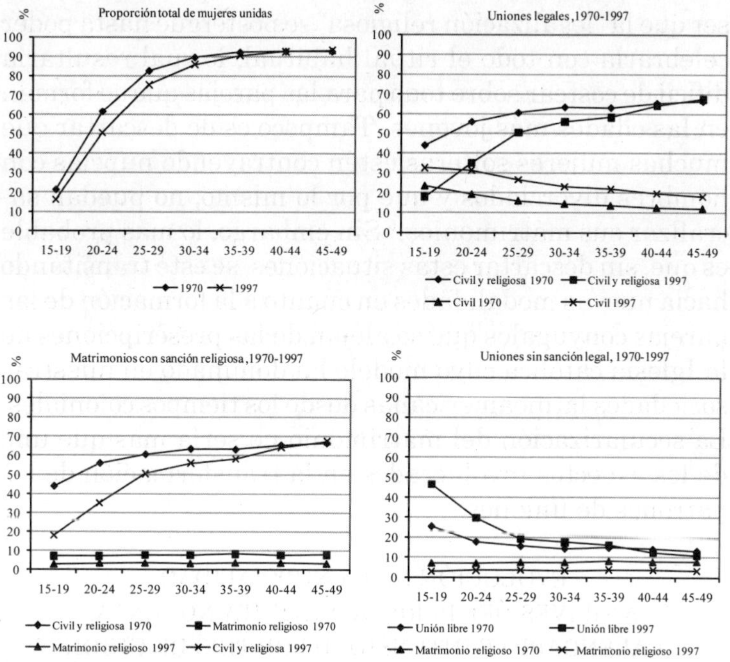

Fuente: Censo de 1970 y Enadid, 1997.

libre supera, incluso el incremento de los matrimonios sólo civiles en el grupo 15-19 años. ¿Cómo explicar estos cambios? Las lecturas pueden ser variadas y de distinto nivel. Empezando por lo que primero nos cuestionamos los demógrafos: la calidad de la información. Lo que puede estar sucediendo no es una simple mala declaración del estado conyugal sino una compresión distinta de los significados de algunos de ellos. ¿Se entiende acaso, como matrimonio religioso solamente al católico? De ser así, es posible que quienes pertenecen a otras religiones, por lo demás cada vez más numerosos, se declaren solamente en matrimonio civil y provoquen una sobre-estimación involuntaria de esta categoría. Otra interpretación podría ser que la "legalización religiosa" se postergue hasta poder celebrarla con todo el ritual habitual, lo cual resultaría difícil de costear sobre todo para las parejas que se forman en las edades más jóvenes. Tampoco es de descartar que muchas mujeres solteras estén contrayendo nupcias con hombres divorciados y que por lo mismo, no puedan sacralizar sus matrimonios.[5] Sin embargo, lo más probable es que, sin descartar estas situaciones, se esté transitando hacia nuevas modalidades en cuanto a la formación de las parejas conyugales que se alejan de las prescripciones de la Iglesia católica cuyo modelo ha dominado en nuestras sociedades latinoamericanas desde los tiempos coloniales. La secularización del matrimonio no sería más que uno de los aspectos involucrados en la transformación de los patrones de uniones.

EVOLUCIÓN DE LA NUPCIALIDAD A TRAVÉS DEL PERIODO SETENTA-NOVENTA: CALENDARIO E INTENSIDAD POR TIPO DE UNIÓN

De acuerdo con los análisis que hemos efectuado hasta aquí, todo indica que la nupcialidad cambió entre 1970 y 1997. Esta constatación nos llevó a profundizar en su evolución durante este periodo, calculando tasas de nupcialidad por edad y tipo de unión con base, exclusivamente, en la información de la Enadid, 97. La gráfica 4 (*cfr*. datos en cuadro 2) contiene el calendario tanto de los matrimonios –nupcialidad legal– como de las uniones libres, al igual que el correspondiente al de la nupcialidad

[5] Al no disponer de información sobre los hombres a este respecto, ni en las encuestas ni en las estadísticas vitales, no podemos avanzar en esta hipótesis.

por ambos conceptos (nupcialidad general), antes de los 40 años. Hemos detenido la observación en esta edad para hacer comparables las tasas correspondientes a los tres periodos. De cualquier forma, a los cuarenta años ya se han formado más del 80% de las primeras uniones.

La tendencia que se observa es hacia una nupcialidad legal más tardía a la vez que menos intensa, a medida que transcurre el tiempo. A fines de los años setenta de 100 parejas conyugales que se formaban antes de los cuarenta años de la mujer, 67 lo hacían a través de un matrimonio civil; en el primer quinquenio de los años ochenta estas mismas cifras fueron 63 y entre 1992 y 1996, solamente 59.

Sin embargo, este descenso de la nupcialidad legal no habría significado una reducción de la nupcialidad total; por el contrario, luego de pasar por un momento de contracción durante el periodo de 1982 a 1986, la proporción de las mujeres que se unen antes de cumplir 40 años se eleva por encima de los niveles de fines de los setenta.

Esto significa que el incremento de la unión libre habría no solamente compensado el descenso de los matrimonios sino que estaría provocando un leve repunte de la nupcialidad. Observando el panorama por edad, resulta interesante contrastar que la unión libre se mantuvo en el grupo de edades de 15-19 en niveles muy similares hasta el periodo 1982-1986 para duplicarse en los diez años siguientes. La progresión disminuye entre los veinte y los treinta años de edad, pero entre los treinta y los cuarenta vuelve a incrementarse.

En estas últimas edades, una de cada tres uniones que se celebran, sería una unión libre. Los matrimonios por el contrario, tienden a bajar antes de los 25 años, pero sobre todo antes de los 20; después de los 25 años las tasas tienden a aumentar por encima incluso de las registradas en los periodos anteriores.

Cuadro 2. Tasas específicas de nupcialidad según tipo de unión para distintos periodos (por mil)

Grupo de edad	*Periodo*			
	1977-1981	*1982-1986*	*1992-1996*	*1990-1994*[a]
Matrimonios				
15*19	55.5	49.5	42.1	46.8
20-24	52.3	48.5	46.2	58.8
25-29	18.8	19.0	21.1	30.5
30-34	6.2	5.7	6.1	12.6
35-39	1.1	2.7	2.1	6.2
*15-39	669.1	625.8	587.8	774.5
< 25 años	53.9	49.0	44.2	52.8
$\overline{m}$	21.7	21.4	22.4	23.4
Uniones libres				
15-19	7.9	9.1	19.9	
20-24	5.0	5.9	11.2	
25-29	2.4	2.0	4.6	
30-34	0.9	1.0	2.8	
35-39	0.2	0.3	1.1	
*15-39	82.2	91.1	198.1	
< 25 años	6.6	7.5	15.5	
$\overline{m}$	19.7	20.8	21.5	
Total				
15-19	63.4	58.6	62.0	
20-24	57.3	54.4	57.4	
25-29	21.2	21.0	25.7	
30-34	7.1	6.7	8.9	
35-39	1.3	3.0	3.2	
*15-39	751.3	716.9	785.9	
< 25 años	60.5	56.5	59.7	
$\overline{m}$	21.6	21.9	22.2	

[a] Cálculos propios con datos de las Estadísticas Vitales.
Fuente: Cálculos propios con base en Enadid, 1997.

Gráfica 4. Tasas específicas de nupcialidad según tipo de unión y periodos

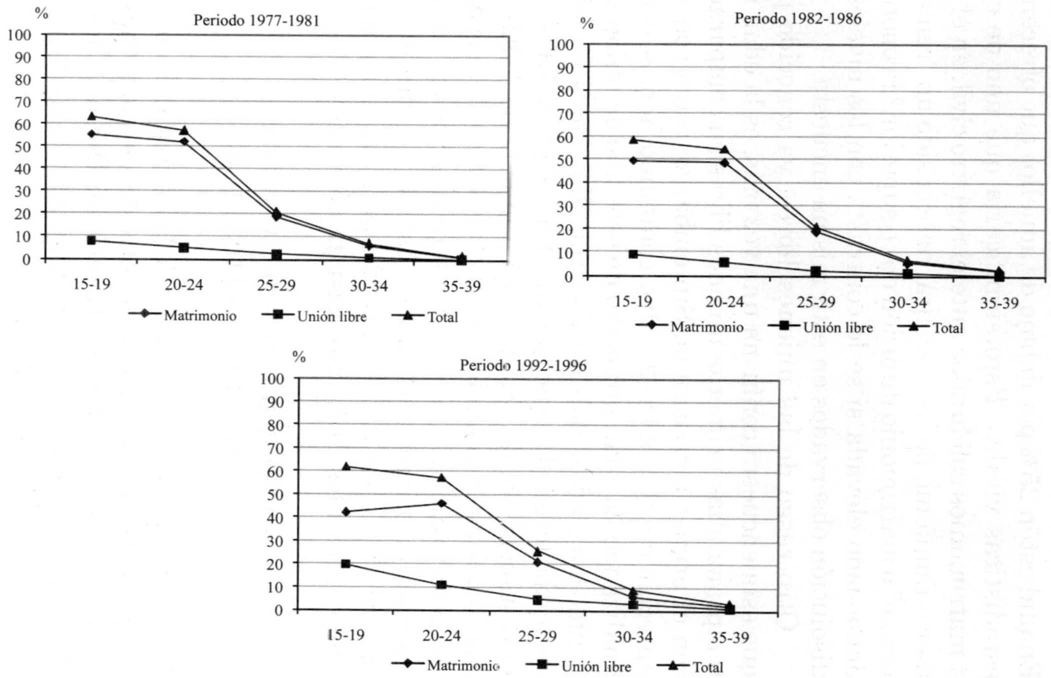

Sin embargo, no deja de ser preocupante que los valores de las tasas de nupcialidad legal (civil) de la Enadid estén 25% por debajo de aquellos que ofrecen las estadísticas vitales. Esto significaría que uno de cada 4 matrimonios celebrados ante el registro civil, en el primer quinquenio de los noventa, habría sido un "rematrimonio" o matrimonio de orden dos o superior.[6] Proporción demasiado elevada si se le contrasta con los niveles de disolución observados en esta misma encuesta.

Otro rasgo de las uniones libres, ya conocido pero que esta encuesta confirma una vez más, es la edad más temprana a las primeras uniones libres en comparación con el primer matrimonio. Sin embargo, como podemos apreciar en el cuadro 2, cuyo contenido hemos venido analizando, la edad promedio de este tipo de uniones ha venido haciéndose más tardía y con ello se ha acercado al promedio de edad al matrimonio. En el periodo 1977-1981 la distancia era de dos años y en el periodo 1992-1996 sólo 0.9 años revelando con ello un ritmo de elevación comparativamente mayor. Así tenemos que en los años noventa el primer matrimonio estaría celebrándose de acuerdo con estos datos a los 22.4 años en promedio y la unión libre a los 21.5 años, casi un año antes.

LA INTERRUPCIÓN DE LAS UNIONES POR CAUSAS VOLUNTARIAS

El incremento de la intensidad de la interrupción de uniones por separación o divorcio es otro de los fenómenos que caracterizaría la Segunda Transición Demográfica; por esta razón, queremos revisar rápidamente su progresión. A este efecto hemos elegido dos grupos de cohortes cuyas

[6] Las tasas de nupcialidad legal para el periodo 1990-1994, figuran en Quilodrán, J. (1998b).

uniones –matrimonios o uniones libres– se formaron con casi 20 años de distancia: uno entre 1970 y 1974 y otro entre 1984 y 1989.

En la gráfica 5 se puede ver la evolución de las series de uniones subsistentes por duración de uniones y apreciar como aquellas pertenecientes a la cohorte más joven se reducen en forma más rápida. Así tenemos que transcurridos diez años de unión, en la cohorte 1984-1989 la proporción de mujeres con su primera unión disuelta es 3.7% más elevada que en la cohorte más antigua.

De cualquier forma estamos hablando de posibilidades de sobrevivencia elevadas: 974 y 937 por mil respectivamente. Ahora, de mantener su tendencia la cohorte 1985-1989 tendríamos que la brecha se ampliaría cada

Gráfica 5. Interrupción de uniones por separación o divorcio. Serie de uniones subsistentes en función de su duración por cohortes

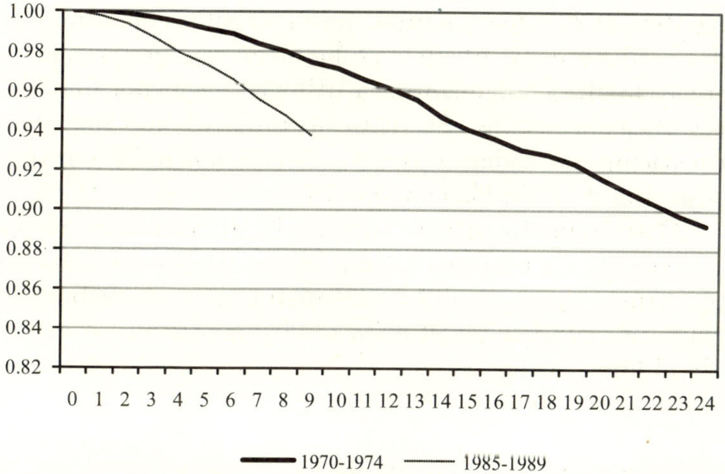

Fuente: Anexo 2.

vez más y que posiblemente, en vez de algo más de 94% de uniones subsistentes habría solamente 88%. O sea, que de cumplirse lo anterior, en ese momento se habrían separado o divorciado 1 de cada 8 mujeres casadas o unidas en el segundo quinquenio de los años ochenta. Aun con esta velocidad de crecimiento, los niveles de disolución de uniones en México son comparativamente bajos.[7]

ALGUNAS OTRAS CARACTERÍSTICAS DE ÍNDOLE SOCIODEMOGRÁFICA

Con el propósito de ahondar en el perfil de las mujeres jóvenes que están involucradas en las transformaciones que acabamos de señalar hemos construido el cuadro 3. En él se revisa la mayor o menor presencia de uno u otro tipo de unión, entre los jóvenes menores de 25 años, según el lugar de residencia de que se trate, el nivel de escolaridad alcanzado y la religión declarada.

Lo primero que constatamos en este cuadro es que las proporciones de población de los grupos de edades 15-19 y 20-24 años son muy similares como consecuencia del arribo a estas edades, de las primeras generaciones cuyas madres comenzaron a utilizar, en forma masiva, los anticonceptivos. Se trata de mujeres que nacieron prácticamente todas, a partir de la creación del Programa Nacional de Planificación en 1974.

Otro aspecto interesante es la disminución de la proporción de mujeres unidas antes de los 20 años en el último cuarto de siglo: 24% menos que en 1970 en el grupo de edades 15-19 años y 18% menos en el grupo 20-24 años (Anexo 1).

[7] Sobre este tema consultar Suárez, L. (2000), "El divorcio en México, 1926-1935: una visión demográfica", tesis de maestría de demografía, El Colegio de México, cuadro VI.

Al distinguir el tipo de unión en que se encuentra la mujer al momento de la entrevista según el lugar en que reside vemos que la unión libre es sobre todo abundante entre las jóvenes rurales. Entre ellas –grupo 15-19 años de edad– la proporción de uniones libres triplica la de matrimonios civiles y religiosos y es 42% más que la de casadas sólo por lo civil. A nivel urbano la unión libre guarda la misma relación con respecto al matrimonio civil y religioso (2.4 veces), aunque la relación unión libre-matrimonios legales que era algo superior a 1 a nivel rural, se revierte a nivel urbano; la unión libre se ubica por debajo de la nupcialidad legal (0.82%). Una situación similar a esta última se presenta cuando consideramos las generaciones inmediatamente superiores. Así tenemos que en el grupo de mujeres 20-24 años domina el matrimonio legal, especialmente a nivel urbano. Esto significaría que, salvo cambios extraordinarios en un lapso de 5 años, quienes ingresan en una unión conyugal a edades más tardías lo hacen preferentemente en matrimonio legal. De cualquier manera, esto no descarta la posibilidad de haber legalizado una unión libre iniciada tempranamente.

Ahora, en lo que respecta a la distribución según tipo de unión y nivel de escolaridad observamos la misma relación constatada en el pasado; es decir, una mayor escolaridad entre las mujeres en uniones legales, sobre todo entre aquellas casadas por lo civil y lo religioso. Pero lo más notorio e importante que aportan estos datos es la escasa escolaridad que acumulan las mujeres que se unen muy jóvenes. Así tenemos que de 100 mujeres que se unieron antes de los 20 años de edad, cuando mucho 6% cursó secundaria, vale decir, una proporción extremadamente baja comparada a aquella del conjunto del grupo de edad, 42%. Si comparamos el bagaje escolar entre tipos de uniones tenemos que a los 25 años el 31.5% de las mujeres que se casaron por lo civil y religioso, antes

Cuadro 3. Proporción de mujeres menores de 25 años por tipo de unión, según grupo de edad, por lugar de residencia, escolaridad y religión al momento de la entrevista[a] (porcentaje)

Categoría	*Estado conyugal*[b]			*Porcentaje*	
	Civil y religioso	*Sólo civil*	*Unión libre*	*Grupo de edad*	*Población total*
Grupo de edad					
15-19	2.8	5.0	7.1	14.8	18.7
20-24	16.7	14.9	14.1	45.7	17.7
Residencia					
Rural[c]					22.5
15-19	3.7	6.1	10.7	25.7	
20-24	19.8	16.7	18.7	22.6	
Urbano[d]					77.5
15-19	2.4	4.6	5.8	74.3	
20-24	15.8	14.3	12.8	77.4	
Escolaridad					
Secundaria					31.8
15-19	2.5	4.7	5.7	41.8	
20-24	19.8	16.5	13.2	37.3	
Preparatoria y +					24.2
15-19	2.4	2.4	1.3	26.7	

20-24	11.7	8.1	6.0	28.4	
Religión					
Católica					89.4
15-19	2.8	4.6	7.0	89.8	
20-24	17.4	13.6	13.9	88.9	
Protestante					7.3
15-19	2.8	7.3	5.4	7.0	
20-24	13.3	25.1	9.9	7.1	
Ninguna					2.6
15-19	0.9	9.2	15.8	2.7	
20-24	7.6	28.1	29.0	3.0	

[a] Las proporciones de cada casilla han sido calculadas refiriendo a las mujeres del grupo de edad por tipo de unión con la característica considerada al total de mujeres del grupo de edad del tipo de unión y característica seleccionada, i.e.

$$\frac{Mujeres^{Rural}{}_{15-19^{CYR}}}{Mujeres^{Rural}{}_{15-19^{Total}}}$$

[b] El estado conyugal no incluye los matrimonios por la Iglesia ni las uniones interrumpidas por su escasa presencia. Los primeros representan sólo el 2.7% de la población unida en el grupo 15-19 y 3.2% en el grupo 20-24 años.

[c] Rural: incluye a localidades con menos de 2,500 habitantes.

[d] Urbano: incluye a localidades con más de 2.500 habitantes.

Fuente: Cálculos propios con base en Enadid, 1997.

de esta edad, lograron una escolaridad de secundaria o más mientras que quienes lo hicieron en unión libre no llegaron al 20%. Las mujeres que se casaron solamente por lo civil se ubican en una situación intermedia con 24.6%. Esto significa que quienes forman una unión conyugal entre los 20 y 24 años –alrededor del 30% de las mujeres– poseen una escolaridad media más alta que quienes se casan más temprano.[8] Se trata indudablemente de mujeres que tuvieron más tiempo de asistir a la escuela antes de casarse; lo que está menos claro es si se unieron conyugalmente más tarde porque decidieron proseguir sus estudios o bien, se casaron porque no quisieron continuar estudiando. Hasta la fecha, no se ha dilucidado de manera fehaciente el sentido de esta relación. Sin embargo, lo que nos dicen los datos aquí analizados es que el grupo de mujeres que se casan antes de los 20 años se ha venido reduciendo a través del tiempo y que quienes lo hacen resulta ser un grupo selecto en cuanto a su escolaridad, que es mucho más baja que la del conjunto de sus congéneres, y al tipo de unión que contraen, la mitad de las veces una unión libre. Podríamos considerar también al matrimonio solamente civil como una forma socialmente precaria de unirse conyugalmente, sobre todo en estas edades. En efecto, mientras no se celebra el matrimonio religioso no hay un reconocimiento social pleno del vínculo matrimonial, especialmente en los sectores rurales de la población (Quilodrán, 1998a; D'Aubeterre, 2000).

La menor escolaridad de quienes se unen en forma temprana es más evidente todavía cuando comparamos las proporciones de mujeres unidas con cierto grado de escolaridad con la proporción de conjunto del grupo de edad. Mientras dos tercios de las mujeres menores de 25 años

[8] 16.1% de las mujeres 15-19 años y 50.5% de las de 20-24 años se encontraban unidas al momento de la Encuesta.

cursaron al menos la secundaria, cuando mucho una de cada tres lo hizo y eso si se casó por lo civil y por la Iglesia. Esta proporción desciende a una de cada cuatro mujeres en el caso de las uniones libres. Las diferencias entre tipos de uniones son más acentuadas cuanto mayor es el grado de escolaridad.

La tercera y última característica que hemos considerado es la religión declarada. El propósito es comparar las proporciones de mujeres pertenecientes a un cierto grupo de edad y credo religioso entre tipos de uniones. En este sentido, los datos del cuadro 3, antes que nada, ponen en evidencia el predominio de la religión católica.

Del total de mujeres entrevistadas en la encuesta, 89.4% se declaran católicas y una proporción muy semejante sigue manifestando la misma preferencia religiosa en las generaciones más jóvenes (90% y 89% en los grupos de edades 15-19 y 20-24 años, respectivamente). La relación entre las proporciones de mujeres de religión protestante y las que declaran no tener ninguna, tampoco varía.

La comparación entre tipos de uniones nos indica que la propensión a unirse temprano y en unión libre es mayor entre aquellas mujeres que se declaran sin ninguna religión. Lo que no sabemos discriminar con estos datos es si hay más mujeres en uniones libres sin religión o si es el hecho de estar en uniones libres o sea, en una unión no sacramentada, el motivo por el cual manifiestan no tener una religión. De cualquier forma, la proporción de mujeres en estas circunstancias es muy escasa; en cambio, el estar en unión libre y ser católica, que es la situación más frecuente entre quienes se unen antes de los 20 años, no parece ser una situación irreconciliable.

La razón de esto es probablemente la expectativa de una legalización de tipo religioso, a la cual se somete tradicionalmente alrededor de la mitad de las parejas que inician su vida conyugal a través de una unión libre.

Otro aspecto interesante de anotar es la proporción más elevada de matrimonios solamente civiles que se da entre los protestantes y entre los de ninguna religión, el doble que entre los católicos.

De cualquier manera el peso del grupo que se declara como católico es tan grande que su comportamiento modela finalmente la distribución por tipo de unión que impera en el país: uniones libres abundantes entre quienes se unen antes de los 20 años –más o menos un 15% de las mujeres– y matrimonios civiles y religiosos cada vez más frecuentes entre quienes lo hacen después de esta edad.

CONSIDERACIONES FINALES

Los argumentos acumulados en este trabajo apoyarían la aparición de ciertos síntomas de lo que autores como Van de Kaa y Lesthaeghe señalan como característicos del proceso que dan ellos mismos en denominar Segunda Transición Demográfica, entre ellas el incremento de las edades al matrimonio, aumento de las proporciones de uniones libres dentro del conjunto de población unida y las interrupciones de uniones cada vez más frecuentes. Pero estas evoluciones no son suficientes para afirmar que estamos adentrados en esta Segunda Transición o simplemente, en la segunda etapa de la Transición. En primer lugar, porque al menos en México la edad promedio a la primera unión si bien se ha elevado entre las mujeres se mantiene todavía por debajo de la de los países desarrollados lo mismo que los niveles de interrupción por causas voluntarias (divorcio y separación). En cuanto a la desinstitucionalización del matrimonio, que es el rasgo más distintivo de esta Segunda Transición, no se puede obviar el hecho de que la unión libre es un tipo de unión secular en nuestras sociedades y que ha marcado la diferencia entre el modelo de nupcialidad latinoamericano y los imperantes en el resto del mundo. Los datos que acabamos de analizar nos muestran que en los últimos años se ha dado conjuntamente una disminución de la nupcialidad joven y un incremento de las uniones libres en estas mismas edades. Todavía no sabemos si se trata de un fenómeno coyuntural o bien, si las generaciones futuras repetirán este comportamiento. De cualquier forma lo relevante es saber si estamos en presencia del mismo tipo de unión libre tradicional cuyas características nos hablan de una población pobre, rural y poco escolarizada o si, por el contrario, se está produciendo una transformación en la cual la unión libre se está convirtiendo en una categoría semejante al matrimonio civil y religioso. En los países desarrollados la población involucrada en este tipo de uniones es altamente escolarizada y urbana. Inicialmente, es decir hacia los años sesenta-setenta, cuando aparece la cohabitación juvenil su existencia no implicaba la formación de una familia; el tener hijos en esta situación es un fenómeno nuevo y transforma su naturaleza. De una relación limitada a la pareja de convivientes, la unión libre se ha convertido en un verdadero sustituto del matrimonio al apropiarse de una de sus funciones sustanciales, la reproducción. De aquí que se le considere la nueva forma de organizar la vida familiar. En nuestras sociedades latinoamericanas la unión libre ha constituido desde siempre una forma alternativa de vivir en familia y es muy probable que continúe siéndolo aunque sus características cambien. De aquí que el seguimiento de las posibles transformaciones en este ámbito, vale decir, que el de la formación de parejas constituya uno de los retos a corto y mediano plazo.

BIBLIOGRAFÍA

Bozon, M. y Q. Kontula (1997), "Initiation Sexuelle et genre", en *Population*, vol. 52, núm. 6, París.

Conapo (1999), *La situación demográfica de México*, México.

D'Aubeterre, M. E. (2000), "Uniones conyugales inconvenientes es una comunidad de transmigrantes originarios del estado de Puebla", Instituto de Ciencias Sociales y Humanidades, Universidad Autónoma de Puebla, presentado en el Taller Internacional *Dinámica de la población indígena en México: problemáticas contemporáneas*, 16-18 de mayo de 2000, CIESAS, México.

Gómez de León, J. (1999), "Los cambios en la nupcialidad y la formación de familias: algunos factores explicativos", *Cien años de cambio demográfico en México* (mimeo).

Juárez F. y Quilodrán J. (1990), "Mujeres pioneras del cambio reproductivo en México", *Revista Mexicana de Sociología*, vol. LII, núm. 1, UNAM, IIS, pp. 33-49.

Lesthaeghe, R. y Van de Kaa, D. (1986), "Twee demografische transities", en Lesthaeghe, R. y Van de Kaa, D. (eds.), Groei of Krimp? Boekuitgave Mens en Haatschappij, Deventer, Van Loghum Slaterus.

Lesthaeghe, R. y G. Moors (1994), "Expliquer la diversité des formes familiales et domestiques", en *Population*, vol. 49, núm. 6, París.

Lesthaeghe, R. (1995), "La deuxième transition démographique dans les pays occidentaux: une interprétation", Centrum voor sociologie, VUB, Bruselas, Bélgica, Transitions démographiques et sociétés. Chaire Quetelet 1992. Institut de Démographie, Université Catholique de Louvain-la-Neuve, Académia, L'Harmattan, 1995, pp. 133-180.

_____ (1998), "On theory development and applications to the study of family formation", *Population and Development Review*, vol. 24, núm. 1, marzo, pp. 1-14.

Quilodrán J. (1995), "La reunión de El Cairo: grandes temas discutidos", en revista *Demos*, núm. 8.

_____ (1998a), *Le mariage au Mexique: évolution nationale et typologie régionale*, Academia-Bruylant, Louvain-la-Neuve, Belgique.

_____ (1998b), "Un siglo de matrimonio en México", *Cien años de cambio en México* (mimeo).

_____ (1999a), "L'union libre en Amerique latine: aspects récents d'un phénomène seculaire", *Cahiers Quebecquois de Démographie.*

_____ (1999b), *¿Han cambiado los jóvenes? Una mirada desde la demografía*, Instituto Mexicano de la Juventud (en prensa).

Suárez, L. (2000), "El divorcio en México, 1926-1935: una visión demográfica", tesis de maestría en demografía, El Colegio de México, cuadro v.1.

Van De Kaa, D. (1987), "Europe's Second Demographic Trasition", *Population Bulletin*, vol. 42, núm. 1, Population Reference Bureau, Nueva York.

Anexo 1. Comparación de la distribución de las mujeres de 15-49 años unidas por tipo de unión según grupos de edad México, 1970-1997

Tipo de unión	*Grupos quinquenales de edad*							
	15-19	*20-24*	*25-29*	*30-34*	*35-39*	*40-44*	*45-49*	*Total*
Casadas								
Civil y religioso								
1970[a]	43.8	55.9	60.6	63.5	63.2	65.5	66.6	61.4
1997[b]	18.0	35.2	50.5	56.0	58.3	64.1	67.5	52.6
Civil								
1970	23.6	19.3	16.1	14.5	13.6	12.6	12.1	14.8
1997	32.6	31.4	26.7	23.1	21.9	19.7	18.2	24.3
Legal								
1970	67.4	75.2	76.7	78.0	76.8	78.1	78.7	76.2
1997	50.6	66.7	77.2	79.2	80.2	83.8	85.7	77.0
Unión libre								
1970	25.6	17.8	15.7	14.4	14.9	14.1	13.3	15.5
1997	46.5	29.8	19.3	17.5	16.1	12.5	11.0	19.5

Matrimonio religioso								
1970	7.1	7.1	7.6	7.6	8.3	7.8	7.9	7.4
1997	2.9	3.5	3.6	3.4	3.8	3.7	3.3	3.5
Proporción total								
1970	21.2	61.6	82.7	89.6	92.3	92.8	92.9	
1997	16.1	50.5	75.4	85.9	90.6	92.6	93.3	

[a] Quilodrán, J. (1988), *Le marriage au Mexique*, Anexe 3.1.
[b] Cálculos propios con base en Enadid, 1997.

Anexo 2. Tabla de interrupción de uniones correspondientes en las cohortes

x	q_x	p_x	l_x	d_x	L_x	T_x	e_x
			1970-1974				
0	0.000097349	0.9999	$1.000	0.0001	1.0000	24.2743	24.27
1	0.001136415	0.9989	0.9999	0.0011	0.9993	23.2744	23.28
2	0.002000108	0.9980	0.9988	0.0020	0.9978	22.2750	22.30
3	0.002001261	0.9980	0.9968	0.0020	0.9958	21.2773	21.35
4	0.00371239	0.9963	0.9948	0.0037	0.9929	20.2815	20.39
5	0.002243661	0.9978	0.9911	0.0022	0.9900	19.2886	19.46
6	0.004853774	0.9951	0.9889	0.0048	0.9865	18.2986	18.50
7	0.004362571	0.9956	0.9841	0.0043	0.9819	17.3121	17.59
8	0.005192249	0.9948	0.9798	0.0051	0.9772	16.3302	16.67
9	0.00333043	0.9967	0.9747	0.0032	0.9731	15.3530	15.75
10	0.00563998	0.9944	0.9714	0.0055	0.9687	14.3799	14.80
11	0.005090864	0.9949	0.9660	0.0049	0.9635	13.4113	13.88
12	0.005704547	0.9943	0.9610	0.0055	0.9583	12.4478	12.95
13	0.009083722	0.9909	0.9556	0.0087	0.9512	11.4895	12.02
14	0.006622576	0.9934	0.9469	0.0063	0.9437	10.5383	11.13
15	0.005539769	0.9945	0.9406	0.0052	0.9380	9.5945	10.20
16	0.005378307	0.9946	0.9354	0.0050	0.9329	8.6565	9.25
17	0.002536951	0.9975	0.9304	0.0024	0.9292	7.7236	8.30

18	0.004820566	0.9952	0.9280	0.0045	0.9258	6.7945	7.32
19	0.007975387	0.9920	0.9235	0.0074	0.9198	5.8687	6.35
20	0.006928465	0.9931	0.9162	0.0063	0.9130	4.9489	5.40
21	0.006936758	0.9931	0.9098	0.0063	0.9067	4.0359	4.44
22	0.007076576	0.9929	0.9035	0.0064	0.9003	3.1292	3.46
23	0.005225163	0.9948	0.8971	0.0047	0.8948	2.2289	2.48
24	0.005034441	0.9950	0.8924	0.0045	0.8902	1.3341	1.49
			1985-1989				
0	0.002268172	0.9977	1.0000	0.0023	0.9989	10.1696	10.17
1	0.003952181	0.9960	0.9977	0.0039	0.9958	9.1708	9.19
2	0.006880449	0.9931	0.9938	0.0068	0.9904	8.1750	8.23
3	0.008102506	0.9919	0.9870	0.0080	0.9830	7.1846	7.28
4	0.005866615	0.9941	0.9790	0.0057	0.9761	6.2017	6.34
5	0.00794011	0.9921	0.9732	0.0077	0.9693	5.2256	5.37
6	0.010041824	0.9900	0.9655	0.0097	0.9606	4.2563	4.41
7	0.008409021	0.9916	0.9558	0.0080	0.9518	3.2956	3.45
8	0.010488244	0.9895	0.9478	0.0099	0.9428	2.3439	2.47
9	0.006019819	0.9940	0.9378	0.0056	0.9350	1.4011	1.49

Fuente: Cálculos propios con base en Enadid, 1997.

Segunda parte

¿SOLOS O EN PAREJAS?

I. EL EFECTO DE LA DINÁMICA DEMOGRÁFICA SOBRE LA POBLACIÓN QUE VIVE "EN SOLITARIO"*

ALEXANDRA BOYER**
JULIETA QUILODRÁN***

INTRODUCCIÓN

El paso de un régimen demográfico tradicional, donde la fecundidad y la mortalidad son altas, a un régimen moderno, donde la fecundidad y la mortalidad son bajas, comporta tres momentos claves que resultan en un descenso del ritmo de crecimiento natural de la población.

1. El primero ocurre cuando comienza a descender la mortalidad.
2. El segundo está marcado por el inicio de la baja de la fecundidad y constituye al mismo tiempo, el momento de mayor crecimiento natural de la población.
3. El tercero se presenta cuando las tasas de natalidad y mortalidad están en sus niveles mínimos

* Basada en la tesis de maestría en demografía de Alexandra Boyer, "El efecto de la dinámica demográfica sobre la población sola. México, 2000", El Colegio de México (2004). Investigadora del proyecto Conacyt 29051-S.

** Maestra en demografía.

*** Profesora-Investigadora de El Colegio de México.

y por consiguiente el crecimiento natural se aproxima a cero. A este momento se le considera el fin de la transición demográfica.

La transición demográfica (TD) trae aparejada mejoras en todas sus etapas: elevaciones en los niveles de higiene, alimentación, organización de los servicios de salud, transformación de las causas de muertes que se manifiesta en una reducción de las enfermedades infecciosas que da paso a una mayor presencia de las enfermedades crónicas, degenerativas y de los accidentes.

Por lo que respecta a la fecundidad sabemos que las tasas comenzaron a declinar a medida que los hijos pasaron a ser más costosos y menos valiosos en términos económicos (Cadwell, 1978). Así tenemos que cuanto más tiempo sobrevive un hijo menor es el valor del siguiente debido a que hay cada vez más seguridad de que cada uno de ellos va a salir adelante. Esto explicaría en parte que no se tengan muchos hijos. También se encuentran dentro de los factores explicativos de este descenso el desarrollo económico y la posibilidad efectiva de controlar la natalidad. Sin embargo, cabe señalar que este esquema transicional no se repite de igual manera en todos los países ya que la velocidad de los cambios difiere. En los países europeos, los avances en la medicina se han venido introduciendo paulatinamente durante los últimos 250 años. Los cambios culturales y de las mentalidades evolucionaron de forma paralela, permitiendo un descenso acompasado de la tasa de natalidad. En los países en desarrollo este proceso fue distinto. En ninguno de ellos transcurrió mucho tiempo para que la transición demográfica alcanzara una etapa avanzada como tampoco desde que la tasa de crecimiento anual alcanzó su nivel máximo, muchas veces superior a 3% como fue el caso de México en los años setenta.

En México, la baja de la mortalidad empezó alrededor de 1930 y precedió treinta años al descenso de la fecundidad, lo que explica la rapidez del crecimiento de su población (Quilodrán, 2001). La transición epidemiológica permitió a su vez una modificación del patrón de mortalidad lo cual se refleja principalmente en una mayor esperanza de vida. La tasa bruta de mortalidad pasó de 26.7 por mil en 1930 a 11.5 por mil en 1960 y a 4.2 por mil en 2001 (INEGI, 2001). Los cambios en los niveles de mortalidad se asocian principalmente a los avances médicos, a la urbanización creciente así como a mejoras en las condiciones de salubridad. Hacia 1930 la esperanza de vida de la población mexicana era de 33 años para los hombres y 35 años para las mujeres mientras que en 2001 se había más que duplicado alcanzando 73.1 para los hombres y 77.6 años para las mujeres (INEGI, 2001).

Durante este tiempo, en Europa, los incrementos en la esperanza de vida tuvieron como consecuencia la aparición de una nueva forma de vivir, de amar y también de trabajar. Hoy en día, no existen secuencias bien establecidas entre los eventos específicos de una vida: fin de los estudios, salida del hogar, matrimonio, nacimiento del primer hijo, etcétera. A los 30 años muchos jóvenes todavía no han hecho las transiciones entre estas diversas etapas. En un ambiente cada vez más precario (inseguridad laboral, relaciones de pareja más cortas) los jóvenes ya no adoptan el modelo de vida único con un solo empleador y un solo cónyuge. La facilitación del divorcio y la ley sobre el Pacto Civil de Solidaridad (Pacs) son las marcas jurídicas de estas modificaciones en Francia (De Singly, 2000). Todos estos fenómenos están contenidos en el esquema explicativo conocido como "Segunda Transición Demográfica" (STD) (Van de Kaa, 1987).

El comienzo de esta STD estuvo marcado por la "revolución sexual" que ocurrió con la introducción de los métodos anticonceptivos modernos. Sus principales características están ligadas a un descenso de la fecundidad por debajo del nivel de reemplazo; un incremento de la vida sexual prematrimonial; una postergación de las edades al primer matrimonio y a la llegada del primer hijo; una generalización de la cohabitación fuera del matrimonio; un incremento de los nacimientos ilegítimos así como por una fragilidad de las uniones conyugales y una mayor frecuencia de nuevas uniones. La extensión de la esperanza de vida permite, al mismo tiempo la coexistencia de varias generaciones. Por supuesto, esta modificación de la formación y estabilidad familiar tiene también repercusiones desde el punto de vista de los hijos, algunos ejemplos son: el incremento de la cohabitación con medios hermanos y padrastros, así como un solo padre biológico y el abandono tardío del hogar (*baby bust*). Esta Segunda Transición trae también con ella la postergación del matrimonio o su cancelación.

La Segunda Transición Demográfica habría comenzado a manifestarse en los países europeos entre 1965 y 1970 y comprende según Lesthaeghe (1995), quien junto con Van de Kaa crearon este concepto, tres grandes fases:

- Primera fase. Concluida la etapa del *baby boom*, la fecundidad comienza a descender de manera acelerada y las tasas de divorcios tienden a aumentar rápidamente. Estos cambios coinciden con la denominada "revolución anticonceptiva" y la reducción de la duración de los matrimonios.
- La segunda fase tuvo lugar entre 1970 y 1985 y en ella, la proporción de personas viviendo en unión libre aumenta, compensando el descenso de los matrimonios. El incremento de la unión libre tiene a su vez como consecuencia, un incremento de los nacimientos fuera del matrimonio.

- En la última fase de la transición aparecen nuevas modalidades de convivencia conyugal: cohabitación pre-marital, cohabitación parcial, entre otras. Asimismo en esta última fase la nupcialidad legal se vuelve más tardía.

En Europa, cuando se examina el número promedio de primeros matrimonios por 1 000 hombres o mujeres, se observa que en 30 años este indicador disminuyó en casi la mitad para el conjunto de los países. En Francia éste pasó de 915 primeros matrimonios por 1 000 hombres en 1970 a 557 en 1999. En Alemania estas mismas cifras son respectivamente de 919 por 1 000 hombres y de 528 para 1998. Al mismo tiempo el indicador de divorcios conoció un incremento sin precedente pasando de 12.5 divorcios por 100 matrimonios en 1970 a cerca de 40 divorcios por el mismo número de divorcios en Francia mientras que en algunos países como Suecia, Suiza y Finlandia esa cifra sobrepasa los 50 divorcios por 100 matrimonios (Sardon, 2000). La inestabilidad de las parejas se acompañó en estos mismos países del incremento de la cohabitación, del divorcio y de la soltería, que son de las características de la STD que más inciden en la formación de nuevos tipos de parejas conyugales. En suma, se desinstitucionalizó y privatizó la familia.

En México, la tasa global de fecundidad se redujo de 6.8 hijos por mujer en 1960 a 2.3 en 2001 (INEGI, 2001). Sin embargo, si examinamos la tasa global de fecundidad por condición de actividad de la madre vemos que las mujeres económicamente activas tuvieron un descenso algo mayor (de 3.8 hijos en 1974 a 2 hijos en 1996) que el de las económicamente inactivas (6.9 hijos por mujer a 3.5 por el mismo periodo).

En el caso de la nupcialidad mexicana, uno de los cambios más importantes que se observó fue el retraso de la edad a la primera unión de las mujeres. Esa edad pasó de 19.7 años para las mujeres en 1976 (EMF) a 21 años en 1995, además se redujo la diferencia de edad a la primera unión entre los cónyuges (Quilodrán, 2001; INEGI, 2001). No obstante, cabe destacar que el fenómeno de retraso de la edad al matrimonio no se presentó en México en las mismas proporciones que en los países europeos, dado que en este país las parejas se siguen casando a una edad relativamente joven en comparación con las que imperan en Europa.

En palabras de Welti (2000) el incremento de la disolución de las parejas conyugales que se ha venido observando refleja "una mejoría en el estatus de las mujeres y nuevos tipos de interacciones entre hombres y mujeres que se concretan en la relación de pareja". Por su lado, el celibato puede tener, al igual que el matrimonio tardío, un efecto negativo sobre la fecundidad, siempre que haya "en ambos casos continencia fuera del matrimonio, o se recurra a algún método para impedir los nacimientos" (Davis y Blake, 1956). No obstante, como el celibato con abstinencia no es tan frecuente entre la población, su "influencia sobre la fecundidad es menos negativa" y explicaría solamente un 25% del descenso de la fecundidad (Davis y Blake, 1956). Estas son algunas de las razones que otorgan interés al estudio del tema de la población soltera y en uniones disueltas que aquí deseamos emprender.

A lo anterior se suma que los cambios que conoció la nupcialidad en México, en los últimos cincuenta años, pero especialmente en la última década del siglo XX, responden a razones alejadas de las que se observan desde la década de los sesenta en los países europeos. Entre ellas figuran las siguientes:

- El matrimonio ha perdido el papel protector que tenía en el pasado.

- Se ha dado una disociación entre el matrimonio y la vida sexual de los individuos, posibilitada por la adopción de métodos anticonceptivos que van desdibujando los lazos estrechos que existían hasta hace poco tiempo entre vida matrimonial, vida sexual y vida reproductiva.

Estos cambios se insertan en el proceso de modernización que tuvo lugar en México, especialmente durante la segunda mitad del siglo XX: urbanización, incremento de la escolaridad y de la participación de la mujer en el mercado de trabajo. De modo que si el matrimonio ha perdido, parcialmente al menos, su valor institucional; si los embarazos no deseados pueden ser evitados con los anticonceptivos y junto con ello los matrimonios de reparación; y si, además, las mujeres han logrado una mayor independencia social y económica con respecto a su cónyuge y pueden, por esta razón, dar por terminadas relaciones conyugales indeseadas, una de las consecuencias naturales es un incremento de la población que se casa más tarde y disuelve con mayor frecuencia sus uniones y que vive, por lo mismo, fuera de una unión conyugal.

El análisis de este último tipo de población, a la cual denominaremos "en solitario", y que engloba a la población soltera, separada y divorciada, constituye el objetivo del presente trabajo. Prolongar la soltería y acortar el tiempo en unión conyugal constituye una de las nuevas modalidades de organización de la vida en sociedad.

¿Se podría decir que el modelo de la nupcialidad en México está acercándose al de los países europeos? A este respecto hay que tener en cuenta que la Transición Demográfica (primera o clásica) no se realizó en México en las mismas condiciones que en los países europeos, por ello no hay razones para esperar que la STD deba presentar las mismas características que la de estos países. Hay que tener presente que las diferencias culturales en la formación de las familias, así como las características socioeconómicas de la población, pueden establecer diferencias en los modelos que se conforman.

El interés por el estudio de la nupcialidad se justifica por las diferentes funciones que se le atribuye al constituir una pareja conyugal: reconocimiento del estatus de adulto al individuo, la afirmación de su identidad sexual, de sus funciones afectivas y de compañerismo, así como de la satisfacción sexual y de reproducción de las funciones socializadoras (Fawcett, 1974, citado en Quilodrán, 2001). A medida que finaliza la Transición Demográfica y el nivel educativo de la población aumenta significativamente, cabe esperar una mayor igualdad entre hombres y mujeres que en el pasado, específicamente en las conductas relativas a la formación y disolución de las parejas. En suma, el objetivo general de este trabajo será hacer un diagnóstico a nivel nacional de la población "en solitario" (soltera y en uniones disueltas) y con ello evaluar qué tanto se está incrementando este tipo de población. De este modo estaríamos dando cuenta, para los hombres y las mujeres, de uno de los rasgos más distintivos de los cambios que están ocurriendo en el inicio de la etapa postransicional.

LA POBLACIÓN QUE VIVE "EN SOLITARIO", 1970-2000

Para el estudio de esta categoría de población se usará como fuente de datos la muestra del 10% del XII Censo General de Población y Vivienda levantado por el INEGI en el año 2000, así como algunos tabulados básicos correspondientes a los censos de 1970 y 1990. El universo de análisis se circunscribe a los residentes de la vivienda que declararon ser personas solteras, viudas, separadas o divorciadas en el momento censal cuyo conjunto denominaremos población "en solitario".

La población que vive "en solitario" comprende dos subconjuntos que son, por un lado, la población soltera y, por otro, la población en uniones disueltas. La población soltera está constituida por aquella que declara, en el momento del levantamiento del censo no haberse casado o unido nunca. Por su parte la población en uniones disueltas se define como la parte de la población que estuvo casada o unida en unión libre, pero que, en el momento del censo se encontraba sola por diversas razones, como son: el divorcio, la separación o la viudez. Con el propósito de evitar lo más posible las interacciones con otros fenómenos demográficos, tomaremos como población bajo estudio los hombres y las mujeres 15-59 años que declararon encontrarse "sin compañero" en el momento censal. Se trata principalmente de evitar así las diversas interferencias que se dan entre la nupcialidad y la mortalidad (Pressat, 1967). La decisión de adoptar un límite de edad inferior a 60 años responde justamente a la necesidad de evitar la sobrerrepresentación de las mujeres viudas en nuestro análisis. No obstante, estamos conscientes que el fenómeno de la migración está interfiriendo también con nuestro análisis y podría ser un factor explicativo más en el incremento de la población en solitario a lo largo de las últimas décadas. Nuestro trabajo busca responder básicamente las preguntas siguientes:

- ¿Qué tanto se ha incrementado la proporción de población "en solitario" en el periodo 1960-2000?
- ¿Qué tanto el aumento de la población "en solitario" responde a los cambios de las estructuras por edad producto de las transformaciones de la dinámica demográfica y, qué tanto a cambios en

los comportamientos de la población frente a la nupcialidad?

Para contestar la primera pregunta analizaremos la evolución de cada uno de los subconjuntos que conforman la población "en solitario", es decir, la población soltera por un lado, y por el otro, la población en uniones disueltas o alguna vez unida; esto, como ya lo dijimos, para hombres y mujeres de 15 a 59 años.

Como podemos ver en el cuadro 1, el porcentaje de solteros 15-59 años era en 1970 de 39.2% mientras que en 2000 bajó a 36.9%. En el caso de las mujeres, las proporciones pasaron respectivamente de 30.2% a 31.1% durante el mismo periodo, experimentando una ligera alza. Sin embargo, durante las tres décadas observadas la evolución de las proporciones de solteros muestran altas y bajas con valores máximos en 1990 para ambos sexos (39.7% y 33.1% respectivamente para hombres y mujeres). Las proporciones de hombres solteros son siempre mayores que las de mujeres solteras como consecuencia de edades más tardías de los hombres a la primera unión.

Pero también en cierta medida como resultado de una declaración del estado civil entre estos últimos, que conduce a una subestimación de la población de hombres en unión conyugal en el momento censal (Quilodrán, 1974). Las reducciones más notorias de las proporciones de solteros se dan en el último decenio del siglo XX. Resulta también interesante anotar que la relación entre la población de solteros y solteras tiende a bajar: 1.30 en 1970 a 1.19 en 2000. Esto significa que la cantidad de solteras se ha incrementado más rápido que la de solteros en la población total 15-59 años.

La población "en uniones disueltas" representaba 2.1% entre los hombres en 1970 y 2.7% en 2000. Las proporciones de mujeres pasaron en este mismo periodo

Cuadro 1. Proporción de la población “en solitario” 15-59 años, 1970-2000

	Solteros (a)			*Uniones disueltas (b)*			*Población “solitaria” (a+b)*		
	Hombres	*Mujeres*	*Hombres/ Mujeres*	*Hombres*	*Mujeres*	*Hombres/ Mujeres*	*Hombres*	*Mujeres*	*Hombres/ Mujeres*
1970	39.2	30.2	1.30	2.1	6.7	0.31	41.2	36.9	1.12
1980	38.6	31.4	1.23	1.8	6.4	0.28	40.4	37.8	1.07
1990	39.7	33.3	1.19	1.6	5.9	0.27	41.4	39.3	1.05
2000	36.9	31.1	1.19	2.7	8.3	0.33	39.6	39.4	1.01

Fuente: Estimaciones propias con base en los Censos 1970-2000.

de 6.7% a 8.3%. Las diferencias que se observan en las proporciones por sexo en cualquier año censal ponen en evidencia una presencia mucho mayor de mujeres en este tipo de uniones. Una situación como esta responde a la mayor propensión de los hombres a contraer nuevas nupcias, y a declararse solteros aunque no lo sean, así como una cierta sobremortalidad masculina. Aunque escasa, esta sobremortalidad está presente desde los 15 años, según se puede apreciar en la gráfica 1, que también nos muestra que la relación entre fallecidos hombres y mujeres es favorable a los hombres.

Gráfica 1. Distribución de las defunciones por edad, 2000 (porcentaje)

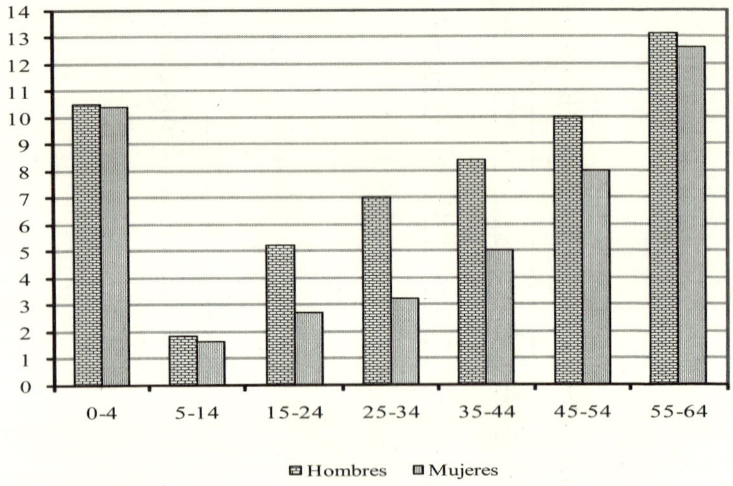

Fuente: Secretaría de Salud, 2002, cuadro I.1, p. 3.

LAS POBLACIONES EN UNIONES DISUELTAS SEGÚN TIPO DE DISOLUCIÓN 1970-2000

Las gráficas 2 y 3 permiten apreciar el peso relativo de cada uno de los componentes de la población “en uniones disueltas" (viudos, divorciados y separados) por sexo y constatar que la composición interna de este grupo fue cambiando a través del tiempo. Así tenemos que en 1960 este tipo de población se componía principalmente de personas viudas (88.4% para los hombres y 88.7% para las mujeres). Esa importancia se explica por las altas tasas de mortalidad que prevalecían en ese momento. Conforme fue aumentando la esperanza de vida de los mexicanos la proporción de los viudos dentro del conjunto de la población en uniones disueltas 15-59 años fue disminuyendo: 23.2% en el caso de los hombres y 34.7% en el de las mujeres en el año 2000.

En el caso de las disoluciones voluntarias –separación y divorcio– la situación es la contraria. Mientras que en 1960, 15.6% de los hombres y 11.2% de las mujeres algu-

Gráfica 2. Composición de la población en uniones disueltas, Hombres, 1960-2000 (porcentaje)

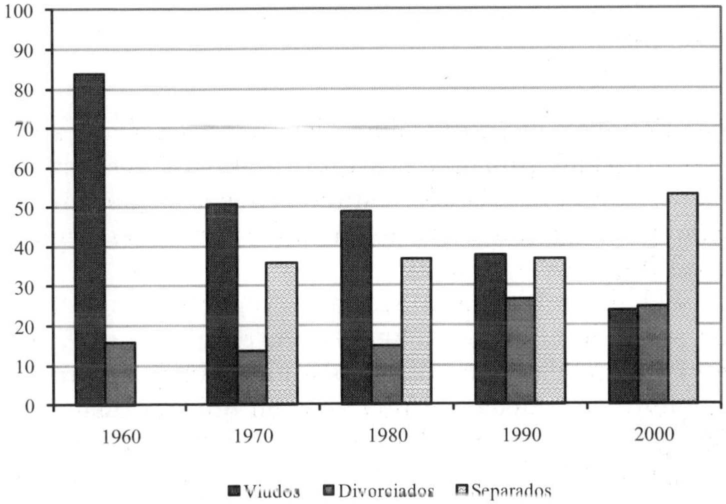

Fuente: Cálculos propios. Censos de Población y Vivienda, 1960, 1970, 1980, 1990 y 2000.

Gráfica 3. Composición de la población en uniones disueltas, Mujeres, 1960-2000 (porcentaje)

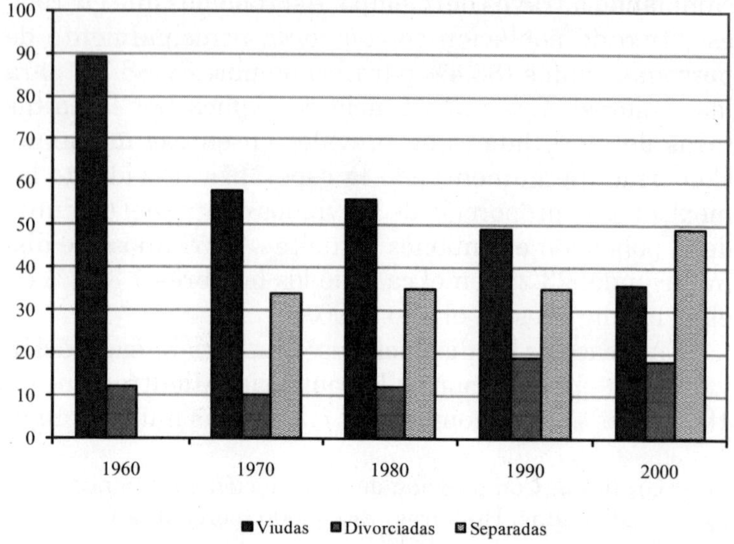

Fuente: Cálculos propios. Censos de Población y Vivienda, 1960, 1970, 1980, 1990 y 2000.

na vez unidos se encontraban divorciados en el año 2000 estas mismas proporciones representaban, respectivamente, 25% y 17.4%. No obstante, cabe destacar que los cambios temporales más importantes han correspondido a las personas separadas.

Si bien en 1960 la categoría de "separados" no estaba presente en el censo, cuando se introduce en el Censo de 1970, queda de manifiesto su importancia dentro del conjunto de población 15-59 años en uniones disueltas: 35% de los hombres y 32% de las mujeres. Para 2000 representaban 52% y 48% respectivamente, es decir, alrededor de la mitad de la población en uniones disueltas. Además, las proporciones de separados en 2000 con respecto a los divorciados se duplican en el caso de los hombres y se multiplican por 2.8 en el caso de las mujeres; o sea, la separación avanza más velozmente que el divorcio.

En resumen, tenemos una población de viudos en disminución, una de divorciados que crece, pero la verdadera expansión de la disolución de uniones se está dando en la modalidad de separación de hecho de las parejas casadas o en uniones libres.

IMPACTO DE LA DINÁMICA DEMOGRÁFICA SOBRE LA POBLACIÓN "EN SOLITARIO"

Para contestar la segunda pregunta que hemos formulado hay que proceder a distinguir entre los cambios generados por las transformaciones de las estructuras etarias del conjunto de la población –producto de la dinámica demográfica reciente– de aquellos derivados de cambios en los comportamientos.

Las cifras relativas a los nacimientos ocurridos en 1990, comparados con los del año 2000, nos adelantan algo sobre lo que está ocurriendo a nivel del conjunto de la población. Así tenemos que el número de nacimientos en 2000 (2 699 084 nacimientos) fue ligeramente inferior al del noventa (2 735 312 nacimientos), lo que nos muestra que en la última década estudiada la población joven disminuyó ligeramente (INEGI, 2001). Suponiendo que la edad a la primera unión se hubiera mantenido constante durante la década de los noventa también lo hubiera hecho la proporción de solteros. La situación es, en cambio, la de una disminución de esta proporción en el Censo de 2000 (cuadro 1), lo cual nos habla de que el impacto del descenso de la fecundidad está alcanzando a los grupos de población que están ingresando a las edades casaderas.

Las preguntas que surgen son: ¿es posible que disminuya la proporción de solteros dentro del grupo 15-59 años de edad que implicaría un rejuvenecimiento de la edad a la primera unión cuando la información disponible nos refiere una postergación de la misma? En esta situación, el cambio de la estructura por edad de la población mexicana, ¿qué tanto podría estar influyendo sobre las proporciones de personas solteras y en uniones disueltas 15 a 59 años? Para responder adecuadamente a estas preguntas debemos eliminar los efectos de la estructura por edad, procediendo a la estandarización de las poblaciones objetivo.

Estandarización de la población

Desde fines de los años sesenta y principio de los setenta, la estructura por edad de la población mexicana fue cambiando progresivamente a causa principalmente del descenso de la fecundidad que comenzó a darse desde fines de los años sesenta (Quilodrán, 1991; Juárez, 1983; INEGI, 2001).

Lo anterior significa que la población de 15 a 59 años en el Censo de 2000 que nació entre 1941 y 1985 debió verse afectada en su estructura por edad por este descenso. En las pirámides de la gráfica 4 se pueden apreciar las modificaciones que se dieron, no solamente en el volumen de la población 15-59 años, sino también en el resto de los grupos de edades. De 29 625 494 de personas de estas edades en 1970 se pasó a 66 630 674 en 2000, o sea, se duplicó en el plazo de treinta años.

El método clásico usado para eliminar el efecto del cambio de la estructura por edad, es la estandarización o tipificación, la cual consiste en mantener constante el factor o los factores que se han de remover y, en tal supuesto teórico, calcular los indicadores que resultarían en estas condiciones. Este análisis se basa en la posibilidad de clasificar a la población estudiada en grupos homo-

Gráfica 4. Pirámides de población, 1950-2001

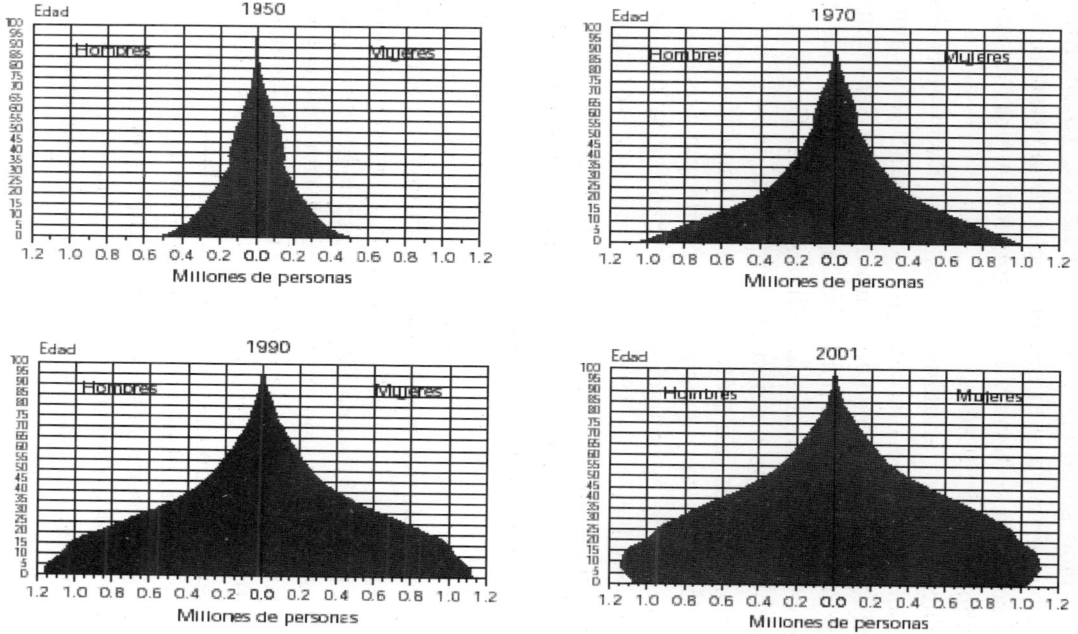

Fuente: Consejo Nacional de Población (Conapo), "Tamaño, dinámica y estructura de la población: tendencias y desafíos", en *La población de México en el nuevo siglo*, México, 2001, pp. 13-22.

géneos respecto a todos los factores, excepto aquellos cuya acción se quiere resaltar (Elizaga, 1972). En este trabajo queremos eliminar el efecto de la estructura por edad sobre la soltería y las uniones disueltas dentro de la población 15-59 años.

Para nuestro análisis se requiere de la elección de una población tipo, elección que no tiene solución general satisfactoria. En el caso de comparaciones en el tiempo es ventajoso tomar como población tipo la población del país a una fecha determinada (Elizaga, 1972; Coale, 1977). La población tipo elegida en este estudio es la de 1970 de 15 a 59 años. Se trata de una información de buena calidad que se conjuga con el hecho de que a esa fecha la estructura de la población de México fue la más joven. A esta población de 1970 –en números absolutos– por grupos de edad se le aplicaron los porcentajes derivados de las clasificaciones por estado civil y edad en cada año censal considerado de 1970 a 2001.

Las proporciones tipificadas por sexo correspondientes al grupo de edad 15-59 años para solteros y en uniones disueltas, vale decir "en solitario", figuran en el cuadro 2. Los resultados de la estandarización ponen en evidencia que las proporciones de solteros, tanto de hombres como de mujeres, habrían sido mayores en 2000 con una estructura de la población como la que existió en 1970. De acuerdo con estos datos las proporciones de hombres solteros habrían aumentado desde 1990 y las de las mujeres desde 1980. Es decir, el efecto del cambio en la estructura de la población sería responsable de la disminución de las proporciones de solteros observada el año 2000 y no un rejuvenecimiento de la edad a la primera unión, como podría interpretarse si nos atenemos a las proporciones de solteras observadas (cuadro1).

De cualquier forma el efecto de los cambios de estructura mantiene los diferenciales por sexo que siguen

Cuadro 2. Distribución de la población "no unida" observada y estandarizada, 12 años y más, 1970-2000[a]

	Hombres			*Mujeres*		
	No estándar	*Estándar*	*Diferencias*	*No estándar*	*Estándar*	*Diferencias*
Solteros						
1970	39.2	39.2	0.0	30.2	30.2	0.0
1980	38.6	37.5	-1.1	31.4	30.9	-0.5
1990	39.7	39.1	-0.6	33.3	33.5	0.2
2000	36.9	40.1	3.2	31.1	34.6	3.5
Uniones disueltas						
1970	2.1	2.1	0.0	6.7	6.7	0.0
1980	1.8	1.9	0.1	6.4	6.5	0.1
1990	1.6	1.7	0.1	5.9	5.9	0.0
2000	2.7	2.5	-0.2	8.3	7.7	-0.6
Población "en solitario"						
1970	41.2	41.2	0.0	36.9	36.9	0.0
1980	40.4	39.3	-1.1	37.8	37.4	0.4
1990	41.4	40.7	-0.7	39.3	39.5	0.2
2000	39.6	42.6	3.0	39.4	42.3	2.9

[a] A la población de 1970 aplicamos los porcentajes de cada estado civil y edad en cada año censal.
Fuente: Cálculos propios.

manifestándose en proporciones más elevadas de solteros que de solteras. En el caso de las uniones disueltas las proporciones estandarizadas muestran que el efecto del descenso de la fecundidad y la modificación correlativa de la estructura por edad hubiera conducido a un ligero incremento de ellas entre 1970 y 1990 y luego, entre 1990 y 2000 a una leve disminución sobre todo entre las mujeres (-0.2% entre los hombres y -0.6% entre las mujeres).

Consideradas en conjunto las poblaciones de solteros y en uniones disueltas –población "en solitario"– lo que la estandarización nos dice es que sus proporciones se habrían incrementado entre 1990 y 2000 en 1.9 puntos porcentuales entre los hombres y 2.8% entre las mujeres. En lugar de disminuir o no variar, como se deriva de las proporciones observadas.

Si consideramos solamente a las poblaciones solteras los incrementos por sexo habrían sido respectivamente de 2.6% y 3.3%. Por el contrario, en el caso de las uniones disueltas los cambios de estructuras de la población en el periodo 1990-2000 juegan en sentido contrario: de haberse mantenido la distribución etaria de 1970 en el año 2000 las proporciones de población en uniones disueltas habrían sido algo menores: menos 0.2 puntos porcentuales en los hombres y menos 0.6 entre las mujeres en el año 2000. La progresión de la disolución entre 1990 y 2000 es por su parte, menos rápida entre las mujeres que entre los hombres (30% y 47%, respectivamente).

COMPARACIÓN DE LAS POBLACIONES "EN SOLITARIO" POR GRUPOS DE EDADES ENTRE 1970 Y 2000

De acuerdo con la gráfica 5 (datos en el cuadro 3), las proporciones de hombres "en solitario" por grupos de edades difieren muy poco entre los censos 1970 y 2000;

sólo en los grupos de edades 25-29 y 30-34 años las proporciones correspondientes al año 2000 superan a las de 1970 entre tres y cinco puntos porcentuales. Sin embargo, únicamente a partir del grupo de edad de 40-44 años en 1970 y 35-39 años en 2000 las proporciones de hombres "en solitario" superan a las de los solteros. Esto indica que existe un efecto de edad: la población en uniones disueltas aumenta después de los 30 años; y, otro de generación, puesto que las generaciones más jóvenes en el año 2000 comienzan a hacerlo a edades también más jóvenes.

En el caso de las mujeres, las proporciones tanto de solteras como "en solitario" son mayores en el Censo de 2000 que en 1970. En el caso de las solteras 1970-2000, la brecha aparece a partir del grupo de edad 15-19 y se mantiene hasta los 40 años. En los grupos de edad subsecuentes las proporciones se vuelven a igualar. La brecha entre las proporciones de mujeres "en solitario" perdura hasta los 50 años de edad.

Cuando comparamos las proporciones de solteros hombres con las de mujeres en los grupos jóvenes entre 1970 y 2000 existe una clara diferencia: las proporciones de hombres varían muy poco entre estos dos momentos mientras que las de las mujeres se incrementan de manera importante desde los 15 hasta al menos los 30 años. Cuando establecemos la comparación en términos de celibato definitivo (proporciones 50-54 años) las diferencias no superan un punto porcentual entre los sexos, aunque con una tendencia a reducirse para los hombres y para las mujeres entre 1970 y 2000.

Cuando se trata de las uniones disueltas (cuadro 3), observamos un aumento sostenido de éstas entre 1970 y 2000 tanto en mujeres como en hombres. Los grupos de edades que registran mayores aumentos son el de 20-24 años entre los hombres y el de 25-29 años entre las mujeres. Si las mujeres se unen más jóvenes que los

Cuadro 3. Comparación de las proporciones observadas en la población soltera, en uniones disueltas y "en solitario" por grupos quincenales de edad por sexo en los censos 1970-2000 (Población 15-59 años)

	Grupos de edad								
	15-19	*20-24*	*25-29*	*30-34*	*35-39*	*40-44*	*45-49*	*50-54*	*55-59*
Hombres									
Solteros[a]									
1970	94.8	61.2	27.2	13.8	9.2	7.4	6.4	6.4	5.7
2000	93.6	61.9	32	16.8	10.9	7.8	6.3	5.6	5.1
En uniones disueltas									
1970	0.3	1.0	1.3	1.9	2.4	3.2	3.9	5.4	6.6
2000	0.1	4.0	1.8	2.5	3.2	4.3	5.1	6.6	8.0
En solitario[b]									
1970	95.1	62.2	28.5	15.7	11.6	10.6	10.3	11.8	12.3
2000	93.7	65.9	33.8	19.3	14.1	12.1	11.4	12.2	13.1
Mujeres									
Solteras									
1970	78.8	38.5	17.4	8.5	7.8	7.3	7.1	8.0	7.8

2000	82.5	47.6	24.9	14.4	10.3	8.6	7.8	7.6	6.9
En uniones disueltas									
1970	1.1	2.6	4.1	7.7	7.8	10.9	14.1	19.7	24.2
2000	0.8	3.1	4.9	7.1	9.8	13.2	16.4	21.4	25.9
En solitario									
1970	79.9	41.1	21.5	16.2	15.6	18.2	21.2	27.7	32.0
2000	83.3	50.7	29.8	21.5	20.1	21.8	24.2	29.0	32.8

[a] Solteros: Población que declara no haber estado nunca casada o unida.
[b] Solitarios: Población soltera más aquella que estuvo alguna vez casada o unida y cuya unión se encuentra disuelta al momento del Censo (viudos, separados y divorciados).
Fuente: Cálculos propios para 1970 y 2000 con los datos de los censos de población y vivienda IX y XII, INEGI.

Gráfica 5. Comparación de las proporciones observadas en la población soltera y "en solitario" por grupos quincenales de edad por sexo en los censos 1970-2000 (Población 15-59 años)

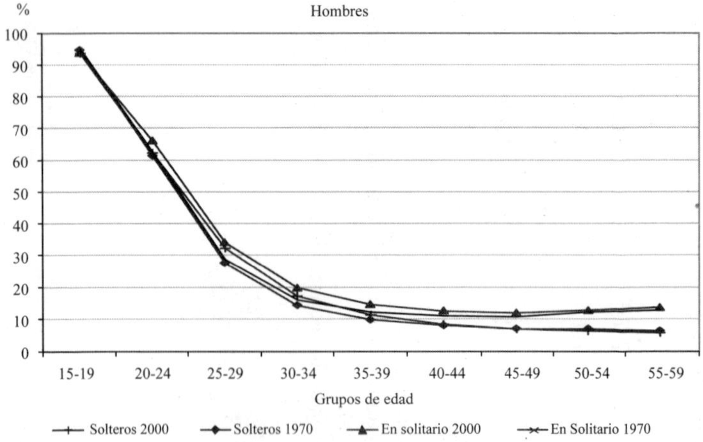

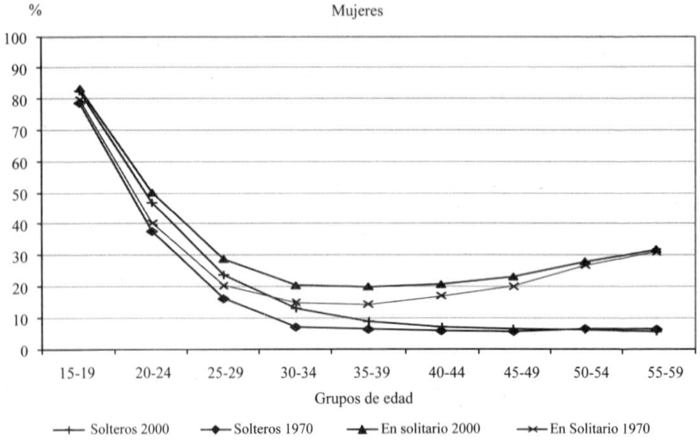

Fuente: Cuadro 3.

hombres lo lógico sería que la disolución ocurriera entre ellas también más temprano. Tal vez lo que sucede es que los hombres se vuelven a unir más rápido que las mujeres y por ello son menos en el grupo de edades 25-29 años. Bajo esta misma lógica las mujeres deberían ser más abundantes en el grupo 15-19 y 20-24 años, puesto que serían en principio las esposas (cónyuges) de los hombres que se unieron temprano (20-24 años), pero no sucede así.

Las disparidades recién señaladas plantean dudas respecto a la calidad de la información sobre la declaración de la categoría de estado conyugal muchas veces mencionadas en el pasado. La autodeclaración de esta última categoría abre paso en los hechos a una gama de posibilidades de acuerdo con las percepciones de cada quien, sobre todo cuando se está en presencia de una cantidad cada vez mayor de uniones libres en las edades más jóvenes: los hombres, en estos casos, darían por concluida más rápidamente una unión conyugal no exitosa que las mujeres. De este modo se produciría un desfase entre la mujer que considera su unión todavía vigente y el hombre que la declara terminada. Al momento del Censo una misma unión podría entonces ser declarada como subsistente por la mujer y disuelta por el hombre. La interferencia de las nuevas nupcias, cuya velocidad e intensidad son diferenciales por género, añade complejidad a la interpretación de información de esta naturaleza.

CONCLUSIÓN

La transición demográfica, que comenzó en México en los años treinta, ha modificado profundamente su población tanto en cuanto a su volumen como en su composición etaria. Primero fue su enorme crecimiento provocado por el descenso de la mortalidad y luego el tránsito hacia la transformación de su estructura por edades, atribuible al descenso progresivo de la fecundidad. La amplia accesibilidad a los métodos anticonceptivos desde la década de 1970, permitió un descenso de las tasas de fecundidad.

El objetivo principal de este trabajo fue hacer un diagnóstico sobre la evolución de la población soltera y en uniones disueltas, entre 1970 y 2000 a nivel nacional con el propósito de aportar un elemento más a la discusión sobre el avance de la STD en México. El incremento de la "población en solitario" es uno de los argumentos centrales de este marco teórico.

Sin embargo, para poder determinar si la población soltera está realmente disminuyendo y si las uniones disueltas se incrementan tan rápidamente como parece, se estandarizaron las proporciones utilizando como base la población de 1970. Se trata de una fecha lo suficientemente lejana para dar una buena perspectiva de los cambios ocurridos. Una vez efectuada la tipificación pudimos ver que efectivamente el cambio de la estructura de la población estaba afectando la evolución de las variables consideradas. Si la estructura de la población hubiera sido la misma en 2000 que en 1970 no se hubieran dado en 2000 los descensos observados en las proporciones de solteros y los incrementos registrados en las uniones disueltas habrían sido más reducidos.

Ahora, en lo que respecta a la pregunta de si México está avanzando hacia la STD, la respuesta sería afirmativa si nos circunscribimos al incremento de la vida "en solitario" cuyo análisis ha sido el objetivo de este estudio. El incremento de esta población a lo largo de la segunda mitad del siglo XX nos estaría indicando que México está entrando en una fase postransicional, luego de una primera transición demográfica muy rápida comparada con la que vivieron los países europeos. Sin embargo, cabe recordar que esta STD o postransición está asentada en cambios en las mentalidades que son procesos lentos para los cuales sociedades como las europeas, con un mayor nivel de desarrollo socioeconómico y con menos diferencias sociales y espaciales, estaban mejor preparadas para incorporarlos. Desconocemos aún si la velocidad de la circulación de la información actual acelerará estos cambios, tal como lo hicieron los descubrimientos tecnológicos durante la TD clásica. De cualquier forma, las características culturales particulares de México y de cada uno de los países que transiten hacia la STD harán de este proceso una experiencia hasta cierto punto singular.

BIBLIOGRAFÍA

Caldwell, John (1978), "A Theory of Fertility: From High Plateau to Restabilization", *Population and Development Review*, vol. 4, núm. 4, pp. 553-575.

Chesnais (1991), *La population du monde. De l'antiquité à nos jours*, Col. Le monde à la carte, París, Bordas.

Coale, Ansley (1957), "How the age distribution of a human population is determined", Cold Spring Harbor Symposia on quantitative Biology, vol. XXII, EUA.

____ (1977), "L'homme et son environnement", American Association for the Advancement of Science, Centre Démographique ONU Roumanie.

Conapo (2002), "Tamaño, dinámica y estructura de la población: tendencias y desafios", consultado en Internet, http://www.conapo.gob.mx/publicaciones/Lapoblacion/ 01.pdf, http://www.conapo.gob.mx/publicaciones/Lapoblacion/01.pdf.

Davis, Kingsley y Judith Blake (1956), "Social Structure and Fertility: An Analytic Framework", *Economic Development and Cultural Change*, 4: 211-235.

De Singly, F. (2000), *Libres ensemble. L'individualisme dans la vie commune*, París, Nathan.

Elizaga, J. (1972), "Métodos demográficos para el estudio de la mortalidad", Celade, Santiago de Chile.

García, B., y Rojas, O. (2002), "Cambios en la formación y disolución de las uniones en América Latina", en *Papeles de Población*, núm. 32, pp. 11-30.

Guzmán, J. *et al.* (eds.) (1996), *The fertility transition in Latin America*, Clarendon Press, Oxford.

INEGI (2001), "Indicadores sociodemográficos de México 1930-2000", INEGI, México.

Juárez, Fátima (1983), "Family Formation in Mexico: a Study Based on Maternity Histories from a Retrospective Fertility Survey", tesis doctoral, Londres, University of London, London School of Hygiene and Tropical Medicine.

Landry, A. (1934), *La révolution démographique. Etudes et essais sur les problèmes de la population*, Sirey, París.

Lesthaeghe, R. (1995), "The Second Demografic Transition", en *Gender and Family, change in industrialized countries*, Mason y Jensen (coords.), IUSSP, Oxford.

Notestein, Frank (1953), *Food for the World*, University of Chicago, Schultz.

Ojeda, Norma (1986), "Separación y divorcios en México: una perspectiva demográfica", en *Estudios Demográficos y Urbanos*, vol. 1, núm. 2.

Pressat, Roland (1967), *El análisis demográfico. Métodos, resultados, aplicaciones*, Fondo de Cultura Económica, México.

Quilodrán, J. (1991), *Niveles de fecundidad y patrones de nupcialidad en México*, El Colegio de México, México.

_____ (1993), "Cambios y permanencias de la nupcialidad en México", en *Revista de Sociología*, vol. 55, núm. 1.

_____ (1998), "Le marriage au Mexique: évolution nationale et typologie régionale", Academia-Bruylant, Louvain-la-Neuve, Belgique.

_____ (1999), "L'union Libre en Amérique Latine: aspects récents d'un phénomène séculaire", *Cahiers québécois de la démographie*, vol. 28, núm. 1-2.

_____ (2000), "Atisbos de cambios en la formación de las parejas conyugales a fines del milenio", en *Papeles de Población*, año 6, núm. 25, México.

_____ (2001), *Un siglo de matrimonio en México*, El Colegio de México, Centro de Estudios Demográficos y Urbanos, México.

_____ (2002), "100 millions de Mexicains ... Seulement", *Populations et société*, núm. 375, INED, Francia.

_____ (2003), "La familia, referentes en transición", en *Papeles de Población*, núm. 37, jul-sep.

Roussel (1980), "Mariages et divorces, contribution à une analyse systématique des modèles matrimoniaux", en *Population*, Francia.

Sardon (2000), *Recent demographic developments in Europe*, Council of Europe.

Secretaría de Salud (2002), *Mortalidad 2000*, Dirección General de Información y Evaluación del Desempeño, México.

Van de Kaa (1987), "Europe's Second Demographic Transition", *Population Bulletin*, Nueva York, vol. 42, núm. 1.

Vera Bolaños, M. (2000), *Problemas contemporáneos de la población mexicana*, Consejo Estatal de la Población y El Colegio Mexiquense, México.

Welti, C. (2000), "Las uniones tempranas y el celibato permanente", *Demos*, núm. 13, UNAM, México, pp. 18-20.

Zavala de Cosío, M. E. (1992), *Cambios de fecundidad en México y políticas de población*, El Colegio de México, Fondo de Cultura Económica y Economía Latinoamericana, México.

II. ¿SEPARACIÓN, DIVORCIO O VIUDEZ? CAMBIOS EN LA DISOLUCIÓN DE UNIONES CONYUGALES DE MUJERES MEXICANAS*

Maribel Gómez**

ANTECEDENTES

En el curso de las últimas décadas, la vida familiar se ha visto afectada por modificaciones notables en las formas de disolución conyugal (viudez, separación y divorcio) y la frecuencia cambiante con la que ocurre cada una de ellas. Dichos cambios en la ruptura de las uniones conyugales también se han presentado en México, sin embargo, las investigaciones dirigidas a este tema aún son escasas. El presente trabajo tiene como objetivo realizar un análisis que permita abundar en el tema de la evolución en el comportamiento de este fenómeno en México, mediante la aplicación de una metodología que posibilite combinar las salidas de las personas casadas o unidas, por disoluciones de tipo voluntario (separación y divorcio) o por muerte (viudez). El análisis de la disolución de uniones se realiza considerándola como un fenómeno demográfico en

* Basada en la tesis de licenciatura en actuaría de la autora, "Estructura de la disolución de uniones en México (análisis de las generaciones de unión 1970-1979 y 1980-1989)", Facultad de Estudios Superiores Acatlán, UNAM (2006), Becaria del proyecto Conacyt 41022-S.

** Actuaria.

sí mismo y se concentra en la estimación de sus niveles y tendencias en la población mexicana mediante una tabla de decrementos múltiples para dos distintas cohortes de unión. Para ello se comenzará con algunos antecedentes y definiciones de conceptos que permitirán un mejor entendimiento sobre el tema y su importancia.

Con la promulgación y la posterior aplicación en las Indias del "Concilio de Trento" de 1545-1563, se estableció la obligatoriedad del matrimonio religioso de naturaleza católica, lo que llevó a una redefinición sociocultural de la convivencia (unión libre) como una forma ilegítima de unión conyugal que perduró aún muy entrado el siglo XIX (Ortiz, 1955).

La coexistencia de la convivencia y el matrimonio sólo por lo religioso como únicas formas de unión conyugal, perduró hasta los inicios del México independiente. No es sino a raíz de la separación política del Estado y de la Iglesia en la época de la Reforma a mediados del siglo XIX, gracias al interés del Estado por privar a la Iglesia de los beneficios económicos y políticos que hasta entonces había recibido, que se instaura el matrimonio civil como único tipo de unión conyugal legal.

Con la "Ley Sobre el Matrimonio", formulada en las Leyes de Reforma del 12 de junio de 1859, se establecieron las bases de carácter legal del matrimonio y lo convirtieron en un contrato cuya celebración era responsabilidad única de las autoridades civiles, además se legisló por primera vez acerca del divorcio, aunque sólo se concibió a este último como "separación de cuerpos".[1]

Durante mucho tiempo los países de América Latina mantuvieron el sólido principio de la indisolubilidad del

[1] Ruptura del vínculo del matrimonio prescrita en formas legales, de los diferentes países y que suponen la suspensión del deber de cohabitación e instaura el régimen de separación de bienes. La separación de cuerpos no permite segundas nupcias.

matrimonio debido a la fuerza de la religión católica y a la influencia de la legislación española que sólo admitían el llamado *divorcio-separación* o la nulidad del matrimonio conforme al derecho canónico. A principios del siglo XX en México, el divorcio eclesiástico era un recurso difícil y limitado, pero era la única forma de separación legal existente en esa época, ya que las anulaciones eran casi imposibles de obtener. Sin embargo, a lo largo del siglo XX los países en América Latina fueron instaurando el divorcio por disposiciones del propio Código Civil o por medio de leyes y decretos. La mayoría de estos países han adoptado como modelo el Código Civil francés. Es bajo estos antecedentes que desde 1914 se admite el divorcio y se legisla sobre él en México, a través de un decreto emitido en Veracruz el 29 de diciembre de ese año. Posteriormente, en 1917, se dicta la Ley sobre Relaciones Familiares.

LA SITUACIÓN DEMOGRÁFICA EN MÉXICO Y LA FORMACIÓN Y DISOLUCIÓN DE UNIONES CONYUGALES

El hecho de que la población haya alcanzado una mayor esperanza de vida ha disminuido la probabilidad de que la familia se disuelva tempranamente como consecuencia de la muerte de uno de los cónyuges; de esta manera, la viudez ha cedido su lugar a la separación y al divorcio como modalidades predominantes de disolución conyugal.

Para comprender mejor este fenómeno, resulta necesario conocer los cambios en los niveles y tendencias de los diversos procesos demográficos y la implicación que ellos tienen en la evolución de la ruptura de uniones.

En el siglo XVIII en Europa se originó un gran cambio en las tendencias demográficas. La Revolución Industrial, y la transformación social y cultural que vino con ella, modifican radicalmente las condiciones del crecimiento demográfico. Los avances de la medicina y la higiene (el control de epidemias), el mejoramiento en la nutrición y también el desarrollo económico condujeron a una disminución notable de la mortalidad. Por su parte, la evolución de las familias y sus costumbres produjeron el mismo efecto en la fecundidad. Para poder explicar la relación entre estos cambios demográficos y los cambios socioeconómicos, surge el concepto de "Transición Demográfica" (Zavala, 1992).

La transición demográfica ha sido descrita como un proceso de larga duración, que transcurre entre dos situaciones o eventos extremos: el inicial, de bajo crecimiento demográfico provocado por altas tasas de mortalidad y fecundidad, y otro, también de bajo crecimiento pero esta vez como resultado de los bajos niveles de estas mismas. Entre estas dos situaciones de equilibrio se pueden identificar dos momentos importantes. El primero, en el cual la tasa de crecimiento de la población aumenta como consecuencia del descenso de la mortalidad, y el segundo, en el que dicho crecimiento disminuye, debido al descenso posterior de la fecundidad. La magnitud y la velocidad con la que cambia la tasa de crecimiento dependerá de la velocidad y el momento en el que comienzan a descender la mortalidad y la fecundidad (Chesnais, 1986).

La transición demográfica ya está concluyendo en la mayoría de los países de América Latina, y esto se ha interpretado como un resultado de los mismos mecanismos que operaron en los países desarrollados. En México este proceso empezó a finales del siglo XIX, con la baja de la mortalidad. En 1895 la vida media era de 24 años, o sea, el nivel de Francia a mediados del siglo XVIII. Sin embargo, las aceleradas reducciones de la mortalidad a partir de 1930 permitieron llevar a cabo, en menos de medio siglo, reducciones similares a las que en Europa tardaron 200 años en cumplirse, de 1750 a 1950. Según el INEGI (2001) en 1930, la esperanza de vida era de 36.2 años (35.5 para los hombres y 37.0 para las mujeres) incrementándose a 75 años (73.4 años la masculina y 77.9 años la femenina) para 2001, es decir, más del doble en 70 años.

La población de México experimentó cambios inéditos durante el siglo XX; primero atravesó por un intenso crecimiento poblacional y más recientemente, por la desaceleración del mismo. Entre 1930 y 1950 el tamaño de la población casi se duplicó, y requirió de sólo veinte años más para hacerlo nuevamente, situación que se repite también entre 1970 y 2000. Así que México ingresó al nuevo milenio con aproximadamente 100 millones de habitantes, lo que colocó al país en la décimo primera posición entre las naciones más pobladas del mundo (Tuirán, 2002).

El aumento en la esperanza de vida de hombres y mujeres ha prolongado los años vividos en pareja y esto, por un lado, ha elevado la probabilidad de ocurrencia de rupturas de uniones voluntarias por separaciones y divorcios y, por otro, ha disminuido la probabilidad de viudez como una consecuencia del descenso de la mortalidad (Juárez, Zavala y Quilodrán, 1996).

En las primeras etapas de la transición demográfica en México, la proporción de muertes precoces de hombres y mujeres que causan el rompimiento de las parejas por viudez, era elevada. El nivel de la mortalidad en 1900 permitía en promedio unos 16 años de supervivencia de las parejas; al cabo de 30 años de unión, sólo quedaba un 25% de las parejas iniciales. En 1900 en México las viudas representaban 28% de las mujeres sobrevivientes a los 45 años de edad y el 26% en 1930. En la década de 1960 la situación cambió radicalmente, cuando la mortalidad perdió su influencia tan marcada, la proporción de viudas llegó a 17% para las mujeres de esa misma edad. La cantidad de uniones interrumpidas por viudez se redujo considerablemente, y el divorcio y la separación conservaron niveles relativamente moderados y estables. Por lo tanto, el tiempo de vida marital se alargó de manera considerable (Zavala, 1992).

Una vez que se generalizó la práctica de la regulación de la fecundidad en los países de Europa, Canadá, Australia y los Estados Unidos, los cambios más notables ocurren en el terreno de la nupcialidad y vienen acompañados de cambios en la formación y disolución de familias, dichas tendencias se han definido como la "Segunda Transición Demográfica" (Gómez de León, 2001).

Según Van de Kaa y Lesthaeghe,[2] el incremento de las relaciones sexuales fuera del matrimonio, el reemplazo del mismo por formas de convivencia conyugal menos formal (unión libre) y el aumento de los nacimientos fuera de unión, son algunas de las transformaciones que se están dando en el plano de la familia en muchos de los países que han completado su transición demográfica.

Como resume Quilodrán (2000, 2003), la Segunda Transición Demográfica (STD), se caracteriza sobre todo por cambios en los comportamientos de los individuos a nivel, básicamente, de la formación y de la estabilidad familiar donde adquieren relevancia los factores psicosociales, es decir, aquellos que influyen sobre los valores, actitudes y comportamientos de los individuos. Las principales características de este proceso[3] son el incremento de:

1. La edad al matrimonio.
2. La población que vive sola.
3. Las uniones libres.
4. El periodo de residencia con los padres.
5. Los nacimientos fuera de unión.

[2] Van de Kaa y Lesthaeghe son los principales estudiosos de las características de la Segunda Transición Demográfica.

[3] Véase Lesthaeghe, 1998.

6. La disolución voluntaria de uniones (divorcio y separación).
7. Las nuevas nupcias.

México y la mayoría de los países de América Latina experimentaron de forma bastante más tardía la transición demográfica clásica, pero transitaron por ella de forma mucho más rápida. El cuestionamiento sobre la posibilidad de haber entrado a la Segunda Transición Demográfica o sobre las tendencias que caracterizan este proceso, está cada vez más presente en el estudio de la nupcialidad y la familia.[4] Además del descenso en la fecundidad por debajo del nivel de reemplazo, todos los aspectos que caracterizan a la STD giran en torno a la familia –su formación y su dinámica– de aquí el auge que están conociendo los estudios alrededor de este tema.

FUENTES DE INFORMACIÓN Y METODOLOGÍA

Como principales fuentes que proveen información para el estudio de la disolución de uniones en México, se pueden encontrar las siguientes: estadísticas del Registro Civil (o Estadísticas Vitales), censos de población y encuestas demográficas.

Un problema que presentan las dos primeras fuentes es que no diferencian las disoluciones según el tipo y el orden de la unión. Las estadísticas censales captan los divorcios y separaciones sin hacer distinción de su origen, es decir, no especifican si el estado inicial era una unión libre, un matrimonio civil, religioso o civil y religioso, como tampoco si se trataba de una primera o segunda unión. Las estadísticas vitales tienen el inconveniente de que

[4] Véase, por ejemplo, para México, Gómez de León, 2001, Quilodrán, 2000, 2001, 2003.

no se sabe tampoco el tipo de matrimonio –civil o civil y religioso– del cual una persona se está divorciando. Por estas razones, para fines de este trabajo se utilizará la información censal de 1970 a 2000 y la contenida en la Encuesta Nacional de Dinámica Demográfica 1997 (Enadid, 1997), que permite obtener la información necesaria en forma más completa ya que proporciona datos sobre los movimientos entre estados conyugales y se puede dar seguimiento a una cohorte.

Cuando las encuestas contienen la historia de uniones se puede obtener de los interrogados el orden de la unión en la que se encontraba al momento de la encuesta, las fechas en meses y años de la formación de cada una de las uniones y de su disolución, además de poder hacer distinción en el tipo de unión del que provenían antes de su ruptura. La encuesta que utilizamos (Enadid, 1997) nos ofrece una información mucho más limitada al no contar con un módulo con la historia de uniones en su cuestionario. En vista de esta limitación y para hacer más homogéneo el universo de análisis nos limitamos a estudiar a las mujeres que únicamente han tenido una unión, cantidad que representa el 59% del total de las mujeres que conforman la muestra de la población femenina entre 15 y 54 años de edad para las cohortes de unión 1970-1979 y 1980-1989 y 56% de aquella que contrajo al menos una unión.

Aplicación de las tablas de vida al análisis de la disolución de uniones

La tabla de mortalidad es considerada como la descripción del comportamiento de una población hipotética, compuesta por elementos de la misma edad, hasta la extinción total del grupo; es una herramienta utilizada en el estudio de una gran variedad de problemas, entre los cuales pueden mencionarse: estimaciones y proyecciones demográficas, estimación del nivel y tendencia de la mortalidad; estudios de fecundidad, migración, nupcialidad, así como de otros fenómenos ligados al tiempo de exposición al riesgo.

De las tablas de mortalidad se obtienen el número de sobrevivientes para cada edad x, de una generación l_0 nacimientos, la cual disminuye sólo por fallecimiento de los miembros del grupo inicial. Como consecuencia, se tiene una única forma de decremento, que es la mortalidad, representado por la función d_x. Estas tablas se denominan comúnmente como Tablas de Decremento Simple. Algunos fenómenos demográficos, dadas sus características, no pueden ser analizados en toda su extensión, mediante el uso de una tabla unidimensional, ya que ésta sólo permite el cambio de estado por una única causa. Para el estudio de fenómenos tales como la rotación de empleados en una empresa, la mortalidad por diferentes causas, entre otros, y en el caso específico de la disolución de uniones conyugales por distintas causas se puede utilizar la metodología de la *Tabla de decrementos múltiples*.

Dentro del estudio de la nupcialidad en México, particularmente en el área de la ruptura de las uniones, han sido pocos los intentos de combinar las salidas de las personas casadas o unidas, por disoluciones voluntarias (divorcio y separación) o por muerte (viudez), mediante las tablas de salidas múltiples. La disolución de uniones es un fenómeno que depende en gran medida del tiempo de exposición al que las uniones están sujetas a experimentar el evento de ruptura, lo cual constituye un aspecto central del comportamiento del fenómeno.

La metodología y la fuente de datos utilizada en el presente trabajo para el análisis de la ruptura de uniones, permite conocer la incidencia de las rupturas dado el periodo al cual las personas unidas permanecieron expuestas a este riesgo. Además, la tabla de decremento múltiple (Anexo 1) permite agrupar a la población con base en la duración de la unión, así como hacer una descripción de la permanencia de las uniones a través del tiempo.

DISOLUCIÓN DE UNIONES: EVOLUCIÓN, 1970-2000

La información respecto a las personas entre 15-59 años de edad con uniones interrumpidas que figura en la gráfica 1 nos muestra que la disolución voluntaria de uniones, o sea por separación o divorcio y la disolución por viudez de alguno de los cónyuges tomaron rumbos diferentes, es decir, el primer tipo se incrementó y el segundo tuvo una disminución considerable en el periodo 1970-2000 de acuerdo con la información censal.

En años anteriores a 1970[5] la viudez era responsable de casi el total de las rupturas de uniones, la población viuda presentó disminuciones graduales durante el periodo observado pasando de 2.5% en 1970 a 1.8% en 2000, lo que equivale al 32% de las personas que se encuentran en unión interrumpida. También se observa que la forma preferente de disolución voluntaria es la separación, ya que las personas separadas son más del doble de las divorciadas.

En resumen, las personas con uniones disueltas disminuyeron a través del tiempo de 1970-1990 como consecuencia del constante descenso que ha venido mostrando la categoría de viudos. Sin embargo, para el 2000 esta proporción se incrementó, como resultado del aumento de las disoluciones de uniones voluntarias y principalmente las separaciones. Entre 1970 y 2000 la proporción de

[5] Cabe recordar que antes de 1970 no se incluía la categoría de separado(a) en los censos.

Gráfica 1. Población total de 15-59 años en uniones disueltas según tipo de disolución, 1970-2000

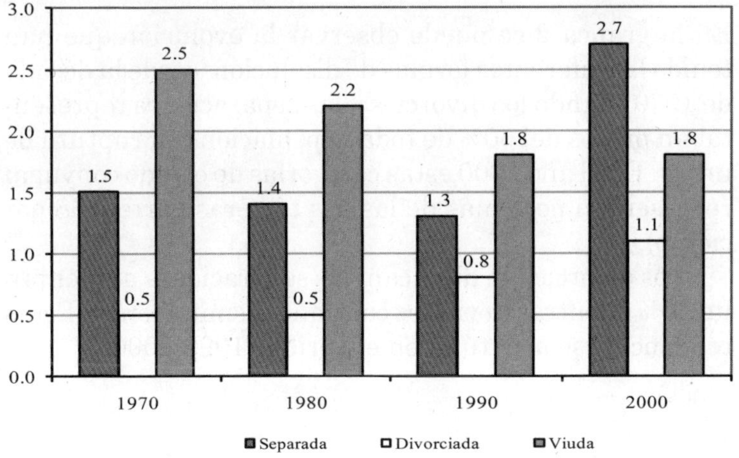

Fuente: Anexo 2.

personas viudas disminuyó en un 28%; la de las disoluciones voluntarias aumentó en un 90 por ciento.

Otro aspecto interesante ligado a este análisis es la relación que existe entre hombres y mujeres con unión disuelta, ya que en cada una de las categorías se muestran importantes diferencias. En la información contenida en el Anexo 2 vemos que la proporción de mujeres separadas es tres veces mayor a la de los hombres separados, mientras que la proporción de mujeres divorciadas es casi el doble que la de hombres divorciados, situación que se presenta de manera similar en el caso de la viudez. Las mujeres siempre han sido más numerosas en cuanto a su proporción en uniones disueltas, en gran parte, por su menor propensión a contraer nuevas nupcias; y en el caso de viudez, porque tienen una esperanza de vida más larga que la de los hombres y son menores que ellos dentro de la pareja.

Composición de la disolución por causa 1970-2000

En la gráfica 2 se puede observar la evolución que han tenido las diferentes formas de disolución, desde la década de 1970 cuando los divorcios y las separaciones representaban menos del 50% de toda la población con ruptura de unión. En el año 2000 estas categorías de estado conyugal representan poco más de las dos terceras partes (68 por ciento).

Los divorcios se duplican, las separaciones aumentan un 50% mientras la viudez continúa disminuyendo. Estas tendencias se acentúan en el periodo 1990-2000.

Gráfica 2. Composición de la población 15-59 años con unión disuelta según el tipo de disolución (Censos, 1970-2000)

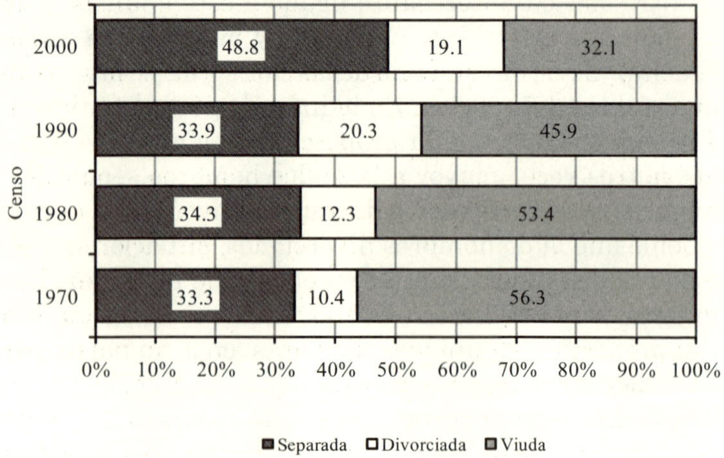

Fuente: Anexo 3.

COMPARACIÓN DE LAS ESTRUCTURAS POR EDADES DE LAS POBLACIONES CON UNIONES DISUELTAS, 1970-2000

En 1970 la disolución de uniones por separación se mantenía ligeramente por encima de la viudez para las personas en los grupos de edad más jóvenes, mientras que a partir de los treinta años la viudez representaba la fuerza primordial de la ruptura de uniones. Por su parte el divorcio no presentaba diferencias significativas entre grupos de edad (gráficas 3 y 4). Para el año 2000, en contraste, podemos apreciar cambios importantes en esta misma categoría, cuyos niveles se mantienen por arriba de los niveles de viudez hasta los 35 años.

Por su parte, la separación adquiere mayor importancia, sus niveles pasan de un crecimiento muy lento a uno muy rápido entre 1970 y 2000, y se mantienen por encima de la viudez hasta el grupo de edad 45-49. La viudez se retrasa y la separación se intensifica.

TABLAS DE DISOLUCIÓN DE UNIONES POR DURACIÓN Y COHORTES

Con la información obtenida de la encuesta Enadid, 1997, sobre algunos aspectos de la historia de uniones de las mujeres interrogadas, y algunas otras variables, se procedió a realizar un análisis retrospectivo de tipo longitudinal de una cohorte de uniones, vale decir, según el momento en el que se unió conyugalmente y donde el calendario de disoluciones se define con respecto a la duración de la unión. Con ello podemos detectar posibles cambios en la ocurrencia de la ruptura según la duración desde el inicio de la unión (distintas cohortes y duraciones).

Un factor a destacar es la decisión de efectuar el análisis por cohortes, distinguiendo para ello siete gru-

Gráfica 3. Población con unión disuelta por grupos de edad por tipo de disolución (Censo 1970)

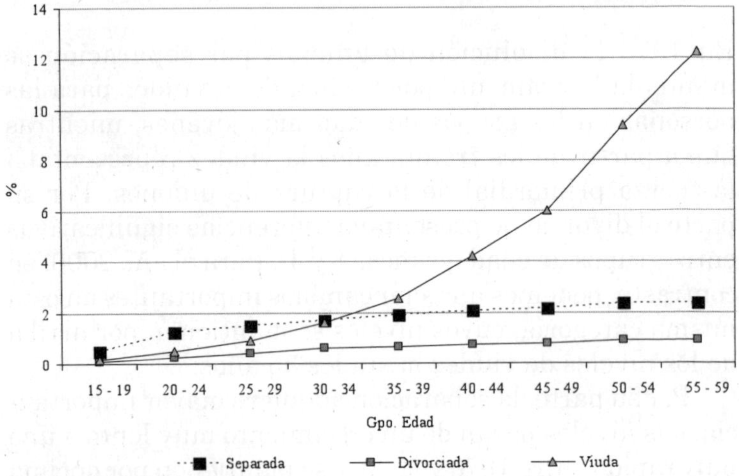

Fuente: Anexo 4.

Gráfica 4. Población con unión disuelta por grupos de edad por tipo de disolución (Censo 2000)

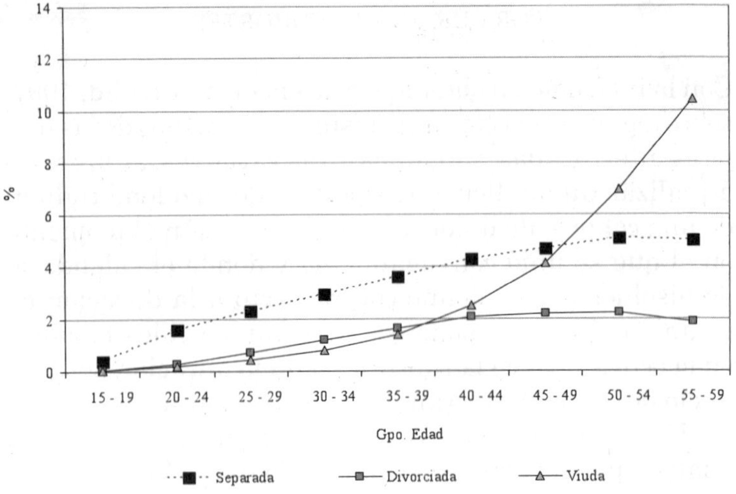

Fuente: Anexo 5.

pos quinquenales según el periodo en que se unieron, comenzando con las parejas que se formaron en el año de 1960 y finalizando con aquellas que se unieron en 1995. No obstante, nuestra atención se centra principalmente en cuatro grupos, en quienes se unieron entre 1970-1979 y 1980-1989, grupos cuya población equivale a alrededor de 56% de la población entrevistada con una sola unión. El cálculo de probabilidades de disolución tendrá como duración máxima la experiencia acumulada por cada cohorte hasta el momento de la entrevista. En el caso de la cohorte más reciente la duración máxima alcanzada es de 7 años, mientras que para la más antigua es de 36 años.

La gráfica 5 ayuda a entender los periodos de exposición al riesgo y da pauta para iniciar el análisis de la disolución de uniones, además de que presenta de forma rápida y clara los cambios que han ocurrido en este fenómeno demográfico para las distintas generaciones captadas en la encuesta. Según se observa las rupturas de uniones por cohortes exhiben un incremento significativo entre más reciente es la fecha de unión. Como muestra de esto tenemos que, mientras las mujeres que formaron su unión entre 1960-1964 alcanzaron 50 de cada 1 000 uniones disueltas tras 15 años de duración de uniones, las uniones que se formaron en el periodo 1970-1974 sólo necesitaron 11 años y la cohorte 1980-1984 sólo 9 años para alcanzar este mismo nivel. La cohorte 1990-1995, que es la más joven, es también la que presenta mayor inestabilidad ya que para ella fueron suficientes tres años para alcanzar la disolución de 50 de cada 1 000 uniones (Anexo 6).

Un aspecto de especial relevancia en las diferencias antes señaladas respecto al momento en que se alcanza el 50 por mil de uniones disueltas es la causa por la cual se llevaron a cabo. Así tenemos que para las cohortes

Gráfica 5. Probabilidad acumulada de la disolución de uniones por divorcio, separación y viudez, en función de la duración, por cohorte

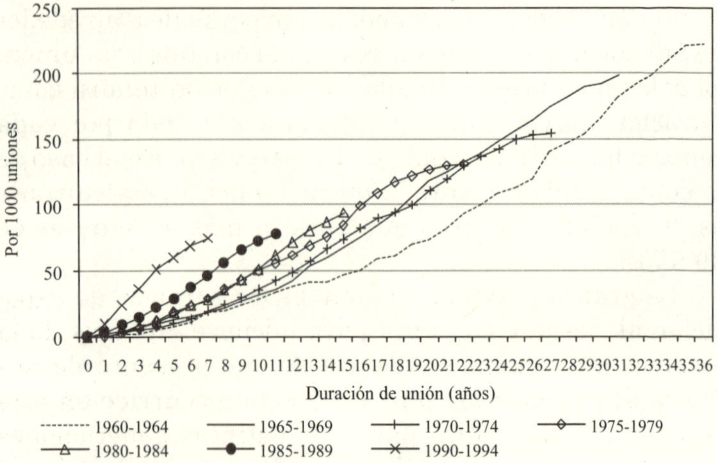

Fuente: Anexo 6.

de mujeres unidas entre 1960-1964, 42% es atribuible a la viudez mientras que el 53% corresponde a separaciones y el 5% restante a divorcios; en las cohortes unidas entre 1990-1995, que son las más recientes, las disoluciones se distribuyen respectivamente en 8%, 80% y 12% (Anexo 7).

Lo que se constata es el cambio de comportamiento de las mujeres mexicanas frente a la disolución de uniones voluntarias a través del tiempo. Así tenemos que en las primeras generaciones era menos común la presencia de este fenómeno y las rupturas se debían en mayor medida al efecto de la mortalidad, mientras que para las uniones de formación más reciente la intensidad de ruptura es más intensa que en las cohortes más antiguas.

En la gráfica 6 se puede ver la evolución presentada por las cohortes de uniones 1970-1979 y 1980-1989 en cuanto a la subsistencia de las uniones en función de su duración (${}_{n}P_{x}^{(\tau)}$). De esta misma gráfica se deduce que la supervivencia de las uniones más recientes se reduce de manera más rápida que en el pasado. Así tenemos que a los 6 años de unión la diferencia entre proporciones de mujeres que la habían disuelto en la cohorte más antigua era de 2.5% y 4% en la más joven, una brecha de 1.5% que se va ampliando con el paso del tiempo. A los 12 años de duración de las uniones esta diferencia es de 2% (6.4% y 8.4% en cada cohorte). De continuar esta tendencia se tendría que a la duración de 18 años de unión la diferencia acumulada entre cohortes se habría duplicado (4 por ciento).

Gráfica 6. Uniones subsistentes según su duración por cohortes (por mil)

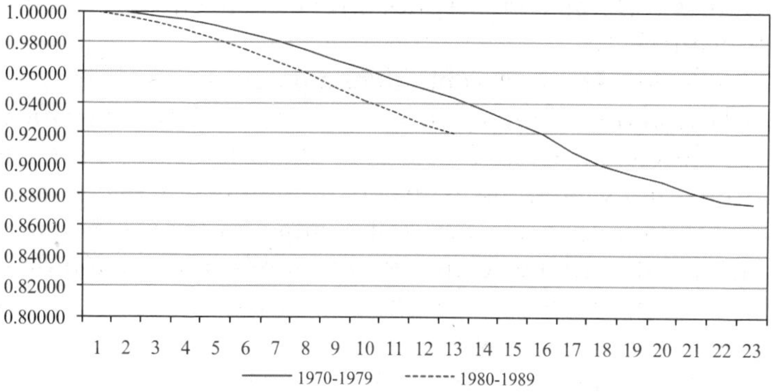

Fuente: Anexos 7 y 8.

TABLA DE DECREMENTO MÚLTIPLE APLICADA A LA DISOLUCIÓN DE UNIONES

Las uniones están sujetas a tres causas de ruptura que provocan su decremento: divorcio, separación y viudez. En este trabajo se aplica la metodología de la tabla de decrementos múltiples para su estudio. Dicha metodología está basada en la tabla de vida (decremento simple), por lo tanto, deben de tomarse en cuenta los mismos fundamentos y consideraciones para su elaboración. Vale decir, la tabla de decremento múltiple está construida con base en tablas de decremento simple correspondientes a cada causa de disolución, lo que significa a su vez que en este caso tendríamos dos tablas de decremento simple: en el caso de la disolución voluntaria y en el de la viudez. Sin embargo, aprovechando la información de la encuesta Enadid, 1997, se puede agregar también una tabla para los divorcios, lo cual no tendría ningún inconveniente ya que las causas se consideran de manera independiente. Esta última operación se realiza con el único fin de observar las diferencias presentadas por disolución voluntaria, por separación y divorcio que, como ya hemos mostrado, presentan características diferentes.

Con los resultados obtenidos a partir de las tablas para cada tipo de disolución presentaremos algunas gráficas que describen de manera más clara los cambios en la intensidad y calendario de este fenómeno entre cohortes. Por un lado, analizaremos el cambio en los niveles de la ruptura de uniones conforme aumenta la duración de la unión y, por otro, el comportamiento o distribución según cohortes (gráficas 7 y 8).

El análisis se interrumpe a los 12 años de duración, de modo de hacer comparables ambos grupos de cohortes.

El cambio en la intensidad de la ruptura de las primeras uniones entre las cohortes de unión 1970-1979 y 1980-1989, se debe principalmente al aumento del divorcio y la separación, ya que la viudez se mantiene prácticamente en los mismos niveles. Sin embargo, debemos tomar en cuenta que estamos comparando periodos de duración relativamente tempranos (12 años) y sabemos que a medida que la duración de la unión sea mayor, será mayor el impacto de la viudez.

Uno de los puntos a destacar es la similitud presentada en la tendencia seguida por la viudez y el divorcio para la cohorte de la década de 1970, en donde se nota un crecimiento lento en su intensidad, manteniéndose el divorcio ligeramente por encima de la viudez la mayor

Gráfica 7. Disolución de uniones, según duración de la unión y causa de ruptura por cohortes (1970-1979)

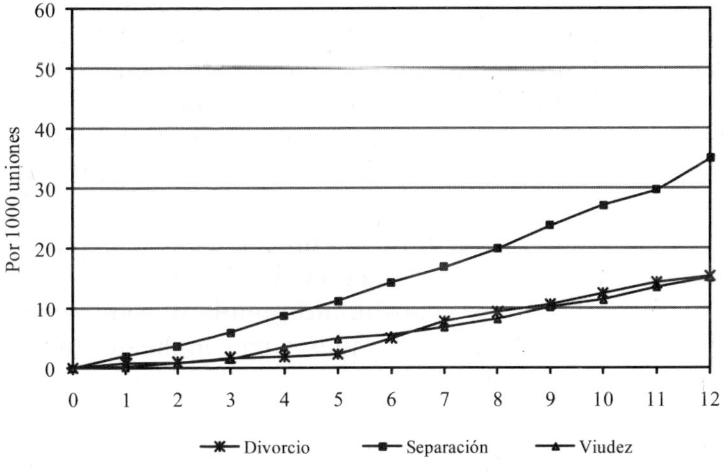

Fuente: Anexos 7 y 8.

Gráfica 8. Disolución de uniones, según causa de ruptura por cohortes (1980-1989)

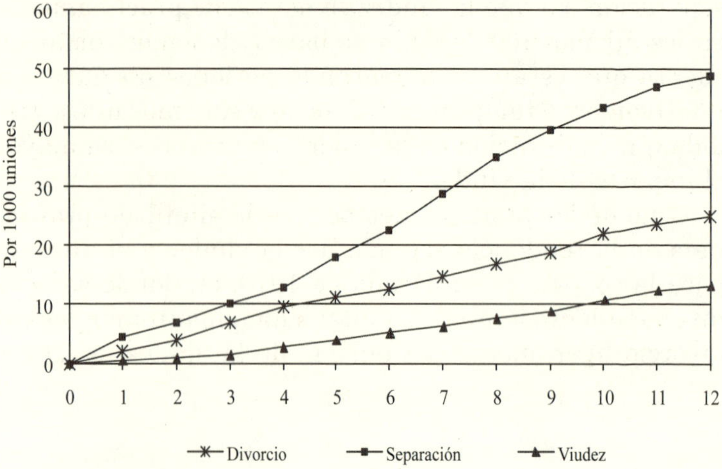

Fuente: Anexo 8.

parte del tiempo, mientras que para la cohorte de unión 1980-1989 observamos que el divorcio se ha incrementado considerablemente en relación con las proporciones de la viudez, y que en esta cohorte representa casi el doble del riesgo que mostraba en la cohorte de uniones constituidas en los años setenta.

Por su parte, la separación muestra en las primeras cohortes una tendencia mucho más elevada que las del divorcio y la viudez, pero manteniendo una tendencia lineal que no presenta grandes variaciones de un año de duración a otro. Además, en el caso de la cohorte más joven la separación presenta un incremento mucho más rápido e intenso, sobre todo a partir del quinto año de unión.

A los doce años de duración de uniones en la cohorte 1970-1979 se habían disuelto 65 de cada mil uniones, 34 por separación, 16 por divorcio y 15 por viudez; cifras que son respectivamente, para las cohortes 1980-1989, de 48%, 24% y 13%, en total 85 disoluciones por mil uniones. En términos relativos el aumento de las separaciones y divorcios fue de 41.2% y 50.0%, respectivamente, al tiempo que la viudez disminuía 13 por ciento.

Con los resultados anteriores podemos decir que la forma preferente de disolución voluntaria de uniones en el país es la separación. Este tipo de disolución representa poco más de la mitad de las disoluciones totales a los 12 años de duración de las uniones (53% para la primera cohorte y 56% para la segunda) y el divorcio, que era causante del 24% de las disoluciones de las mujeres unidas en la década de 1970, para la cohorte de los años ochenta constituye el 28% de ellas; por último, la disolución por muerte de uno de los cónyuges pasa del 23% al 16% entre una cohorte y otra. No obstante, es probable que en duración de uniones más prolongadas, la brecha entre las proporciones de separaciones y divorcios disminuya porque muchas de las separaciones habrán tenido tiempo de convertirse en divorcios.

DISOLUCIÓN VOLUNTARIA DE UNIONES SEGÚN EDAD A LA PRIMERA UNIÓN

Otra característica significativa que debe tomarse en cuenta es la edad de las mujeres al momento de la formación de la unión, ya que es conocido en la literatura demográfica que cuanto más joven se unen las parejas, más alto y temprano es el riesgo de disolución. Con este fin se formaron cuatro grupos de edad a la primera unión por cohorte, de modo de poder observar el comportamiento de la ruptura de uniones por causas voluntarias controlando por esta variable.

En el cuadro 1 se observa que de las proporciones de mujeres que disolvieron sus uniones por causas voluntarias, según edad a la primera unión, son muy similares en los dos grupos de cohorte. Esto sugiere que el efecto de la edad a la primera unión permanece constante frente a la disolución voluntaria. Es decir, que una edad más temprana a la primera unión sigue representando una mayor probabilidad de disolución por separación o divorcio.

De acuerdo con los datos del cuadro 1, el hecho de casarse después de los 21 años es definitivo para la estabilidad de la unión. En la cohorte más antigua y que podemos observar de manera más completa, 69% de quienes disolvieron su primera unión por causas voluntarias se unieron antes de esta edad.

Este fenómeno ha sido observado también en otros países y la literatura sugiere distintas razones que pueden explicarlo, todas relacionadas con la idea de precocidad o precipitación. Las uniones tempranas o muy tempranas se darían de esta forma y cabe suponer que se celebran sin tener información suficiente respecto al cónyuge. También se habla de que no se tiene la madurez y preparación para enfrentar una vida en pareja y que los recursos económicos, educativos y emocionales están generalmente menos desarrollados que en edades más avanzadas, lo que conduce a un mayor riesgo de inestabilidad conyugal (Houle, 1998).

En resumen, podemos ver que tras doce años de unión, entre la cohorte más antigua y la más reciente las proporciones de divorcios aumentaron más rápido que las de las separaciones (50% y 38% respectivamente), mientras que la viudez mostró un escaso descenso (12%). Otra constatación se refiere a la importancia que tiene la edad

Cuadro 1. Distribución de las disoluciones de unión por causas voluntarias, por cohorte de unión y grupo de edad a la unión

Grupo de edad a la primera unión	*1970-1979*			*1980-1989*		
	Separación	*Divorcio*	*Total*	*Separación*	*Divorcio*	*Total*
Menor de 18	26.8	8.3	35.1	23.3	5.5	28.8
De 18 a 21	24.8	9.2	34.0	24.2	9.7	33.9
De 22 a 25	11.8	6.8	18.6	11.1	7.3	18.3
26 y más	8.6	3.8	12.4	12.5	6.5	19.0
Total	71.9	28.1	100.0	71.0	29.0	100.0

Fuente: Cálculos propios con datos de la Enadid, 1997.

a la que se forma la unión, ya que la mayor presencia de las disoluciones voluntarias sucede en las mujeres que se unieron en edades muy jóvenes.

CALENDARIO DE LA DISOLUCIÓN SEGÚN DURACIÓN DE LA PRIMERA UNIÓN

Revisando los resultados de la tabla de decrementos múltiples para el riesgo de disolución voluntaria por cada año de unión *x* (Anexo 7), es posible identificar las duraciones en las cuales se acentúa este riesgo. Así tenemos que en la gráfica 9, correspondiente a la frecuencia de ruptura de uniones voluntarias según duración de unión, se puede observar un cambio en la estabilidad de las uniones, por cohortes, además de un calendario más temprano en la más joven.

Gráfica 9. Disolución de uniones voluntarias (separación y divorcio), en función de la duración anual por cohorte

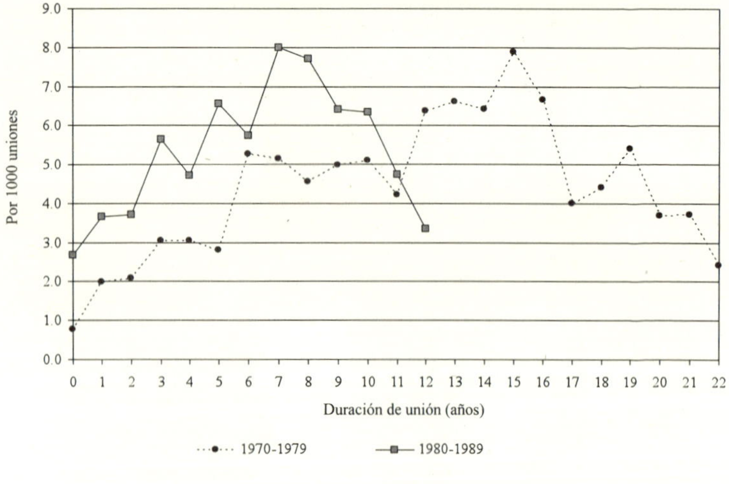

Fuente: Anexos 7 y 8.

Este rejuvenecimiento se expresa en que el valor máximo de disoluciones para las cohortes de los ochenta se da en el sexto año de unión, mientras en aquellas de los setenta, los valores máximos se registran en el sexto y décimo año de unión. También se observa que la cohorte más joven, después de alcanzar el punto máximo comienza a decrecer, aunque no podemos afirmar que este descenso continúe debido a que sólo contamos con la experiencia hasta la duración 12 años.

Por su parte, la viudez no presenta cambios tan marcados como las disoluciones voluntarias. Los niveles de viudez para la cohorte 1980-1989 están ligeramente por debajo de los de la cohorte más antigua, aunque ambas muestran una tendencia al alza, pero lenta conforme aumentan los años en unión y necesariamente la edad de las mujeres (gráfica 10).

Gráfica 10. Viudez en función de la duración anual por cohorte

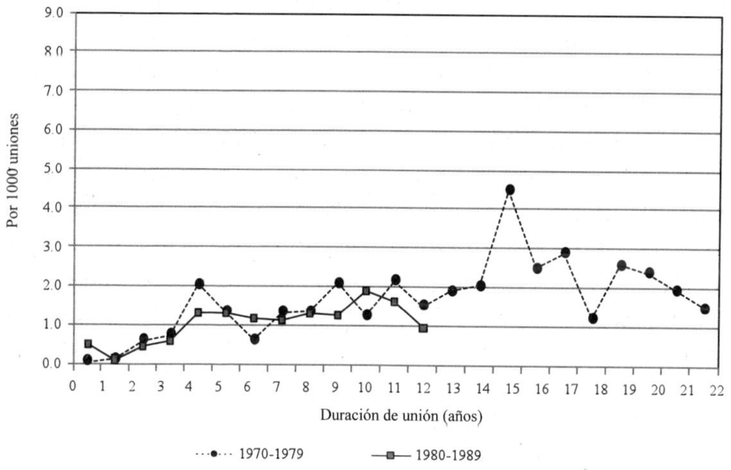

Fuente: Anexos 7 y 8.

CONCLUSIONES

El aumento en la disolución voluntaria de uniones entre la cohorte de unión 1970-1979 y 1980-1989, como lo hemos mostrado, es bastante notorio. Además, este incremento se ha visto acompañado de un adelanto en la ocurrencia de las rupturas de uniones. Estos cambios nos hablan de transformaciones en los comportamientos de los individuos a nivel de la familia. La adopción de pautas de comportamiento relacionadas con la realización personal, autonomía, autosuficiencia y emancipación de la mujer, estarían provocando, conforme a lo postulado por el marco interpretativo de la Segunda Transición Demográfica, cambios profundos en la estabilidad de las uniones conyugales. De un régimen conyugal caracterizado por las uniones de larga duración estamos transitando a una situación en que la ruptura de uniones depende principalmente de la voluntad de los cónyuges y no de la muerte de alguno de ellos.

La aplicación de la metodología de la "Tabla de decremento múltiple" aplicada a la información de la Enadid, 1997, nos ha permitido obtener resultados que apuntan a un incremento rápido e intenso de la disolución voluntaria de uniones acompañado de un rejuvenecimiento; o sea que la disolución de las parejas es un fenómeno más frecuente y temprano en la vida de las personas. Dejando esto último, paso a la elevación de las segundas nupcias.

Si bien en los últimos años se ha mostrado un mayor interés en conocer lo que sucede en México en cuanto a la evolución de la disolución de uniones, es un hecho que aún falta mucho por investigar. Entre otras cosas, es necesario mejorar las fuentes de información, sobre todo en lo que respecta a inclusión de variables que permitan realizar un análisis con mayor detalle considerando, al menos, el orden de la unión y el tipo de unión anterior.

BIBLIOGRAFÍA

Arrom, Silvia (1988), *Las mujeres de la Ciudad de México 1790-1857*, México, Siglo Veintiuno editores.

Bogue, Donald (1969), *Principles of demography*, J. Wiley, Nueva York.

Camarena, Rosa María y Lerner, Susana (1993), Familia y Transición Demográfica: una aproximación, en ABEP, Celade, IUSSP, PROLAP, SOMEDE, "La Transición Demográfica en América Latina y El Caribe", vol. I, primera parte, *IV Conferencia Latinoamericana de Población*, México, INEGI, UNAM, IIS.

Chenais, Jean Claude (1986), *La transition demographique, étapes, formes, implicatioms economiques,* París, Presses Universitaires de France, Travaux et documents de l'Intitut National d'Etudes Demographiques, 16.

Código Civil para el Distrito Federal en materia común y para toda la República en materia federal, texto comentado (1993), UNAM, Instituto de Investigaciones Jurídicas, México.

DGE (1972), IX *Censo General de Población*, 1970, México.

García, Brígida; Rojas, Olga (2003), "Las uniones conyugales en América Latina: transformaciones en un marco de desigualdad social y de género", El Colegio de México, mayo de 2003.

Gómez de León Cruces, José (2001), "Los cambios en la nupcialidad y la formación de las familias: algunos factores explicativos", *La población de México: tendencias y perspectivas sociodemográficas hacia el siglo XXI*, José Gómez de León Cruces y Cecilia Rabell Romero (eds.), México, Consejo Nacional de Población, Fondo de Cultura Económica.

Hooker, P. F., Longley Cook, L. H. (1953), *Life and other contingencies*, Cambridge, Institute of Actuaries and the Faculty of Actuaries, vols. I y II.

Houle, René *et al.* (1998), "Los determinantes sociodemográficos y familiares de las rupturas de uniones en España", Centre d'Estudis Demogràfics, Barcelona, octubre de 1998.

INEGI (2001), *Indicadores sociodemográficos de México (1930-2000)*, INEGI, Aguascalientes, Ags.

_____ (1986), XI *Censo General de Población y Vivienda*, 1980, Resumen general, vol. I, Aguascalientes, Ags.

_____ (1992), XI *Censo General de Población y Vivienda*, 1990, Resumen general, vol. I, Aguascalientes, Ags.

_____ (2001), XII *Censo General de Población y Vivienda*, 2000. Tabulados básicos, Aguascalientes, Ags.

International Union for the Scientific Study of Population (IUSSP) (1985), *Diccionario demográfico multilingüe*, versión en español, editado por Guillermo Macció, Lieja, Bélgica.

Juárez, F., Zavala de Cosío, M. y Quilodrán, J. (1996), *Nuevas pautas reproductivas en México*, El Colegio de México, Centro de Estudios Demográficos y de Desarrollo Urbano, México.

Keyfitz, Nathan (1979), *Introducción a las matemáticas de población*, trad. Ricardo Pardo, Santiago, Chile, Celade.

Lavrin, Asunción (1991), *Sexualidad y matrimonio en la América hispánica, siglos XVI-XVIII*, Grijalbo, México.

Lesthaeghe, Ron (1998), "On theory development and applications to the study of family formation", *Population and development review*, vol. 24, núm. 1.

Leguina, Joaquín (1981), *Fundamentos de demografía*, Siglo Veintiuno, Madrid.

Livi Bacci, Máximo (1993a), "Notas sobre la transición demográfica en Europa y América Latina", en IV Conferencia Latinoamericana de Población: *La transición demográfica en América Latina y el Caribe*, vol. 1, primera parte.

_____ (1993b), *Introducción a la demografía*, trad. María José González López [y otros], Ariel, Barcelona.

López, María de la Paz; Salles, Vaina; Tuirán, Rodolfo, "Familias y hogares: pervivencias y transformaciones en un horizonte de largo plazo", *La población de México*, pp. 635-693.

López Ramírez, Adriana (2001), El perfil sociodemográfico de los hogares en México 1976-1997, serie de documentos técnicos, Consejo Nacional de Población, México.

McCarthy, James (1982), *Differentials in age at first marriage*, World Fertility Survey, Londres.

Montero Duhalt, Sara (1997), *El divorcio*, División de la Universidad Abierta, Facultad de Derecho, UNAM.

Muñoz, M. y Reyes, C. (1997), *Una mirada al interior de la familia. ¿Qué piensan hombres y mujeres en Chile? ¿Cómo viven en pareja? ¿Cómo son los padres? ¿Qué sienten los hijos?*, Santiago, Chile, Ediciones Universidad Católica de Chile.

Ojeda de la Peña, Norma (1983), "Aspectos sociales y demográficos en la ruptura de las primeras uniones en México", El Colegio de México, tesis de maestría.

_____ (1986), "Separación y divorcio en México, una perspectiva demográfica", *Estudios Demográficos y Urbanos*, vol. I, núm. 2, El Colegio de México.

Ortiz-Urquidi, Raúl (1955), *Matrimonio por comportamiento*, Stylo, México.

Ortega, Antonio (1987), *Tablas de mortalidad*, San José, Costa Rica, Celade.

Pérez Duarte, Alicia E. (1994), *Derecho de familia*, México, Fondo de Cultura Económica.

Quilodrán, Julieta (1980), "Tablas de nupcialidad para México", en *Demografía y Economía*, vol. 14, núm. 1, pp. 27-67.

_____ (1992), "La nupcialidad: los cambios más relevantes", en *Demos*, carta demográfica sobre México, núm. 5 (1992), pp. 12-13.

_____ (1994), "Variaciones en los niveles y tendencias de la nupcialidad", en *Memorias de la IV Reunión Nacional de Investigación Demográfica en México*, vol. 2, pp. 401-403.

_____ (2000), "Atisbos de cambios en la formación de las parejas conyugales a fines de milenio", *Papeles de Población*, año 6, núm. 25, julio-septiembre.

_____ (2001), *Un siglo de matrimonio en México*, El Colegio de México, Centro de Estudios Demográficos y de Desarrollo Urbano.

_____ (2003), "La familia, referentes en transición", *Papeles de Población*, núm. 37, julio-septiembre.

Rosero Bixby, Luis (1990), "Nupciality Trends and Fertility Transition in Latin America", *Seminar on Fertility Transition in Latin America*, Buenos Aires, IUSSP.

Suárez, López, Leticia (1989), "Algunas características demográficas y socioeconómicas del divorcio en Chihuahua, D. F. y Morelos", México, tesis de licenciatura.

_____ (1989), "El del divorcio en México, 1926-1995: una visión demográfica", El Colegio de México, tesis de maestría.

Tuirán, Rodolfo (2002), "Transición demográfica y trayectorias de vida y desigualdad social en México: lecciones y opciones", *Papeles de Población*, núm. 31, marzo.

Van de Kaa, Dirk (1987), "Europe's Second Demographic Transition", en *Population Bulletin*, vol. 42, núm. 1, Washington.

Vázquez, Benítez, Gabriela (1990), "Tablas de incrementos-decrementos una aplicación a la nupcialidad mexicana", México, tesis de licenciatura.

Welti, Carlos (1998), *Demografía II*, Celade, México.

Willianson, Robert C. (1966), *Marriage and family relations*, Wiley, Nueva York.

Zavala Cosío, Ma. Eugenia (1992), "Los antecedentes de la transición demográfica", *Demografía histórica II*, El Colegio de México.

ANEXO 1. FUNCIONES DE LA TABLA DE DECREMENTOS MÚLTIPLES

Para expresar las funciones de una Tabla de decremento múltiple comúnmente se utiliza la siguiente notación:

- Subíndice que denota el conjunto de todos los decrementos.
- Es el número de individuos con edad x en el grupo de vida sujeto a m causas de decremento 1, 2,..., m.
- Es el número de decrementos por la causa k entre las edades x y $x + 1$.
- Es el número total de decrementos por todas las causas entre las edades x y $x + 1$.

Así tenemos, que el número total de decrementos es la suma de los decrementos por cada una de las causas:

$$d_x^{(\tau)} = \sum_{k=1}^{m} d_x^{(k)} \text{ para } m \text{ decrementos} \qquad (1)$$

${}_n d_x = l_x - l_{x+n}$ Que representa el número de salidas entre las edades x y $x + n$

$q_x^{(k)}$ Probabilidad de que una persona con edad exacta x salga del grupo antes de cumplir $x + 1$ por la causa k.

$$q_x^{(k)} = \frac{d_x^{(k)}}{l_x^{(\tau)}} \qquad \ldots(2)$$

Probabilidad de que una persona con edad exacta x salga del grupo antes de cumplir $x + 1$ por cualquier causa.

$$q_x^{(\tau)} = \frac{d_x^{(\tau)}}{l_x^{(\iota)}} = \sum_{k=1}^{m} q_x^{(k)} \qquad \ldots(3)$$

Probabilidad de que una persona con edad exacta x permanezca dentro del grupo a edad $x + 1$.

$$p_x^{(\tau)} = 1 - q_x^{(\tau)} = \frac{l_{x+1}^{(\tau)}}{l_x^{(\tau)}} \qquad \ldots(4)$$

Para un intervalo de n años la fórmula sería:

$$_n p_x^{(\tau)} = \frac{l_{x+n}^{(\tau)}}{l_x^{(\tau)}} \qquad \ldots(5)$$

En una tabla de decremento múltiple la fuerza de decremento total, es decir, la fuerza de salida por cualquier causa, es matemáticamente el mismo tipo de función que la fuerza de mortalidad en una tabla de decremento simple y se define como:

$$\mu_x^{(\tau)} = \lim_{h \to 0} \frac{_h q_x^{(\tau)}}{h} = -\frac{1}{l_x^{(\tau)}} \cdot \frac{dl_x^{(\tau)}}{dx} = -\frac{d \ln l_x^{(\tau)}}{dx} \qquad \ldots(6)$$

De forma análoga a la tabla de decremento simple se observa:

$$l_x^{(\tau)} = l_0^{(\tau)} \cdot \exp\left[-\int_0^x \mu_y^{(\tau)} dy\right] \qquad \ldots(7)$$

$$l_x^{(\tau)} = \sum_{k=1}^{m} l_x^{(k)} \qquad \ldots(8)$$

$$l_x^{(\tau)} = \sum_{t=0}^{\infty} d_{x+t}^{(\tau)} \qquad \ldots(9)$$

$$d_x^{(\tau)} = \int_0^1 l_{x+t}^{(\tau)} \mu_{x+t}^{(\tau)} dt \qquad \ldots(10)$$

$$_n P_x^{(\tau)} = \exp\left[-\int_x^{x+n} \mu_y^{(\tau)} dy\right] = \exp\left[-\int_0^n \mu_{x+t}^{(\tau)} dt\right] \qquad \ldots(11)$$

$$_n q_x^{(\tau)} = \int_0^n {}_t p_x^{(\tau)} \mu_{x+t}^{(\tau)} dt \qquad \ldots(12)$$

Ahora, para cada causa de decremento, se denota $\mu_x^{(k)}$ como la fuerza de decremento debido a un único decremento *k* de (27) tenemos:

$$\mu_x^{(k)} = -\frac{1}{l_x^{(\tau)}} \cdot \frac{dl_x^{(k)}}{dx} \qquad \text{...(13)}$$

Que se obtiene de la diferenciación de la siguiente expresión:

$$l_x^{(k)} = \int_x^{\infty} l_y^{(\tau)} \mu_x^{(k)} dy \quad K = 1, 2,..., m$$

$$\mu_x^{(\tau)} = \sum_{k=1}^{m} \mu_x^{(k)} \quad \text{para m decrementos} \qquad \text{...(14)}$$

$$d_x^{(k)} = \int_0^1 l_{x+t}^{(\tau)} \mu_{x+t}^{(k)} dt \qquad \text{...(15)}$$

$$_n q_x^{(k)} = \int_0^n {}_t p_x^{(\tau)} \mu_{x+t}^{(k)} dt \qquad \text{...(16)}$$

Anexo 2. Distribución de la población 15-59 años por estado civil y sexo, 1970-2000[a] (porcentaje)

Estado conyugal	*1970*	*1980*	*1990*	*2000*
Total	100.0	100.0	100.0	100.0
Solteros(as)	34.5	34.9	36.4	33.9
Casados(as)	51.6	52.6	51.1	48.5
- Civil	9.3	11.9	13.0	14.7
- Religioso	4.8	2.5	2.3	2.2
- Civil y religioso	37.5	38.1	35.8	31.7
Unidos(as)	9.5	8.3	8.6	12.0
Uniones disueltas	4.4	4.2	3.9	5.6
- Separados(as)	1.5	1.4	1.3	2.7
- Divorciados(as)	0.5	0.5	0.8	1.1
- Viudos(as)	2.5	2.2	1.8	1.8
Hombres	100.0	100.0	100.0	100.0
Solteros	39.1	38.6	39.7	36.9
Casados	49.9	51.6	50.3	48.4
- Civil	9.0	11.7	12.8	14.7
- Religioso	4.6	2.5	2.3	2.1
- Civil y religioso	36.4	37.4	35.3	31.6
Unidos	9.0	8.0	8.3	12.0
Uniones disueltas	2.1	1.8	1.6	2.7
- Separados	0.7	0.7	0.6	1.4
- Divorciados	0.3	0.3	0.4	0.7
- Viudos	1.0	0.9	0.6	0.6
Mujeres	100.0	100.0	100.0	100.0
Solteras	30.2	31.4	33.3	31.1
Casadas	53.2	53.5	51.9	48.6
- Civil	9.7	12.1	13.1	14.7
- Religioso	4.9	2.6	2.4	2.2

- Civil y religioso	38.6	38.8	36.4	31.7
Unidas	9.9	8.7	8.8	12.0
Uniones disueltas	6.7	6.4	5.9	8.3
- Separadas	2.2	2.2	2.0	4.0
- Divorciadas	0.6	0.7	1.1	1.4
- Viudas	3.9	3.5	2.8	2.9

[a] En los cálculos no se consideró el concepto de "no especificado".
Fuente: DGE. IX Censo General de Población, 1970. México, 1972. INEGI. XI Censo General de Población y Vivienda, 1980, Resumen General, vol. I, Aguascalientes, Ags. 1986. INEGI. XI Censo General de Población y Vivienda, 1990, Resumen General, vol. I, Aguascalientes, Ags. 1992. INEGI. XII Censo General de Población y Vivienda, 2000, Tabuladores básicos. Aguascalientes, Ags. 2001.

Anexo 3. Distribución porcentual de la población en unión disuelta entre 15-59 años por tipo de disolución a nivel nacional. Censos 1970-2000 (porcentaje)

Estado civil	*1970*	*1980*	*1990*	*2000*
Separada				
Nacional	**33.29**	**34.28**	**33.86**	**48.84**
Hombres	34.65	35.69	36.1	51.89
Mujeres	32.89	33.89	33.28	47.95
Divorciada				
Nacional	**10.39**	**12.3**	**20.27**	**19.09**
Hombres	14.43	15.28	25.98	24.91
Mujeres	9.2	11.49	18.8	17.36
Viuda				
Nacional	**56.33**	**53.42**	**45.88**	**32.07**
Hombres	50.92	49.03	37.92	23.2
Mujeres	57.91	54.63	47.93	34.69

Fuente: Cálculos propios con base en el IX Censo General de Población, 1970, México, 1972.

Anexo 4. Estructura del estado civil de la población por grupo edad y sexo (porcientos)

Edad	*Total*		*Casada*			*Total*		*Unión disuelta*		
	Soltera	*Casada*	*Civil*	*Religioso*	*Civil y religioso*	*En unión libre*	*Disuelta*	*Separada*	*Divorciada*	*Viuda*
Nacional										
15-19	86.66	9.24	2.91	0.89	5.44	3.37	0.73	0.51	0.06	0.16
20-24	49.36	39.57	9.69	3.45	26.44	9.07	2.00	1.25	0.26	0.49
25-29	22.10	63.19	12.55	5.67	44.97	11.90	2.81	1.47	0.42	0.92
30-34	12.08	71.96	12.54	6.38	53.04	12.03	3.93	1.68	0.62	1.63
35-39	8.50	73.62	12.00	7.13	54.50	12.74	5.14	1.90	0.66	2.59
40-44	7.34	73.72	11.05	6.88	55.79	11.88	7.05	2.07	0.76	4.23
45-49	6.74	73.02	10.59	6.63	55.80	11.26	8.98	2.17	0.79	6.02
50-54	7.21	69.43	9.68	6.56	53.19	10.77	12.59	2.34	0.89	9.36
55-59	6.73	68.17	9.12	6.96	52.10	9.61	15.50	2.36	0.90	12.24
Total	34.55	51.57	9.33	4.75	37.48	9.45	4.44	1.48	0.46	2.50
Hombres										
15-19	94.77	3.32	1.01	0.34	1.97	1.53	0.38	0.26	0.03	0.09
20-24	61.24	30.19	7.94	2.68	19.56	7.58	0.99	0.57	0.15	0.27
25-29	27.16	60.02	12.50	5.31	42.20	11.46	1.36	0.65	0.25	0.46
30-34	13.79	72.23	12.97	6.38	52.89	11.98	2.00	0.79	0.40	0.80

35-39	9.20	75.48	12.57	7.23	55.68	12.88	2.45	0.88	0.42	1.16
40-44	7.40	77.16	11.79	7.36	58.01	12.26	3.18	0.96	0.49	1.73
45-49	6.42	77.60	11.58	6.99	59.03	12.04	3.94	1.08	0.51	2.34
50-54	6.42	76.27	11.03	6.82	58.42	11.96	5.34	1.27	0.60	3.48
55-59	5.67	76.52	10.75	7.03	58.74	11.19	6.61	1.34	0.64	4.63
Total	39.06	49.92	9.00	4.56	36.36	8.97	2.05	0.71	0.30	1.04
Mujeres										
15-19	78.78	15.00	4.75	1.42	8.82	5.15	1.08	0.76	0.09	0.22
20-24	38.46	48.18	11.29	4.15	32.75	10.43	2.93	1.88	0.36	0.69
25-29	17.37	66.15	12.60	6.00	47.55	12.30	4.17	2.24	0.57	1.35
30-34	10.40	71.70	12.12	6.39	53.19	12.08	5.82	2.56	0.82	2.44
35-39	7.82	71.82	11.45	7.03	53.35	12.61	7.74	2.88	0.89	3.97
40-44	7.28	70.33	10.33	6.41	53.59	11.52	10.87	3.16	1.02	6.69
45-49	7.07	68.32	9.56	6.26	52.49	10.45	14.16	3.29	1.07	9.80
50-54	7.99	62.72	8.36	6.30	48.06	9.60	19.69	3.40	1.18	15.12
55-59	7.77	59.97	7.51	6.88	45.57	8.05	24.22	3.36	1.15	19.72
Total	30.20	53.15	9.66	4.94	38.56	9.92	6.74	2.22	0.62	3.90

Fuente: Cálculos propios con base en el IX Censo General de Población, 1970, México, 1972.

Anexo 5. Estructura del estado civil de la población por grupo edad y sexo. México, 2000 (porcientos)

Edad	*Total*		*Casada*			*Total*		*Unión disuelta*		
	Soltera	*Casada*	*Civil*	*Religioso*	*Civil y religioso*	*En unión libre*	*Disuelta*	*Separada*	*Divorciada*	*Viuda*
Nacional										
15-19	88.39	5.48	3.46	0.27	1.75	5.64	0.50	0.41	0.04	0.05
20-24	54.58	28.99	13.71	1.41	13.87	14.34	2.09	1.58	0.30	0.21
25-29	28.32	52.15	19.15	2.36	30.64	16.08	3.45	2.29	0.73	0.43
30-34	15.58	64.44	19.93	2.79	41.72	15.05	4.92	2.96	1.17	0.79
35-39	10.61	69.00	19.11	3.00	46.89	13.76	6.63	3.62	1.62	1.39
40-44	8.26	70.85	17.74	2.95	50.16	12.00	8.89	4.31	2.08	2.50
45-49	7.08	71.15	16.24	3.12	51.79	10.74	11.02	4.71	2.19	4.13
50-54	6.63	69.88	14.44	3.08	52.36	9.24	14.24	5.08	2.21	6.95
55-59	6.05	68.41	13.31	3.29	51.82	8.23	17.31	5.01	1.88	10.41
Total	33.91	48.49	14.67	2.16	31.67	12.00	5.59	2.73	1.07	1.79
Hombres										
15-19	94.12	2.48	1.65	0.12	0.71	3.25	0.15	0.11	0.02	0.02
20-24	62.20	23.66	11.80	1.13	10.74	13.20	0.94	0.69	0.17	0.08
25-29	32.10	49.70	19.05	2.22	28.43	16.38	1.82	1.18	0.47	0.17
30-34	16.86	64.95	20.72	2.78	41.45	15.68	2.51	1.49	0.74	0.28

35-39	10.91	71.23	20.23	3.04	47.96	14.61	3.25	1.81	0.98	0.46
40-44	7.84	74.83	19.22	3.06	52.54	13.12	4.22	2.17	1.25	0.79
45-49	6.30	76.28	18.04	3.28	54.96	12.25	5.16	2.46	1.37	1.33
50-54	5.59	76.61	16.56	3.30	56.75	11.18	6.61	2.80	1.41	2.40
55-59	5.10	76.60	15.70	3.57	57.33	10.34	7.96	2.95	1.26	3.75
Total	36.94	48.42	14.69	2.11	31.62	11.98	2.66	1.38	0.66	0.62
Mujeres										
15-19	82.86	8.37	5.20	0.41	2.76	7.94	0.84	0.70	0.06	0.08
20-24	47.72	33.79	15.42	1.67	16.70	15.36	3.13	2.38	0.42	0.33
25-29	24.92	54.35	19.25	2.48	32.63	15.81	4.91	3.29	0.96	0.66
30-34	14.43	63.98	19.21	2.80	41.97	14.49	7.10	4.28	1.56	1.26
35-39	10.35	66.97	18.09	2.96	45.92	12.99	9.70	5.27	2.19	2.23
40-44	8.64	67.18	16.37	2.34	47.96	10.97	13.21	6.28	2.85	4.08
45-49	7.81	66.41	14.57	2.98	48.86	9.34	16.45	6.78	2.95	6.72
50-54	7.61	63.58	12.46	2.88	48.24	7.42	21.39	7.21	2.96	11.22
55-59	6.94	60.79	11.08	3.03	46.68	6.26	26.01	6.93	2.46	16.62
Total	31.12	48.57	14.65	2.20	31.72	12.02	8.29	3.98	1.44	2.88

Fuente: Cálculos propios con base en el XII Censo General de Población y Vivienda, 2000, México, 2001.

Anexo 6. Probabilidad acumulada de la disolución de uniones por divorcio, separación y viudez según la duración de la unión, por cohorte (para cada 1 000 uniones)

Duración de unión	*Cohorte*						
	60-64	*65-69*	*70-74*	*75-79*	*80-84*	*85-89*	*90-94*
0	2	1	1	1	3	4	9
1	2	4	3	3	5	8	23
2	3	8	5	6	7	14	36
3	6	10	6	12	11	22	**51**
4	8	13	10	18	17	28	60
5	12	15	13	23	23	37	68
6	19	18	19	29	28	46	75
7	20	21	24	36	35	**56**	
8	25	27	29	43	43	65	
9	29	31	35	**50**	**51**	73	
10	35	36	42	56	61	78	
11	39	42	**48**	62	72	80	
12	42	**53**	57	69	80		
13	42	61	66	76	87		
14	47	68	73	85	94		
15	**51**	76	82	99	99		
16	59	84	90	109	101		
17	62	94	94	117			
18	71	106	100	122			
19	74	118	110	127			
20	83	125	119	130			
21	94	133	129	131			
22	100	139	137				

23	109	148	142
24	113	157	149
25	120	164	153
26	141	174	154
27	147	182	
28	154	189	
29	166	192	
30	181	199	
31	192		
32	122		
33	209		
34	221		
35	222		

Fuente: Cálculos propios con base en Enadid, 1997.

Anexo 7. Tabla de Disolución de uniones por cohortes (Divorcio, Separación y Viudez) 1970-1979

Duración de unión	*(DV)* q_x	*(V)* q_x	(τ) q_x	(τ) p_x	(τ) l_x	(τ) d_x
0	0.000770	0.000044	0.000814	0.999186	1.000000	0.000814
1	0.001989	0.000111	0.002100	0.997900	0.999186	0.002098
2	0.002093	0.000593	0.002685	0.997315	0.997088	0.002677
3	0.003037	0.000731	0.003768	0.996232	0.994410	0.003747
4	0.003034	0.002016	0.005050	0.994950	0.990664	0.005003
5	0.002796	0.001316	0.004113	0.995887	0.985660	0.004054
6	0.005273	0.000623	0.005895	0.994105	0.981607	0.005787
7	0.005155	0.001313	0.006469	0.993531	0.975820	0.006312
8	0.004540	0.001349	0.005889	0.994111	0.969507	0.005709
9	0.004979	0.002067	0.007045	0.992955	0.963798	0.006790
10	0.005103	0.001244	0.006347	0.993653	0.957008	0.006075
11	0.004221	0.002142	0.006363	0.993637	0.950934	0.006050
12	0.006371	0.001506	0.007877	0.992123	0.944883	0.007443
13	0.006601	0.001901	0.008501	0.991499	0.937440	0.007970
14	0.006404	0.002039	0.008443	0.991557	0.929471	0.007848

15	0.007885	0.004482	0.012368	0.987632	0.921623	0.011398
16	0.006654	0.002485	0.009139	0.990861	0.910225	0.008319
17	0.004009	0.002873	0.006882	0.993118	0.901906	0.006207
18	0.004402	0.001215	0.005617	0.994383	0.895699	0.005031
19	0.005415	0.002572	0.007986	0.992014	0.890669	0.007113
20	0.003692	0.002370	0.006062	0.993938	0.883555	0.005356
21	0.003705	0.001933	0.005638	0.994362	0.878199	0.004952
22	0.002409	0.001486	0.003895	0.996105	0.873248	0.003401

Fuente: Cálculos propios con base en Enadid, 1997.

Anexo 8. Tabla de Disolución de uniones por cohortes (Divorcio, Separación y Viudez) 1980-1989

Duración de unión	*(DV)* q_x	*(V)* q_x	(τ) q_x	(τ) p_x	(τ) l_x	(τ) d_x
0	0.002677	0.000440	0.003117	0.996883	1.000000	0.003117
1	0.003670	0.000100	0.003770	0.996230	0.996883	0.003758
2	0.003717	0.000397	0.004114	0.995886	0.993125	0.004086
3	0.005652	0.000544	0.006195	0.993805	0.989039	0.006128
4	0.004712	0.001302	0.006014	0.993986	0.982911	0.005912
5	0.006567	0.001263	0.007829	0.992171	0.976999	0.007649
6	0.005751	0.001156	0.006907	0.993093	0.969350	0.006695
7	0.007998	0.001101	0.009099	0.990901	0.962655	0.008759
8	0.007709	0.001301	0.009009	0.990991	0.953896	0.008594
9	0.006410	0.001236	0.007647	0.992353	0.945303	0.007229
10	0.006344	0.001901	0.008245	0.991755	0.938074	0.007734
11	0.004733	0.001594	0.006327	0.993673	0.930339	0.005886
12	0.003351	0.000903	0.004254	0.995746	0.924454	0.003933

Fuente: Cálculos propios con base en Enadid, 1997.

III. EN EL UMBRAL DEL MATRIMONIO: LOS JÓVENES Y SU IDEA DE LA CONFORMACIÓN DE UNA PAREJA*

MICHELLE MORALES**

La palabra nupcialidad se ha convertido en una muy familiar para el ser humano, sin embargo, el término abarca diversos elementos que, a veces, no se contemplan porque solemos asociarlo sólo al matrimonio. La selección de una pareja, el noviazgo, el matrimonio (civil o religioso), la separación, el divorcio y el segundo matrimonio, también forman parte del concepto de nupcialidad. Es decir, ésta enmarca el estudio de la formación y disolución de las uniones de pareja, sea cual sea su modalidad.

Pareciera que la nupcialidad es de poca relevancia pública, sin embargo, resulta un factor importante para la población y los fenómenos demográficos. De igual forma, trasciende como un factor biológico e indispensable para la continuación de la formación de la familia y de la vida del hombre.

Los censos que se han realizado en México, a partir de 1930, comprueban que los cambios en la nupcialidad

* Basado en la tesis de licenciatura en periodismo y comunicación colectiva, "La percepción de los jóvenes en torno a la formación de las parejas conyugales en México", Facultad de Estudios Superiores Acatlán, Universidad Nacional Autónoma de México, 2002. Becaria del proyecto Conacyt 29051-S.

* Licenciada en Periodismo y Comunicación Colectiva.

han sido mínimos, sin embargo es muy claro que, desde 1970, las mujeres han tardado más en entrar a una unión, mientras que los hombres lo han hecho a partir de 1980. Desde ese año, la cantidad de mujeres y hombres que se unen a una pareja antes de los 20 años ha bajado 33% y 14%, respectivamente. En cambio, las separaciones y divorcios han aumentado 37% (Quilodrán, 2001).

Lo que llama mucho la atención es la unión libre que, según los estudios, no posee una presencia significativa, pero ello no quiere decir que no pueda adquirir mayor fuerza en un futuro próximo y de manera muy rápida, tomando en cuenta su aspecto histórico. Hasta ahora se puede apreciar que la unión libre es una unión característica de los muy jóvenes y ha incrementado levemente solamente en este grupo. En 1930, más o menos un cuarto de la población estaba en una unión libre, 12% un matrimonio civil, 28% un matrimonio religioso y 35% ambos. Aunque, desde ese año se nota una disminución progresiva de la unión libre, en 1990 empiezan de nuevo a crecer aunque el matrimonio civil y religioso sigue siendo predominante (Quilodrán, 2001).

Es precisamente el objetivo de este trabajo saber cuáles son las opiniones de los jóvenes respecto a las uniones conyugales, así como sus posturas ante el matrimonio y la unión libre. Pero, antes de ir directamente a las opiniones, veamos qué dice la *Encuesta Nacional de Juventud 2000* (ENJ 2000) respecto a este tema.

LOS JÓVENES Y LA RELACIÓN DE PAREJA

Lo que dicen las estadísticas[1] (ENJ 2000) acerca del noviazgo, casi todos los jóvenes han tenido un novio(a) antes

[1] Basado en los datos de la *Encuesta Nacional de Juventud 2000*. La encuesta tuvo una cobertura nacional y la muestra incluyó 54 500

de los 20 años, sobre todo entre los 15 y 19, y sus pláticas giran en torno a la relación de pareja y lo que sienten respecto a ella; después está el tema de la familia, el trabajo y los estudios, el sexo y la apariencia física, pero muy rara vez tocan el tema de política, religión o de los problemas actuales.

Lo que la mayoría de los jóvenes busca en el noviazgo es alguien a quien amar y con quien compartir sus sentimientos (60.9%); en segundo lugar, están los que consideran al noviazgo como diversión (24.7%), y son muy pocos los que tienen planes de casarse o unirse (11.6 por ciento).

Aunque, según los datos anteriores, son pocos los jóvenes que buscan al iniciar un noviazgo casarse o unirse, al hablar de sus expectativas personales lo primero que mencionan es querer casarse (26%), tener un buen empleo o un negocio propio (26.8% y 20.4% respectivamente); después, lo que les interesa es obtener una casa propia (14.9%), mientras que tener hijos aparece poco en sus planes a futuro (4.8 por ciento).

Ya vimos que la mayoría de los jóvenes interrogados (12-29 años) ha experimentado una relación de noviazgo a cierta edad, es decir, este tipo de relación es muy común y se da con naturalidad, sin intenciones de formalizar, pero sí con la idea de vivir y divertirse sin adquirir un compromiso.

No nos parecerá extraño que, según la ENJ 2000, la mayoría de los jóvenes que se han casado o unido en unión libre por primera vez lo hagan muy jóvenes (de los 15 a 19 años, 54.5%; apenas 6.4% lo hizo de los 25 a 29 años). Lo interesante es que la mayoría que se unió o casó tan joven no lo hizo por embarazo (5.6%), sino por amor (59.4%).

Esto puede ser un indicador de que los tiempos han cambiado, que la juventud comienza a ver al matrimonio

viviendas, donde se encuestó a todas las personas entre los 12 y 29 años de edad.

de una manera diferente a como lo hacían las generaciones pasadas; no lo ven como una obligación impuesta por la sociedad, sino como un mero gusto y deseo mutuo. Incluso, la equidad en las actividades domésticas es más justa entre los jóvenes, ya que ambos participan en ellas. Sin embargo, esto no significa que no se den las labores específicamente femeninas y masculinas.

Vemos cambios en los roles de género y también en la forma para solucionar los problemas de pareja, ya que –de acuerdo con la ENJ 2000– lo hacen conversando (91.5%), es decir, la comunicación es muy importante para ellos; muy pocos jóvenes (4.3%) prefieren aplicar la ley del hielo cuando hay algún problema o discusión.

Según la encuesta, la principal razón por la que los jóvenes salen del hogar de los padres es porque se casan o entran en una unión libre con su pareja y, en segundo lugar, por motivos de estudio o de trabajo. El 38.2% de los jóvenes ha estado fuera de la casa de los padres por más de seis meses, entre los 15 y 24 años de edad.

Pero el salir del hogar de los padres no implica estar permanentemente fuera, pues de estos jóvenes la mayoría regresa a vivir con ellos (33.5%), porque quieren terminar sus estudios, porque se divorciaron o se separaron de su pareja. Pocos regresan a casa de sus padres porque se quedaron sin casa o no pudieron sostenerse por cuenta propia.

A pesar de la forma de pensar tan liberal de los jóvenes entre los 12 y 29 años, según las estadísticas, la religión, cualquiera que sea, influye mucho más en sus actitudes en el trabajo y ante sus problemas sociales (23.3%), que respecto a la sexualidad (sólo 20.4% afirma que sí influye); el resto opina que la religión no tiene nada que ver con su sexualidad (79.6 por ciento).

Siguiendo los datos de la ENJ 2000, tanto hombres como mujeres valoran en una mujer su sentido de responsabilidad (42.5%) y pocos creen que es importante el físico de la mujer (8.4%). En cuanto a lo que es valioso en un hombre, igualmente consideran importante que sea responsable (57.7%) y, en segundo término, que no tenga vicios (11.6 por ciento).

¿Cómo pensar, qué decidir y qué hacer?

Los tiempos han cambiado, las ideas también y, de forma similar, las costumbres o las tradiciones sufren diminutas o significativas alteraciones. Lo mismo sucede con las nuevas generaciones de jóvenes: piensan y actúan de una manera distinta a la de sus propios padres o abuelos. ¿Qué es lo que opinan los jóvenes sobre la vida en pareja, su formación y su entorno?

Aunque existe cierto número de trabajos que nos muestran los principales aspectos de la nupcialidad en la población mexicana, son muy pocos los que poseen una línea periodística y de opinión. Es decir, la información estadística es exacta, sin embargo, el sentido humano sobre la opinión de los jóvenes no aparece en esos números y, por ello, fue necesario realizar una serie de entrevistas que complementaran la información estadística y demográfica del estudio. Con base en las entrevistas, se analizan y presentan las razones que dan los jóvenes para entablar una relación de pareja o conyugal, aunando a esto las opiniones sobre la unión libre, el noviazgo y el matrimonio. Para la realización de las entrevistas, se seleccionaron a jóvenes de entre 15 y 24 años del área metropolitana de la Ciudad de México y que cumplieran con alguna de las siguientes características: que fueran estudiantes, trabajadores o ambos. Un elemento de gran importancia demográfica es contar con opiniones de personas de ambos sexo, así que se aplicaron y se completaron entrevistas a 6 mujeres y 7 hombres de entre 18 y 24 años de edad. La selección de este grupo de entrevistados tiene que ver con los cambios importantes que se dan en esas edades, los cuales responden a lo que demográficamente se ha expuesto sobre la forma de establecer las uniones conyugales: elevación de las edades al unirse/casarse, mayor número de uniones libres, inestabilidad de las uniones, retraso de la salida de la casa de los padres, así como de la entrada a cualquier tipo de unión conyugal, etc. Los jóvenes entrevistados pertenecen a diversos niveles económicos y educativos, con la finalidad de recabar las opiniones de diferentes grupos de la población joven. Los resultados proporcionaron una breve semblanza de lo que los jóvenes piensan, sobre todo de la relación de pareja. Los datos obtenidos de las entrevistas[2] complementan la investigación bibliográfica, afirmando o reparando las ideas existentes de manera negativa o positiva.

¿Noviazgo o unión libre?

> *Pues es una relación que se da entre dos personas, en donde te conoces. Precisamente el noviazgo sirve para eso, para conocerte y ver si te puedes llevar bien con esa persona a futuro, si pueden formar un matrimonio o una unión libre y pueden tener hijos y, pues, llevarse lo mejor posible, tanto en la ideología, tanto en tus valores, en tu manera de ser, que te respete, ¿no?*
> *Gabriela, 21 años, estudiante.*

Teniendo en cuenta que los jóvenes (entrevistados) buscan tener en el noviazgo comprensión de su pareja, después apoyo y compartir momentos juntos, su concepción del noviazgo se define como el proceso en el que se

[2] Entrevistas de tipo semi-estructuradas.

conocen y se dan cuenta si ésta es la persona indicada para un matrimonio.

Desde luego que hay algunas personas que tienen otro concepto del noviazgo. Estas opiniones diferentes están basadas en las experiencias de cada entrevistado, pero a pesar de la divergencia que pueda existir entre una y otra opinión, siempre guardan similitudes.

> *...no sé, antes yo lo veía como una relación entre dos personas, que pasara algo muy bonito y que te bajaran el cielo, todo. Ahora ya no, ahora lo veo algo así como perder el tiempo, porque cuando uno está en el noviazgo son mentiras, siempre tratas de quedar bien, siempre te dicen «habla con la verdad», pero nunca puedes, siempre tratas de mentir para que le gustes a esa persona. No, no creo en el noviazgo. Es que yo siento que sí está bien el noviazgo, está bien, pero más que noviazgo una amistad, algo que no sea sólo lo sexual, yo creo que sería más que hablar, hablar y hablar, porque cuando llegas a casarte te vas dando cuenta de todas las mentiras que te dijeron, entonces despiertas así como «bueno, y el que estaba de novio conmigo ya es muy diferente». Está bien el noviazgo pero con mucha comunicación. Isa, 21 años, trabajadora.*

En este caso, la opinión de Isa deriva de sus propias experiencias sobre el noviazgo; es una joven que desde los 15 años comenzó una unión libre, en la cual no ha recibido mucho apoyo y comprensión de su pareja. Ella comentó que no platica de nada con su pareja y que él la ve como una hermana. Entonces –tomando esta relación como ejemplo–, se puede decir que cuando los jóvenes se comprometen en una relación donde sustituyen su verdadera esencia, su personalidad por máscaras, el resultado común es una relación superficial y no fructífera. Ver a la pareja como si fuera perfecta ayuda a que la otra persona, por temor a verse mal, se comporte de manera diferente y desempeñe su papel de actor (McCary, 1983).

A pesar de esta opinión, en la que no se cree en el noviazgo, las respuestas dejan ver que para los jóvenes el noviazgo siempre será bueno si se da un lazo afectivo entre las personas, pues así logran conocer al otro. Siguiendo en este tema, sólo un joven habló de que lo importante es hacer sentir bien a la pareja y ésta es más importante que uno mismo:

> *"Es llevarte bien con alguien, quererlo, darle tiempo, entenderlo, escucharlo y compartir cosas que enriquecen o que hacen más a la otra persona, que la hacen sentir bien". Rubén, 22 años, estudiante.*

Esta opinión sobre el noviazgo confirma, en la mayoría de los casos y con palabras desde luego más simples, lo que McCary dice respecto a los miembros de una pareja: "a medida que van conociéndose y aprenden a confiar uno en el otro, van revelando y mostrando más de lo profundo de ellos mismos. Llegan a saber lo mejor y lo peor de cada uno. Se aprueban y se aceptan recíprocamente debido o a pesar de estas revelaciones" (McCary, 1983:111).

Con respecto al amor y a la pareja existen mitos que van cambiando de acuerdo con cada generación, muchos aún se mantienen vigentes. Por ejemplo, se dice que un matrimonio es para siempre, idea que se sigue conservando hoy en día, pues más de la mitad de los jóvenes entrevistados dijeron que sí, que un matrimonio es para siempre, pero si no están casados, es decir, en unión libre nada más, entonces esa relación puede ser interrumpida y no eterna. Esto va de la mano con que los jóvenes crean que pueden cambiar de pareja siempre y cuando no estén casados. Y, aunque la mayoría ha dicho que el matrimonio es para siempre, consideran el divorcio como una opción en caso de no llevarse bien con la pareja, pero expresan que al casarse lo hacen por convicción, seguridad y amor, motivos por los cuales no habría necesidad de buscar otra relación.

Considerando que de los entrevistados una sola persona vive en unión libre y dos más alguna vez estuvieron en una relación de este tipo, la mayoría opina que sí llevaría una unión libre y que "está bien para conocer a la persona". Para ellos la unión libre es buena en cierto sentido: cuando realmente se toma en serio, pero cuando sólo "se toma de relajo" no la consideran adecuada. Esta unión la describen como una etapa en la que pueden conocer más a fondo a la pareja y decidir "si te conviene o no", "si te casas" o "te separas". Es decir, la unión libre es similar al noviazgo, pues también sirve para conocer y decidir, porque en una unión libre viven bajo el mismo techo y con ciertas responsabilidades y, según ellos, existe el mismo compromiso que en el matrimonio.

Pues está bien el conocerse un tiempo, mucha gente la critica (a la unión libre) porque dice que no tienen ningún compromiso, pero yo creo que el compromiso se da en cada persona, igual con el matrimonio te puedes casar por la Iglesia, pero no sabes si va a funcionar toda tu vida, te puedes divorciar al mes o al año, un papel no te respalda que vas a tener un matrimonio excelente y que vas a vivir toda tu vida con esa persona.
Gabriela, 21 años, estudiante.

Yo creo que muchas veces es buena, porque ahí antes de casarte o de decidir algo más puedes conocer a la persona como es en realidad y puedes darte cuenta si es o no lo que esperabas. Yo pienso que es muy buena en cuanto te permite conocer a la persona, pero también es muy mala en el aspecto en que a lo mejor toman a la unión libre como eso, como de

libertad de que "ay, sí estamos juntos para ciertos aspectos, pero para otros cada quien por su lado".
Rubén, 22 años, estudiante.

Tres de los entrevistados dijeron que no entrarían a una unión libre porque no está bien, ya que es insegura y hay poco compromiso. En general, para los jóvenes la unión libre requiere de un siguiente paso: casarse, siempre y cuando "se lleven bien y que sea la persona con la que quieres estar". Es decir, si se vive en unión libre se espera que culmine en algo más, no es una relación definitiva y todo depende de cómo hayan llevado esa unión.

Después del noviazgo, ¿matrimonio?

No es de extrañar que se crea que después de un noviazgo largo, o una unión libre, se deba dar un paso más allá. Hay una gran contradicción en la opinión de los jóvenes entrevistados referente a la unión libre, pues aprueban y expresan que el compromiso es el mismo que en un matrimonio, pero después opinan que no creen que sea un compromiso mayor ni una opción de vida en pareja, pues para ello está el matrimonio, que es la unión entre dos personas bajo ciertas reglas (legales o religiosas) y con una responsabilidad mucho mayor (ya no es un juego), más allá de la que hay en un noviazgo.

Los hombres suelen ver el matrimonio con más ambivalencia, pues no les importa casarse o no, sobre todo si se trata de matrimonio religioso, que lo ven como un trámite que no tiene importancia. De los entrevistados, todos los hombres contestaron que para ellos no es importante el matrimonio religioso y dieron como razones principales las siguientes:

1. Es un mero trámite, formalidad innecesaria.
2. Un papel no importa.
3. No importa lo religioso.

En cambio las mujeres sí aspiran a llegar al matrimonio, sobre todo porque es la forma ideal para tener hijos y el matrimonio religioso es muy importante para ellas por:

1. Educación y costumbres familiares, es decir, un rito tradicional.
2. La boda es una ilusión de la mujer y la bendición de Dios.
3. Es una manera de anunciar un cambio de estatus, indicar que empiezas otro tipo de vida, que realizas una transición vital e importante.

La opinión de Gabriela, de 21 años de edad, representa la idea de las mujeres entrevistadas:

> *–¿Qué es, para ti, el matrimonio?*
> *–Es el enlace de dos personas que se quieren y que a lo mejor quieren demostrar, al mundo y a Dios, que siempre van a estar juntos y a lo mejor muchas veces sin el temor de que la misma sociedad te critique porque no estés casado por la Iglesia, porque la Iglesia ya es como un compromiso mayor, ya no estás jugando.*

Hombres y mujeres piensan diferente respecto al matrimonio religioso, pero es muy notorio que ambos ven al matrimonio civil como algo prioritario y primordial, ya que éste brinda protección a la familia y a la pareja, división de bienes y pensión alimenticia en caso de divorcio, derecho a prestaciones y servicios para el cónyuge. Los que no tienen interés en el matrimonio civil es porque creen que es "un mero formalismo", "otro papel", "mucho trámite" o que "se casan con la sociedad".

Una vez consumado un matrimonio, se sigue creyendo –de acuerdo con las respuestas de los entrevistados– que tener hijos es necesario dentro de éste y demuestran que casarse y tener hijos es una idea muy arraigada en las nuevas generaciones de jóvenes; algunos creen que los hijos son necesarios para amparase, en el sentido de mantener la relación estable y "duradera"; otros para darle algo más a la relación, unirse más a su pareja; pero ninguno justifica el tener hijos sólo por el gusto de disfrutarlos. De acuerdo con las opiniones dadas por los jóvenes, los hijos son vistos como un complemento natural al matrimonio, un paso más en un proceso de relación entre hombre y mujer. Las razones de los que creen que sí son necesarios los hijos son:

- *"Después de un tiempo sí, porque ya le hace falta algo a la relación" (Isa, 21 años).*
- *"Claro, porque necesitas alguien a quien querer, a quien darle ejemplos y sacar adelante" (Jazmín, 19 años).*
- *"Sí, porque une más a la pareja" (Selene, 19 años).*
- *"A veces sí, para vernos ahí reflejados" (Isabel, 19 años).*
- *"Para mí los hijos son muy importantes, porque son lo que vas dejando atrás de todas tus experiencias, yo creo que deben de ser la parte que complementa el árbol que vas plantando, la tierrita, el agüita" (Iván, 24 años).*

Para cada ser humano las razones que lo llevan a contraer un matrimonio están intrínsecamente ligadas a su experiencia individual, a su carácter y a sus pensamientos. Cada individuo es un mundo diferente, sin embargo, hay cierta tendencia en las opiniones de los jóvenes sobre una unión conyugal. Las diferencias de género marcan las pautas a las opiniones y deseos tanto de hombres como mujeres. Mientras que estas últimas suelen buscar estabilidad en su relación y casarse religiosamente o llevar a cabo una celebración matrimonial –sueño impuesto inconscientemente por la sociedad desde su infancia–, los hombres buscan una relación de menor compromiso y sus prioridades son conseguir bienes patrimoniales, estabilidad laboral y económica.

¿QUIÉN ES QUIÉN EN UNA UNIÓN CONYUGAL? LOS ROLES DEL HOMBRE Y DE LA MUJER

La complejidad de una relación se da, precisamente, por la interacción con otro *yo*. Las relaciones pueden ser plenas y agradables o, al contrario, frustrantes, decepcionantes e inmensamente destructivas. Pero es en esta interacción de personalidades, en una unión de pareja, en la que se generan ciertos roles, tanto del hombre como de la mujer.

Sin embargo, la mayoría de los jóvenes entrevistados están conscientes de que la sociedad mexicana dicta los roles del hombre y de la mujer dentro de una unión conyugal: el hombre formar una familia y mantenerla, la mujer cuidar y atender a los hijos y al esposo. Saben que estos roles están establecidos desde mucho tiempo atrás y se muestran en contra de estas posturas “machistas”, así nombradas por las entrevistadas. Casi todos consideran que la equidad entre los cónyuges es lo esencial. Los hombres entrevistados están dispuestos a realizar las labores del hogar, el cuidado de los hijos, todo lo que supuestamente le corresponde a la mujer. Las mujeres consideran la equidad de roles como el hecho de que “tanto yo te ayudo, como tú me ayudas”, “decidir entre los dos”, y no toman en cuenta la aportación económica. Tenemos sólo tres casos que opinan que los roles del hombre y de la mujer deben seguir siendo los mismos, los tradicionales:

Del hombre, pues trabajar y levantar una familia, ir formando a sus hijos, haciendo su propia familia y de la mujer lo mismo, formar a sus hijos, hacer una familia.
Jazmín, 19 años, estudiante.

Pues el hombre el gasto económico de la casa y, si hay hijos, la esposa al cuidado de los hijos.
Oliver, 19 años, estudiante.

Bueno, del hombre mantener la casa, traer dinero, aportar en lo económico, la seguridad, porque siempre hay que tener seguridad y la educación de los hijos. Y de la mujer mantener a los hijos, ahora sí que las actividades del hogar, en ella cae la mayor responsabilidad.
Adonías, 18 años.

Junto con la equidad de roles, los jóvenes entrevistados aceptan la idea de que la mujer trabaje fuera de casa, en un ámbito que no involucre los quehaceres del hogar. Creen que puede hacerlo si ella lo desea, para no dejar toda la carga al hombre, por superación personal y porque tiene su propia vida. Sólo un joven dijo que no es bueno si es que ya tiene hijos, pues debe de cuidar de ellos y atenderlos, y tiene derecho a trabajar, siempre y cuando no trate de rebasar al hombre.

A pesar de esta diferencia de opinión, es muy claro que la mayoría de los jóvenes ha adoptado otra forma de ver las obligaciones y compromisos que existen dentro de una unión de pareja, hay mucha más equidad e, incluso, se habla con más libertad de ciertos temas, tal es el caso de la sexualidad.

¿SÓLO DENTRO DEL MATRIMONIO? LA OPINIÓN DE LOS JÓVENES SOBRE SEXUALIDAD

Se dice mucho sobre que el hombre trata de adelantar el inicio de una vida sexualmente activa, mientras que la mujer prefiere retrasarla (Giddens, 1995). Pero, ¿sigue vigente esta diferencia de género?

Se nota que los jóvenes entrevistados aceptan la idea de que la mujer no necesita llegar virgen al matrimonio y es porque hay "mayor libertad", como ellos llaman; que la mujer tiene derecho a disfrutar y es su decisión tener relaciones sexuales cuando quiera y con quien quiera. Se muestran abiertos al tema de la sexualidad, sobre todo a la igualdad entre hombre y mujer en cuanto al desarrollo y experimentación de su propia sexualidad sin necesidad de ingresar a una unión.

¿La vida sexual entre los jóvenes es para llevarse a cabo en el marco de una unión libre, o de un matrimonio, o sólo esporádicamente y sin compromiso alguno? Según las respuestas de los entrevistados, las relaciones sexuales antes del matrimonio –necesarias para conocer a tu pareja y no tener una decepción después, según opinan– se deben dar bajo dos condicionantes: 1) que la persona sea la indicada y exista amor y responsabilidad, y 2) que sea de común acuerdo y después de los 20 años de edad. Es decir, que pueden darse dependiendo de la pareja y la relación que exista con ella, pero en general debe ser con compromiso y responsabilidad; la segunda opinión en importancia es que pueden darse dentro del matrimonio, o de la unión libre, o en la etapa del noviazgo e, incluso, algunos dicen que se puede dar sin ni siquiera tener algún lazo afectivo con la persona. Otros jóvenes sólo aceptan las relaciones sexuales estando en una unión libre o en un matrimonio. Hay también quienes creen que la relación debe de llevarse a cabo sólo dentro del matrimonio, pero se trata de una minoría.

Nos encontramos con una opinión mayoritaria a favor de las relaciones sexuales fuera del matrimonio, pero éstas deben darse dentro de una relación con futuro, es decir, transformable en matrimonio o, al menos, en una unión libre.

¿CÓMO ELEGIR UNA PAREJA? FACTORES QUE INFLUYEN EN LA ELECCIÓN DE UNA PAREJA

Según las respuestas de los entrevistados, en la vida de pareja las tendencias intelectuales o de trabajo son esenciales, ya que lo que más puede unirlos como tal son los intereses y actividades compatibles. La similitud de intereses, opiniones y capacidad intelectual son los factores más importantes para la elección de una pareja, ya que podrían establecer una relación mucho más cercana en la que las dos partes puedan entablar cualquier tipo de conversación y llevarse bien. Es decir, intercambiar ideas y conocimientos es parte de la retroalimentación, que no sólo va a enriquecer a cada uno de los individuos, sino también la relación de pareja. Sólo dos entrevistadas creen que no es necesario tener esta compatibilidad, pues eso que es diferente en la pareja será un complemento en uno mismo.

Por otro lado, el estatus económico-social de la pareja y de su familia influye ligeramente en las decisiones relacionadas con la formación de una unión conyugal, pero no lo consideran un elemento esencial y no le otorgan mucha importancia, ya que se están fijando en la persona y no están buscando ese nivel económico en ella, ya que éste lo construirán entre ambos. En el caso de aquellos que consideran importante el estatus económico, lo justifican diciendo que es una forma de saber que su pareja también tiene un buen nivel económico, buenas costumbres y actitudes.

Lo que se busca en una pareja varía de individuo a individuo. Para algunos el aspecto físico es importante, para otros la ternura, inteligencia, comunicación y comprensión son esenciales. Otros más buscan en su pareja un nivel educativo y social alto y compatible con el suyo, mientras que algunos sólo se fijan en los valores morales y religiosos de la persona.

Entre los jóvenes, los elementos que más influyen en la elección de su pareja son la ideología (valores, principios y forma de pensar), el nivel educativo y la clase social, esto se deriva de su búsqueda por un compañero(a) con características similares. También toman en cuenta el carácter, la estabilidad emocional, la disposición complaciente y el buen humor. Éstas son algunas de las respuestas más significativas:

Sí, porque nos vamos a llevar mejor, o sea, yo creo que esto es lo principal que debe de tener una pareja...
Jazmín, 19 años, estudiante.

Sí, para poder convivir bien, para estar de acuerdo y no haya fricciones...
Rafael, 23 años, trabajador.

Sí, porque de esa forma la convivencia se vuelve interesante, no se vuelve monótona, no es algo de costumbres, tienes alguien con quien platicar de similares ideas y puedes aprender de ella y ella de ti.
Jorge, 23 años, estudiante-trabajador.

Así, en las entrevistas realizadas, la mayoría de los jóvenes considera mucho más importantes las ideas y los valores, y dejan en segundo término el físico. Este último no dejan de tomarlo en cuenta como un elemento que hace atractiva a una persona, pero sólo de primera instancia, ya que después, conociendo a la persona, sus ideas y sus valores determinarán el establecer una relación o no. El físico es de menor importancia, ya que, según ellos, se acaba y las ideas son las que dejarán ver cómo es la persona.

Conforme a las respuestas que dieron los entrevistados, podemos ver que la mayoría busca un amor maduro. Según Rage Atala, el amor maduro se crea después de que se conoce a la persona amada y de mantener ciertas experiencias con ella. De acuerdo con Fromm (Rage Atala, 1996:67), este amor requiere de cuatro elementos básicos:

1. La preocupación activa por la vida y el desarrollo de aquél a quien amamos.
2. Responsabilidad creativa por las necesidades físicas y psíquicas del otro.
3. Respeto por el otro, capacidad de ver a la persona tal como es, de conocer su individualidad.
4. Conocimiento de uno mismo, del otro y de la naturaleza del amor.

En resumen, en una unión conyugal, los jóvenes entrevistados esperan de su pareja comprensión, comunicación, confianza, superación, compatibilidad de ideas e intereses, satisfacción. La persona con estas características es la pareja ideal y, además, lo indispensable en una relación de pareja es la comunicación.

Al tener una concepción sobre la pareja ideal y sus atributos, los jóvenes entrevistados creen que los elementos necesarios para que un matrimonio funcione son: el amor, la sinceridad, la tolerancia, la disponibilidad, el respeto, la convivencia premarital y, sobre todo, saber a qué se va al matrimonio.

¿POR QUÉ INGRESAR A UNA UNIÓN CONYUGAL?

Al preguntarles a los entrevistados si les gustaría (o les hubiera gustado) casarse o vivir en unión libre con su pareja actual, o la última (en el caso de los que no tienen pareja), las respuestas fueron diversas entre hombres y mujeres. Del total que desean entrar a una unión, poco menos de la mitad prefiere un matrimonio (cuadro 1).

Las mujeres que contestaron que les gustaría casarse, o les hubiera gustado, lo harían "porque él (su pareja) tenía ganas de superarse y me quería", "porque quisiera compartir más mi vida con él", "lo conocí mucho y me gustó su forma de ser", "porque no me gustaría conocer a otra persona". Pero no lo hicieron porque:

1. Querían continuar con los estudios y/o el trabajo.
2. Debían pensar más las cosas.
3. Se dieron cuenta que no era la persona adecuada.
4. Debían tener un hogar propio.

Por otra parte, llama la atención que algunos entrevistados (4 hombres) no vislumbran la posibilidad de unirse, a lo cual exponen estos motivos:

1. Por la economía.
2. Porque no era una buena relación.
3. Deseo conocer más gente y siento inseguridad.
4. Por la responsabilidad.

Cuadro 1. Preferencias en cuanto a la naturaleza de la unión conyugal[a]

Género	*Matrimonio*	*Unión libre*	*No formar una pareja estable*	*No sabe*	*Total*
Hombre	—	1	4	1	6
Mujer	4	2	—	—	6
Total	4	3	4	1	12

[a] Hay un hombre ya casado, que es el que no aparece en la tabla.

Las razones para no ingresar a una unión conyugal, junto con los impedimentos para realizarlo, están relacionadas con sus metas, objetivos y logros. Para la mayoría de los jóvenes es más importante (en ese momento) trabajar y tener un buen empleo (5 mujeres, 2 hombres); formar una familia o tener hijos (1 hombre, 1 mujer); desarrollarse como persona (1 hombre); estudiar (1 hombre) y un hombre contestó que divertirse. El entrevistado restante, hombre, contestó que con dinero tendría todo: "el dinero compra todo".

La importancia de obtener un empleo tiene que ver con que, al tenerlo, servirá para mejorar su situación económica y podrán solventar los gastos de una familia, tener una pareja, tener hijos, etc. Inclusive, los jóvenes exponen que la situación económica es una de las razones por las cuales no han salido de su casa, y los que lo han hecho regresan a vivir con sus padres porque el dinero no les alcanza y les es complicado sustentar gastos.

De los entrevistados, la mitad ha vivido fuera de la casa de sus padres: unos salieron por problemas familiares, otros para ingresar a una unión libre (en uno de estos casos, los problemas familiares la obligaron a decidirse) o, simplemente, para probar su independencia o proseguir sus estudios.

¿CUÁNTO INFLUYEN LOS PADRES EN LAS DECISIONES DE SUS HIJOS SOBRE LA PAREJA?

En la actualidad, la mayoría de los jóvenes tiene la libertad de escoger a su cónyuge, sin la intervención de los padres o de la familia. Las respuestas de los entrevistados nos confirman la autonomía para elegir su pareja, aunque aún se percibe cierta influencia de los padres sobre las decisiones de los jóvenes en su vida personal y amorosa.

A excepción de tres personas (mujeres), todos los entrevistados contestaron que no dependen de sus padres en sus decisiones en torno a la pareja. Consideran que, en caso de que a sus padres les molestara su pareja, tratarían de mediar la situación y exponer que es su decisión y no la de ellos (los padres), pues la motivación para casarse o iniciar una vida conyugal es más por motivos personales que por presiones sociales o familiares. Los jóvenes entrevistados tienen muy claro que los padres no deben entrometerse en su decisión sobre su pareja, porque si lo hacen no le otorgan libertad al joven cuando deberían permitir que cada quien viva su vida.

¿CUÁNDO TENER UNA PAREJA Y CUÁNDO CASARSE?

En general, los jóvenes de ahora no se casan para satisfacer sus necesidades económicas o sociales, más bien lo hacen para alcanzar satisfacciones emocionales y para complementarse como individuos. Hoy en día tienen mayor importancia las necesidades como la compañía, el apoyo emocional mutuo, la vida hogareña y las relaciones íntimas. En este contexto, ¿cuál es la edad ideal para comenzar a tener una pareja?, ¿cuándo es el momento de poder ingresar a una unión conyugal?

Los jóvenes, algunas veces, no toman en cuenta la edad para entablar cualquier tipo de relación, a veces es por accidente, otras por patrones que están de moda o porque en realidad desean tener una relación de pareja. Sin embargo, en el momento de preguntarles directamente la edad que consideran adecuada para tener una relación de pareja, contestan dividiendo entre el noviazgo y el matrimonio. Es decir, para tener un novio(a) puedes estar más joven, pero para casarte debes de ser una persona madura, sobre todo las mujeres son las que hablan de esta madurez, la cual implica estar consciente de lo que se desea, saber las consecuencias de sus actos. Así, los jóvenes (hombres y mujeres) no manejan una edad específica para comenzar a tener una pareja, consideran que ésta puede tenerse desde edades muy tempranas, más o menos a partir de los 15 años.

La mayoría de los entrevistados (3 hombres y 2 mujeres), consideran que la edad ideal para casarse es a partir de los 28 años, otros a los 26 años (2 mujeres, 1 hombre), sólo unos cuantos piensan que entre los 24 o 26 años, o cuando tengan una estabilidad económica o cuando lo hayan planeado muy bien. La mayoría prefiere los 28 años como mejor edad para casarse porque ya existe madurez; es decir, ya piensan mejor las cosas y pueden decidir si casarse o no. Muchos dijeron que la mujer puede hacerlo un poco más joven, ya que la madurez le llega primero y, además, como es la que tiene los hijos debe de ser más joven (2 mujeres, 2 hombres). Menos de la mitad de los entrevistados contestó que no existe una edad, que eso depende de que tengas una estabilidad económica, que hayas conocido a la persona y estés convencido(a) de casarte.

CONCLUSIONES

Los temas alrededor de la formación de las parejas jóvenes son diversos y las entrevistas realizadas tuvieron el fin de presentar las opiniones vertidas por un grupo selecto.

Para tener una vida conyugal plena es necesario un largo proceso que empieza desde el noviazgo, en el cual cada uno de los individuos trata de dejar atrás esa forma de vida a la que estamos acostumbrados desde pequeños: infantil y egoísta (en el buen sentido). Con esto conseguirán un crecimiento y desarrollo en ellos mismos, madurez que debería permitirles aceptar a los demás tal y como son.

A diferencia de las costumbres inculcadas, los jóvenes de ahora poseen en nuestra sociedad mayor libertad para llevar una relación de pareja a su antojo y a su libre albedrío. La mayoría comienza a entablar un noviazgo con la finalidad de encontrar comprensión por parte de la otra persona y compartir momentos juntos, conseguir apoyo, dejando de lado la cuestión económica y el estatus social; tratan de encontrar una pareja estable, una donde se pueda dar un lazo afectivo. Conocer bien al otro ayuda a conseguir un buen matrimonio. Si se elige a la persona indicada no se necesita iniciar otra relación, el matrimonio debería ser para siempre, pero no se excluye el divorcio como una solución en caso de que el matrimonio no funcione bien.

Si se revisan los casos particulares, se puede observar que la edad al unirse o casarse sigue retrasándose entre los jóvenes y la mayoría considera los 28 años como la edad ideal para hacerlo. Sin embargo, quienes se unen a temprana edad creen que es mejor la unión libre. ¿Cuál es la razón de esta aparente inclinación o preferencia por la unión libre?

De acuerdo con las respuestas contenidas en las entrevistas que se realizaron, los jóvenes consideran la unión libre como una etapa casi obligatoria para la consolidación de una relación estable. De esta forma, la unión libre puede ser considerada como un paso más en el proceso del noviazgo, sin considerarla como una unión definitiva que, de ser exitosa, puede dar pie a la celebración del matrimonio. Sin embargo, en la actualidad prefieren la unión libre, ya que es útil para saber si te casas o no, mientras pueden terminar sus estudios y/o encontrar un trabajo (opinión, sobre todo de los hombres).

En cambio, el matrimonio es una unión de dos personas en donde existe un compromiso, ya que al unirse lo hacen bajo ciertas reglas. Para los jóvenes el matrimonio, además de ser un compromiso mucho mayor que un noviazgo, implica el tener hijos como un complemento a la relación, para unirse más como pareja o como un reflejo de la misma.

El matrimonio religioso sigue estando dentro de los planes de los jóvenes, pero va perdiendo fuerza en comparación con el civil y la unión libre. El matrimonio religioso es más valorado por las jóvenes, ya que representa una ilusión, pues el rito que lo acompaña es un sueño que se ha inculcado a la mayoría de las mujeres. En cambio, a los hombres no les interesa en lo más mínimo, por considerarlo un mero trámite sin importancia. Para ellos, el matrimonio civil tiene más sentido, puesto que brinda protección legal al cónyuge y a los hijos.

Aunque los jóvenes no ven al matrimonio como un impedimento para superarse como persona, es obvio que retrasan la edad para ingresar a uno, ya que al hacerlo muy jóvenes es posible que interrumpan sus estudios, dadas las responsabilidades y obligaciones que se adquieren. Ahora, en cuanto a estas obligaciones se nota un cambio en los roles del hombre y de la mujer, las diferencias entre ellos se han ido disolviendo para conjuntarse en una sola palabra: equidad entre los cónyuges. Los roles que la sociedad mexicana tenía muy presentes en un matrimonio son considerados como posturas machistas que los jóvenes ya no aceptan. Hoy en día están en contra de la idea de que la mujer sólo pueda dedicarse al hogar una vez que se casa. La mayoría de las mujeres argumenta que deben trabajar para no dejarle toda la carga al hombre, mientras que los hombres dicen que si ella desea trabajar, debe hacerlo. Esta equidad se manifiesta también en el aspecto sexual, ya que se considera que la mujer no necesita llegar virgen al matrimonio y que puede tener relaciones sexuales antes de éste, pero siempre que sea con responsabilidad y compromiso.

Para llevar a cabo un buen noviazgo o un buen matrimonio, antes que nada debe de ser con la persona indicada, que cumpla con ciertas expectativas y ciertas características: similitud de intereses, opiniones y capacidad intelectual con la otra persona. Sólo de esta manera se puede establecer una relación mucho más cercana en la que puedan llevarse bien. Para estos jóvenes entrevistados, el nivel social y económico, tanto de la pareja como de su familia, es algo completamente sin importancia y, al poder elegir libremente a su pareja, tienen la capacidad de estar con alguien que los satisfaga en el sentido sentimental y no económico: es mucho más importante la ideología que lo económico o el físico. Para ellos el físico no es algo duradero, algún día tendrá que acabarse, sin embargo, las ideas, sentimientos y opiniones siempre estarán presentes.

La razón principal del surgimiento de algunos de los problemas en la pareja y en la familia, radica en la carencia o dificultad de comunicación. Los jóvenes creen que lo esencial para que una relación de pareja funcione bien es la comunicación. Mientras que para un matrimonio, lo principal es demostrarse a sí mismos que la relación funciona antes de contraerlo. De ahí la importancia que le atribuyen a la convivencia premarital.

Aunque la mayoría prefiere una unión libre, el tipo de unión que desean o desearon con su pareja actual o última es el matrimonio. Los jóvenes dan a entender que al llevar una relación estable y de mucho tiempo no es necesario ingresar a una unión libre (más bien ir directamente al matrimonio), en cambio, si a la pareja no se le conoce por completo es ideal ingresar a una, ya que de esta forma se le conocería por completo.

Para ellos, contraer matrimonio supone requisitos tales como tener una casa propia, un trabajo, una economía estable. Por eso el objetivo principal en los jóvenes es tener un buen empleo que les permita solventar los gastos de una familia.

Para los jóvenes existe una mayor libertad en las decisiones en torno a la pareja y las opiniones tienden a ser menos tradicionales. Esto significa que los tabúes, típicos de la sociedad mexicana, se están disolviendo en las parejas jóvenes. Consideran la unión libre como parte del proceso que una pareja debe de cursar para ingresar a un matrimonio, y no como una opción de vida conyugal. A pesar de la aceptación creciente de la unión libre, hay que considerar que ésta aún no se reconoce por completo como una opción definitiva de vida conyugal, sino más bien como una etapa que tendrá que ser superada para dar el siguiente paso dentro de una relación de pareja: el matrimonio.

BIBLIOGRAFÍA

Acevedo Álvarez, María del Pilar (1995), *La pareja conyugal, pequeña burguesía urbana en México: apuntes para la reflexión sociológica sobre la estructura y características de la relación conyugal heterosexual actual*, Facultad de Ciencias Políticas y Sociales, Universidad Nacional Autónoma de México.

Alberoni, Francesco (1997), *Te amo*, Gedisa, 3a. ed., España.

Álvarez Gayou, Juan Luis (1985), *La condición sexual del mexicano*, Grijalbo, 2a. ed., México.

Arrom, Silvia Marina (1988), *Las mujeres de la Ciudad de México, 1790-1857*, Siglo XXI editores, México.

Bedolla Miranda, Patricia *et al.* (comp.) (1993), *Estudios de género y feminismo*, vol. II, Fontamara, México.

Bonilla, Marta Patricia (1997), "Significado del poder conyugal para los mexicanos", en *Educación y Ciencia*, Revista de la Facultad de Educación de la Universidad

Autónoma de Yucatán, Nueva época, vol. 1, núm. 1, enero-junio 1997.

Burguière, André *et al.* (1988), *Historia de la familia*, t. I, Alianza Editorial, España.

Encuesta Nacional de Juventud 2000 (2000), Instituto Mexicano de la Juventud, Secretaría de Educación Pública, INEGI, México.

Fromm, Erich (1987), *El arte de amar: una investigación sobre la naturaleza del amor*, Paidós, México.

Giddens, Anthony (1995), *La transformación de la intimidad, sexualidad, amor y erotismo en las sociedades modernas*, Cátedra, España.

Gomis, Lorenzo (1991), *Teoría del periodismo, cómo se forma el presente*, Paidós Comunicación, México.

Haupt, Arthur y Thomas T. Kane (1991), *Guía rápida de población*, Population Reference Bureau, EUA.

Lavrin, Asunción (1991), *Sexualidad y matrimonio en América hispánica, siglos XVI-XVII*, Grijalbo, México.

Lemaire, Jean G. (1986), *La pareja humana, su vida, su muerte: la estructura de la pareja humana*, Fondo de Cultura Económica, México.

Leñero, Vicente y Carlos Marín (1990), *Manual de periodismo*, Grijalbo, México.

McCary, James L. (1983), *Sexualidad humana de McCary*, El Manual Moderno, México.

Ojeda de la Peña, Norma (1999), "Acerca del género en la demografía mexicana", en *Papeles de Población*, núm. 2, julio-septiembre de 1999, UAEM.

Ortega Noriega, Sergio *et al.* (1992), *Amor y desamor, vivencias de parejas en la sociedad novohispana*, Instituto Nacional de Antropología e Historia, México.

Ortiz-Urquidi, Raúl (1955), *Matrimonio por comportamiento*, Stylo, México.

Ponce, Dolores *et al.* (1992), *El nuevo Arte de Amar, usos y costumbres sexuales en México*, Ed. Cal y Arena, México.

Pressat, Roland (1987), *Diccionario de demografía*, Oikos-tau, España.

Quilodrán, Julieta (1991), *Niveles de fecundidad y patrones de nupcialidad en México*, El Colegio de México.

_____ (2001), *Un siglo de matrimonio en México*, El Colegio de México.

_____ (2000), "Atisbos de cambios en la formación de las parejas conyugales a fines de milenio", en *Papeles de Población*, núm. 25, julio-septiembre de 2000, UAEM.

_____ (1974), "Evolución de la nupcialidad en México: 1900-1970", en *Demografía y Economía*, vol. 8, núm. 1, 1974.

Rage Atala, Ernesto (1997), *Ciclo vital de la pareja y la familia*, Plaza y Valdés, México.

_____ (1996), *La pareja, elección, problemática y desarrollo*, Plaza y Valdés, México.

Ramírez Ruiz, Santiago (1997), *El mexicano: psicología de sus motivaciones*, Grijalbo, México.

Segalen, Martine (1992), *Antropología histórica de la familia*, Taurus Universitaria, España.

Solange, Alberro *et al.* (1980), *Seis ensayos sobre el discurso colonial relativo a la comunidad doméstica*, núm. 35, Departamento de Investigaciones Históricas, INAH, México.

Tercera parte

TRANSICIÓN A LA VIDA CONYUGAL*

* Agradecemos a la Universidad Nacional Autónoma de México (UNAM), a El Colegio de México y a la Asociación Latino Americana de Población (ALAP), su autorización para reproducir los capítulos I, II y III de esta tercera parte.

I. EL EMPAREJAMIENTO CONYUGAL: UNA DIMENSIÓN POCO ESTUDIADA DE LA FORMACIÓN DE LAS PAREJAS*

JULIETA QUILODRÁN**
VIRIDIANA SOSA***

ANTECEDENTES

Las parejas conyugales no se forman al azar; por el contrario, su conformación constituye uno de los aspectos más controlados en toda sociedad. Si tenemos que la reproducción social ocurre, básicamente en el seno de las familias, la forma en que éstas se generan reviste un interés fundamental.

Las modalidades a través de las cuales se establece una pareja conyugal han sido muy variadas a través del tiempo y del espacio: hay épocas, y existen todavía lugares, donde la familia o la comunidad imponen a la mujer el cónyuge con el cual deberá convivir y formar una familia. Sin embargo, desde hace algunos siglos, en el mundo occidental, la elección del cónyuge se ha tornado cada vez más un asunto de carácter privado que involucra

* Este artículo fue publicado originalmente en Marina Ariza y Orlandina Oliveira (coords.), *Imágenes de la familia en el cambio de siglo*, México, UNAM, IIS, 2004, pp. 217-250.

** Profesora-Investigadora de El Colegio de México.

*** Investigadora del Proyecto Conacyt 29051-S y doctora en demografía por El Colegio de México.

principalmente a la pareja. Aun así, el emparejamiento (*matching*) continúa produciéndose, en la mayoría de los casos, entre semejantes. Es decir, entre un hombre y una mujer que comparten un cierto número de características sociales y, por lo mismo, un cierto grado de homogamia. Según se ha observado en los estudios llevados a cabo a este respecto (Girard, 1964; Bozon y Héran, 1988) la libertad de elegir al cónyuge se circunscribe a un abanico de opciones, más o menos rígidas, definidas socialmente y cuyo propósito, como lo expresa Bourdieu (1975): "es asegurar la transmisión del capital –económico y cultural– acumulado por una generación a la siguiente de manera relativamente armónica".

Este tema no ha sido abordado en México desde el ángulo de la demografía y los trabajos de índole antropológica que lo han hecho son escasos. Nuestro propósito en esta oportunidad es realizar una primera incursión, y utilizar para ello información proveniente de las estadísticas vitales sobre matrimonios. Si bien los matrimonios legales no constituyen la única manera de ingresar en una unión conyugal, alcanzan en México alrededor de 80% del total de uniones ocurridas en el país. Esto avala la utilización de las estadísticas vitales de matrimonios. Las series disponibles de matrimonios son muy largas, pero la información desagregada y automatizada está disponible en las estadísticas a partir de 1985 (gráfica 1). Es importante abrir aquí un paréntesis y hacer notar que el énfasis del presente trabajo se pondrá más en el tratamiento metodológico de la información que en los resultados en sí mismos, ya que hasta el momento no existen estudios al respecto.

En un inicio, nuestro análisis pretendía referirse a las cohortes de matrimonios de 1989 a 1993; sin embargo, se centrará exclusivamente en los matrimonios ocurridos en 1990. Una primera exploración mostró que el número de matrimonios crecía de manera más o menos constante de año en año, entre 1988 y 1993, con excepción de 1992. Así que decidimos considerar únicamente los matrimonios de 1990 por tratarse de un año censal y encontrarse a mitad del periodo considerado en un inicio, además de permitirnos comparar los resultados que se obtengan con algunos otros de estudios anteriores sobre nupcialidad, fincados en la información de este mismo año.

Hay que hacer notar que las variaciones observadas en los volúmenes anuales de matrimonios son normales y se deben a cuestiones generalmente coyunturales; sin embargo, no es objetivo del presente trabajo buscar las razones que las han provocado. En suma, consideramos en este estudio a todas las parejas conyugales que se unieron legalmente en 1990, se trate de primeras nupcias o nuevas nupcias, debido a que las estadísticas mexicanas no han separado hasta ahora los matrimonios por orden.

Gráfica 1. Efectivos anuales de matrimonios, 1988-1993

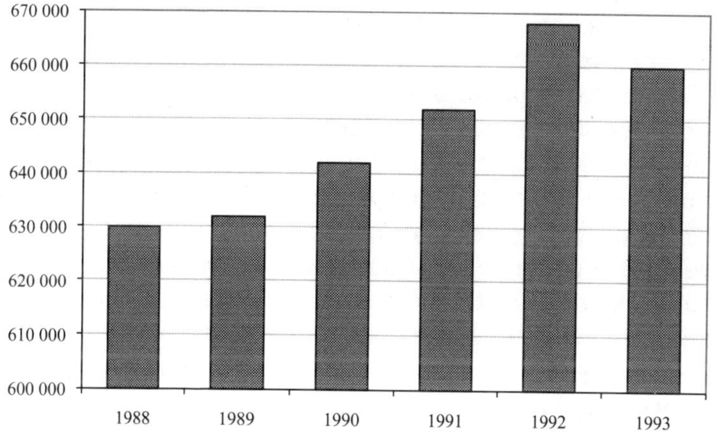

Fuente: Estadísticas Vitales de matrimonios, CD Nupcialidad, México, INEGI, 1994.

El grupo de generaciones involucradas en los matrimonios celebrados en 1990 representa en realidad alrededor de la mitad de aquellas que están iniciando su vida marital, reproductiva y laboral con el nuevo siglo. Los jóvenes que pertenecen a ellas nacieron en una gran proporción a comienzos de los años setenta, y por lo mismo, no nos debe sorprender que se trate de cohortes sumamente abundantes, puesto que nunca la población mexicana creció más que en esos momentos. Su tránsito, así como el de los hijos que vayan teniendo marcará la historia de los próximos 30 años. Se trata de generaciones mucho más educadas que las precedentes (casi las tres cuartas partes completaron al menos su educación primaria) y con una menor brecha de escolaridad entre los sexos, lo cual permite, entre otras cosas, vislumbrar la persistencia de un modelo de fecundidad con tendencia a la baja (entre 2 y 3 hijos en promedio). Otro aspecto que debería caracterizar a estas generaciones sería la mayor cercanía de la edad entre los cónyuges. Este proceso conocido como de homogamia cronológica ha venido acentuándose en los últimos 20 años en el país (Quilodrán, 1996) y ha debido contribuir al mayor empoderamiento de la mujer en el interior de la pareja conyugal. En efecto, se considera que el poder de negociación de una mujer es más grande cuando su pareja tiene una edad similar a la suya, en razón de que ambos son contemporáneos y tuvieron, además, más o menos el mismo tiempo para educarse, trabajar e incluso madurar. En esta situación disminuiría la fuerte relación de dependencia de la mujer que caracteriza a las parejas en las sociedades tradicionales, en donde las diferencias de edades son por lo general, mucho más elevadas, entre 7 e incluso 10 años (Peristiany, 1976; McDonald, 1989; Bartiaux, 1991).

Si atendemos a las razones antes expuestas no cabe duda de que el momento en el cual se forman las parejas es clave en la reproducción de la población. En realidad, el matrimonio va a definir dos tipos de relaciones esenciales en la estructuración de toda sociedad:[1]

1. Las relaciones entre grupos sociales. ¿Qué tanto se asemejan los cónyuges en cuanto a sus características sociales, económicas, culturales y etarias?
   → *Homogamia*

2. Las relaciones entre hombres y mujeres al interior de las parejas conyugales.
   → *Relaciones de género*

Estas dos dimensiones están, por lo demás, estrechamente relacionadas. La homogamia asegura la reproducción del capital social de una generación a otra y las relaciones de género son inherentes a este proceso. Efectivamente, cada sexo posee sus propias expectativas y atributos que hacen valer en el mercado matrimonial; esto es, desde que se realiza propiamente la elección del cónyuge y, por ende, se produce la formación de la pareja. Visto así, el tema de la elección del cónyuge es vasto, de aquí que este trabajo se circunscriba a contestar la pregunta siguiente de una manera muy general: ¿qué tan homogámicas son las parejas formadas en el transcurso de 1990 en cuanto a las edades al casarse, la proximidad residencial y los niveles de educación de cada uno de sus miembros?

La hipótesis –en términos todavía muy generales– que orienta esta propuesta de investigación es que en la sociedad mexicana los matrimonios se efectúan entre semejantes a pesar de las distorsiones que sobre los mer-

[1] Ver Girard, 1964; De Singly, 1987; Bozon y Héran, 1988; Bartiaux y Wattelar, 2000.

cados matrimoniales pudieran estar provocando los flujos migratorios diferenciales por sexo.

Para elaborar el presente estudio se cuenta con la información sobre matrimonios de las estadísticas vitales. Los datos más recientes publicados por el INEGI en 1994 (vía magnética CD-ROM) se refieren a los matrimonios llevados a cabo en México desde 1985 hasta 1993. Esta fuente proporciona el número de matrimonios que se celebran ante el Registro Civil cada año, así como también algunas características demográficas y socioeconómicas de cada uno de los contrayentes. En la actualidad, sólo las estadísticas vitales nos permiten realizar un análisis de los hombres y de las mujeres por pares, al proporcionarnos información simultánea para ambos miembros de la pareja en cuanto a sus edades, sus localidades de residencia, sus niveles de escolaridad y la naturaleza de la ocupación desempeñada al momento de contraer nupcias. Otra de las razones para utilizar este tipo de información es el predominio de las uniones legales en el país.[2]

En los hechos, la información disponible permite combinar las características recién enumeradas para ambos contrayentes, lo que nos lleva a tener como unidad de análisis a la pareja y no a hombres y mujeres por separado. Dado que la gran mayoría de las mujeres no trabajaban al momento de casarse (68.5%), tomamos la decisión de no incluir la homogamia ocupacional en el presente análisis. Como decíamos anteriormente, trabajar con datos que nos brindan información sobre una misma pareja nos permite relacionar las características (por ejemplo, edad, lugar de residencia, escolaridad) de ambos miembros y con ello enriquecer las posibles respuestas a nuestra pregunta

[2] Según Quilodrán (2000), la proporción de mujeres unidas legalmente en 1997 fue de 77 por ciento.

inicial, relativa a las distancias espaciales, demográficas y sociales entre los cónyuges.

Los indicadores que estimamos a efecto de responder a nuestra pregunta inicial son: las diferencias de edad entre cónyuges, la frecuencia con la cual los matrimonios se celebran entre personas con mismo lugar de residencia, y la similitud entre los niveles de escolaridad entre los mismos.

Sin embargo, antes de proceder al análisis propiamente por pares o parejas, pareció conveniente realizar uno de índole clásica, es decir, por sexos separados. El propósito de esto fue dar cuenta principalmente de la intensidad y el calendario de la nupcialidad legal en 1990. El modo de hacerlo fue recurrir a la estimación de las tasas específicas de nupcialidad legal por sexo.

Según se puede apreciar en la gráfica 2, la curva correspondiente a las tasas de matrimonios legales no es solamente, como se esperaría, más temprana en el caso de las mujeres que entre los hombres, sino, también con una cúspide más dilatada con respecto a la de éstos. Estas características conllevan edades medianas y promedio más tempranas al matrimonio entre las mujeres. En contraste con éstas, la nupcialidad de los hombres presenta una mayor intensidad, es decir, que una mayor proporción de ellos llega a contraer al menos un primer matrimonio antes de los 50 años.

Estas mismas tasas nos permitieron estimar que los hombres se casaron en 1990 a una edad promedio de 25.9 años y que esta misma edad fue para las mujeres de 23.1 años. Por lo demás, 50% de hombres y mujeres ya estaba casado a los 22.9 y 20.4 años respectivamente (Anexo 1). Estas edades promedio son algo más elevadas que las estimadas para el total de la población unida (matrimonios y uniones libres) para ese mismo año: 24.2 años para los hombres y 22.0 años para las mujeres (Quilodrán, 1998).

Gráfica 2. Tasas específicas de nupcialidad legal

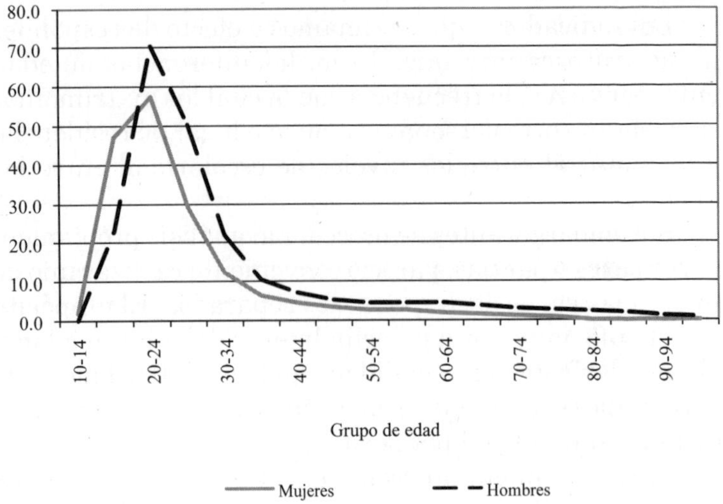

Fuente: Anexo I.

En efecto, el matrimonio se celebra generalmente a edades más tardías que la unión libre, según se ha constatado repetidamente en la investigación realizada.[3] No hay que descartar, sin embargo, que las edades al matrimonio que acabamos de calcular con los datos de las estadísticas vitales estén, hasta cierto punto, sobreestimadas, en la medida que no se trata exclusivamente de primeras nupcias.

Para finalizar este apartado introductorio podemos afirmar que el matrimonio en México es bastante universal; que sólo 5% de la población que sobrevive hasta la edad de contraer nupcias no se casa. Por otra parte, las

[3] Véanse Quilodrán, 1983, 1991,1998 y 2000; Ojeda, 1989; Solís, 2004.

edades medianas a las cuales se llevan a cabo los matrimonios no son tan tempranas; no obstante, la mitad de los matrimonios ocurren antes de los 23 años en el caso de los hombres y de los 20.4 años en el de las mujeres. El intervalo entre las edades medianas de los cónyuges es, por su parte, relativamente bajo (2.6 años). A continuación procederemos a estimar los niveles de homogamia existentes en 1990 con respecto a las tres variables antes enunciadas: residencia, edad y escolaridad. Se trata de un primer análisis de este género y estamos conscientes de la necesidad de profundizarlo incorporando no solamente las interrelaciones entre los aspectos que trataremos, sino también las relaciones de éstos con la propia dinámica demográfica y, más ampliamente, social.

HOMOGAMIA RESIDENCIAL (ENDOGAMIA)

La información que nos procuran las estadísticas vitales nos permite efectuar análisis de la endogamia desde el nivel local hasta el regional. La complejidad de manejar niveles de información muy desagregados, como sería el local o municipal, solamente se justifica con un propósito muy específico. Por esta razón, tratándose de un primer abordaje del tema, nos hemos limitado a un análisis de tipo regional que sería, desde luego, el nivel donde el grado de homogeneidad debería ser mayor, aproximándose a uno que correspondería al nivel del país. En efecto, al observar el cuadro 1, notamos que la endogamia ronda 80% a nivel local o municipal, pero se incrementa de manera importante –a más del 90%– cuando se trata del nivel estatal (94%) y regional (98 por ciento).

Como podemos apreciar, la endogamia a nivel de localidad sigue siendo, de cualquier forma, alta, de modo que el rango de variación entre el nivel local y el regional no supera 20%. La endogamia a nivel de estado o entidad

Cuadro 1. Niveles de endogamia (%)

Localidad	*Municipio*	*Entidad*	*Regiones*
80.2	82.6	94.2	98

Fuente: Estadísticas Vitales de Matrimonios 1990, CD Nupcialidad, México, INEGI, 1994.

se aproxima, por su parte, más a la región que a la local o municipal, confirmando así la proximidad de los lugares de residencia de ambos cónyuges.

Para estimar la endogamia se recurrió a dividir al país en cuatro grandes regiones según se muestra en el cuadro 2. Los criterios utilizados fueron de orden geográfico, social y económico.[4]

Una vez establecidas las regiones se clasificaron los matrimonios de acuerdo con ellas, teniendo en cuenta el lugar de residencia tanto del hombre como de la mujer. Luego se adoptó, de manera alterna, primero como eje la región de residencia del hombre en el momento de casarse y se estableció dónde residía su pareja; posteriormente, se procedió de manera inversa, en donde la región de residencia de la mujer se convirtió en el eje. Así, obtuvimos los matrimonios clasificados por región cuyos datos figuran en el cuadro 3 y en los mapas de las páginas siguientes (mapas 1 al 6). Difícilmente podíamos esperar grandes diferencias entre regiones cuando los grados de endogamia entre ellos varían solamente entre 97.6% y 98.7%. Por esta razón, haremos hincapié más bien en el

[4] Para establecer estas cuatro grandes regiones se adoptaron como base regionalizaciones diversas, como la utilizada en el "Programa Nacional de Desarrollo Urbano 1990-1994", que sigue criterios económicos, y la elaborada por Rodolfo Corona, que toma en consideración la emigración a Estados Unidos.

Cuadro 2. Regionalización

Norte	*Bajío*	*Centro*	*Sur*
Sonora	Aguascalientes	Distrito Federal	Campeche
Tamaulipas	Jalisco	México	Tabasco
Chihuahua	Guanajuato	Morelos	Quintana Roo
Baja California	Michoacán	Querétaro	Yucatán
Baja California Sur	Zacatecas	Hidalgo	Guerrero
Coahuila	San Luis Potosí	Tlaxcala	Veracruz
Nuevo León	Colima	Puebla	Oaxaca
Sinaloa			Chiapas
Durango			
Nayarit			

Fuente: Consultar nota 5 del texto.

Cuadro 3. Endogamia en las regiones

	Regiones (%)			
	Norte	*Bajío*	*Centro*	*Sur*
Hombres	98.7	98.5	97.6	98.6
Mujeres	98.3	97.6	98.7	97.8
H - M	0.4	1.0	-1.2	0.8
% Matrimonios	24.2	23.5	30.2	20.1
% Población	22.1	21.2	33.3	23.4

Fuente: Estadísticas Vitales de Matrimonios 1990, CD Nupcialidad, México, INEGI, 1994.

análisis de los matrimonios interregionales, así como en sus diferencias por sexo.

En los mapas correspondientes a cada una de las regiones podemos apreciar la concentración de los matrimonios y la frecuencia con la cual se celebran nupcias entre personas residentes en regiones distintas. Estos mapas fueron construidos a partir del número de matrimonios celebrados en cada región.[5]

De todas las regiones, la región Norte es la que presenta el mayor grado de endogamía tanto en hombres como en mujeres; sólo se une fuera de ella el 1.3% de hombres y el 1.6% de mujeres. Ahora, cuando una mujer del Norte se casa con un hombre de fuera de su región, lo hace la mayoría de las veces con hombres que residen en el Bajío (cuadro 4). Las preferencias son las mismas cuando se trata de los hombres que se casan con mujeres de otras regiones. El Norte es también la región donde la

[5] Véase en el Anexo 2, la forma en que se efectuó la representación geográfica.

cantidad de mujeres que se casan con hombres residentes en Estados Unidos es mayor. Se trata, sin duda, de un fenómeno fronterizo donde la migración estaría jugando un papel importante (0.4 por ciento).

Los niveles de exogamia de las otras regiones son muy similares pero varían por sexo. Así tenemos que las mujeres del Bajío se casan con hombres del Centro en una proporción relativamente importante (1.3%). En cambio, los hombres del Bajío suelen hacerlo especialmente con mujeres del Norte y del Centro, pero en mucho menor proporción (0.6% en ambos casos). En cuanto a los matrimonios con residentes en Estados Unidos, las mujeres del Bajío representan la segunda proporción en importancia después de la región Norte (0.2 por ciento).

Las preferencias de los hombres del Centro van marcadamente hacia las mujeres del Bajío y del Sur (1% y 1.1%, respectivamente). Sin embargo, llama la atención que las mujeres del Centro se casan muy poco con hombres de fuera de su región (1.2%). La región Sur, por su parte, presenta una situación que se asemeja más bien a la de la región Norte, en el sentido de que en ambas regiones los hombres se casan muy poco con mujeres de afuera, no así las mujeres. Así, la proporción de mujeres del Sur que se casa fuera de su región es de 2.2% en comparación con la de los hombres, que no excede 1.4% del total de matrimonios. Lo que sí es notable es que estas mujeres (las del Sur), elijan casi siempre hombres que residen en la región Centro (tres cuartas partes de las veces).

La primera conclusión que obtenemos después de analizar el cuadro 4 es que las mujeres son más exógamas que los hombres en las regiones del Norte, del Bajío y del Sur. La única región donde la proporción de mujeres que se casan fuera es más baja que la de los hombres es el Centro. En general se puede afirmar que los flujos interregionales más abundantes se dan entre las regiones

Cuadro 4. Matrimonios interregionales

Norte	%	*Bajío*	%	*Centro*	%	*Sur*	%
			Hombres con				
Mujeres Bajío	0.73	Mujeres Bajío	0.60	Mujeres Bajío	0.35	Mujeres Bajío	0.27
Mujeres Centro	0.21	Mujeres Centro	0.58	Mujeres Centro	1.01	Mujeres Centro	0.25
Mujeres Sur	0.25	Mujeres Sur	0.23	Mujeres Sur	1.06	Mujeres Sur	0.86
Mujeres EUA	0.07	Mujeres EUA	0.02	Mujeres EUA	0.02	Mujeres EUA	0.02
Total	1.26	Total	1.43	Total	2.44	Total	1.40
			Mujeres con				
Hombres Bajío	0.62	Hombres Bajío	0.74	Hombres Bajío	0.17	Hombres Bajío	0.30
Hombres Centro	0.44	Hombres Centro	1.29	Hombres Centro	0.46	Hombres Centro	0.27
Hombres Sur	0.22	Hombres Sur	0.21	Hombres Sur	0.57	Hombres Sur	1.60
Hombres EUA	0.35	Hombres EUA	0.19	Hombres EUA	0.04	Hombres EUA	0.04
Total	1.63	Total	2.43	Total	1.24	Total	2.21

Fuente: Estadísticas Vitales de Matrimonios 1990, CD Nupcialidad, México, INEGI, 1994.

del Bajío y del Centro, así como entre las regiones Sur y Centro. Las parejas conformadas por mujeres que residen en el Sur y hombres residentes en el Centro son las que se presentan con mayor frecuencia. Le sigue en el orden la proporción de matrimonios mixtos entre mujeres residentes en el Bajío y hombres residentes en el Centro.

En la búsqueda de una explicación sobre estos matrimonios interregionales, cabe hacer notar que las proporciones más altas se registraron justamente en las regiones que en el periodo de 1990-1995 presentaron mayores flujos migratorios en ambos sentidos –inmigración y emigración– (Conapo, 1998:69); esto es, las regiones Centro y Bajío. En efecto, existen importantes flujos entre el Distrito Federal, Michoacán, Guanajuato y el Estado de México. De la misma manera observamos que otra de las proporciones importantes de matrimonios interregionales, la Centro-Sur, se corresponde con los flujos migratorios que se dan entre el Estado de México, Veracruz, Oaxaca, Puebla, y el Distrito Federal. O sea que un análisis que interrelacione la nupcialidad y la migración podría dirigirnos a la estimación de flujos migratorios potenciales.

En resumen, el análisis de la información sobre lugar de residencia de los cónyuges nos ha mostrado que quienes se casan lo hacen casi siempre dentro de su región. La proporción de quienes contraen matrimonio con alguien que no habita su propia región no supera en ninguno de los casos el 3%. Esto no significa, sin embargo, que a niveles territoriales más reducidos los intercambios no sean mucho mayores y no puedan mostrarnos con más precisión, por ejemplo, el efecto de los flujos migratorios sobre la nupcialidad.

Cabe recordar también dos limitaciones importantes de la información: la primera se refiere al hecho de que trabajamos con el lugar de residencia de los novios al momento del matrimonio y no con el lugar de origen, variable que sería más pertinente para estimar los niveles de endogamia; y la segunda, a que consideramos en el análisis nupcias de cualquier orden. Sin embargo, este último problema debería afectar más al análisis de la homogamia etaria y escolar que de la residencial, dados los cambios generacionales relativamente recientes en las edades al casarse y en los niveles de escolaridad alcanzados.

Tal como lo planteamos más arriba, consideramos que la importancia de este apartado, y, en general, de este trabajo, reside más en su aporte metodológico que en los resultados mismos. En este sentido, lo novedoso de esta propuesta consiste en la manera simple de presentar la información, que permite visualizar rápidamente los intercambios regionales dentro del país, e incluso con los Estados Unidos. En relación con la formación de las parejas, dada la importancia de los flujos migratorios existentes, sería conveniente observar de cerca la evolución de los lugares de residencia de los cónyuges al momento de casarse, entre otros motivos, por sus repercusiones sobre las poblaciones casaderas de sus lugares de origen. Si quienes parten no regresan a casarse con las mujeres de estos lugares, una de sus consecuencias puede ser que éstas a su vez emigren o bien no se casen. En cualquiera de estos dos casos el riesgo sería el de un despoblamiento paulatino de las regiones expulsoras de población. Dicho en otros términos, estamos hablando de desequilibrios serios en los mercados matrimoniales de estas últimas comunidades.

HOMOGAMIA CRONOLÓGICA O ETARIA

Generalmente hacemos alusión a este tema al calcular el intervalo promedio de edades entre cónyuges, es decir,

Mapa 1. Distribución de la región de residencia de ella tomando como base la región de residencia de él al momento del matrimonio en México, 1990

Mapa 2. Distribución de la región de residencia de él tomando como base la región de residencia de ella al momento del matrimonio en México, 1990

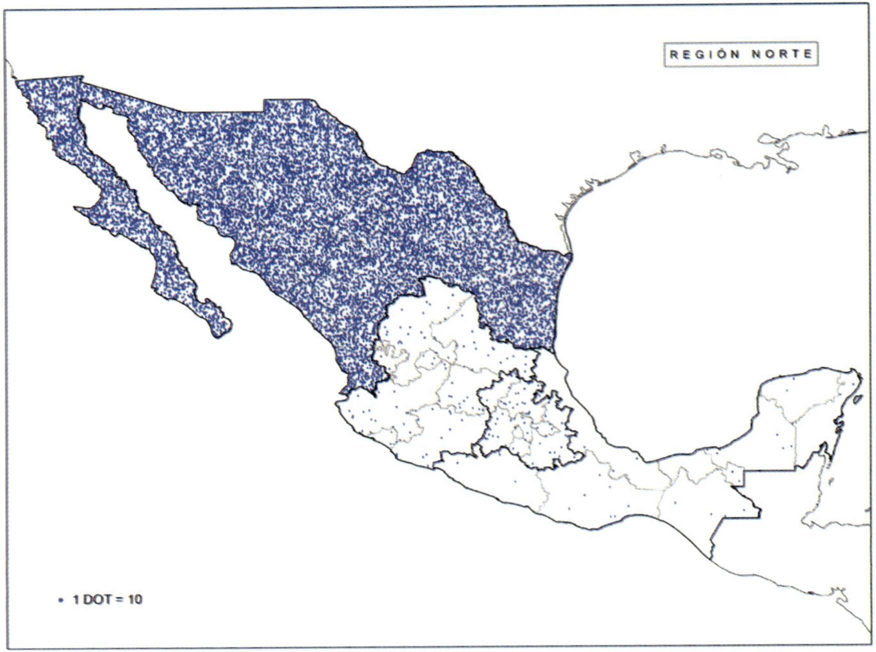

Mapa 3. Distribución de la región de residencia de ella tomando como base la región de residencia de él al momento del matrimonio en México, 1990

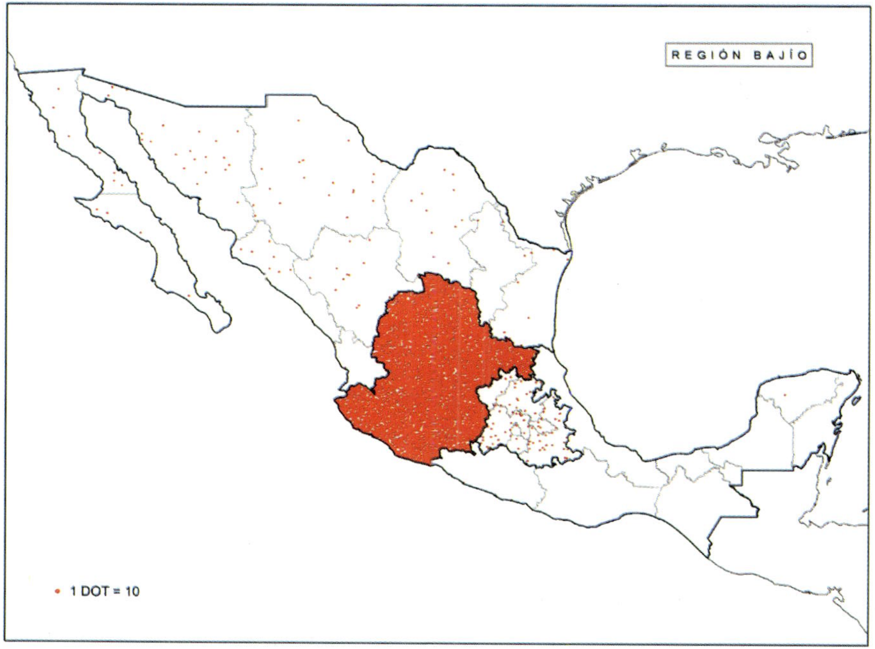

Mapa 4. Distribución de la región de residencia de él tomando como base la región de residencia de ella al momento del matrimonio en México, 1990

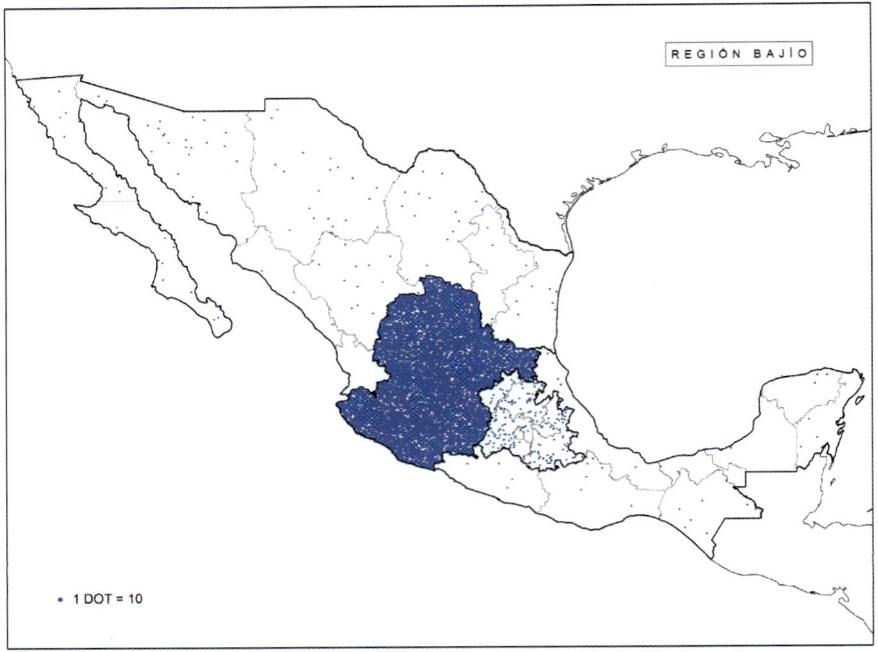

Mapa 5. Distribución de la región de residencia de ella tomando como base la región de residencia de él al momento del matrimonio en México, 1990

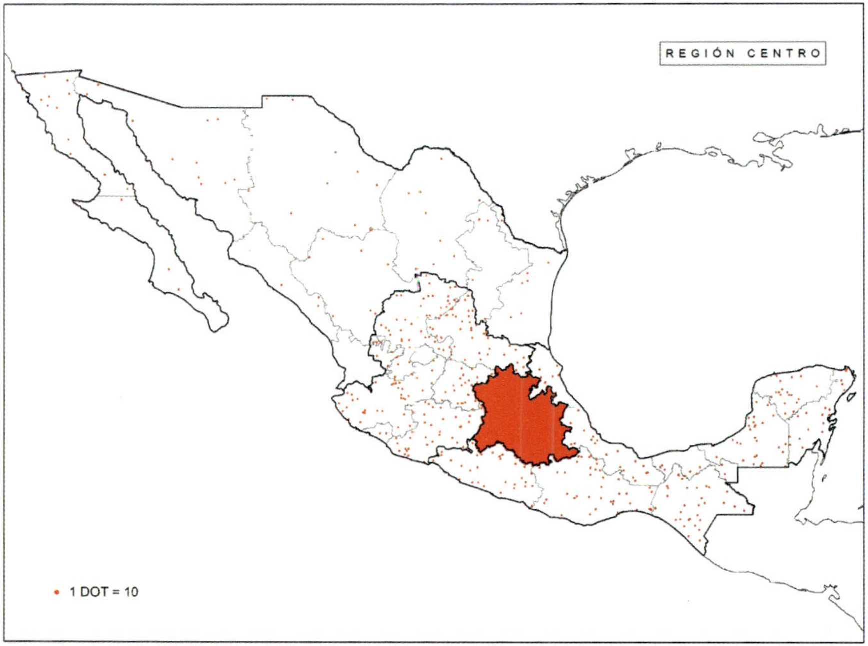

Mapa 6. Distribución de la región de residencia de él tomando como base la región de residencia de ella al momento del matrimonio en México, 1990

Mapa 7. Distribución de la región de residencia de ella tomando como base la región de residencia de él al momento del matrimonio en México, 1990

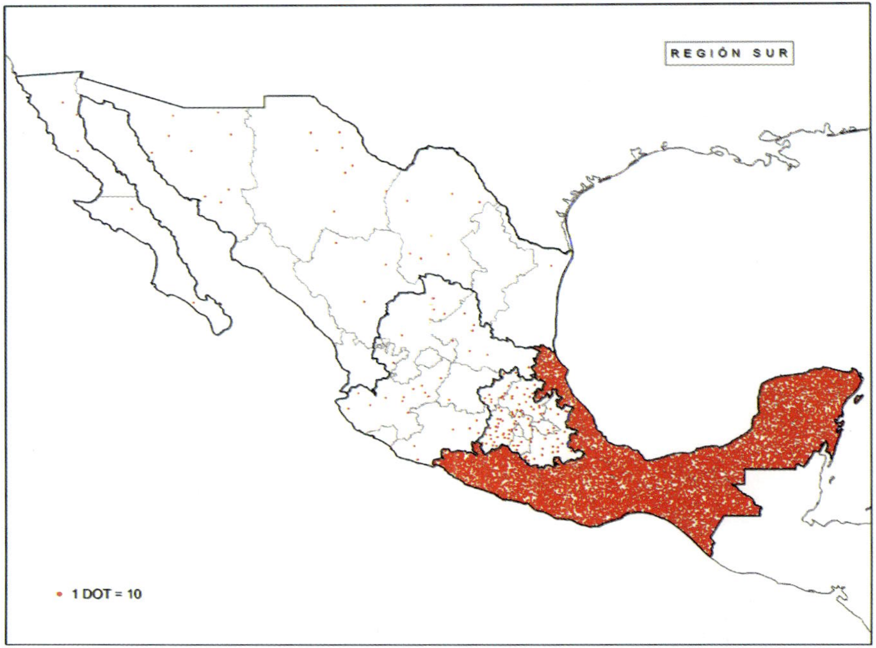

Mapa 8. Distribución de la región de residencia de él tomando como base la región de residencia de ella al momento del matrimonio en México, 1990

el número de años que media entre la edad al casarse de mujeres, con el mismo dato para los hombres. Se trata de una medida resumen, resultado de la resta de la edad promedio de las mujeres con la de los hombres en razón de que, hasta ahora, en gran parte del mundo, las mujeres al casarse son más jóvenes que los hombres. En cierta forma constituye una estimación burda, pero que nos da una idea aproximada de la brecha de edad entre contrayentes.

En este trabajo trataremos de mejorar la estimación de la diferencia de edades calculándola, esta vez, para cada pareja y no por separado para cada sexo. A este efecto se procedió a construir una matriz con las edades individuales del contrayente y de la contrayente. A partir de esta matriz se obtuvieron las proporciones de matrimonios celebrados antes de la edad x de cada uno de los contrayentes y se calcularon los intervalos de edad al matrimonio entre los cónyuges de una misma pareja. Como decíamos, este procedimiento es más preciso que un cálculo a partir de las diferencias entre las edades promedio al casarse para cada sexo, que es el usual.

Obtenidas las diferencias de edades se procedió no solamente a calcular el intervalo promedio, sino que se les clasificó según éstas fueran positivas –hombre mayor que la mujer dentro de la pareja–, negativas –cuando la mayor de los dos era la mujer– o iguales, cuando ambos tenían la misma edad al contraer nupcias.

Cabe anotar aquí que Cox y Wilson (1970), al analizar las consecuencias del desequilibrio de los efectivos de parejas potenciales para unirse de manera legal, consideraron las diferencias de edades entre cónyuges como una de ellas. Ahora, uno de los fenómenos que puede provocar justamente el desequilibrio de las poblaciones casaderas es, según estos mismos autores, la migración selectiva por sexo y edad a la cual aludíamos hace un momento. Este suceso, al reducir los efectivos de uno de los sexos, puede ocasionar un excedente de oferta en el sexo contrario. Desde luego que la migración no es más que uno de los muchos factores que regulan los mercados matrimoniales, pero que puede, en un momento dado, trastocarlos de manera considerable.

Con base en la matriz construida a partir de las frecuencias de matrimonios según edades individuales de los cónyuges se elaboró la gráfica 3. La forma de cometa que adquiere la representación de los datos, cuya cabeza se orienta hacia la intersección de los ejes, nos habla de un patrón de matrimonio temprano y con escasa diferencia de edades entre los cónyuges. Así tenemos que, en 1990, antes de los 25 años se casó el 58.2% del total de los hombres y 74% de las mujeres. A los 35 años se habían casado el 82% de los hombres y 89% de las mujeres dejando en claro que la nupcialidad es un fenómeno que ocurre en un periodo bastante acotado de la vida de los individuos.

Por otro lado, el intervalo medio entre las edades de los cónyuges al casarse, resultante de los mismos datos utilizados en la gráfica 3, es 2.8 años, mientras que la diferencia modal es de solamente un año. El valor medio del intervalo así calculado es mayor que el que se obtuvo para 1990 al efectuar la resta entre las edades promedio al casarse de hombres y mujeres derivadas de las tablas de nupcialidad legal: 1.9 años (Quilodrán, 1998). No obstante que el intervalo calculado directamente para cada pareja –2.8 años– es mayor, no puede considerarse tampoco como elevado. La explicación de esta mayor diferencia podría residir en la naturaleza de los datos utilizados, los cuales, como advertimos antes, contienen los "rematrimonios". Es muy probable que estos últimos sigan un patrón de diferencia de edades entre cónyuges mayor que el de quienes ingresan en una primera unión, que son las consideradas en las tablas cuyas edades promedio dan como resultado el intervalo de 1.9 años (Gayet, 1999).

Gráfica 3. Distribución de matrimonios según edades de los cónyuges al casarse

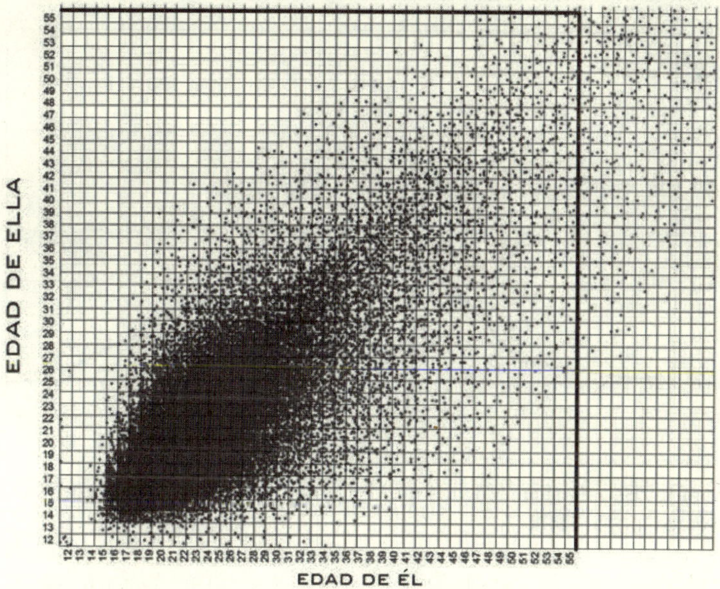

Fuente: Estadísticas Vitales de Matrimonios 1990, CD Nupcialidad, México, INEGI, 1994.

En cuanto a la distribución de los intervalos de edad al matrimonio entre los cónyuges, que se presentan en la gráfica 4, constatamos que siguen una distribución normal y que en la gran mayoría de los casos se ubican entre 0 y 3 años.

De acuerdo con los datos contenidos en esta misma gráfica, tenemos que las parejas donde la mujer es menor que el hombre representan 70.3% del total, que aquellas donde el hombre es menor que la mujer alcanzan 19.2% y que en 10.3% de los casos la edad de ambos contrayentes es la misma. Esto significaría que prácticamente 30% de

Gráfica 4. Matrimonios según diferencias de edades entre cónyuges

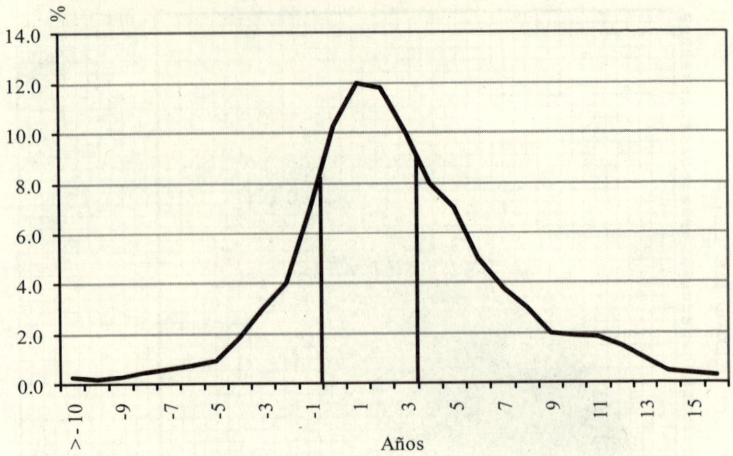

Fuente: Estadísticas Vitales de Matrimonios 1990, CD Nupcialidad, México, INEGI, 1994.

las parejas no cumple con la norma social relativa a que en la pareja conyugal el hombre debe, supuestamente, ser mayor que la mujer. Las razones de este "incumplimiento" de la regla son, por lo general, de índole social, aunque no se deben descartar las implicaciones que pueden llegar a tener sobre los mercados matrimoniales los desbalances de las poblaciones casaderas, provocados por la propia dinámica demográfica.

La explicación adelantada por Quilodrán (1993) respecto a la disminución de la diferencia de edad entre cónyuges en 1990 es que "en México se intensificaron las uniones masculinas y se retrasó la edad de las mujeres al unirse por primera vez". En este proceso se habrían ido incrementando las proporciones de mujeres con edad mayor a la del esposo: 7.3% en 1975 y 8.4% en 1982.

En el mismo sentido, Mejía (1996) afirma que se está presentando entre las mujeres cierta tendencia a unirse con hombres más jóvenes. Según este autor en 1993 las mujeres del grupo 25-29 se casaron: 45.5% con hombres de su mismo grupo de edad y 22.2% con hombres del grupo de edad 20-24. Esta última cifra se aproxima a la que encontramos en este trabajo con respecto al conjunto de los matrimonios celebrados en 1990.

Esta tendencia hacia la disminución de la brecha de edades entre los cónyuges, ¿responde a hechos coyunturales, como serían los desequilibrios originados por el rápido crecimiento poblacional sobre las poblaciones casaderas, o bien se trata de un cambio derivado del mejoramiento del estatus de las mujeres? El estado actual de las investigaciones nos permite contestar hasta cierto punto la primera pregunta, que es de tipo eminentemente cuantitativo (Hernández, L., 2003).

HOMOGAMIA EDUCACIONAL

Por último, presentamos un análisis de las semejanzas entre los niveles de escolaridad que poseen los cónyuges que se casaron, en este caso en 1990, para establecer su grado de homogamia educacional. Con este propósito, se clasificaron los matrimonios de acuerdo con el nivel de escolaridad tanto de las mujeres como de sus cónyuges y viceversa.

Cuadro 5. Niveles de homogamia escolar[a]

Más elevado esposa	*Igual*	*Más elevado esposo*
16.6	56	27.4

[a] Fueron excluidos los no especificados.
Fuente: Anexo 3.

De acuerdo con los resultados presentados en el cuadro 5 tenemos que la mayoría de las parejas (56%) están conformadas por hombres y mujeres que tienen los mismos niveles de escolaridad; el 44% restante se reparte entre parejas donde el hombre posee un nivel superior al de la mujer (27.4%) y parejas donde la mujer tiene niveles más elevados de escolaridad (16.6%). Nuevamente aquí los resultados contradicen en cierta forma lo esperado, o sea, el cumplimiento de la regla de que el hombre debe tener un nivel de escolaridad superior al de la mujer.

En la gráfica 5 hacemos una presentación un poco más elaborada del contenido del cuadro 5, en el sentido de que no solamente tomamos en cuenta las proporciones que re-

Gráfica 5. Distribución de matrimonios según distancia entre niveles de escolaridad de los cónyuges

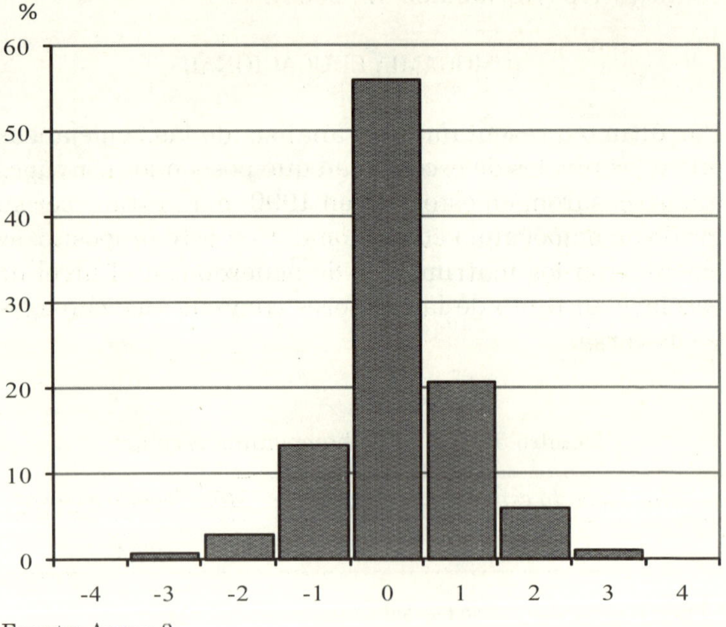

Fuente: Anexo 3.

presentan cada una de las combinaciones seleccionadas, sino que también introducimos un elemento de distancia entre los niveles de escolaridad entre cónyuges. Esto vendría a ser un símil del intervalo de edades en las parejas conyugales visto en el apartado anterior. En primer lugar, consideramos que la distancia entre cada uno de los niveles de escolaridad es igual a 1 y luego atribuimos a cada uno de los niveles[6] valores que varían entre 1 –sin escolaridad– y 5 –con profesional–; la resta simple entre los valores de los niveles de escolaridad de la esposa y del esposo nos brinda la proporción de matrimonios según si son homógamos (valores iguales a 0) o si en ellos la escolaridad del hombre es mayor a la de la mujer (valores superiores a 1) o viceversa (valores inferiores a 1).[7]

Los datos contenidos en la gráfica 5 confirman la evidente homogamia educacional entre la población casada: casi 90% de la población tiene el mismo grado educacional o su diferencia es igual a 1. La diferencia entre géneros se hace evidente en el hecho de que 10% de los hombres poseen un nivel más elevado que las mujeres. Es probable que a medida que los niveles educacionales de hombres y mujeres se equiparen, esta última diferencia tienda a desaparecer.

Ahora bien, cuando observamos los datos del cuadro 6 y de la gráfica 6 vemos que las parejas homógamas son las más frecuentes (distancia 0) y que, de todas ellas, aquellas con educación primaria y secundaria son las más abundantes. Esto es normal si consideramos que la mayoría de la población se ubica en estos niveles de escolaridad (66.5% de hombres y 71.5% de mujeres).[8]

[6] Se refieren a Sin escolaridad, Primaria, Secundaria o equivalente, Preparatoria o equivalente y Profesional.

[7] Datos en el anexo 4.

[8] Distribución de los matrimonios según niveles de escolaridad en Anexo 3.

Cuadro 6. Matrimonios según distancias entre los niveles de escolaridad de los cónyuges

Distancia 0		*Distancia 1*			*Distancia 2*		
Nivel escolar	%	*Nivel escolar*	%		*Nivel escolar*	%	
Sin escolaridad	2.3	Sin escolaridad	0.0	0.0	Sin escolaridad	0.0	0.0
Primaria	24.2	Primaria	2.9	1.7	Primaria	0.0	0.0
Secundaria	17.1	Secundaria	9.0	7.0	Secundaria	0.4	0.3
Preparatoria	5.4	Preparatoria	6.0	2.8	Preparatoria	2.1	1.1
Profesional	6.9	Profesional	2.7	1.7	Profesional	3.3	1.4
Total[a]	*56.0*	*Total*	*33.8*		*Total*	*8.6*	

[a] Solamente se registró un 1.6% de matrimonios con distancias mayores a dos niveles de escolaridad.
Fuente: Estadísticas Vitales de matrimonios 1990, CD Nupcialidad, México, INEGI, 1994.

Cuando introducimos un grado de distancia en los niveles de escolaridad entre los cónyuges, es decir, cuando media un grado más o menos de escolaridad entre ellos, encontramos que las parejas en esta situación representan 33.8%; de ellas, la proporción más importante le corresponde a hombres con secundaria casados con mujeres con primaria (9%). Le sigue en importancia la proporción inversa, vale decir, mujeres con secundaria que se casan con hombres con primaria (7%). Muy cercana a esta proporción se ubica aquella de hombres con preparatoria que se casan con mujeres con secundaria (6%). Del resto de combinaciones con distancia 1 ninguna alcanza arriba del 5%. En todo caso, las proporciones de parejas donde el hombre posee un grado más de escolaridad que la mujer son siempre más elevadas que las de mujeres casadas con hombres con un grado menos.

Finalmente, tenemos la representación de matrimonios cuya diferencia en términos de niveles escolares es de dos grados. La proporción de estas parejas con respecto al total de matrimonios no representa más que 8.6%, lo que nos habla de la concentración de los niveles de escolaridad tanto entre cónyuges como en la propia población. En general, podría afirmarse que no existe simetría entre las proporciones de mujeres casadas con hombres menos escolarizados y hombres casados con mujeres en esta misma situación; siempre predomina la pareja donde el hombre posee más educación. De cualquier manera, no deja de llamar la atención, por ejemplo, la proporción de matrimonios donde la mujer posee hasta dos niveles más de escolaridad que el hombre (2.8%); en números absolutos estamos hablando de casi 20 000 parejas anuales, en las cuales las mujeres presentan niveles educacionales significativamente superiores. Cabría preguntarse si estas parejas "anómalas" no estarían más expuestas que aquellas menos alejadas

Gráfica 6. Matrimonios según combinaciones de niveles de escolaridad de los cónyuges

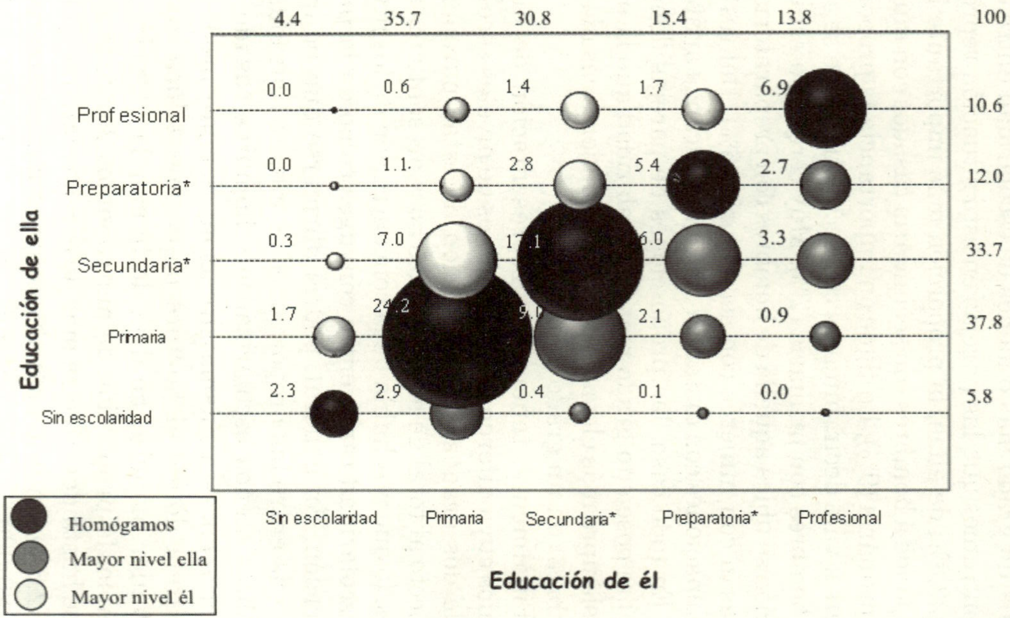

Fuente: Cuadro 6.

de la norma a una menor estabilidad de sus uniones (separación y divorcio).

DESAFÍOS FUTUROS

Tal como lo planteamos desde el comienzo, el presente trabajo tiene un carácter exploratorio en la medida que busca colocar en la escena de la investigación sobre el matrimonio, una perspectiva de análisis que no había sido explorada hasta la fecha en México. Para llevarlo a cabo se recurrió también a un tratamiento diferente de la información; esto es, se adopta como unidad a la pareja y no a los individuos por separado. Es decir, se coloca el acento más en la originalidad del tema y de la unidad de análisis que en los resultados mismos, los cuales, en este primer abordaje, son todavía muy generales. Por otra parte, se presta especial atención a la elaboración de indicadores adaptados a cada una de las características analizadas, en este caso, el lugar de residencia, la edad al casarse y los niveles de escolaridad de los cónyuges.

La fuente de datos utilizada –las estadísticas vitales de matrimonios– posee un gran potencial para captar la evolución de las preferencias de la población en cuanto a la selección del cónyuge. Aunque es un tema de apariencia superficial, dada su cotidianidad, la formación de las parejas conyugales constituye, en realidad, uno de los procesos esenciales de la reproducción de las estructuras sociales, entre ellas la familia. Dada su importancia habría que prestarle una mayor atención en la investigación social. El tema es, sin embargo, complejo desde el punto de vista tanto teórico como metodológico y su estudio requiere, por estas mismas razones, del concurso de especialistas de diversas disciplinas.

A pesar de su generalidad, los resultados obtenidos apuntan hacia una fuerte similitud en las características de los cónyuges. Así tenemos que, en relación a su lugar de residencia al momento de contraer nupcias los niveles de endogamia son superiores a 90% en el nivel regional, pero nunca inferiores a 80% en el nivel local, a pesar de que la variable utilizada no es el lugar de origen de los cónyuges sino su lugar de residencia.

En cuanto a la homogamia etaria tenemos que 44% de quienes se casan tienen una diferencia de edades entre cónyuges de entre 0 y 3 años. Esto apunta a una homogamia cronológica relativamente elevada: el intervalo promedio de edad entre los cónyuges es de 2.8 años y la diferencia modal de solo un año. Por otro lado, solamente en 10.5% de las parejas ambos cónyuges tienen exactamente la misma edad y el hombre es menor que la mujer en 19.2% de los casos. Esto eleva a 29.7% la proporción de parejas que no están cumpliendo con la norma que asume que el hombre es mayor que la mujer. Cabe señalar, sin embargo, que la precisión que se obtiene sobre la edad al matrimonio de cada uno de los cónyuges se ve menguada por el sesgo que estaría introduciendo la mezcla de matrimonios y "rematrimonios" en las estadísticas vitales. Si la brecha de edades entre los cónyuges que contraen nuevas nupcias es mayor que la de quienes se casan por primera vez, los datos disponibles estarán sobreestimando este intervalo.

Por último, la homogamia escolar estimada es cercana a 60%, es decir, bastante por debajo de la homogamia residencial. Esta menor homogamia no sorprende, primero, porque la norma legitima el mayor nivel de escolaridad del esposo y, segundo, por las diferencias en la estructura por sexo y niveles de escolaridad. De aquí que quepa esperar que una vez que disminuye la brecha de escolaridad entre géneros aumente la homogamia escolar. En conjunto tenemos que los mayores niveles de homogamia los presentan las parejas con grado de primaria y de secundaria, que son a la vez las categorías más abundantes dentro de la población (66.5% hombres y 71.4% mujeres).

En una de cada tres parejas de cónyuges con niveles de escolaridad distintos (44%), la mujer posee más escolaridad que la de su cónyuge; es decir, algo más de 10% de las parejas no cumple con la regla de que el hombre posea una escolaridad más elevada que la de la mujer.

Los niveles de homogamia observados hablan de una sociedad bastante tradicional en el momento de elegir pareja conyugal. Por lo general, en México el cónyuge elegido reside en un entorno geográfico próximo, tiene una edad bastante similar a la propia y posee un nivel de escolaridad semejante. Aun cuando no han sido consideradas aquí las parejas en uniones libres, por la naturaleza de la información utilizada, podemos afirmar que la caracterización hecha es la que prevalece en el país, ya que el matrimonio civil es preponderante (casi 80 por ciento).

Desafortunadamente la información disponible no nos permite abundar sobre los cambios ocurridos en el tiempo. No obstante, a pesar de las limitaciones señaladas consideramos que el análisis presentado abre perspectivas interesantes, no solamente sobre la formación de las parejas, sino también sobre las estructuras familiares y, más ampliamente con respecto a las relaciones de género. La endogamia residencial y la homogamia etaria y educacional observada estarían expresando cohesión social en cuanto a casarse dentro de ámbitos geográficos próximos y poseer niveles educacionales semejantes. En cuanto a las diferencias de edades entre cónyuges, trabajos anteriores nos señalaban que éstas han venido disminuyendo a través del tiempo y que los matrimonios donde la mujer es mayor son cada vez más frecuentes. ¿Constituyen acaso estos indicadores una evidencia de la disminución del poder patriarcal? ¿O se trata de un hecho más bien coyuntural ligado a los desequilibrios de las poblaciones casaderas?

Estas y otras preguntas que han surgido de los resultados y que venimos planteando a lo largo del texto son algunas de las muchas que pueden traducirse en vetas futuras de investigación.

BIBLIOGRAFÍA

Bartiaux, F. (1991), *Formation et transformations des ménages de personnes âgées*, Academia Louvain-Neuve, cap. 7.

_____ y Wattelar, Ch. (2000), Recensement Général de la Population et des Logements au 1er. Mars 1991, *Nuptialité*, Monographie núm. 5, Bélgica, pp. 67- 108.

Bourdieu, P. (1975), "Les strategies matrimoniales dans le système de reproduction", en *Annales*, E.S.C., núm. 4-5.

Bozon, M. y Héran, F. (1988), "Le découverte du conjoint. Les scènes de rencontre dans l'espace social", *Population*, 1, pp. 121-150.

Conapo (1998), *La situación demográfica de México*, México.

Corona, R. (2000), Comunicación verbal.

Cox, P. R., y Wilson, G. R. G. (1970), *Age differences between the spouses at marriage*, Government Actuary's Department, Londres, pp. 55-64.

De Singly, F. (1987), "Théorie critique de l'homogamie", *l'année sociologique*, 1987, vol. 37, Presses Universitaires de France, 108, París, pp. 181-205.

Gayet, C. (1999), "Los matrimonios de los hombres de más de 35 años: ¿la búsqueda del rejuvenecimiento? Una perspectiva a partir de las diferencias de edades entre cónyuges", mimeo.

Girard (1964), *Le choix du conjoint: une enquête psycho-sociologique en France*, Institut National d'Etudes Démographiques, Cahier No. 44, Press Universitaires de France.

INEGI (1994), Matrimonios, Cd-Rom, Nupcialidad, con información de 1985 a 1993.

Mejía, A. (1996), "¿Con quién contraer matrimonio? Noviazgo: el génesis de la familia", en *¿Grupo doméstico, hogar o familia?, Memoria del Tercer Encuentro Nacional de Investigadores sobre Familia*, Universidad Autónoma de Tlaxcala, Centro Universitario de Estudios para la Familia, Tlaxcala, Tlax., pp. 41-47.

McDonald, P. (1989), "Ethnic family structure", en *Family Matters*, Australian Institute of Family Studies Newsletter, núm. 23, pp. 38-45.

Ojeda, N. (1989), *El curso de la vida familiar de las mujeres mexicanas: un análisis sociodemográfico*, México, UNAM, Centro Regional de Investigaciones Multidisciplinarias (CRIM).

Peristiany, J. G. (1976), *Mediterranean family structure*, Cambridge University Press, Cambridge Studies in Social Anthropology, Cambridge.

Programa Nacional de Desarrollo Urbano 1990-1994, Secretaría de Desarrollo Social, México, 1991.

Quilodrán, J. (1983), "Algunas consideraciones de índole demográfica en torno al matrimonio en México", revista *Fem*, vol. VII, núm. 27, México, pp. 8-11.

_____ (1991), *Niveles de fecundidad y patrones de nupcialidad en México*, El Colegio de México.

_____ (1993), "Cambios y permanencias de la nupcialidad en México", en *Revista Mexicana de Sociología*, vol. LV, núm. 1, UNAM, IIS, pp. 17-40.

_____ (1996), "El matrimonio y sus transformaciones", en López (comp.), *Hogares y familias: desigualdad, conflicto, redes solidarias y parentales*, Somede, pp. 59-70.

_____ (1998), "*Le mariage au Mexique: évolution nationale et typologie régionale*", Academia-Bruylant L'Harmattan, Louvain-la Neuve, Bélgica.

_____ (2000), "Atisbos de cambios en la formación de las parejas conyugales a fines del milenio", en *Papeles de Población*, año 6, núm. 25, julio-septiembre, pp. 9-33.

Solís, P. (2004), "Cambios recientes en la formación de uniones consensuales en México", ponencia presentada en la VI Reunión Nacional de Investigación Demográfica en México: balance y perspectivas de la demografía nacional ante el nuevo milenio, México, 2000.

Anexo 1. Tasas específicas de nupcialidad legal, 1990
(por mil)

Grupo de edad	*Mujeres*	*Hombres*
10-14	1.8	0.1
15-19	46.8	22.9
20-24	57.6	70.5
25-29	28.9	50.3
30-34	12.1	21.9
35-39	6.2	10.4
40-44	4.2	6.9
45-49	3.1	5.1
50-54	2.6	4.2
55-59	2.4	4.2
60-64	2.0	4.2
65-69	1.5	3.8
70-74	1.0	2.9
75-79	0.7	2.6
80-84	0.4	2.0
85-89	0.2	1.7
90-94	0.2	1.0
95 y más	0.1	0.5
$5\sum n_x$	858.7	
Tasa bruta	7.8	
Media	23.1 años	25.9 años
Mediana	20.4 años	22.9 años

Fuente: Estadísticas Vitales de Matrimonios 1990, CD Nupcialidad, México, INEGI, 1994.

ANEXO 2. METODOLOGÍA USADA PARA EL DISEÑO DE LOS MAPAS Y LAS GRÁFICAS

Homogamia residencial

Para la realización de los mapas se obtuvo una tabla cruzada con las frecuencias absolutas de casos de entidad en la que el hombre residía al momento del matrimonio legal (elemento *i*), así como este mismo dato para la mujer (elemento *j*). Posteriormente se formaron las cuatro regiones en las que se dividió el país, para los propósitos del presente análisis. Una vez formadas las 4 regiones, se sumaron los casos de las entidades que formaban cada una de las regiones y se asignaron, a su vez, al conjunto regional. Debido a que las áreas de cada región son diferentes, se procedió a estandarizarlas. En este sentido, la región con mayor tamaño sirvió como base para obtener factores de escala que se asignaron a las otras con respecto a ésta. Dicho factor dividió el número de matrimonios en cada región, así los nuevos volúmenes obtenidos tienen una representatividad con respecto al tamaño de la región mayor, de tal modo que las áreas pueden ser comparadas y así logramos la ausencia de saturación de puntos en las regiones más pequeñas. De igual forma, mediante la técnica *dot*,[9] y el programa arcview GIS,[10] se representaron los casos donde cada punto equivale a 10 matrimonios.

[9] Esta técnica de representación contenida en el ArcView distribuye en forma aleatoria, en un polígono, el número de puntos resultantes entre el peso asignado al polígono y el valor del punto.

[10] *Software* de análisis espacial utilizado para los Sistemas de Información Geográfica de Enviromental Systems Research Institute (ESRI), versión 3.1 para Windows.

Homogamia etaria

Las gráficas de esta parte del trabajo fueron realizadas a partir del arreglo de frecuencias absolutas de casos de matrimonios, cruzando la edad de él (elemento *i*) con la edad de ella (elemento *j*). Con lo anterior se formó una matriz en donde cada celda representa a los elementos *i* y *j*. Para la representación de la matriz en forma gráfica se realizó una retícula de 86 renglones por 86 columnas, asignando a cada cuadrado una coordenada (*i*, *j*) que representara la edad del hombre y la edad de la mujer al momento de formar una unión legal. A cada una de estas celdas, y nuevamente sobre el programa Arc View GIS, se le vinculó una base de datos que contiene el número de casos de cónyuges, relacionando a la coordenada con la celda gráfica. Posteriormente se mapeó también mediante la técnica *dot*, donde cada punto graficado en cada celda representa 10 matrimonios.

Anexo 3. Matrimonios según distancias entre niveles de escolaridad de los cónyuges

Distancias	*Matrimonios*	%
-4	126	0.0
-3	3 766	0.6
-2	16 742	2.8
-1	79 986	13.2
0	339 997	56.0
1	124 781	20.6
2	35 394	5.8
3	6 036	1.0
4	213	0.0

Fuente: Estadísticas Vitales de Matrimonios 1990, CD Nupcialidad, México, INEGI, 1994.

II. ¿ESTÁ CAMBIANDO LA NATURALEZA DE LA UNIÓN LIBRE EN AMÉRICA LATINA?

LOS EJEMPLOS DE BRASIL, MÉXICO Y REPÚBLICA DOMINICANA*

JULIETA QUILODRÁN**

La variación de las costumbres relacionadas con la vida conyugal, así como la diversidad de los nuevos arreglos que se dibujan, especialmente en el mundo occidental, no dejan de asombrarnos. No sólo se trata de que las interrupciones del matrimonio –divorcios y separaciones– hayan venido a remplazar a la viudez, lo más sorprendente es el rechazo al matrimonio; es decir, el cuestionamiento de la institución que ha dictado durante siglos la manera de formar una pareja conyugal.[1] La pareja ideal, de por vida, conoció su esplendor hacia la mitad del siglo XX cuando la baja de la mortalidad había permitido la prolongación de la esperanza de vida de la pareja y el divorcio sólo era aceptado en casos excepcionales. Desde entonces, el divorcio ha aventajado a la viudez y ahora se

* Este artículo fue publicado originalmente en José Luis Lezama y José B. Morelos (eds.), *Población, ciudad y medio ambiente en el México contemporáneo*, México, El Colegio de México, 2006, pp. 149-183.

** Profesora-Investigadora de El Colegio de México.

[1] Consultar a este respecto Roussel (1975, 1978, 1989, 1992); Leridon y Gokalp (1988); y, Villeneuve-Gokalp (1990); Santow y Bracher (1990); Bumpas y Cherlin (1991); Bozon (1990); Cherlin (1992).

encuentran parejas que duran muy poco, pero cuyos cónyuges son "reciclados", más o menos rápido, por medio de nuevas uniones. La sobrevivencia de ambos cónyuges, que luego pueden comprometerse en nuevas uniones, conduce, sobre todo si han tenido descendientes, a la existencia de estructuras familiares complejas. Si se agrega a este panorama un cambio en la calidad o naturaleza del lazo conyugal –legal o informal– cuya función es establecer un cierto orden en el interior de la familia, la situación se vuelve aún más complicada.

Los cambios enunciados han sido experimentados de una manera más o menos profunda por las familias de los países desarrollados de Occidente en el curso de la segunda parte del siglo XX. Es lo que autores como Van de Kaa (1987) y Lesthaeghe (1995a, 1998) han denominado Segunda Transición Demográfica, noción que –ya lo hemos señalado en capítulos anteriores– incluiría básicamente las transformaciones experimentadas hasta la fecha por las sociedades que han finalizado su Transición Demográfica, o bien que se aproximan a esta situación. Se trataría de modificaciones surgidas de cambios sociales, económicos y culturales de alcance global. La incorporación de la dimensión cultural que enfatiza este marco analítico en la interpretación de los fenómenos demográficos ha permitido avanzar en la explicación de éstos y aprehender, al mismo tiempo, los diversos derroteros seguidos por la Transición Demográfica. Se trata, sin lugar a dudas, de una innovación en un campo donde por mucho tiempo dominaron las interpretaciones de orden económico (Kirk, 1996). Todas las sociedades que han vivido esta transición poseían al comienzo de ella un régimen demográfico caracterizado por una fecundidad y una mortalidad elevadas. Se considera que este proceso ha terminado cuando la fecundidad y la mortalidad alcanzan niveles que sólo garantizan el reemplazo de la población.

Sin embargo, las modalidades de este proceso han sido muy variadas a través del mundo, tanto en lo que se refiere a los niveles de estas variables en el punto inicial como en las maneras para lograr su modificación y el tiempo requerido para hacerlo. De aquí que algunos autores como Tabutin (1995) hablan de transiciones demográficas en plural para expresar su diversidad. Por estos motivos no sería realista esperar que una vez terminada la Transición Demográfica (TD) tuviéramos sociedades homogéneas en cuanto a la formación de las parejas conyugales y a la organización familiar, entre otras dimensiones sociales.

Hoy en día, América Latina, con excepción de Bolivia, Guatemala y Haití, puede catalogarse como una región que está a punto de acabar su Transición Demográfica. En general, el número promedio de hijos por mujer ha disminuido a la mitad en un intervalo de alrededor de 25 años, generalmente, gracias a la adopción masiva de métodos contraceptivos. No obstante, el descenso se inició antes de la puesta en marcha de los programas públicos de regulación de nacimientos en los años sesenta e incluso antes en ciertos países (Cono Sur). Previo a la existencia de los contraceptivos, se recurría frecuentemente al aborto como medio para controlar la cantidad de hijos[2] (Frejka, Taquín y Toro, 1996). Por lo tanto, no es sorprendente que en un contexto como este se hayan adoptado rápidamente los métodos anticonceptivos modernos; los ánimos ya estaban preparados. La nupcialidad, por el contrario, no jugó un papel decisivo en la disminución de la fecundidad en la región. Es posible que en ciertos países las mujeres hayan optado más bien por la solución "aborto" en lugar de disminuir su tiempo de exposición al riesgo de tener hijos retrasando su edad a la primera unión conyugal.

[2] El aborto no es legal en los países de América Latina –con excepción de Cuba– salvo, algunas veces, cuando la vida de la madre está en peligro o el embarazo es producto de una violación.

En otros, es probable que la introducción temprana de los contraceptivos haya evitado recurrir masivamente al aborto.

En realidad, obtener una disminución de la fecundidad aplazando la conclusión de las uniones, como se pretendió en los años sesenta, constituía una forma bastante lenta de modificar una situación que se estaba volviendo urgente en aquella época: la supervivencia de una descendencia demasiado numerosa.

La nupcialidad de América Latina, a pesar de su diversidad geográfica, puede considerarse más próxima del modelo europeo o de los países poblados por migrantes europeos, que de los de África o Asia. Se trata de un modelo de tipo monógamo, con una edad relativamente tardía a la primera unión, comparativamente estable y cuya intensidad, un poco más elevada entre los hombres, oscila alrededor de los 950 por mil. Por otro lado, el cónyuge no es impuesto por la familia, no se paga dote y tampoco hay prohibiciones para que la mujer contraiga nuevas nupcias. La originalidad del modelo latinoamericano radica en la presencia secular de la *unión libre*. Con una intensidad mayor o menor, este fenómeno está presente en todas partes, aunque sea de aparición reciente en los países del Cono Sur: Argentina, Chile, Uruguay. Esta "informalidad" en la formación de las uniones conyugales se acompaña, generalmente, de una importante proporción de concepciones prenupciales, así como de una inestabilidad mayor de la que presentan los matrimonios (Camisa, 1977; Henriques, 1989; Quilodrán, 1985, 1992, 1999; Rosero, 1996; Castro Martín, 1977, 2001).

La postergación de la edad a la primera unión en América Latina se desencadenó algunos años después de iniciado el descenso de la fecundidad y fue especialmente modesta si se le compara con los retrasos de esta edad observados en otras regiones del mundo, tales como el

Magreb y el sureste asiático (McCarthy, 1982). En cuanto a la TD en sí, se tiene que a pesar de las diferencias que existen entre las de esta región y las de los países desarrollados ellas comparten algunas características consideradas como distintivas de la Segunda Transición Demográfica, o simplemente de la fase postransicional de la transición clásica: una fecundidad próxima al nivel de reemplazo, un aumento de las uniones libres (consensuales o informales), de los divorcios y de las separaciones, así como de los nacimientos fuera de una unión. La gama de teorías avanzadas para explicar estos cambios proviene de distintas disciplinas (económicas, sociológicas y antropológicas), así como de la propia dinámica demográfica a través de sus efectos sobre el equilibrio de las poblaciones casaderas y, más ampliamente, del funcionamiento de los mercados matrimoniales.

La finalidad, en esta ocasión, es tratar de constatar si la unión libre específica del modelo de nupcialidad latinoamericano subsiste, ha sido reemplazada por el modelo de unión libre de los países postransicionales o bien, se encuentra en un momento en el que ambos modelos coexisten. Nuestra hipótesis es que la presencia secular de la unión libre en América Latina y la aceptación social de la que goza debería facilitar la adopción del modelo de unión libre moderno, contemplando, no obstante, en una primera etapa, la *coexistencia de los dos modelos, el tradicional y el moderno.* El problema que se plantea en los hechos es establecer la presencia de la unión libre moderna y su importancia relativa con respecto a la unión libre tradicional. Esta distinción se vuelve indispensable, ya que las poblaciones que recurren a cada uno de estos tipos de unión libre poseen condiciones socioeconómicas muy diferentes.

Para tratar de verificar la hipótesis enunciada, seleccionamos tres países en función de: 1) la etapa de la TD en que se encuentran; 2) la proporción de mujeres en unión libre; y 3) la evolución reciente de estas proporciones. Elegimos como fuentes de datos las encuestas demográficas y de salud (DHS) de fines de los años noventa, cuyas fechas de levantamiento estuvieran lo más próximas posible. Los países elegidos fueron Brasil, México y la República Dominicana.

Comenzamos la presentación con un repaso breve de la formación de las uniones conyugales en América Latina, centrada en la existencia de la unión libre tradicional. Enseguida establecemos las diferencias entre este tipo de unión libre y la unión libre moderna. Por su parte, el análisis de los datos comienza por la presentación de la evolución generacional de las primeras uniones subrayando la importancia relativa de las uniones libres. Después nos ocupamos de los primeros nacimientos, de la frecuencia con la cual los niños nacen fuera de una pareja en unión libre o casada, o de una madre soltera. Finalmente, se utiliza el nivel de escolaridad para establecer la distinción entre el grupo de mujeres que estaría en uniones libres tradicionales y aquél que estaría en uniones libres que podrían ser clasificadas de modernas.

UN POCO DE HISTORIA

Un hecho insoslayable de la historia de América Latina es la conquista y colonización que sufrió al final del siglo XV por parte de las coronas española y portuguesa. Estas dos potencias de la época –siglos XVI al XVIII– conquistaron territorios pero, lo más importante, pusieron en marcha un proyecto cultural a través de la evangelización. El propósito era convertir a la religión católica a la población indígena, a veces muy numerosa, como en el caso de las planicies mexicanas, de Colombia, Ecuador, Perú y Bolivia. También había que mantener en el marco de esta misma religión a los inmigrantes venidos de España o de Portugal y, cuando llegaron los esclavos provenientes del África negra, tratar de hacer que sus propietarios respetaran ciertas reglas sobre la cohabitación de las familias. En este gran proyecto de aculturación, la Corona y la Iglesia católica encontraron su parte; los intereses del poder temporal y espiritual se reforzaron mutuamente para gobernar los territorios conquistados. Según Burguière (1986) la imposición del modelo de matrimonio cristiano habría sido uno de los medios determinantes para incorporar a la población autóctona al modelo de cultura que traían con ellos los colonizadores. El gusto por el ritual que en general prevalecía en los indígenas se acomodaba muy bien con la ceremonia del matrimonio católico, de ahí la importancia que se le confiere como vehículo de la nueva cultura. Por otra parte, Gruzinski (1991) agrega que el mundo cristiano anticipaba desde entonces la importancia de la decisión individual y del valor de la experiencia personal (por ejemplo, elección del cónyuge, pecado) en vez de los valores comunitarios esgrimidos por la población indígena.

En la época en que los españoles desembarcaron en América su modelo de nupcialidad estaba en transición hacia aquello que se conoce como el "modelo occidental de matrimonio". El concubinato, así como la ilegitimidad, estaban aún muy extendidos en ese país. La reproducción de estos hábitos en el contexto americano no fue difícil, sobre todo con la ayuda de los desequilibrios que se produjeron en los mercados matrimoniales (McCaa, 1996). Según los datos disponibles, los inmigrantes europeos eran sobre todo hombres (10 hombres por una mujer) e igualmente los esclavos africanos, aunque la relación de masculinidad en estos últimos fuera más equilibrada (dos hombres por una mujer). Además, la distancia de la metrópoli y la extensión de los vastos territorios americanos redujo la posibilidad de traer a la familia europea y también la de desposar personas del mismo origen. En estas condiciones, la iglesia y la sociedad en su conjunto tuvieron dificultades para hacer respetar las reglas que prevalecían en la metrópoli. Según Gonzalvo (1998), el orden colonial comportaba una gran tolerancia con respecto a "irregularidades" tales como los matrimonios desiguales,[3] los nacimientos ilegítimos o las rupturas de las parejas. Es justamente en este "desorden" que el mestizaje habría sido posible, sobre todo porque no es sino hasta el fin del siglo XVIII que son promulgadas regulaciones para prohibir la celebración de matrimonios con la población, principalmente de origen esclavo.

De acuerdo con Curtin (1969),[4] de 1451 a 1870, Brasil habría importado 3.7 millones de esclavos mientras que en la América española, incluyendo las islas del Caribe (Cuba, Puerto Rico, República Dominicana) esta cifra no habría superado el millón seiscientos mil. Los estudios sobre la familia de esclavos son numerosos para los países del Caribe anglo y francófono, pero lo son menos para la parte hispánica. Ahora bien, cada región integró de manera diferente esta población y sería importante reconstruir esta historia para entender bien el lazo entre el pasado esclavista y ciertos arreglos familiares actuales. De cualquier forma, los estudios coinciden hasta cierto punto en la importancia del proyecto de aculturación que las potencias coloniales quisieron imponer en América Latina a través de la evangelización en la religión católica. Se reconoce, sin embargo, que a pesar de la voluntad desplegada, este proyecto no conoció sino un éxito parcial, por lo menos en lo que se refiere al matrimonio directo con sanción eclesiástica. Las uniones libres o informales

[3] Matrimonios entre personas de grupos raciales diferentes.
[4] Citado por Charbit, Y., 1987, p. 15.

subsisten esencialmente en los países del Caribe y "la América Latina oriental y atlántica, la de planicies, cálida y húmeda..." (Charbit, 1987); es decir, América central, Venezuela, la costa de Colombia y el Golfo de México.[5] En suma, existiría un modelo de unión libre propio de América Latina: uniones relativamente estables con una descendencia casi tan numerosa como la de los matrimonios y una propensión a la legalización que reduce la ilegitimidad (hijos nacidos fuera de unión).

Con la herencia de una colonización que duró tres siglos, América Latina habría quedado marcada por la huella de su mestizaje tanto biológico como cultural. La formación de parejas se benefició de ciertas concesiones y, más ampliamente, de la aceptación de algunas situaciones de hecho que la Iglesia debió tolerar para adaptarse a las particularidades de este nuevo mundo. La unión libre constituye en cierta forma el ejemplo de un dominio –el de la sacralización de toda unión conyugal– en el que la Iglesia sólo tuvo, como ya se ha dicho, un éxito parcial. En realidad, la unión libre formaba parte de las costumbres de las poblaciones que se encontraron en el suelo americano –española, portuguesa, india, africana– lo cual explicaría su persistencia a través del tiempo. A estas razones de tipo histórico se añade la plasticidad inherente a este tipo de uniones que le permite acomodarse más fácilmente que las uniones formales a la transgresión de las reglas en vigor. Como consecuencia, el patrón de nupcialidad que se construyó progresivamente bajo la influencia del modelo de Europa occidental comportaba y comporta aún ciertos rasgos de costumbres nupciales y familiares indígenas y africanas, además de aquéllas que llegaron con la inmigración europea.

[5] Esta última región formaría parte del modelo conocido como Golfo-Caribe (Quilodrán, 1989).

Por lo menos en México, entre la población prehispánica, la cohabitación prenupcial era frecuente, así como el divorcio e incluso la poligamia, la cual era practicada por las clases dirigentes.[6] Además, el matrimonio era un asunto comunitario. En el caso de la población de origen africano una de las explicaciones que ha sido adelantada recientemente para justificar la unión libre es la falta de interés tanto de hombres como de mujeres de contraer un matrimonio católico (Gautier, 2000). De acuerdo con esta autora "se puede pensar que las condiciones históricas disminuían y volvían inútil el control que pesa, generalmente más, sobre la sexualidad de las mujeres que sobre la de los hombres". En las regiones de África de donde los esclavos provenían, la capacidad de las mujeres para ser madres era mucho más valorada que su virginidad, la poligamia era aceptada, así como el divorcio y la corresidencia de los esposos no era obligatoria.

En nuestros días, o más precisamente, desde la mitad del siglo XX, la unión libre es reconocida por el sistema de estadísticas nacionales de los países latinoamericanos como una manera de formar una pareja conyugal. Su presencia en la vida social desde la época colonial sin duda favoreció su introducción como categoría de estado civil en los censos. Esta decisión, así como la inclusión de la categoría conyugal "unión libre" en las encuestas de fecundidad levantadas en la región, nos ha permitido seguir su evolución durante los últimos cincuenta años. Los análisis hechos nos muestran que la existencia de este tipo de unión ha representado hasta los años recientes la diferencia principal entre el modelo de nupcialidad latinoamericano y aquél de los otros continentes. Esto no significa, sin embargo, que su presencia sea uniforme

[6] Ver Cook y Borah (1966), Alberro (s/n), Aguirre Beltrán (1981), Calvo (1991), Castañeda (1991), Margadant y Carrasco (1991).

en todos los países del área. En efecto, las diferencias entre las proporciones de uniones libres son importantes: máxima de 53.5% en 1960 y un poco menor en 1990; esto sin que la proporción más alta haya variado. En los extremos del abanico figuran la República Dominicana y Guatemala, con las proporciones más elevadas (superiores a 50%); y del otro lado, Argentina y Chile (menos de 10%). Lo que es nuevo en la evolución de los últimos veinte años es el aumento de estas proporciones en los países donde históricamente eran bajas (Chile 11.6%, en vez de 6.7%). Brasil, cuya proporción era próxima a las de Chile y Argentina en 1960 con 6.7%, la incrementó a más del doble en 1990 (15.3%); un crecimiento sólo superado por Colombia, que registraba 20% en 1960 y 46% en 1990. No obstante, en la actualidad América Latina continúa estando dividida en tres grandes grupos de países, al igual que hace 50 años en lo que respecta a los niveles de uniones libres. A pesar de los cambios que han venido experimentando estas proporciones, los países no han cambiado su posición relativa, las distancias entre ellos se mantienen (Camisa, 1977; Rosero-Bixby, 1996; Quilodrán, 1985, 1999; Castro Martin, 1997).

Durante largo tiempo, la nupcialidad evolucionó hacia una mayor institucionalización, vale decir, hacia una consolidación del matrimonio legal. Las proporciones de uniones libres disminuyeron o permanecieron estables al menos hasta los años setenta en los países donde eran más abundantes. Así tenemos que Guatemala redujo a la mitad su proporción y Venezuela lo hizo en 16%. Por su parte, las alzas no rebasaron el 10% en el resto de países de este mismo grupo, con excepción de Colombia que progresa rápidamente.

Por el contrario, las uniones libres aumentaron más en los países donde sus niveles eran más bajos (Cono Sur), pero sin superar nunca 20% del total de la población unida. De esta manera, la parte de América Latina en donde el matrimonio era la norma (Cono Sur, Brasil) estaría experimentando en el presente una cierta desinstitucionalización de la nupcialidad.

En resumen, a pesar de cierto laxismo en la aplicación de los preceptos matrimoniales surgidos del Concilio de Trento se puede avanzar la hipótesis de que el modelo occidental de un matrimonio monógamo, libremente aceptado, indisoluble y relativamente tardío se habría instalado progresivamente en América Latina durante el periodo colonial. Es a lo largo de esta época que la "transición de la nupcialidad" se habría efectuado. Este tránsito gradual explicaría el hecho de que la región no hubiera experimentado los cambios bruscos en la edad a la primera unión ni en la disolución de las uniones que se produjeron en otras latitudes en el transcurso de la TD. Aquí no hubo que romper con la imposición del cónyuge ni abogar por la regulación del matrimonio desde el momento que éste había sido instaurado como institución legal (en el derecho canónico o civil) desde la Colonia. Esto no significa, sin embargo, que no haya asignaturas pendientes; que exista, por ejemplo, una igualdad de género. La diferencia estriba en que la solución en este caso rebasa lo legal, requiere la modificación de conductas, lo cual es mucho más difícil de lograr.

LA UNIÓN LIBRE: EL MODELO TRADICIONAL Y EL MODELO MODERNO

En esta parte nos limitaremos a presentar las principales características del modelo tradicional o secular y de aquél que representaría la modernidad y que ha sido calificado como postransicional. La intención es no continuar empleando la misma denominación para una categoría que se compone de dos poblaciones distintas desde el punto de vista socioeconómico, aunque bastante parecidas en cuanto a sus características demográficas. Para comenzar cabe preguntarse sobre la definición de unión libre, convivencia o unión consensual, que son las acepciones que se manejan indistintamente en nuestra literatura. Aquella que generalmente se maneja la define como la: "manera de formar una pareja conyugal sin pasar por el Registro Civil ni por la Iglesia".

En cuanto a las características demográficas comunes a ambos modelos de uniones libres, serían las siguientes:

- Una edad a la primera unión más precoz que la del matrimonio.
- Presente sobre todo en las edades jóvenes (15-24 años).
- Intensidad casi siempre inferior al matrimonio.
- Inestabilidad mayor que la de los matrimonios.
- Mayor propensión a las nuevas nupcias.

Por lo demás, una unión precoz implica que la edad de la primera relación sexual también lo es. Por el contrario, una edad prematura de iniciación sexual ya no es hoy en día obstáculo para retardar la entrada en una primera unión. Sin embargo, la resistencia de los jóvenes a usar anticonceptivos en América Latina, cuyo origen sería más bien de orden cultural (Villarreal, 1998), explicaría el menor descenso de las tasas de fecundidad registrado en las edades muy jóvenes (15-19 años) en comparación con el resto de los grupos de edades. Otra diferencia de la unión libre tradicional con la moderna es que en esta última la reproducción es un fenómeno más bien reciente. Por el contrario, las mujeres en unión libre tradicional han tenido siempre casi tantos hijos como las mujeres casadas.

A pesar del paralelismo constatado en las características demográficas de los dos modelos de uniones libres, la gama de valores de los indicadores considerados es grande y variada entre el matrimonio y la unión libre, así como entre países. A este respecto lo que es importante retener es que la unión libre constituye un tipo de unión más precoz, menos estable y también menos frecuente que el matrimonio. La diferencia entre la modalidad tradicional y la moderna reside, sobre todo, en su temporalidad, en el momento en que cada una se vuelve importante en el escenario de la formación de parejas. A esto cabe añadir que cuando se abordan los temas de nupcialidad y de fecundidad el *matrimonio* constituye la categoría analítica de referencia en los países desarrollados donde la unión libre es un fenómeno relativamente reciente, mientras en el contexto latinoamericano esta categoría es la *unión conyugal*, por tratarse de una noción que incluye tanto a los matrimonios como a las uniones libres. Por lo demás, no podía ser de otra manera, puesto que una parte importante de la reproducción de la población en esta última región se genera en parejas en unión libre.

Aunque el momento en que surge este fenómeno representa un aspecto crucial, lo esencial de la diferencia entre los dos tipos de uniones libres reside, como ya lo expresamos, en las características de orden socioeconómico de los grupos de población vinculados a cada uno de ellos.

COMPARACIÓN DE LAS CARACTERÍSTICAS SOCIODEMOGRÁFICAS DE LOS MATRIMONIOS Y DE LAS UNIONES LIBRES

La literatura demográfica en relación con esta materia nos dice que las mujeres en uniones libres en América Latina son frecuentemente más pobres que las mujeres que llegan a casarse (Quilodrán, 1979, 1990, 1991, 1998; Henriques,1989; Greene y Rao, 1995; Castro Martín, 1997). Por el contrario, las mujeres de países desarrollados tienen un estatus muy diferente y la unión libre representa una alternativa, a veces temporal, al matrimonio. En efecto, los países desarrollados ofrecen tanto a las mujeres como a los hombres la posibilidad de prolongar sus estudios, de ampliar sus opciones y su espacio vital. Una mujer de estos países posee un poder de negociación en el ámbito de la vida conyugal y ocupacional que la mujer de los países en vías de desarrollo no tiene o no es suficiente.

Ella puede elegir el arreglo conyugal que le conviene más: matrimonio directo o unión libre en sus diversas modalidades (cohabitación prematrimonial, sustitución al matrimonio, "living appart together"). Si hace esta última elección –una unión libre– sus probabilidades de tener un hijo fuera de matrimonio y de separarse aumentan, así como las de convertirse en jefa de familia. Pero aun en esta situación tiene ventajas con respecto a las mujeres de un país en desarrollo, ya que llega provista de una calificación que le procura un mejor salario para afrontar su situación de mujer sola y madre de familia, a lo cual se suma un mayor poder para negociar una ayuda social o la ayuda del padre de sus hijos. Esta relativa independencia aumentaría también su probabilidad de volver a formar una pareja.

En el otro extremo, la mujer pobre de los países en vías de desarrollo tiene muy pocas opciones: con un limitado bagaje escolar, por haber dejado temprano la escuela, se encuentra en una situación vulnerable. Esta situación frecuentemente la lleva a aceptar una unión conyugal precaria, poco formal e inestable como la unión libre, o incluso convertirse en madre soltera. Con tan pobre capital escolar, su poder de negociación en el mercado de trabajo es también estrecho. Por tanto es fácil que se encuentre sola, con un trabajo mal pagado e hijos a su cargo y sin poder obtener ayuda del padre de éstos, ya sea porque se encuentra desempleado y no percibe ingresos o simplemente porque es difícil obligar a pagar una pensión a un hombre con quien los lazos conyugales son frágiles. Sin embargo, esta mujer tiene necesidad de ayuda para sostener a su familia y por ello es proclive a entrar en una nueva unión, tan precaria como la precedente, perpetuando así sus condiciones de pobreza. Sin duda hay otras variables además de la pobreza, que intervienen en la negociación y que hacen aceptable el arreglo conyugal para la pareja; de no ser así, no habría casados pobres. De cualquier forma, el carácter esencialmente individual que reviste la elección del cónyuge en nuestras sociedades, tornaría aún más escaso el poder de negociación de la mujer, sobre todo cuando ésta es pobre. A esto cabe añadir la influencia de factores de índole macro como los señalados por Greene y Rao (1995) para Brasil. Según estos autores la rápida elevación de las proporciones de mujeres en unión libre en este país sería consecuencia del "matrimonio squeeze", provocado por la caída de la mortalidad. El excedente de mujeres que éste habría generado habría conducido, a su vez, a un reciclaje de los hombres a través de nuevas uniones. Estas uniones, al no existir todavía el divorcio, habrían sido en una gran mayoría uniones libres. La poca formalidad que reviste el establecimiento en ellas habría propiciado su proliferación.

Unión libre tradicional	*Unión libre moderna*
• Escasa escolaridad	• Alta escolaridad
• Mujeres trabajando en los sectores más desfavorecidos	• Trabajo calificado
• Más bien rural	• Urbana
• Legalización frecuente y rápida	• Legalización
• Influencia de la práctica religiosa sobre la legalización	• Influencia de la práctica religiosa sobre la legalización

LOS PAÍSES COMPARADOS Y LOS DATOS UTILIZADOS[7]

Los países fueron seleccionados en función de tres criterios: la etapa de la TD en la que se encuentran, la intensidad y la antigüedad de la unión libre como fenómeno socialmente reconocido. Los países elegidos fueron la República Dominicana, Brasil y México. Para los dos primeros se utilizan los datos de las encuestas DHS[8] de 1996 y para México los de la Enadid[9] de 1997. La encuesta de México, así como las DHS no cuentan con las historias de uniones, lo que obligó a limitar el análisis a las mujeres con una sola unión y subsistente al momento de la entrevista. Esta restricción nos llevó a establecer la hipótesis de que en los países considerados las mujeres que contraen nuevas nupcias y que se encuentran en uniones interrumpidas (viudas, separadas, divorciadas) se unieron por primera vez y tuvieron su primer hijo a las mismas edades que las mujeres con uniones subsistentes. Este supuesto afectaría hasta cierto punto las estimaciones de las edades a la primera unión de las generaciones mayores, no así de las jóvenes, entre las cuales las proporciones de mujeres con uniones interrumpidas es muy escasa.

De los tres países, Brasil es el único que ha recorrido casi por completo el camino (97%) para alcanzar el nivel de reemplazo de su población (2.1 hijos por mujer), logro obtenido sin la ayuda de ningún programa ni política gubernamental explícita destinada a la reducción de la fecundidad. Sin embargo, la República Dominicana y México no están lejos de cumplir esa meta (cuadro 1). En el año 2000 el número promedio de hijos por mujer

[7] Las estructuras por edad de los tres países comparados no son significativamente diferentes según la prueba de χ^2.

[8] Demographic Health Survey.

[9] Encuesta Nacional de la Dinámica Demográfica.

era respectivamente en los tres países: 2.4, 3.1 y 2.7 (PRB, 2000). Por su parte, los niveles de la fecundidad adolescente (15-19 años) que presentan, figuran entre los más bajos de América Latina. No obstante, los niveles de sus proporciones de nacimientos fuera de uniones y de concepciones prenupciales nos hablan de una actividad sexual bastante extendida antes de la unión (matrimonio o unión libre). Junto con esto se constata que más de la mitad –casi 90% en República Dominicana– de las mujeres que vivieron su primera relación sexual antes de los 18 años de edad efectúan su transición a la vida conyugal antes de esa misma edad, vale decir, ingresan muy rápidamente en unión después de la primera relación sexual (UNFPA, 2001).

La proporción de mujeres unidas antes de los 20 años en Dominicana es muy superior (40% más) a la de los otros dos países comparados; por el contrario, las proporciones de concepciones prenupciales y de nacimientos fuera de una unión de las mujeres que llegan a unirse son más bajas en este país. Además, en Dominicana el intervalo entre la primera relación sexual y la primera unión conyugal no excede, desde las generaciones nacidas en los años cuarenta, 0.7 años. En el resto de países esta diferencia se ha mantenido en alrededor de 2 o 3 años. Sólo en Brasil está aumentando un poco.

En cuanto a la mediana de edad de la primera relación sexual, ésta oscila entre 18 y 19 años para las mujeres de entre 20 y 40 años de edad al momento de ser entrevistadas, más cerca de 19 en el medio urbano y alrededor de 22 años en los sectores más acomodados. A los 18 años una de cada 3 mujeres habría iniciado ya su vida sexual, según la información proporcionada por las Encuestas DHS de fines de los años noventa[10] (UNFPA 2001).

[10] Para los datos relativos a los países de América Latina que poseen encuestas DHS III, consultar Guzmán, Hakkert, Contreras y

Cuadro 1. Países según la etapa de sus transiciones demográficas y modelo de nupcialidad. Datos para los años noventa (mujeres)

Índices	*Consumada*	*Avanzada*	
	Brasil	*Rep. Dominicana*	*México*
Etapa de la T. D. (%)[a]	97.0	89.0	88.0
e_o (mujeres)[b]	71.0	73.1	75.5
Primera relación sexual < 20 años[c]	55.3	60.0	—
• Antes de la unión (%)	23.5	8.8	—
• Edad promedio	19.5	18.7	18.0
No solteros (15-19 años)(%)[d]	13.8	22.4	14.8
Edad promedio a la primera unión[d]	21.1	19.3	19.9[e]
Anticoncepción (%) < 20 años[f]	14.8	10.1	7.7
• Fecundidad 15-19 años			
• Tasas (por mil)[g]	82.4	91.2	7.6
• TGF[h]	2.4	2.4	2.7
Primeras transiciones experimentadas < 18 años[i]			
• Primera relación sexual/primera unión	65.1	89.7	50.0[j]
• Primera unión/NHV_1	61.8	57.5	44.0[j]

[a] Courbage, J. (2000), "Y aura t´il encore une fécondité de tiers- monde dans le monde", Colloque International de l'AIDELF, Byblos, Liban.
[b] ONU (1998), World Population Prospects, N.Y., 1999.
[c] Para los 13 países incluidos la media es de 42%, la brecha entre las edades medianas 1.5 años, entre 18.1 y 19.6. Para los hombres esta edad es inferior, entre 16 y 17 años, UNFPA (2001), Diagnóstico sobre la salud reproductiva de jóvenes y adolescentes en América Latina y el Caribe (Cuadro V. 4).
[d] UNFPA (2001), cuadroV. 7 y gráfica V. 1.
[e] Encuesta Nacional sobre Fecundidad y Salud (Enfes), DHS / Secretaría de Salud, 1989.
[f] UNFPA (2001), cuadros IV. 12.
[g] UNFPA (2001), cuadros II. 2.
[h] Population Reférence Bureau, 2000 World Population Data Sheet.
[i] UNFPA (2001).
[j] Antes de los 20 años, datos para 1987.

Dado que nuestro interés se centra en identificar los cambios que hubiera podido experimentar la unión libre a través del tiempo, adoptamos como estrategia metodológica el enfoque longitudinal recurriendo para ello a la comparación de dos grupos de generaciones, las que tienen al momento de la entrevista menos de 30 años y las que están al final de su vida reproductiva (mujeres de 45-49 años), distinguiendo el comportamiento observado según la naturaleza del vínculo conyugal inicial: matrimonio o unión libre.

EVOLUCIÓN DE LA NUPCIALIDAD SEGÚN EL TIPO DE LA PRIMERA UNIÓN

Los datos representados en la gráfica 1 nos muestran que la nupcialidad general rejuvenece a lo largo de las generaciones tanto en Brasil como en Dominicana. En México, por el contrario, las generaciones más jóvenes, nacidas alrededor de 1970, habrían aplazado todavía un poco la edad de su primera unión. Estos mismos datos nos indican que a los 20 años las proporciones de mujeres unidas en las generaciones que tienen 25-29 años son 42.2% superiores en Brasil y 12% en Dominicana con respecto a las generaciones nacidas a principios de los años cincuenta. Estas diferencias podrían ser mayores todavía si consideramos que las mujeres 45-49, cuya primera unión subsiste, debieron contraer nupcias a edades más tardías que quienes las interrumpieron antes de cumplir 30 años y que aquí no incluimos por definición.

Cuando se tiene en cuenta el tipo de unión se percibe que sólo las uniones libres han aumentado (gráfica 2). En Brasil este tipo de unión prácticamente no existía hace

---

Moyano, *Diagnóstico sobre salud sexual y reproductiva de los adolescentes en América Latina y el Caribe* (UNFPA, 2001).

Gráfica 1. Proporciones acumuladas de mujeres según edad a la primera unión conyugal y generación

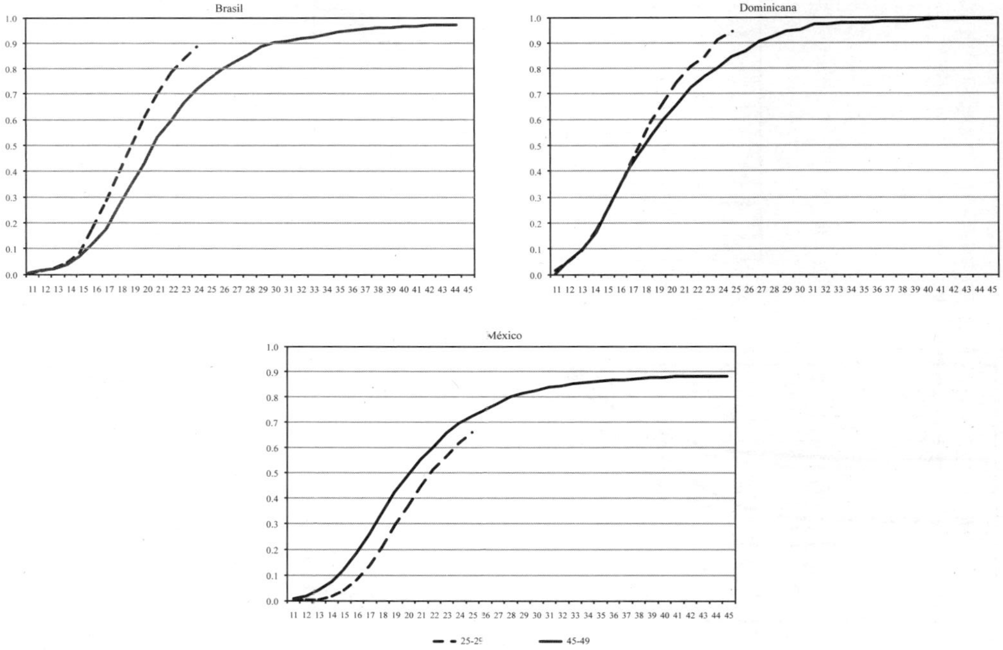

Fuente: elaboración propia con datos de las DHS Brasil (1996), DHS República Dominicana (1996) y Enadid, México, 1997.

Gráfica 2. Proporciones acumuladas de mujeres según edad a la primera unión conyugal por tipo de unión y generación

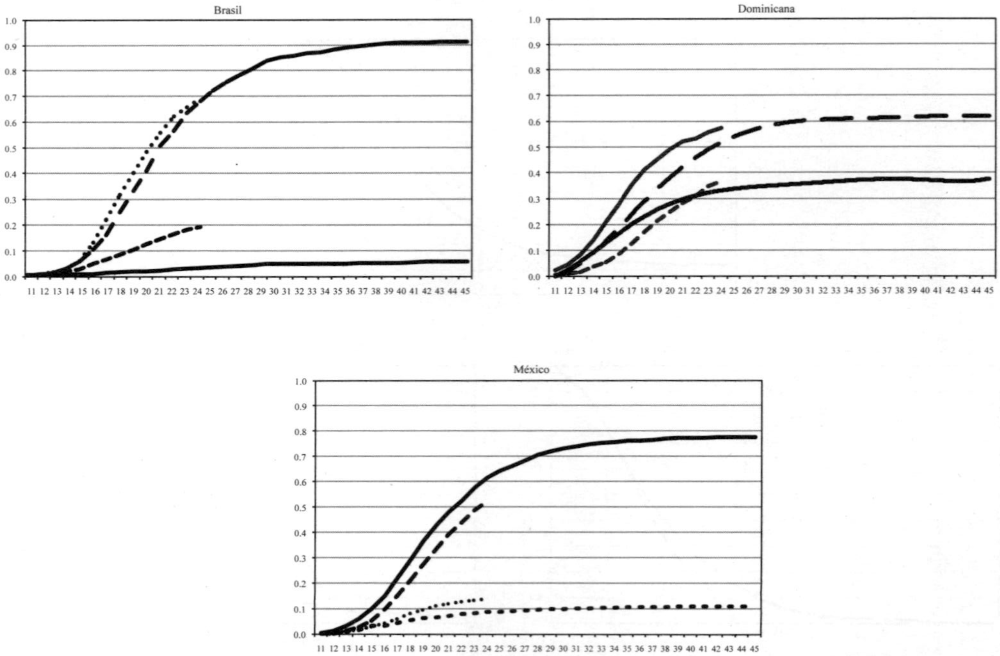

Fuente: elaboración propia con datos de las DHS Brasil (1996), DHS República Dominicana (1996) y Enadid, México, 1997.

30 años (3.5%), mientras en Dominicana la ventaja que ya tenía sobre los matrimonios aumenta (42%). En México, pese a la disminución de la nupcialidad en las edades jóvenes, el peso relativo de la unión libre se incrementa, 25% en el grupo de generación 25-29 años, es decir 75% más que en las generaciones de más edad en la encuesta (45-49 años). Esto significa que de manera paralela a la disminución de la nupcialidad joven se está dando un aumento relativo de las uniones libres en estas mismas edades, vale decir, que las mujeres que se unen precozmente se inclinan cada vez más por hacerlo en uniones informales.

Las edades medianas estimadas (cuadro 2) confirman la tendencia ya conocida de que las uniones libres son más precoces que los matrimonios –entre 1.4 y 2.5 años menos– tanto en República Dominicana como en México. Brasil, por su parte, registra simultáneamente un rejuvenecimiento de la edad al primer matrimonio y a la unión libre, 1.3 años menos en promedio entre las mujeres casadas y 3.4 años entre aquellas que se encuentran en unión libre. A pesar de esto, la unión libre en Brasil continúa siendo más tardía que el matrimonio, contrariamente de lo que sucede en los otros dos países.

De cualquier forma, sería muy arriesgado concluir con datos para sólo tres países que la nupcialidad en América Latina rejuvenece, aunque esto se pueda afirmar sin problemas para Brasil y la República Dominicana. En México este fenómeno de rejuvenecimiento fue observado con los datos del Censo 1990, pero sólo entre los hombres de ciertas regiones (Quilodrán, 1998).

PRIMERA MATERNIDAD Y NACIMIENTOS FUERA DE UNIÓN

De acuerdo también con los datos del cuadro 2, la llegada del primer hijo se estaría rejuveneciendo aunque a distin-

Cuadro 2. Edades medianas a la primera unión conyugal y a la maternidad por tipo de unión y generación[a]

País	*Grupo de edad / generación*	
	45-49	*25-29*
Brasil		
Casadas		
1a. Unión	20.5	19.2
1a. Maternidad	21.5	20.0
Unión Libre		
1a. Unión	23.3	19.9
1a. Maternidad	21.4	19.3
Total		
1a. Unión	20.8	19.7
1a. Maternidad	21.4	19.9
Rep. Dominicana		
Casadas		
1a. Unión	19.5	20.2
1a. Maternidad	20.3	21.1
Unión Libre		
1a. Unión	17.5	17.7
1a. Maternidad	19.0	18.9
Total		
1a. Unión	18.5	18.7
1a. Maternidad	20.0	19.8
México		
Casadas		
1a. Unión	19.4	19.8
1a. Maternidad	20.2	20.2
Unión Libre		
1a. Unión	18.0	18.4
1a. Maternidad	19.6	19.5
Total		
1a. Unión	19.3	19.5
1a. Maternidad	20.2	20.1

[a] Mujeres menores de 30 años de edad con una sola unión y unidas al momento de la entrevista.

Fuentes: DHS, 1996 para Brasil y República Dominicana; Enadid, 1997 para México.

tos ritmos según los países. De manera muy acusada en Brasil (1.5 años menos) y apenas perceptible en México y Dominicana (0.1 y 0.2 años menos respectivamente). Puede decirse, que en general los cambios generacionales observados son escasos, con excepción de Brasil y van en el sentido de un cierto rejuvenecimiento del inicio de la vida conyugal, mientras la edad al nacimiento del primer hijo tiende a adelantarse ligeramente en Dominicana y México. De cualquier forma, esta edad está muy por debajo de las edades promedio que se registran en los países desarrollados de Europa Occidental y de los Estados Unidos, las cuales evolucionan en sentido inverso. Alrededor de 24-25 años en la generación 1950, 26-27 años en la generación 1960 y 27 años en aquellas que nacieron hacia fines de los años sesenta. En realidad los valores de las edades medianas de los países aquí comparados están más próximos de aquellos de los países de Europa del Este (22-23 años) (Sardon, 2000).

Ahora, quienes adelantan más la llegada del primer hijo son las mujeres brasileñas en uniones libres con un máximo de 2.1 años entre generaciones. Dominicana constituye la excepción ya que es el único país donde la responsabilidad de la postergación de la edad mediana a la maternidad recae sobre las casadas (0.8 años más). En México no se observan cambios. En cuanto a la brecha entre tipos de unión, ésta se mantiene constante en los tres países.

Por otra parte, de los datos contenidos en la gráfica 3 se desprende, entre otras cosas, un rejuvenecimiento de los primeros nacimientos, que se está dando especialmente entre las mujeres en uniones libres de las generaciones más jóvenes. Estos aumentos oscilan entre 10% y 15% en cada una de las edades entre los 18 y 25 años. Por su parte, las mujeres casadas adelantan muy poco la llegada del primer hijo en Brasil, en México lo hacen algo

Gráfica 3. Proporciones acumuladas de mujeres según su edad a la primera maternidad y naturaleza de la primera unión

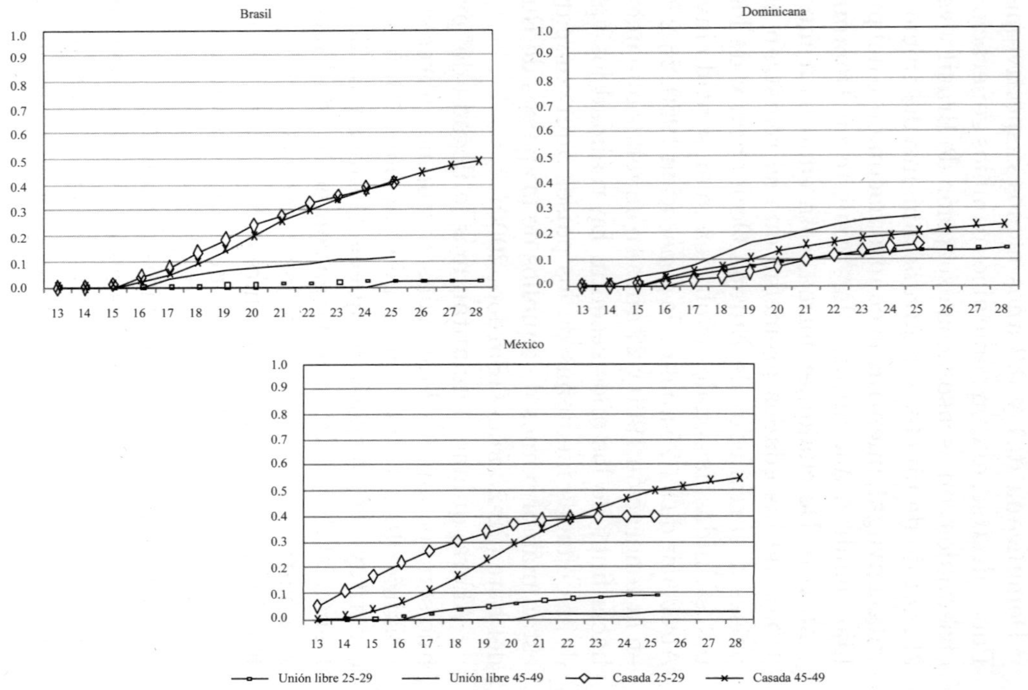

más, pero el alza de las proporciones se detiene a los 20 años. Por el contrario, en Dominicana las casadas están postergando el primer hijo, al revés de lo que sucede con las mujeres en uniones libres.

En este punto del análisis surge la pregunta de si el rejuvenecimiento de la nupcialidad y en menor medida, de la llegada del primer hijo se acompaña también de una mayor proporción de nacimientos fuera de uniones. Con el fin de contestarla se han calculado los intervalos protogenésicos y se ha establecido de este modo, si el nacimiento se produjo antes de la primera unión de la madre o si la concepción del hijo precedió esta última (gráfica 4). Los resultados obtenidos nos indican que el único país que registra un aumento de los nacimientos antes de la primera unión es Brasil, que pasa de 9% a 14% (59% más), colocándose justo por encima de México, cuyas proporciones han disminuido muy poco (de 13% a 12.4%). En República Dominicana los nacimientos fuera de unión se mantienen constantes en un nivel entre 3% y 4 por ciento.

En el caso de las concepciones prenupciales, que reflejan de alguna manera la permisividad social con respecto a la sexualidad fuera de una unión, se observa que tanto en Brasil como en México se duplicaron las proporciones. En estos países uno de cada 5 hijos de orden 1 fue concebido antes del matrimonio o la unión libre de los padres, en lugar de uno de cada diez como sucedía en el pasado (generaciones 45-49 años).

Cuando se hace la distinción entre las mujeres que tuvieron al menos su primer hijo antes de los 25 años de edad teniendo en cuenta además el tipo de primera unión de la mujer, se observan variaciones importantes entre países y generaciones (cuadro 3). En Brasil y México las proporciones de mujeres solteras con hijos de las generaciones jóvenes que terminaron contrayendo matrimonio

Gráfica 4. Primeros nacimientos fuera de unión y concepciones prenumcialespor generaciones[a]

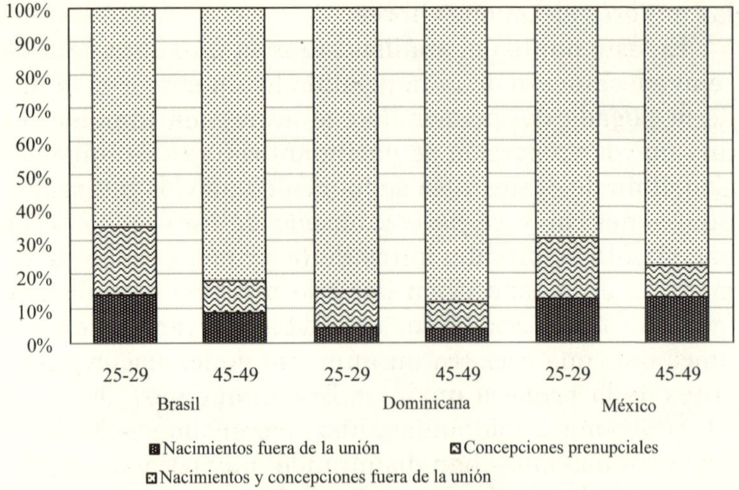

[a] Para cien mujeres unidas antes de los 30 años.

fueron más elevadas que las de Dominicana (57%, 46% y 28% respectivamente).

Por su parte, la evolución generacional indica que es más probable que las mujeres en estas condiciones –con hijos– se casen en la actualidad que hace treinta años tanto en México como en Dominicana. Brasil, en cambio, evolucionó en sentido inverso disminuyendo en 20% la proporción de las solteras con hijos que llegan a casarse al menos, antes de los 25 años.

El análisis hecho nos muestra que en los últimos treinta años Brasil evolucionó hacia una mayor informalidad en cuanto a la formación de uniones conyugales: las uniones libres, así como los nacimientos fuera de una unión y las concepciones prenupciales aumentaron de manera

Cuadro 3. Primeros nacimientos fuera de unión y concepciones prenupciales antes de los 25 años de edad de las mujeres de cada grupo de generaciones[a]

Situación conyugal al nacimiento del primer hijo nacido vivo	*Países*					
	Brasil		*Rep. Dominicana*		*México*	
	45-49	*25-29*	*45-49*	*25-29*	*45-49*	*25-29*
Madres solteras que luego se casan	71.2	56.8	21.9	28.4	25.8	45.5
Concepciones prenupciales	9.6	20.4	8.2	10.9	9.3	18.2
Nacimientos y concepciones prenupciales	15.2	34.1	11.5	14.7	22.3	30.6
Madres solteras	1.0	3.5	1.0	1.6	2.4	4.4
Nacimientos fuera de unión	8.6	13.7	3.3	3.8	13.0	12.4
Hijos nacidos fuera de matrimonio	17.9	20.5	17.9	16.5	15.6	17.7

[a] Para 100 mujeres menores de 25 años en cada grupo de generaciones y situación conyugal al nacimiento del primer hijo nacido vivo.

significativa. México presenta una evolución parecida, pero más atenuada en cuanto al aumento de la unión libre y las concepciones prenupciales. En comparación, la República Dominicana ha cambiado menos, el primer hijo es concebido frecuentemente al interior de una pareja (85%) aunque se trate a menudo de una unión libre (40% de las veces).

Para completar el cuadro de nacimientos fuera de una unión, hay que agregar, por una parte, que la proporción de las madres solteras en relación con el conjunto de mujeres de cada grupo de edad no sobrepasa en ningún caso 5%. Por otra, que la fecundidad fuera de matrimonio en los tres países comparados es inferior a la fecundidad fuera de matrimonio de los países desarrollados.

En ninguno de estos países supera, a comienzos de los años noventa, 20% mientras en estas mismas fechas era del orden del 28% en EUA (Pop. Bulletin, 2000), en Francia del 40% y en Canadá del 25.5%. Los niveles de las proporciones de concepciones prenupciales se aproximan, en cambio, a los que presentan las mujeres en los Estados Unidos (Census Bureau, 1999).

HUELLA DE LA ESCOLARIDAD DE LAS MUJERES EN LA FORMACIÓN DE PAREJAS

Los datos del cuadro 4 no ofrecen dudas respecto al menor nivel de escolaridad de las mujeres en unión libre en relación con el que poseen las mujeres casadas. Esta afirmación, hecha en repetidas ocasiones por numerosos autores, sigue siendo válida.[11] Pese a la mejoría de los niveles de educación en el conjunto de la región, que se manifiesta en el desplazamiento de la población femenina

[11] En México un estudio reciente mostró una vez más la condición social comparativamente desfavorable de las mujeres en unión libre (Solís, 2002).

Cuadro 4. Mujeres según el nivel de escolaridad alcanzada según la naturaleza de su primera unión por generaciones

Edades	*Países*					
	Brasil		*Rep. Dominicana*		*México*	
	45-49	*25-29*	*45-49*	*25-29*	*45-49*	*25-29*
Sin escolaridad						
Matrimonio	13.3	4.2	9.0	2.1	2.6	0.5
Unión Libre	26.5	9.2	25.1	13.2	5.5	1.6
Primaria						
Matrimonio	49.8	33.4	64.2	29.2	69.0	36.7
Unión Libre	41.3	40.9	69.3	60.1	74.0	49.5
Secundaria						
Matrimonio	29.5	57.6	15.5	42.2	15.8	39.5
Unión Libre	28.1	47.8	4.7	24.2	12.7	37.3
> Secundaria						
Matrimonio	7.4	4.8	11.2	26.5	12.6	23.3
Unión Libre	4.1	2.1	0.9	2.6	7.8	11.5

[a] Para 100 mujeres en cada grupo de generación y tipo de unión.
Fuentes: DHS, 1996 para Brasil y República Dominicana; Enadid, 1997 para México.

hacia categorías de escolaridad más elevadas, la distancia entre el nivel escolar alcanzado por las mujeres casadas y en uniones libres, subsiste e incluso, se agranda en los países analizados.

En efecto, las proporciones de mujeres en uniones libres en las categorías "sin escolaridad" y con un nivel escolar de "primaria" son más elevadas todavía en el grupo de generaciones jóvenes que entre las de más edad. Es decir, las mujeres de 25-29 años que no han alcanzado una escolaridad de nivel primario o que nunca han ido a la escuela (o que lo hicieron poco tiempo) viven más a menudo en uniones libres que lo que lo hicieron las generaciones de más edad (45-49 años).

Este fenómeno se presenta también, pero en menor medida, para el nivel de "secundaria" tanto en México como en Dominicana. En Brasil, por el contrario, la proporción de uniones libres con respecto a los matrimonios más allá del nivel escolar de "primaria", habría disminuido con el tiempo.

La selección a favor del matrimonio es muy marcada entre las mujeres con un nivel escolar superior al secundario en los tres países. En este nivel de escolaridad hay entre dos y diez veces más mujeres casadas que en unión libre, mientras que entre las mujeres más jóvenes con un nivel de escolaridad primaria la relación es de una mujer casada por al menos 1.2 mujeres en unión libre.

Si se tiene en cuenta la intensidad de los cambios entre las generaciones seleccionadas según el tipo de primera unión, se constata que la unión libre está avanzando más rápido que el matrimonio entre las mujeres más jóvenes con secundaria: casi el doble (90% más exactamente) en Dominicana y 16% en México.

En Brasil se constata, por el contrario, que las proporciones de matrimonios progresan más rapido que las de las uniones libres entre las mujeres con secundaria (15% más). Tampoco se da una tendencia homogénea tratándose de las mujeres con escolaridad superior a secundaria. En este nivel solamente en Dominicana las uniones libres crecen más rápidamente que los matrimonios. Estas evoluciones estarían poniendo de manifiesto que el incremento generalizado de la escolaridad que se ha dado en los países comparados no está conduciendo a un patrón único en cuanto a la evolución de los tipos de primera unión. La unión libre gana indudablemente terreno entre las generaciones jóvenes y con estudios secundarios y superiores a éstos, sobre todo en Dominicana, en México el incremento es menor y se limita a las mujeres con secundaria. En Brasil, por el contrario, la presencia del matrimonio aumenta más rápido que la de la unión libre en los grupos más educados de mujeres.

Los resultados anteriores constituyen sólo signos precursores respecto a lo que puede llegar a ser un aumento generalizado de las uniones libres entre las mujeres más escolarizadas. Aunque estos resultados no permiten hablar de una verdadera coexistencia de los modelos tradicional y moderno, aportan elementos suficientes para considerar que los cambios que están ocurriendo van en ese sentido.

La duda que persiste, dado el escaso tiempo transcurrido desde que las uniones libres comenzaron a aumentar, es si las mujeres más escolarizadas que viven en la actualidad en unión libre las legalizarán con la misma intensidad que lo hicieran las mujeres menos educadas de las generaciones anteriores.[12] ¿La mayor escolaridad contribuirá a que las mujeres en uniones libres puedan "optar" o "decidir" permanecer en ellas o, por el contrario, la independencia que ésta les procura va a hacer disminuir su poder para negociar una legalización en el momento que así lo deseen?

CONCLUSIONES

Razones históricas que remontan, las más de las veces, al pasado colonial de la región explican que la unión libre haya ocupado desde hace siglos un lugar relativamente

[12] Alrededor de 50% en México.

importante en la formación de las familias. Este tipo de unión forma, en realidad, parte de la cultura en el sentido de que representa una manera alternativa de constituir una familia y de procrear una descendencia. La flexibilidad que le otorga su informalidad –ausencia de los ritos asociados a la celebración del matrimonio– sirve y sirvió también en el pasado, para eludir los impedimentos sociales y legales relacionados con el matrimonio. Las características intrínsecas de la unión libre le conceden, en efecto, un poder de adaptación que puede facilitar los cambios en la esfera de la nupcialidad; por esta misma razón, es dable esperar que una vez ocurridos éstos, pudiera llegar a disminuir.

Al final de los años sesenta los jóvenes de los países más desarrollados comenzaron a cohabitar sin pasar por el matrimonio, sin haber obtenido una sanción legal o eclesiástica para su unión. La persistencia de esta actitud frente al matrimonio ha conducido a una verdadera desinstitucionalización del matrimonio, característica que es reconocida como uno de los rasgos más sobresalientes de la fase postransicional de la TD. Por ello, cuando los países latinoamericanos están finalizando su propia transición demográfica, uno se pregunta si van a adoptar durante la fase postransicional (STD) los mismos comportamientos de los países desarrollados, o si van, por el contrario, a vivir esta etapa sin cambiar esencialmente sus modelos de nupcialidad, como fue el caso durante lo que podemos designar como la TD clásica. La evolución de los índices del momento ha venido mostrando desde hace algunos años que la situación ha comenzado a cambiar, que la unión libre y la interrupción voluntaria de uniones (separaciones y divorcios) están aumentando.

Este trabajo y la hipótesis formulada sobre la coexistencia de la unión libre tradicional y moderna, se inscriben en el contexto antes descrito. El hecho de que la unión libre no sea un fenómeno nuevo en América Latina, obliga a dilucidar si la expansión observada corresponde a la instalación del modelo de unión libre que existe en el mundo desarrollado, o si, por el contrario, lo que se está perfilando es un incremento del modelo secular. El primero asociado al comportamiento de las capas sociales más favorecidas en términos relativos y el segundo, a las más pobres de la población.

Para hacer el vínculo entre el progreso de la TD y la desinstitucionalización de la vida conyugal elegimos tres países que se encuentran cada uno en diferentes etapas de su transición y que poseen, al mismo tiempo, distintos niveles de uniones libres. Para cada uno de ellos procedimos a un análisis comparativo entre generaciones de la evolución de la edad de la primera unión, de la edad al nacimiento del primer hijo, así como de las concepciones prenupciales y los nacimientos fuera de unión según el tipo de primera unión de la mujer. Por su parte, la propensión a unirse en matrimonio o en unión libre, según el nivel de escolaridad alcanzado, nos sirvió para estimar la presencia de la unión libre moderna; así, cuanto más hubiera aumentado la proporción de mujeres en unión libre en las categorías de mayor escolaridad, mayor sería la presencia de este último tipo de unión.

A pesar de las variaciones entre países, encontramos que la nupcialidad rejuveneció sobre todo en Brasil y que en Dominicana tiende a recobrar, luego de un breve lapso, el nivel más elevado que presentaba en las generaciones nacidas en los cincuenta (Quilodrán, 1992). En México, por el contrario, la unión –matrimonio y unión libre– sigue postergándose. Lo que es común a los tres países es la tendencia a tener el primer hijo más temprano y el alza de las proporciones de mujeres que lo tienen o lo conciben antes de la unión. Lo que varía son las intensidades, así tenemos que los niveles de Dominicana representan solamente la mitad de los que se observan en México y Brasil (alrededor de 15% y 30% respectivamente). Además, la composición es distinta: en México y en Brasil alrededor del 40% de los casos corresponden a nacimientos fuera de unión mientras en Dominicana esta proporción rebasa apenas el 25%. Lo que estas diferencias estarían mostrando es que la vida sexual y reproductiva de las jóvenes en Dominicana continúa desarrollándose más frecuentemente que en los otros dos países, al interior de las uniones mas no necesariamente de los matrimonios.[13] La razón de esto radicaría en una edad a la primera unión tradicionalmente más precoz en este país que reduce, por lo mismo, el intervalo entre la pubertad y la cohabitación conyugal, dando así menos oportunidad a las mujeres de exponerse al riesgo de concebir fuera de unión. En efecto, el lapso entre la primera relación sexual de la mujer y su unión conyugal es muy corto en Dominicana: 0.7 años en comparación con los 2 o 3 en los otros países. México aparece, por su parte, como un país donde la actividad sexual y reproductiva fuera de la unión ha sido tradicionalmente tolerada, mientras que en Brasil esta situación aparece como un fenómeno más bien reciente.

Ahora, en el momento en que se introduce el tipo de unión queda en evidencia que las uniones libres son las principales responsables del aumento de la nupcialidad registrada en Brasil, en tanto en México, donde la nupcialidad no se ha rejuvenecido, constituyen una proporción cada vez más importante de las uniones a edades tempranas. En México y en Dominicana, sin embargo, la edad a la primera unión libre es siempre más precoz que la edad del matrimonio. Además, las oportunidades

[13] Si se adopta como referencia el matrimonio, encontramos que la proporción se cuadruplica, de 3.8% se convierte en 16.5%; es decir, que 77% de los hijos de orden 1 nacen en Dominicana, fuera de matrimonio; el doble de las proporciones observadas en México y Brasil.

de casarse de una mujer que ya tiene un hijo en estos países se han vuelto más elevadas en las generaciones más jóvenes, especialmente en México.

En los países que no han completado su TD –México y la República Dominicana–, pero en los cuales la unión libre forma parte de la cultura local, tal y como ya se mencionó, el aumento de este tipo de unión está proliferando entre las capas más escolarizadas de la población (secundaria y secundaria y más). En Brasil, donde la unión libre casi no existía hace treinta años, su expansión está circunscrita a las mujeres que han alcanzado el nivel secundaria, y esto está ocurriendo a un ritmo más lento que en México y Dominicana.

En suma, se puede decir que las características asociadas a la unión libre tradicional comienzan a cambiar en América Latina. No obstante, los resultados obtenidos no son todavía suficientes para afirmar que las transformaciones observadas corresponden propiamente a las de la fase postransicional que viven hoy en día los países desarrollados. Las mujeres son más educadas pero sus edades a la primera unión son algo más precoces en la actualidad que veinte años atrás, mientras la llegada del hijo no se posterga. Podría decirse que lo que está sucediendo es más bien una redefinición de la unión libre tradicional a través de la incorporación de algunos elementos de la unión libre moderna. Las mujeres están, sin lugar a dudas, más escolarizadas y el mayor empoderamiento que esto implica puede conducirlas a optar más frecuentemente por una unión libre y hacerlo a una edad temprana como una manera de demostrar independencia frente a su pareja y en general, frente a las normas prevalecientes. Sin embargo, no postergar la llegada del primer hijo, incluso tenerlo antes, a pesar del conocimiento que poseen las jóvenes respecto a los anticonceptivos, pudiera estar ligado al significado que le atribuyen a la maternidad en la construcción de su identidad y la premura con la cual desean hacer su transición a la adultez.

De acuerdo con lo anterior, la diferencia entre el modelo de unión libre de los países comparados aquí y el que priva en los países desarrollados –especialmente el que se dio en los comienzos del proceso– persistiría en tanto se trata de un tipo de unión que continúa representando el crisol de una familia y no solamente el de una pareja conyugal relativamente transitoria.

BIBLIOGRAFÍA

Aguirre, Beltrán, G. (1981), *La población negra en México. Estudio etnohistórico*, Centro de estudios históricos del agrarismo en México, Secretaría de la Reforma Agraria, México.

_____ (1989), *La población negra de México*, Fondo de Cultura Económica, México.

Alberro, S., "El amancebamiento en los siglos XVI y XVII: un medio eventual de medrar", El Colegio de México, México (mimeo).

Bozon, Michel (1990), "Les femmes et l'écart d'âge entre conjoints: une domination consentie-2. Modes d´entrée dans la vie adulte et représentations du conjoint", en *Population*, núm. 2, 1990, pp. 327-360.

Bumpass, L. L., J. A. Sweet y A. Cherlin (1991), "The Role of Cohabitation in Declining Rates of Marriage", *Journal of Marriage and the Family*, 53:913-927.

Burguière, A. (1986), *Histoire de la famille*, A. Colin, París.

Calvo, T. (1991), "Matrimonio, iglesia y sociedad en el occidente de México", en *Familias novohispanas, siglos XVI al XIX*, El Colegio de México, México, pp.101-108.

Camisa, Z. (1977), "La nupcialidad de las mujeres solteras en América Latina", San José, Costa Rica, Centro Latinoamericano de Demografía (Serie A, núm. 1034).

Carrasco, P. (1991), "La transformación de la cultura indígena durante la Colonia. Los pueblos de indios y las comunidades", en *Lecturas de Historia Mexicana 2*, El Colegio de México, México, pp. 1-29.

Castañeda, C. (1991), "La formación de la pareja y el matrimonio", en *Familias novohispanas, siglos* XVI *al* XIX, El Colegio de México, México, pp. 73-90.

Castro Martin, Teresa (1997), "Marriages without papers in Latin America", en *Internacional Population Conference*, Beijing, IUSSP, pp. 941-960.

Census Bureau (1999), "Trends in Premarital Childbearing, special studies", *Current Populations Reports, 1930 to 1994*, Demographic Programs, U.S. Department of Commerce Economics and Statistics Administration, EUA.

Cook y Borah (1966), "Marriage and Legitimacy in Mexican Culture: Mexico and California", en *California Law Review*, núm. 2, 946-1008.

Charbit, Yves (1987), *Famille et nuptialité dans la caraïbe*. Travaux et Documents Cahier núm. 114, París, Institut National d´Etudes Démographiques (INED), Presses Universitaires de France (PUF).

Cherlin, A. (1992), "Marriage, Cohabitation, Sexual Behavior, and Childbearing in North America", en *Actas de la conferencia sobre el poblamiento de las Américas*, Veracruz 92, vol. 3, IUSSP, Liège, pp. 223-243.

Frejka *et al.* (1996), "The role of induced abortion in the fertility transition of Latin America", Clarendon Press, Oxford.

Garenne, M. y Halifax. J. (2000), "La fécondité prémaritale en Afrique Sudsaharienne", en *La Chronique du Ceped*, Centre français sur la population et le développment, núm. 39.

Gautier, A. (2000), "Les familles esclaves aux Antilles francaises, 1635-1848", en *Population*, núm. 6, París, pp. 975-1001.

Gómez de León, J. (2001), "Los cambios en la nupcialidad y la formación de familias: algunos factores explicativos", en *La población de México, tendencias y perspectivas demográficas hacia el siglo* XXI, FCE, Conapo, México.

Gonzalbo, P. (1998), "El desorden de una sociedad ordenada", en *Familia y orden colonial*, El Colegio de México, México.

Greene, M. y Rao, V. (1995), "The Marriage Squeeze and the Rise in Informal Marriage in Brazil", en *Social Biology*, vol. 42, núm. 1-2, Port Angeles, EUA, pp. 65-82.

Gruzinski, S. (1991), *La colonización de lo imaginario: sociedades, indígenas y occidentalización en el México español, siglos* XVI-XVIII, México, Fondo de Cultura Económica.

Guzmán, Hacker, Contreras y Moyano (2001), *Diagnóstico sobre salud sexual y reproductiva de adolescentes en América Latina y el Caribe*, Grupo de apoyo del Fondo de Población de las Naciones Unidas (UNFPA), México.

Henriques, M. E. (1979), "Legal and consensual Unions: Their Fertility Implications in Latin America", en *Nuptiality and Fertility*, IUSSP, Ed. Ordina, Bélgica, pp. 271-285.

_____ (1989), "Brazil: Changes in Nuptiality and their Fertility Implications", en *International Population Conference*, IUSSP, Nueva Delhi, pp. 163-174.

Kauffmann, Lesthaeghe y Meekers (1988), "Les caractéristiques et tendances du mariage", en D. Tabutin,

Population et sociétés en Afrique au Sud du Sahara, L'Harmattan, París, pp. 217-247.

Kirk, Dudley (1996), "Demographic Transition Theory", en *Population Studies*, vol. 50, núm. 3, University Press, Cambridge, pp. 361-387.

Leridon, H. y Villeneuve-Gokalp, C. (1988), "Les nouveaux couples: Nombre, caracteristiques et attitudes", en *Population*, núm. 2, París, pp. 331-367.

Lesthaeghe, R. (1995a), "La deuxième Transitions Démographique dans les pays occidentaux: une interprétation", *Transitions démographiques et sociétés, Chaire Quetelet 1992*, Institut de Démographie, Université Catholique de Louvain-la-Neuve, Academia, L'Harmattam.

_____ (1998), "On Theory Development and applications to the study of family formation", en *Population and Development Review*, Nueva York, vol. 24, núm. 1.

Margadant, G. (1991), "La familia en el derecho novo hispano", en *Familias novohispanas siglos* XVI *al* XIX, Centro de Estudios Históricos, El Colegio de México, México, pp. 27-56.

McCarthy, J. (1982), "Differentials in Age at First Marriage", en WFS, Londres, *Comparative Studies*, 19.

Mccaa, R. (1996), "Matrimonio infantil, Cemithualtin (familias complejas) y el antiguo pueblo nahua", en *Historia Mexicana*, vol. 46, núm. 1, El Colegio de México, México, pp. 3-70.

Muriel, J. (1991), "La transmisión cultural en la familia criolla novohispana", en *Familias novohispanas, siglos* XVI *al* XIX, Centro de Estudios Históricos, El Colegio de México, México, pp. 190-122.

Population Bulletin (2000), "Measuring Cohabitation" y "Rates of First Marriage, Remarriage, and Divorce, 1960 to 1997", en *Population Bulletin*, vol. 55, núm. 4, Population Reference Bureau.

Population Reference Bureau, "2000 World Population Data Sheet", Washington, DC, EUA.

Quilodrán, J. (1985), "Modalités de la formation et évolution des unions en Amérique Latine", en *International Population Conference*, IUSSP, Florencia, pp. 269-280.

_____ (1989), "México, diferencias de nupcialidad por regiones y tamaños de localidad", en *Estudios demográficos y urbanos*, vol. 1, núm. 2, El Colegio de México, México, pp. 595-613.

_____ (1992), "La vida conyugal en América Latina: contrastes y semejanzas", en *Actas de la conferencia sobre el poblamiento de las Américas*, vol. 3, Veracruz, Internacional Union for the Scientific Study of Population (IUSSP), pp. 245-264.

_____ (1998), "Le mariage au Mexique: Evolution nationale et typologie régionale", L'Harmattan, Bruylant – Academia, Bélgica.

_____ (1999), "L'union libre en Amérique latine: aspects récents d'un phénomène séculaire", en *Cahiers québécois de démographie*, vol. 28, núm. 1-2, printemps-automne, pp. 53-80.

_____ (1999), "Un siglo de matrimonio en México", en *La población de México, tendencias y perspectivas demográficas hacia el siglo XXI*, FCE, Conapo, México.

_____ (2000), "Atisbos de cambios en la formación de las parejas conyugales a fines del milenio", en *Papeles de la población*, núm. 25, Centro de Investigación y Estudios Avanzados de la Población (CIEAP), Universidad Autónoma del Estado de México (UAEM), México, pp. 9-33.

Rosero-Bixby, L. (1996), "Nuptiality trends and fertility transition in Latin América", en Guzmán, Singh, Rodríguez y pantelides, *The fertility transition in Latin America*.

Roussel, L. (1975), *Le mariage dans la société française*, núm. 73, INED/PUF, París.

_____ (1989), *La famille incertaine*, Odile Jacob, París.

_____ (1992), "La famille en Europe occidentale: Divergences et convergences (The family in Western Europe Divergences and Convergences)", *Population*, vol. 47, núm. 1, pp. 303-315.

Santow, G. y Bracher, M. (1990), "The family histories of Australian women", en *European Journal of population*, núm. 6, pp. 227-256.

Sardon, J-P. (2000), "La conjoncture démographique: L'Europe et les pays développés d'outre mer", en *Population*, núm. 4-5, París, pp. 727-764.

Solís, P. (2002), "Cambios recientes en la formación de uniones consensuales en México", en *El amanecer del siglo y la población mexicana*, CRIM, UNAM, Somede, pp. 357-378.

Tabutin, D. (1988), "Réalités démographiques et sociales de l'Afrique d'aujourd'hui et de demain: une synthèse", en *Population et sociétés en Afrique au sud du Sahara*, L'Harmattan, París, pp. 17-50.

_____ (1995), "Un demi siècle de transitions démographiques dans les régions du Sud", en *Transitions démographiques et sociétés*, Chaire Quetelet 1992, Louvain-la-Neuve, Bélgica, pp. 33-70.

Van de Kaa, D. (1987), "Europe's second demographic transition", *Population Bulletin*, vol. 42, núm. 1, Population Reference Bureau, Nueva York.

Villarreal, M. (1998), *Adolescent fertility: socio-cultural issues and programme implications*, Roma, Population Programme Service, Food and Agriculture Organisation of the United Nations (FAO) (mimeo).

Villeneuve-Gokalp, C. (1990), "Du mariage aux unions sans papiers: histoire récente des transformations conjugales", en *Population*, núm. 2, París, pp. 265-297.

III. LA DISOCIACIÓN ENTRE EL INICIO DE LA VIDA SEXUAL Y LA UNIÓN CONYUGAL EN MÉXICO: DOS APROXIMACIONES METODOLÓGICAS*

ADRIANA PÉREZ**

ANTECEDENTES

En los países que han completado su transición demográfica, es decir, que han "evolucionado desde niveles altos de fecundidad y mortalidad a una situación de bajos niveles en tales variables" (Chackiel y Martínez, 1993), se están dando algunas transformaciones en el ámbito de la familia. Entre ellas se encuentran cambios en la formación de parejas conyugales; el reemplazo del matrimonio por modalidades menos formales de convivencia conyugal; el aumento de nacimientos fuera del matrimonio, así como las disoluciones y segundas nupcias (Quilodrán, 2000). Esta situación ha dado origen a diversas investigaciones demográficas acerca de nuevas pautas de comportamiento de la población, sobre todo con respecto a la familia y el

* Basado en la tesis de maestría en demografía de la autora, "La disociación entre el inicio de la vida sexual y la unión conyugal en México: dos aproximaciones metodológicas", El Colegio de México (2004). Este artículo fue publicado originalmente en Rodríguez Wong (org.) (2008), *Población y salud sexual y reproductiva en América Latina*, Serie Investigaciones, núm. 4, ALAP.

** Maestra en demografía.

matrimonio. Algunas de estas nuevas pautas han sido consideradas como elementos de una segunda transición demográfica.

Originalmente, la noción de transición demográfica ha servido como marco de referencia para el análisis de los cambios en los niveles de mortalidad y fecundidad de la población (Juárez *et al.*, 1996). El concepto fue esbozado como un intento teórico que permitiera explicar e interpretar los cambios observados en los componentes del crecimiento natural de la población europea, que se dieron como respuesta a las transformaciones sociales y económicas que trajo la modernización industrial. Este proceso se localiza hacia fines del siglo XIX y comienzos del XX, cuando la población europea creció en forma relativamente rápida.

Los cambios en los niveles de los componentes demográficos se vinculan con cambios económicos, sociales y culturales de gran envergadura. El descenso de la mortalidad se relaciona con una mayor disponibilidad de alimentos, con la adopción de medidas de higiene y salud pública, y con grandes adelantos médicos. Por su parte, el descenso de la fecundidad se vincula principalmente con cambios en el comportamiento de las parejas europeas.

En términos de Van de Kaa (1997), estos cambios se han explicado a través de una serie de subnarraciones que han sido enfocadas desde distintas perspectivas y orientaciones disciplinarias. El autor postula que, si bien es probable que todas las variables importantes en el proceso del cambio en la fecundidad hayan sido identificadas, es poco factible que se llegue a una narración única y consolidada, satisfactoria para todos los entornos y todas las épocas (Van de Kaa, 1997).

Un elemento generalmente presente en todas las subnarraciones acerca de la transición demográfica es el cambio social hacia la modernidad. De este modo, la adopción de pautas de comportamiento deliberado con base en la individualización y la racionalización aparecen como factor principal de la transición de la fecundidad tradicional a la moderna. Si bien toda sociedad regula su crecimiento demográfico, en la sociedad tradicional esta regulación se da con base en factores impersonales que tienen que ver con pautas de comportamiento socialmente prescritas, mientras que en la sociedad moderna esta regulación se da con mayor frecuencia con base en decisiones individuales.

En resumen, el proceso de modernización en Europa trajo mejores niveles de vida, nuevos controles de enfermedades y redujo la mortalidad. Pero el proceso de reducción de la fecundidad en el contexto europeo no fue inmediato. La razón por la que la fecundidad no declinó con la misma rapidez que la mortalidad se debe a que lograr que la gente muera menos resulta un proceso universalmente aceptado y casi incuestionable; en cambio, la religión, los códigos morales, las leyes, la educación, las costumbres, los hábitos maritales y la organización familiar habían estado enfocados hacia el mantenimiento de una fecundidad alta, por lo que el descenso posterior de la fecundidad se da a través de un proceso racional y lento (Notestein, 1945).

La transición demográfica es un proceso complejo y los países difieren en el momento de inicio y en el ritmo con que se dan los cambios. Al interior de los países también hay diferencias en los niveles de mortalidad y fecundidad que se explican por el tipo de localidad de residencia rural o urbana, el estado de salud de la población, el nivel de escolaridad, y algunos comportamientos asociados a la formación de parejas conyugales y a la planificación familiar. La transición demográfica en América Latina está caracterizada por una gran heterogeneidad entre los países de la región, como reflejo de niveles de desarrollo desiguales. Con base en los criterios de terciarización de la economía, urbanización y educación, se ha encontrado que todos los países de la región que se encuentran en una transición demográfica avanzada presentan también un nivel de modernización avanzado; dos tercios de los países que se encuentran en plena transición demográfica se ubican en un nivel intermedio de modernización (parcial y acelerado); y la mayoría de los países en transición demográfica moderada y los países en transición incipiente se corresponden con un nivel de modernización también incipiente.

México es un ejemplo de una transición demográfica tardía y muy rápida en comparación con las poblaciones europeas donde ésta se inicia. La dinámica demográfica en México tuvo tremendas transformaciones entre 1930 y 1990. La etapa de transición moderada consistió en una importante disminución de la mortalidad que ocurrió alrededor de 30 años antes del descenso de la fecundidad. En los años cuarenta del siglo pasado se logra un pronunciado descenso en los niveles de mortalidad como resultado de los programas en materia de salud que permitieron una mayor cobertura de estos servicios. Durante este periodo, debido al descenso de la mortalidad y a la permanencia de altos niveles de fecundidad, el país observó altas tasas de crecimiento poblacional. Este crecimiento acelerado, que caracterizaba el inicio de la transición demográfica en los países no desarrollados, alcanzó su punto máximo a mediados de los sesenta, cuando México presentó la mayor tasa de crecimiento de la historia ubicándose en 3.4% (Valdés, 2000), de hecho, una de las más altas registradas en el mundo.

En los años setenta se da una nueva transformación de la política gubernamental, anteriormente pronatalista, hacia una que apuntaba a la reducción voluntaria de la fecundidad. Esta nueva política fue plasmada en la creación de la Ley General de Población en 1973 que comienza a implementarse en 1974. La etapa de plena transición demográfica en México, caracterizada por el descenso de la fecundidad, se habría iniciado conforme al esquema clásico de la transición si el proceso no hubiera sido influido por la anticoncepción. En un primer momento, la edad a la primera unión y el orden de nacimientos habrían intervenido como variables determinantes de los cambios en las pautas reproductivas (Juárez *et al.*, 1996). Sin embargo, la edad a la primera unión ayudó muy poco al descenso de la fecundidad (Quilodrán, 1998) y la anticoncepción se convirtió en la variable intermedia que mejor explicaba este cambio. Así, entre 1979 y 1995 la práctica anticonceptiva destaca como factor más determinante de la disminución de la fecundidad (Welti, 1997 y Gómez de León, 1996). Gracias al uso generalizado de estos métodos, la tasa global de fecundidad (TGF) se redujo en más de la mitad, de 6.11 en 1974 pasó a 2.48 hijos por mujer en 1999, lo que propició que el crecimiento natural de la población disminuyera de 3.2% a 1.8% anual (Conapo, 1999). En 1995, junto con la reducción de la TGF se produjo un cambio en la estructura por edad de las mujeres que contribuían a la fecundidad. La edad promedio de la fecundidad pasó de 29.2 a 27.4 como resultado de la importante disminución de la fecundidad de las mujeres mayores de 35 años; una gran proporción de dicho cambio se origina por la esterilización, ya que en esas fechas siete de cada diez mujeres mayores de 35 años y usuarias de métodos anticonceptivos estaban esterilizadas (Welti, 1997).

De acuerdo con Quilodrán (2000), una vez que en México hemos alcanzado bajos niveles de mortalidad y fecundidad, nos encontramos en una etapa avanzada de la transición demográfica. Sin embargo, la heterogeneidad en el proceso que se dio en América Latina, se observa también al interior de nuestro país. La transición de un régimen de fecundidad alto a uno bajo se dio con sus respectivas diferencias, según tamaño de localidad y nivel de escolaridad (Quilodrán, 1991). La fecundidad generalmente es mayor en las áreas rurales que en las urbanas, aunque las divergencias entre ambos contextos han disminuido, pues en 1996 la diferencia entre un área y otra es de 1.2 hijos, mientras que tres lustros atrás era de 2.8 hijos (Conapo, 1999). Lo anterior es un ejemplo de cómo en México se dieron dos modelos de transición demográfica: uno identificado con los sectores sociales más beneficiados por el desarrollo económico, la urbanización y el incremento en los niveles de la escolaridad promedio, y otro propio de los sectores más pobres y tradicionales de la sociedad. El comportamiento demográfico tradicionalmente ha sido distinto según el contexto urbano o rural. Por lo tanto, es de esperar que en uno y otro sector existan divergencias en la interiorización de los nuevos valores que supone el cambio de régimen demográfico.

Segunda Transición Demográfica

El concepto de una segunda transición demográfica deriva del interés por algunos demógrafos de evidenciar una serie de transformaciones, sobre todo respecto al significado y función de la familia, que en gran medida son consecuencia del régimen demográfico que resulta de la primera transición. Diversas narrativas han intentado explicar los determinantes de la estructura y tamaño de la población en distintos contextos, logrando enriquecer lo que se conoce como Teoría de la transición demográfica. Ahora, a la luz de un nuevo régimen demográfico, se reafirma el interés por estudiar, no sólo los determinantes, sino las consecuencias de los cambios experimentados por cada uno de los componentes demográficos.

Como toda transición, la demográfica implicó un continuo rompimiento con el pasado, y a lo largo del tiempo, los cambios penetraron en la conciencia individual, donde coexisten actitudes, ideales y valores pertenecientes a diferentes etapas de la transición (Germani, 1968). Anteriormente vimos que los cambios en la organización social, como el tránsito de una sociedad tradicional a una moderna, afectan a los factores demográficos; ahora veremos cómo los cambios en los factores demográficos, a su vez, provocan nuevamente cambios en la estructura social (Notestein, 1945).

En un contexto de baja mortalidad y fecundidad, de urbanización, de aumento en la esperanza de vida de la población, de importantes incrementos en los niveles de escolaridad, así como de mayor participación femenina en los mercados de trabajo, surgen cambios en las ideas y en la valoración del papel de la familia, la Iglesia y el Estado, y del poder que ejercen sobre los individuos. Si bien ambas transiciones están permeadas por la intervención de los cambios tecnológicos, socioeconómicos y culturales, la segunda transición es, sobre todo, el resultado de un cambio cultural y de las ideas (Van de Kaa, 1997).

El surgimiento de nuevos patrones de formación de uniones y de conformación de las familias, a partir de la década de los sesenta en la mayoría de los países desarrollados, se ha considerado propio de una segunda transición demográfica. En ella, los individuos una vez más están adoptando nuevas pautas de comportamiento, pero ahora con respecto a la formación de parejas conyugales y a la estabilidad familiar.

Lesthaeghe y Neels (2002) estudiaron la relación entre algunas características regionales de la primera y segunda transición demográfica y algunas variables históricas y contemporáneas, de naturaleza socioeconómica y cultural, para el caso de Francia, Suiza y Bélgica. Ellos establecen una conexión entre la aparición de patrones propios de la primera y segunda transición demográfica y las tres condiciones para el cambio establecidas por Coale. Recordemos que una de las aportaciones que Coale hace al esquema de la transición demográfica, al analizar las condiciones que se presentaron para el descenso de la fecundidad, es determinar la validez de las características presentes de forma homogénea en las sociedades modernas en su paso por la transición. El autor apunta que, a pesar de las discrepancias, existen ciertas condiciones generales bajo las cuales ha ocurrido el proceso de transición. Primero, la fecundidad debe estar dentro del cálculo de la elección consciente. Segundo, debe haber una buena disposición a la reducción de la fecundidad, en la medida en que ésta se considere ventajosa. Tercero, las técnicas para la reducción de la fecundidad deben estar disponibles. Lesthaeghe y Neels (2002) encontraron que la buena disposición al cambio por parte de los individuos, según lo reflejado por las subculturas regionales de los países que analizan, fue la condición dominante tanto en la primera como en la segunda transición demográfica. Esto quiere decir que los individuos consideran ventajoso cierto cambio de comportamiento y por tanto lo adoptan.

Ya a finales de los ochenta, emergía un debate en Europa central y del este sobre la posibilidad de que los valores y nuevas pautas en la formación de hogares, propios de la segunda transición demográfica, llegaran a difundirse fuera de esta región. Lesthaeghe y Surkyn (2002) se preguntan si algunas características asociadas con la segunda transición demográfica han tenido relevancia y se han difundido fuera de Europa. De este cuestionamiento surge justamente el interés por estudiar lo que sucede en México. Si se está o no en la segunda transición demográfica y, en el caso de haber ingresado, qué tanto se ha avanzado en ella es, de acuerdo con Quilodrán (1999, 2000, 2003), un tema controvertido y recurrente en los estudios de nupcialidad y familia en los países próximos a concluir, o que han concluido, su transición demográfica. Frente a argumentos que apoyan un posible advenimiento de la segunda transición demográfica en América Latina, García y Rojas (2002) señalan que dicha transición no ha tomado su curso en la región porque gran parte de las transformaciones que la caracterizan tienen una naturaleza y un significado distintos al paradigma europeo.

En México la transición de niveles altos de fecundidad y mortalidad hacia niveles bajos fue tardía y muy rápida en comparación con los países desarrollados. Al interior de la misma sociedad mexicana existe una gran heterogeneidad que ha sido ampliamente estudiada. Existen dos modelos de transición, uno presente en los sectores más beneficiados por el desarrollo y otro en los sectores más pobres y marginados. Es inútil suponer que el advenimiento de una segunda transición demográfica tendría un origen similar al europeo y que se daría de forma homogénea en México, no obstante, vale la pena indagar de manera empírica la presencia de elementos característicos de la segunda transición demográfica.

Desde mediados de los ochenta del siglo pasado, Quilodrán (1985) documenta como el alargamiento de la vida matrimonial, ocasionado por un descenso de la mortalidad, así como las transformaciones sobre la condición femenina y la estructura de la familia, implicaban la ocurrencia de fenómenos como la disolución voluntaria de uniones por separación y divorcio, característica propia de una segunda transición. Por su parte, García y Rojas (2002) analizan los cambios ocurridos en los patrones de unión en América Latina en cuanto a las modificaciones en la edad media a la unión, el incremento en la disolución de las uniones y la prevalencia de las uniones consensuales, concluyendo que, en cuanto a estos factores, no hay suficiente evidencia para sostener que los países latinoamericanos estén experimentando una segunda transición demográfica. Al respecto Quilodrán señala que, con todo y sus divergencias, en nuestro país se están presentando ciertos rasgos de la segunda transición. Con base en esta discusión resulta relevante tratar de evidenciar la existencia de estas y otras transformaciones y continuar documentando cómo se han dado y se están dando en México.

LA DISOCIACIÓN ENTRE LA VIDA SEXUAL Y LA VIDA CONYUGAL

En la segunda transición demográfica adquieren relevancia los factores psicosociales que influyen sobre los valores, actitudes y comportamiento de los individuos respecto a la formación y estabilidad familiar. Una de las primeras manifestaciones de los cambios registrados en este ámbito fue el cuestionamiento de la institución matrimonial. Algunos estudios sobre nupcialidad han tratado de rescatar la forma en que el matrimonio, como institución que funda la familia, ha cambiado en su significado y función social a través del tiempo.

En sociedades preindustriales el matrimonio representaba el momento de iniciación de las uniones sexuales, así como el arreglo institucional que se llevaba a cabo a edad temprana para asegurar la reproducción ante la amenaza de la mortalidad (Davis y Blake, 1967). Aún después de la industrialización, el matrimonio sobrevive sin ser cuestionado, pero se presenta un cambio en el calendario que apunta hacia una postergación del mismo. Según el modelo establecido por J. Hajnal (1965), el matrimonio no era universal, la proporción de mujeres que permanecían solteras toda su vida (celibato definitivo) llegaba en ocasiones hasta el 15% o 20%. Por otra parte, el acceso al matrimonio, aunque dependía del modelo familiar dominante, solía ser más bien tardío, con edades medias femeninas al contraer el primer matrimonio de 25-26 años (algo más bajas en los países del sur y el este de Europa). Se considera que la edad tardía al matrimonio fue un factor clave en el antiguo régimen demográfico, que contribuyó en las primeras etapas de la transición demográfica clásica en Europa Occidental, desempeñando un papel importante en la regulación de la fecundidad (Quilodrán, 2001). En las poblaciones donde el uso de anticonceptivos aún no era difundido, la unión resultaba una de las variables intermedias más importante relacionada con los niveles de fecundidad (Bongaarts, 1982). El hecho de que en Europa la gente no se casara joven implicaba un periodo de abstinencia sexual entre los jóvenes, ya que la iglesia condenaba la sexualidad fuera del matrimonio. La consecuencia fue la disminución del tiempo que la mujer permanecía expuesta al riesgo de concebir (Segalen, 1998). Así, la edad tardía al matrimonio constituye, según Chaunu (citado por Segalen, 1998), "la verdadera arma anticonceptiva de la Europa clásica". Un estudio sobre las pautas reproductivas en México (Juárez *et al.*, 1996) muestra que, anteriormente, la descendencia final en este país dependía ante todo de la edad a la unión. Algunas generaciones de mujeres que para 1970, es decir, mujeres nacidas alrededor de la década de los treinta, habían alcanzado la descendencia final, mostraban una relación lineal entre el número de hijos y la edad al unirse: a mayor edad a la unión menor número de hijos (Juárez *et al.*, 1996:57-59).

Hasta finales de los años sesenta en los países desarrollados, la institución del matrimonio era muy estructurada y estable. A partir de entonces, se registran cambios en los modelos de nupcialidad. Actualmente, tanto en Europa como Estados Unidos, Canadá y Australia se está produciendo una desinstitucionalización del matrimonio. Ésta consiste en que una parte muy importante de estas poblaciones opta por la cohabitación en lugar de casarse.

El matrimonio civil está perdiendo su calidad de acto fundador de una nueva pareja, mientras que el religioso se vuelve más escaso, lo que significa que el matrimonio institucionalizado, ya sea por las leyes civil o religiosa, pierde vigencia. Estos cambios de comportamiento pueden asociarse a la creciente independencia económica de las mujeres, con lo cual el matrimonio pierde el papel protector que tenía en el pasado: también han sido asociados a la prolongación de la escolaridad, el alto desempleo en la juventud y la disociación entre la vida sexual y el matrimonio (Bozon, 1990; citado por Quilodrán, 2001).

Con respecto a México, los estudios sobre nupcialidad dejan claro que la unión es casi universal y relativamente estable (Quilodrán, 1991 y Juárez *et al.*, 1990). La proporción total de mujeres entre 20 y 49 años de edad que llega a contraer al menos una unión es de aproximadamente el 95%. Esto sugiere que el matrimonio como institución ha sido cuestionado, pero no así la vida en pareja. Durante el último siglo, en México permanece un modelo de nupcialidad que sólo se ha transformado en su aspecto más cualitativo: el tipo de unión. Así tenemos que entre 1980 y 1990, la unión libre experimentó un leve repunte y compensó el descenso del matrimonio legal (Quilodrán, 2001). Este incremento de uniones libres o consensuales ¿puede considerarse como rasgo de la segunda transición demográfica? Hay que señalar que una característica distintiva del patrón de nupcialidad latinoamericano es la importancia de las uniones consensuales, que pueden constituir una forma de unión conyugal muy común y socialmente reconocida (Quilodrán, 1985). Para Quilodrán la unión libre que existe en México es producto de condiciones sociales desfavorables. Mientras que el nuevo modelo de unión libre que se ha generalizado en países desarrollados, desde finales de los años setenta, está compuesto por personas de clase media (Quilodrán, 2001:56). En el caso de México, Quilodrán (2000) concluye que el importante incremento de la cohabitación registrado en los últimos años de la década de 1990 en este país no se trata de un fenómeno nuevo, sino del mismo tipo de consensualidad conocida de tiempo atrás, asociada a ámbitos rurales, a población pobre y con escasa escolaridad. Sin embargo, en aquellos sectores de nuestro país con mejores condiciones socioeconómicas, podrían darse nuevas modalidades de unión libre más semejantes al modelo de unión libre de los países desarrollados.

Por otro lado, recordemos que la disociación entre la vida sexual y conyugal es otra característica de la segunda transición demográfica. ¿Qué podemos decir al respecto si estudiamos a un sector selecto de la población, ubicado en contextos urbanos y con mejores niveles de escolaridad? Antes de tratar de responder esta pregunta es necesario intentar explicar este concepto.

Entre las manifestaciones de la segunda transición demográfica, además del abandono del matrimonio, también se ha ido extendiendo la disminución del control social sobre la práctica de la sexualidad fuera de las uniones. Por otro lado, la disociación entre la vida sexual y la vida conyugal es, en gran medida, el resultado de la capacidad de regular la fecundidad por medio del uso de métodos anticonceptivos. Bozon establece que hoy en día las relaciones sexuales ya no coinciden con el matrimonio, gracias a que la anticoncepción permitió a los jóvenes modificar el calendario de inicio de la vida sexual activa (Bozon, 1992, citado por Quilodrán, 2001). En el caso de Europa, la autonomía entre la vida sexual y reproductiva gracias a la tecnología anticonceptiva implicó una postergación de la edad al casarse y la disminución de los matrimonios (Bozon y Kontula, 1997, citados por Quilodrán, 2000). En este contexto, una vez que la fecundidad pudo controlarse voluntariamente por medio de la anticoncepción, el matrimonio perdió importancia como institución que rige el comportamiento sexual y reproductivo. En el momento en que la relación sexual no implica un embarazo, el matrimonio deja de ser el hito de la iniciación sexual para las mujeres y el marco de protección frente al probable embarazo extramarital (Quilodrán, 2000 y 2001a).

Dado que en México una proporción importante de las mujeres usa métodos anticonceptivos, cabe preguntarse si la afirmación de Bozon se aplica también a México. Es decir, ¿podemos observar en México una disociación entre la vida sexual y conyugal, expresada en un mayor intervalo entre la primera relación sexual y la primera unión? Para responder dicha pregunta más adelante emplearemos, como primera aproximación metodológica, el método de tablas de vida que permite estudiar la duración entre ambos eventos. Antes hablaremos de otra de las transformaciones que, aunque de forma incipiente en nuestro país, se están dando en países que han completado su transición demográfica: la postergación del matrimonio.

Evolución de la edad a la unión

La edad a la unión es la característica más estudiada para definir los modelos de nupcialidad. La edad en que las personas contraen matrimonio está determinada culturalmente y refleja la manera en que se organiza la vida en familia y las oportunidades de que disponen los jóvenes, tanto hombres como mujeres, al asumir sus responsabilidades en tanto adultos (Mensch *et al.*, 2003; citado por UNFPA, 2003). En los últimos 30 años, en los países de América del Sur ha disminuido considerablemente la proporción de matrimonios en que la mujer tiene menos de 20 años de edad. En la década de 1990, México, al igual que otros países latinoamericanos, no tenía una nupcialidad femenina precoz, es decir, menor a los 21 años (García y Rojas, 2002). En todas las subregiones del mundo en desarrollo los hombres se casan mucho más tarde que las mujeres; al llegar al tramo de 20 a 24 años de edad ya se han unido entre el 9% y el 40% de los hombres, en comparación con entre el 24% y el 75% de las mujeres del mismo grupo de edades (UNFPA, 2003).

En México, la edad a la unión continúa siendo la dimensión para la que se observan menos transformaciones a lo largo del tiempo. Para las mujeres, la edad promedio a la primera unión había permanecido prácticamente constante hasta los años setenta, según la Encuesta Mundial de Fecundidad (EMF), ésta fue de de 19.7 en 1975 (Quilodrán, 2001:48), pero en los años ochenta las mujeres comienzan a retrasar la edad a la unión más rápidamente que los hombres, aunque esta postergación sólo es de un año. De acuerdo con la Encuesta Nacional Demográfica (END), en 1982 la edad promedio a la primera unión se ubicó en 20.1 años para las mujeres que tenían entre 35 y 49 años al momento de las encuestas. El cambio de 0.4 más en promedio en 1982 concierne a las generaciones 1942-1946, que comenzaron la transición hacia una edad más tardía a la unión y habían llegado al grupo de edad 35-39 años (Quilodrán, 2001:48). Más adelante, en 1990, la edad media a la primera unión alcanza los 22 años en el caso de las mujeres, mientras que en el caso de los hombres se encuentra en 24.2 años (Quilodrán, 2001:136). El censo de 2000 muestra que la edad promedio al matrimonio es de 26 años para los hombres y de 24 para las mujeres (Quilodrán, 2000).

El tipo de localidad, rural o urbana, también ha sido un factor de gran importancia para el estudio de la nupcialidad. Los patrones de nuestro país están caracterizados por un matrimonio un tanto más tardío para las mujeres urbanas en comparación con las rurales y también con respecto a las generaciones previas (Quilodrán, 1989 y

2001). Quilodrán indica, con base en la Encuesta Nacional sobre Fecundidad y Salud, que en 1987 la edad promedio de las mujeres a la primera unión era de 19.4 años en las localidades rurales, mientras que entre las mujeres de zonas urbanas era de 20.4 años, en promedio (Quilodrán, 2001:66). En 1998 las mujeres residentes de localidades urbanas que contrajeron matrimonio civil tienen en promedio 23.6 años de edad, mientras que la edad media de los contrayentes fue de 26.2 años (INEGI).

Asimismo, las mujeres con mayor nivel de escolaridad se unen más tarde con respecto a las que tienen menos años de escolaridad. Caldwell postula que existe una correlación positiva entre el nivel educativo y el retraso en la edad a la primera unión. Este planteamiento fue verificado por McCarthy y McDonald, con datos para 42 países incluidos en el programa de la Encuesta Mundial de Fecundidad (McCarthy, 1982 y McDonald, 1985; citados por Quilodrán, 2001). Con base en datos de la Encuesta Mexicana de Fecundidad, Quilodrán (2001:76) señala que, en 1976, la edad a la primera unión para las mujeres sin escolaridad fue 17.2 y de 20.8 para las mujeres con secundaria, tres años más que las mujeres sin escolaridad. Por su parte, al entrevistar a algunas mujeres pertenecientes a las cohortes de 1947 a 1966, se encontró que "mientras que la mitad de las mujeres sin escolaridad se casan antes de los 18 años y a los 25 años casi todas están casadas, entre las que asistieron a la universidad, casi ninguna inicia una unión marital antes de los 18 años y a los 25 años más de la mitad permanece soltera" (Mier y Terán 1993:72). Blanco hace notar: "la prioridad que los sectores medios asignan a la obtención de ciertos niveles educativos por parte de las y los hijos y, por lo tanto, el retraso en el cumplimiento de eventos demográficos tales como el matrimonio y el nacimiento de los hijos" (Blanco, 2002:468). No obstante, si bien la iniciación de las relaciones sexuales y el matrimonio suelen ocurrir más tempranamente entre las mujeres con menor nivel educacional (UNFPA, 2003), los aumentos en la matriculación escolar sólo explican una pequeña parte del aumento documentado en las edades al contraer matrimonio. Otros factores contribuyentes son la disminución del número de matrimonios concertados, los cambios en las leyes matrimoniales, los aumentos en la urbanización y las cambiantes normas acerca de las presuntas ventajas del matrimonio precoz.

Después de analizar la evolución de las edades medias a la unión, Quilodrán (2001) destaca la permanencia del modelo de nupcialidad hasta una etapa muy avanzada de modernización del país. Así, plantea la pregunta de ¿por qué la interiorización de nuevos valores, que supone la expansión del sistema de educación, la urbanización y la industrialización, demoraron tanto tiempo en manifestarse; y por qué una vez manifestados sólo afectan a las mujeres? Una pregunta que podemos formularnos es si la postergación de la unión está asociada con una mayor escolarización, y si estos factores operan diferencialmente para los hombres y las mujeres. Para responder dicha pregunta, como segunda aproximación metodológica, haremos uso de un modelo de riesgos proporcionales para estudiar el efecto de algunas variables, como el momento de inicio de la vida sexual, el nivel de escolaridad y otras, sobre la edad a la primera unión y su efecto diferencial para mujeres y hombres.

METODOLOGÍA

Hipótesis

Se esperaría que en una etapa avanzada de la transición demográfica emergieran valores, propios de una segunda transición, que impliquen una mayor emancipación femenina, manifestada entre otras cosas en una menor asimetría en las relaciones de género. Sin embargo, ya que la edad a la primera relación sexual de los hombres precede por muchos años a la edad a la primera unión en comparación con las mujeres, nuestra primera hipótesis postula que los hombres urbanos en México, al igual que lo observado en otros países de la región (UNFPA, 2003), presentan una mayor disociación entre la vida sexual y conyugal que las mujeres.

A pesar de que existe una cierta permanencia en los patrones de comportamiento de los individuos, que subsiste en México y que implica un fuerte control institucional sobre las decisiones individuales, se espera que entre las generaciones más jóvenes se den cambios de comportamiento respecto a la intensidad y calendario de la unión una vez iniciada la vida sexual, lo que conduce a postular como segunda hipótesis que entre las generaciones más recientes la disociación entre la vida sexual y conyugal es mayor con respecto a las generaciones anteriores, y que dichos cambios se observan sobre todo en el caso de las mujeres.

Fuente de datos

La fuente de datos empleada en este trabajo es la Encuesta Nacional de Salud Reproductiva con Población Derechohabiente (Ensare), realizada en 1998 por el Instituto Mexicano del Seguro Social (IMSS). En ella se entrevistaron a 5 405 mujeres de 12 a 54 años de edad y a 2 992 hombres de 12 a 59 años, todos ellos derechohabientes del IMSS. La encuesta es representativa a nivel nacional para mujeres y hombres. Entre los ejes temáticos que aborda la encuesta, y que son relevantes para este trabajo, se encuentran: características sociodemográficas, fecundidad y nupcialidad, anticoncepción, y práctica sexual. La Ensare es una encuesta que capta información de un sector y contexto social específico: la población derechohabiente del IMSS, que vive predominantemente en localidades urbanas, por definición cuenta con un trabajo asalariado, o al menos es familiar de un asalariado de quien recibe la derechohabiencia, goza de los servicios de atención a la salud y de una pensión o jubilación cumplidos los años de trabajo necesarios para obtenerla.

Técnicas utilizadas

Para mostrar cómo se ha dado el proceso de disociación entre el inicio de la vida sexual y la unión conyugal de las mujeres y los hombres urbanos en México, y con el interés de observar cambios en el tiempo, en un primer momento se estudia el intervalo entre la primera relación sexual y la primera unión, poniendo atención en las diferencias entre sexo y entre tres generaciones sucesivas. En segundo lugar se estudia el efecto de algunas variables, como el momento de inicio de la vida sexual, sobre la edad a la primera unión y su efecto diferencial para mujeres y hombres. Para esto se emplean dos métodos estadísticos del análisis de supervivencia.

Características de la población muestral

En el cuadro 1 se describen algunas características sociodemográficas del total de la muestra de mujeres y de hombres. La estructura por edad de las poblaciones femenina y masculina se agrupa en edades de 12 a 19, 20 a 29, 30 a 39, 40 a 49 y 50 años y más. El estatus sexual distingue a las personas que han experimentado la primera relación sexual. El estatus conyugal distingue a la población soltera de aquella que ha estado unida alguna

Cuadro 1. Características sociodemográficas de la muestra

	Mujeres		*Hombres*	
	%	*N*	%	*N*
Total	100.0	5405	100.0	2992
Grupo de edad				
12-19	23.2	1253	19.3	577
20-29	28.5	1539	28.6	857
30-39	23.1	1246	24.8	742
40-49	18.5	1000	16.3	489
50 y más	6.8	367	10.9	327
Estatus sexual				
Con primera relación sexual	68.8	3718	80.9	2422
Sin primera relación sexual	31.2	1687	19.1	570
Estatus conyugal				
Soltero	34.7	1878	33.0	987
Alguna vez unido	65.3	3527	67.0	2005
Escolaridad				
Hasta primaria completa	33.2	1792	28.1	841
Uno a tres años de secundaria	42.5	2296	38.2	1143
Uno a tres años de preparatoria	15.2	821	19.7	589
Un año de profesional o más	9.2	496	14.0	419

Fuente: Ensare, 1998.

vez. Finalmente, la escolaridad agrupa a la población con base en el último año de escolaridad aprobado: en el primer grupo se encuentran los que tienen desde ningún año de escolaridad hasta primaria completa; en el segundo los que aprobaron de uno a tres años de secundaria; en el tercero se encuentran aquellos que tienen de uno a tres años de preparatoria y; finalmente, en el cuarto aquellos que tienen un año de educación profesional o más.

El 68.8% de las mujeres entrevistadas y el 80.9% de los hombres habían experimentado al menos la primera relación sexual al momento de la encuesta. El 65.3% de las mujeres y el 67% de los hombres habían tenido al menos una unión conyugal. Y finalmente, en cuanto al nivel de escolaridad un mayor porcentaje de los casos tenían entre uno y tres años de secundaria, 42.5% de las mujeres y 38.2% de los hombres; mientras que es mayor la proporción de hombres que tienen un año o más de educación profesional en comparación con las mujeres, es decir, 14% de los hombres y 9.2% de las mujeres han aprobado al menos un año de educación superior. De acuerdo con este contexto se trata de una población selectiva con mejores condiciones de escolaridad que a nivel nacional.

Otros aspectos que se analizan, para el total de la muestra, son algunos indicadores sobre el comportamiento sexual y sobre el patrón de nupcialidad. Todas las personas que habían tenido la primera relación sexual, es decir 3 718 mujeres y 2 422 hombres, declararon la edad en la que sucedió este evento. Como se observa en el cuadro 2, la edad media o promedio a la primera relación sexual es de 19.5 para las mujeres y 17.3 para los hombres. La moda o edad con que mayor frecuencia tuvieron la primera relación sexual tanto hombres como mujeres fue 18 años. Por su parte, la mediana indica que a los 19 años el 50% de las mujeres observadas ya habían tenido su primera relación sexual, mientras que a una edad más joven, 17 años, el 50% de los hombres ya habían tenido su primera relación sexual.

En cuanto a la edad a la primera unión, tenemos información para el 86% de las mujeres de 12 a 54 años con al menos una unión y 99.5% de los hombres de 12 a 59 años alguna vez unidos. La edad media o promedio a la primera unión es 20.5 para las mujeres y 23.5 para los

Cuadro 2. Algunos indicadores sobre sexualidad y nupcialidad

	Mujeres de 12 a 54 años		*Hombres de 12 a 59 años*	
	N	*%*	*N*	*%*
Edad a la primera relación sexual (años)				
N (%)	3 718	(100)	2 422	(100)
Media		19.5		17.3
Moda		18		18
Cuartiles				
0.25		17		15
Mediana		19		17
0.75		22		19
Edad a la primera unión (años)				
N (%)	3 033	(86)	1 994	(99.5)
Media		20.5		23.5
Moda		18		22
Cuartiles				
0.25		18		20
Mediana		20		23
0.75		23		26
Intervalo entre la primera relación sexual premarital y la primera unión (años)				
N (%)	2 730	(77.4)	1 947	(97.1)
Media		1.3		6.2
Moda		0		0
Cuartiles				
0.25		0		2
Mediana		1		5
0.75		2		9

Fuente: Ensare, 1998.

hombres. A los 20 años la mitad de las mujeres tuvieron su primera unión y en el caso de la mitad de los hombres esto sucedió a los 23 años. El cuadro 2 también muestra el intervalo entre la primera relación sexual y la primera unión. En este caso tenemos información para 77.4% de las mujeres alguna vez unidas e información para 97.1% de los hombres alguna vez unidos. Cabe mencionar que el 8.4% de las mujeres algunas vez unidas no tuvieron una relación sexual premarital, es decir, que su primera relación sexual sucedió al interior de una unión conyugal. Para la población con relación sexual premarital, la duración promedio del intervalo entre la primera relación sexual y la primera unión de las mujeres es de 1.3 años y de 6.2 años en el caso de los hombres. Un año después de la primera relación sexual la mitad de las mujeres había tenido una unión conyugal y hasta 5 años después de la primera relación sexual la mitad de los hombres había experimentado una unión conyugal.

PRIMERA APROXIMACIÓN AL ESTUDIO DE LA DISOCIACIÓN ENTRE EL INICIO DE LA VIDA SEXUAL Y LA UNIÓN CONYUGAL EN MÉXICO: MÉTODO DE TABLA DE VIDA

La primera aproximación al análisis de la disociación entre el inicio de la vida sexual y conyugal consiste en estudiar el intervalo entre dos eventos fundamentales en el curso de vida de los individuos: la primera relación sexual y la primera unión, comparando a mujeres y hombres de distintas generaciones. La intención que guía esta primera aproximación es saber si en el contexto urbano mexicano existe una mayor disociación entre el inicio de la vida sexual y conyugal de los hombres y las mujeres jóvenes. Sería interesante saber lo que al respecto sucede en el ámbito rural, pero se trata de una comparación que los datos aquí utilizados no permiten establecer.

Universo de estudio

Para llevar a cabo la primera aproximación al estudio de la disociación entre el inicio de la vida sexual y conyugal a través del intervalo entre la primera relación sexual y la primera unión, se decidió considerar a las *mujeres y los hombres de 20 a 49 años que habían tenido su primera relación sexual al momento de la encuesta.*

No se considera a la población de 12 y 19 años de edad por contener un pequeño número de observaciones sobre los eventos de interés[1] (cuadro 3). Por su parte, la población que tenía 50 y más años al momento de la entrevista representa sólo 6.8% y 10.9% del total de la muestra de mujeres y hombres respectivamente (cuadro 1). Si infiriéramos medidas estadísticas con base en el reducido porcentaje de la población de esta edad que ha experimentado tanto la primera relación sexual como la primera unión, obtendríamos indicadores que quizá no son representativos de toda la cohorte (Juárez, 1984:289). Por lo tanto, este grupo tampoco ha sido considerado.[2]

Así, se analiza a la población por grupos de edad de 20 a 29, 30 a 39 y 40 a 49 años al momento de la encuesta, que nacieron entre 1969 y 1978, 1959 y 1968 y entre 1949

[1] Entre las mujeres de este grupo de edad, sólo el 9.3% había tenido la primera relación sexual y sólo 6.9% de ellas había estado alguna vez unida. Entre los hombres de esta misma edad, el 20% ya había tenido al menos una relación sexual y sólo 4% de ellos había experimentado alguna unión conyugal (cuadro 3).

[2] Además, no se cuenta con información sobre la edad a la primera unión de 30% de la población de 50 años y más y en cerca de 10% de los casos la primera relación sexual sucedió al interior de la unión conyugal.

Cuadro 3. Proporción de la población que ha tenido al menos una relación sexual y una unión por grupos de edad según sexo (porcentaje)

Grupo de edad	*Mujeres de 12 a 54 años*		*Hombres de 12 a 59 años*	
	Rel. Sexual	*Unión*	*Rel. Sexual*	*Unión*
12-19	9.3	6.9	20.5	4.0
20-29	69.5	63.5	89.5	60.2
30-39	95.7	91.7	99.5	91.0
40-49	98.3	96.6	99.4	96.3
50 y más	98.4	96.7	99.7	97.9

Fuente: Ensare, 1998.

y 1958, respectivamente. Esto permite analizar cambios intergeneracionales. Es útil reconstruir las historias de los individuos con base en sus fechas de nacimiento, ya que cada generación (o cohorte) constituye una subpoblación que ha vivido historias conjuntamente, de manera que individuos de una misma generación son personas que, en cierto sentido, desde su nacimiento transitan a través de una realidad común, que influirá sobre el calendario e intensidad de los eventos demográficos, en este caso la primera experiencia sexual y conyugal (Juárez *et al.*, 1996:19).

CARACTERÍSTICAS DE LA POBLACIÓN DE 20 A 49 AÑOS QUE HABÍAN TENIDO SU PRIMERA RELACIÓN SEXUAL

Se tienen 3 241 casos de mujeres de 20 a 49 años y de 1 980 hombres con la misma característica. En el cuadro 4 se observa que 95.1% de las mujeres de 20 a 49 años y 83.5% de los hombres de esta edad habían tenido al menos una unión conyugal, es decir, sólo encontramos 4.9% y 16.5% de solteros respectivamente. En cuanto al nivel de escolaridad, una vez más encontramos que un mayor porcentaje de los casos tenían entre uno y tres años de secundaria, 40.5% de las mujeres y 36.5% de los hombres; aunque en términos relativos el grupo que sólo

Cuadro 4. Características sociodemográficas de la población que ha tenido la primera relación sexual

	Mujeres de 29 a 49 años		*Hombres de 20 a 49 años*	
	N	*%*	*N*	*%*
Total	3 241	100.0	1 980	100.0
Grupo de edad				
20-29	1 069	33.0	762	38.5
30-39	1 190	36.7	734	37.1
40-49	982	30.3	484	24.4
Estatus Conyugal				
Soltero	160	4.9	326	16.5
Alguna vez unido	3 081	95.1	1 654	83.5
Escolaridad				
Hasta Primaria completa	1 275	39.3	482	24.3
Uno a tres años de secundaria	1 313	40.5	723	36.5
Uno a tres años de preparatoria	398	12.3	411	20.8
Un año de profesional o más	255	7.9	364	18.4

Fuente: Ensare 1998.

tiene hasta primaria completa también es importante para las mujeres.

También se observa que es mayor la proporción de hombres que tienen un año o más de educación profesional en comparación con las mujeres, es decir, 18.4% de los hombres y 7.9% de las mujeres han aprobado al menos un año de educación superior.

Respecto a los indicadores de sexualidad y nupcialidad considerados, en el cuadro 5 vemos que en general no hay diferencias entre los valores de los indicadores de la población seleccionada en este estudio con respecto al total de la muestra (cuadro 2). Para las mujeres seleccionadas las edades media o promedio y los valores de la primera relación sexual, la primera unión y el intervalo entre ambos eventos para cada cuartil son exactamente iguales a los del total de la muestra. En el caso de los hombres las edades medias difieren por algunos decimales y los valores de los cuartiles son exactamente iguales a los del total de la muestra. Así, la edad promedio a la primera relación sexual es 19.5 para las mujeres y 17.5 para los hombres. A los 19 años la mitad de las mujeres ya habían tenido su primera relación sexual, mientras que 50% de los hombres la habían tenido a una edad más joven, 17 años.

En cuanto a la edad a la primera unión, tenemos información para 87.2% de las mujeres que además de haber tenido la primera relación sexual han estado unidas. La información de los hombres con estas características es más completa pues 99.6% declaró la edad a la que se unió por primera vez. La edad media o promedio a la primera unión es 20.5 para las mujeres y 23.3 para los hombres. A los 20 años la mitad de las mujeres tuvieron su primera unión y en el caso de la mitad de los hombres esto sucedió a los 23 años.

Cuadro 5. Algunos indicadores sobre sexualidad y nupcialidad de la población que ha tenido la primera relación sexual

	Mujeres de 12 a 54 años		*Hombres de 12 a 59 años*	
	N	*%*	*N*	*%*
Edad a la primera relación sexual (años)				
N (%)	3 241	(100)	1 980	(100)
Media		19.5		17.5
Moda		18		18
Cuartiles				
0.25		17		15
Mediana		19		17
0.75		22		19
Edad a la primera unión (años)				
N (%)	2 688	(87.2)	1 994	(99.6)
Media		20.5		23.3
Moda		19		22
Cuartiles				
0.25		18		20
Mediana		20		23
0.75		23		26
Intervalo entre la primera relación sexual premarital y la primera unión (años)				
N (%)	2 425	(78.7)	1 617	(97.8)
Media		1.3		5.9
Moda		1		1
Cuartiles				
0.25		0		2
Mediana		1		5
0.75		2		8

Fuente: Ensare, 1998.

Intervalo entre la primera relación sexual y la primera unión

Contamos con información para 78.7% de mujeres de 20 a 49 años alguna vez unidas e información para 97.8% de los hombres con las mismas características. En esta ocasión, de 100 mujeres de 20 a 49 años alguna vez unidas 8.5% no tuvieron una relación sexual premarital, es decir, que su primera relación sexual sucedió al interior de una unión conyugal, desconocemos la información al respecto del restante 12.8%. Así, para aquella población, de 20 a 49 años, cuya primera relación sexual fue anterior a la primera unión conyugal, el intervalo entre la primera relación sexual y la primera unión de las mujeres fue en promedio de 1.3 años y de 5.9 años para los hombres. Un año después de la primera relación sexual la mitad de las mujeres había tenido una unión conyugal y hasta 5 años después de la primera relación sexual la mitad de los hombres había experimentado una unión conyugal.

Con apoyo del Diagrama de Lexis es posible observar las características de la población en estudio, en cuanto a la intensidad de los eventos, así como las edades medias a la primera relación sexual, primera unión e intervalo entre ambos eventos, para cada una de las cohortes elegidas. Así podemos mostrar, a simple vista, la evolución de estos indicadores a través del tiempo. Para ello, ha sido necesario aplicar el enfoque de truncamiento, de modo que las distintas cohortes puedan ser comparables.

El enfoque de truncamiento, sugerido por Ryder en 1974, consiste en el truncamiento de la experiencia de las cohortes por edad específica; esto es necesario en virtud de que la historia de eventos de la generación más joven está incompleta con respecto a la generación mayor sucesiva (Juárez, 1984). Por lo tanto, se cortan los últimos 10 años de experiencia de la cohorte 40 a 49 años para compararlas directamente con la cohorte que al momento de la encuesta tenía entre 30 y 39 años de edad.

Después, se cortan los últimos 10 años de experiencia de la cohorte de 30 a 39 para compararlas directamente con la cohorte de 20 a 29. El análisis cohorte-periodo que se analiza, tanto para las mujeres como para los hombres, está representado por la línea punteada en cada uno de los Diagramas de Lexis.

En el primer paso, la experiencia de la cohorte 40-49 ha sido truncada hasta la edad 30-39. Así se observa que los cambios entre las mujeres de estas generaciones son mínimos, sólo 0.1 años de aumento en los tres indicadores comparados con los de la generación de 30 a 39 años. La edad promedio a la primera relación sexual pasa de 19.7 a 19.8; la edad promedio a la primera unión pasa de 20.7 a 20.8 y el intervalo entre la primera relación sexual y la primera unión pasa de 1.3 a 1.4 en la generación joven (Diagrama 1).

La siguiente comparación se da entre las cohortes 20 y 29 y 30-39 de edad, truncadas a la edad 20-29 (Diagrama 2). Se observa una disminución en la edad a la primera relación sexual, que es de 19.5 años para la cohorte mayor y de 19 para la cohorte 1969-1978. En cuanto a la edad promedio a la primera unión, ésta disminuye 0.4 años para la generación más joven, nacida entre 1969-1978. Las mujeres de esta generación se casan en promedio a los 20 años. Finalmente, no se muestran cambios en el intervalo entre la primera relación sexual y la primera unión: para ambas generaciones el intervalo es de 1.2 años en promedio.

Cabe preguntarse si la ligera disminución en la edad promedio a la primera unión se debe a un aumento en formas de convivencia conyugal menos formales que la legal y la religiosa, es decir, si se debe a un aumento en la unión libre o consensual que provoque, a su vez, una

Diagrama 1. Comparación de las mujeres de la cohorte 30-39 años con la experiencia de la cohorte 40-49 truncada hasta la edad 30-39

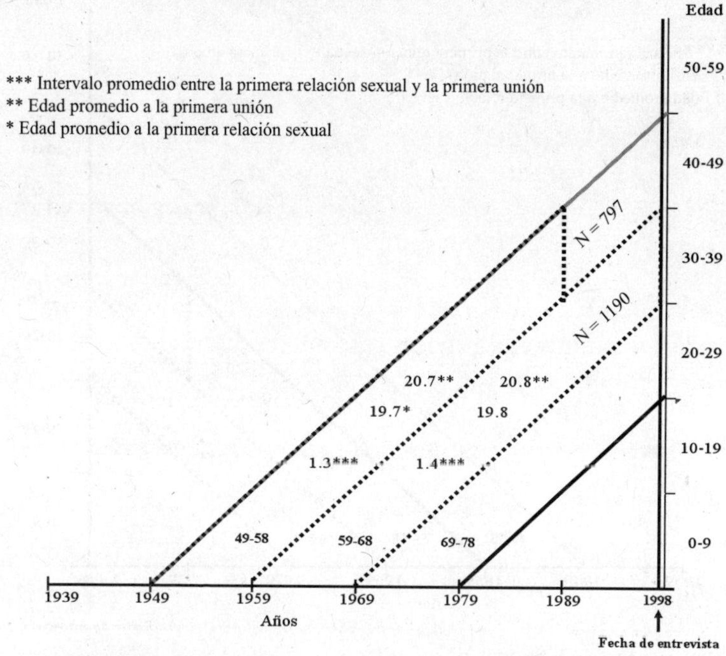

Fuente: Ensare, 1998.

entrada anticipada a la unión conyugal. Dicha pregunta se vuelve más relevante si observamos el comportamiento de los hombres, para quienes es más clara la disminución de la edad a la primera unión al comparar a generaciones sucesivas. La cohorte de hombres 40-49, truncada hasta la edad 30-39, tiene una edad promedio a la primera unión de 24.1 años, 0.3 años mayor en comparación con la generación de 30 a 39 años, que se une en promedio a los 23.8 años. La edad promedio a la primera relación

Diagrama 2. Comparación de las mujeres de la cohorte 20-29 años con la experiencia de la cohorte 30-39 truncada hasta la edad 20-29

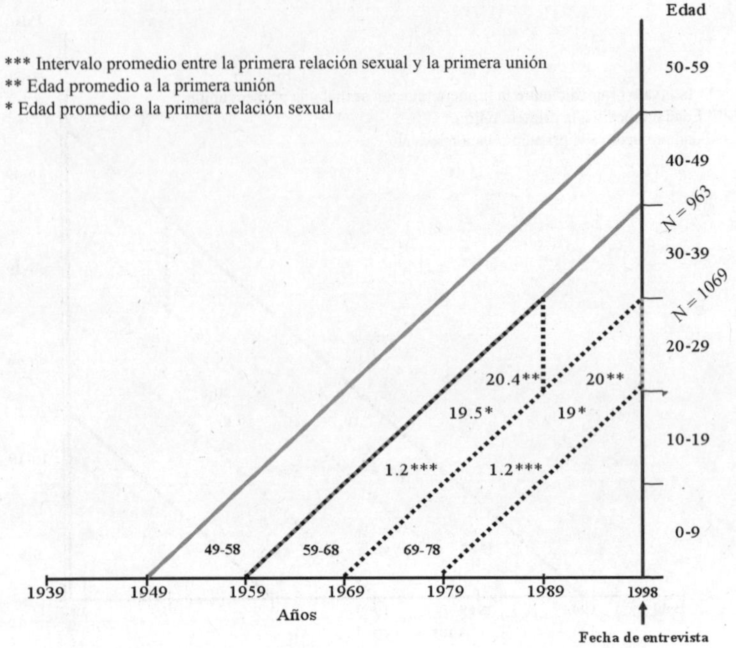

Fuente: Ensare, 1998.

sexual de los hombres de estas generaciones presenta un ligero aumento con el tiempo, pasa de 17.5 a 17.7; mientras que el intervalo entre la primera relación sexual y la primera unión pasa de 6.8 a 6.3 años en la generación joven (Diagrama 4).

La disminución de la edad a la primera unión es mayor al comparar a los hombres de la cohorte 30-39, truncada hasta la edad 20-29, con la cohorte de esa edad al momento de la encuesta. Dicha disminución es de 1.3 años, pasa de 22.9 a 21.6 años. La edad promedio a la primera rela-

Diagrama 3. Comparación de los hombres de la cohorte 30-39 años con la experiencia de la cohorte 30-39 truncada hasta la edad 20-29

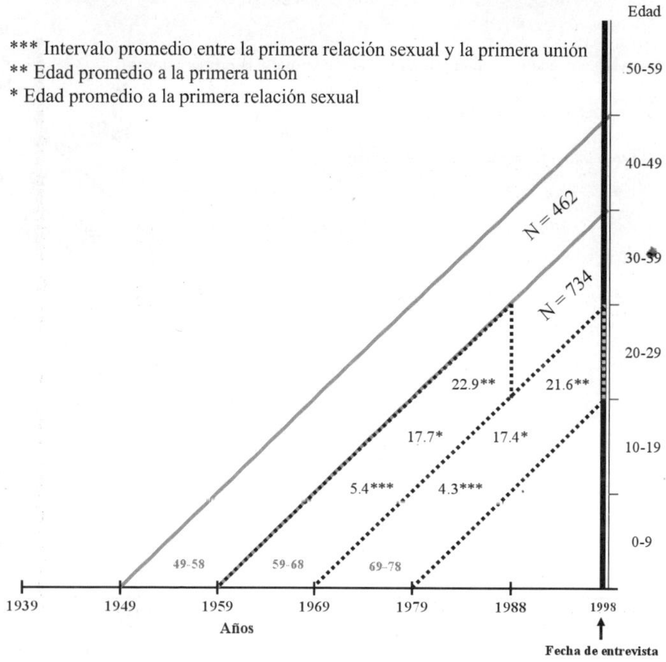

Fuente: Ensare, 1998.

ción sexual presenta una ligera disminución al pasar de 17.7 a 17.4 años. Finalmente, los cambios en el intervalo entre la primera relación sexual y la primera unión son mayores al comparar estas generaciones. La cohorte 30-39 presenta un intervalo promedio de 5.4 años, mientras que la cohorte más joven tiene un intervalo de 4.3 años; así, la disminución de dicho intervalo es en esta ocasión de 1.1 años (Diagrama 3).

A través del enfoque de truncamiento ha sido posible comparar los indicadores de sexualidad y nupcialidad de

Diagrama 4. Comparación de los hombres de la cohorte 30-39 años con la experiencia de la cohorte 40-49 truncada hasta la edad 30-39

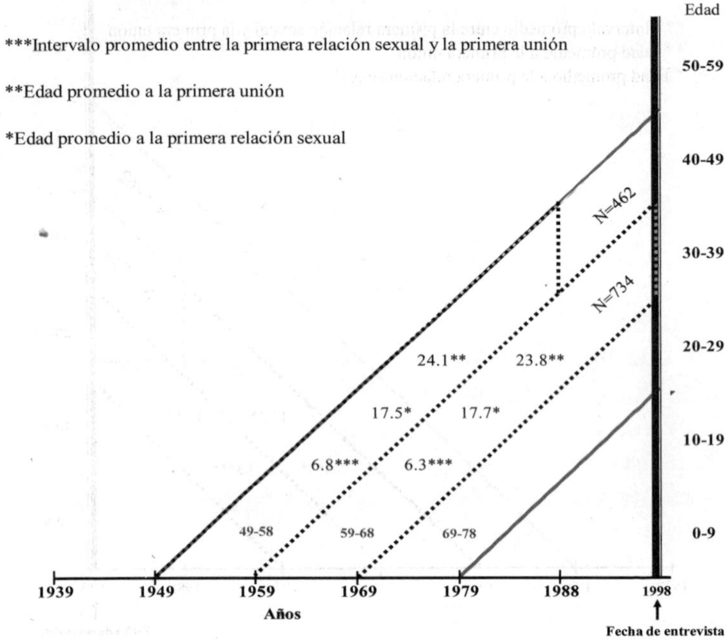

Fuente: Ensare, 1998.

dos generaciones sucesivas, observando la experiencia de ambas generaciones a una misma edad. Sin embargo, concluir sobre las tendencias observadas puede resultar engañoso, considerando que se ha dejado fuera a aquella parte de la población de las generaciones más jóvenes, es decir, de las cohortes de 30-39 y sobre todo de la cohorte 20-29, que una vez experimentada la primera relación sexual, habían postergado la primera unión por lo menos hasta después de que fueron entrevistados. La interrupción dc la ocurrencia de un evento, a causa de la fecha de la entrevista, es un problema presente en toda fuente de datos con historias incompletas. Este problema, conocido como truncamiento por la derecha, es posible afrontarlo a través de la técnica de tabla de vida que se emplea a continuación para estudiar uno de los indicadores antes analizados: el intervalo entre la primera relación sexual y la primera unión.

INTENSIDAD Y CALENDARIO DE LA UNIÓN

La Tabla de Vida permite observar la probabilidad acumulada de contraer unión en distintos intervalos de tiempo. El cuadro 6 y la gráfica 1 muestran que la probabilidad de que una mujer de 20 a 29 años se una durante el primer año después de su primera relación sexual (U0) es de 0.38. Al final del siguiente intervalo, que inicia un año después de la primera relación sexual (U1), esta probabilidad aumenta a casi el doble. De manera que la proporción de mujeres unidas a partir del primer año después de la primera relación sexual y a lo largo de ese año es de 0.65. Este aumento de intensidad de la unión del intervalo U0 al U1 es similar entre las mujeres de 30 a 39 y 40 a 49 años.

Al comparar diferentes cohortes, vemos que las probabilidades acumuladas de unión en los primeros intervalos son ligeramente más altas para las dos cohortes mayores en comparación con la cohorte más joven. A partir de la primera relación sexual (U0), la intensidad de la unión durante el primer año es menor entre las mujeres de 20 a 29 con respecto a las de 30 a 39 y 40 a 49. Así, tenemos que la probabilidad acumulada de unirse durante el primer año a partir de la primera relación sexual es de 0.45 para la cohorte de 30 a 39 años y 0.47 para la cohorte de 40 a 49 en este primer intervalo.

Esta tendencia se mantiene hasta el intervalo que inicia tres años después de la primera relación sexual

Cuadro 6. Probabilidades acumuladas de unión al final del intervalo Ux por generaciones

Ux (años)	*Mujeres* Edad a la fecha de la entrevista			*Hombres* Edad a la fecha de la entrevista		
	20-29	*30-39*	*40-49*	*20-29*	*30-39*	*40-49*
0	0.38	0.45	0.47	0.08	0.09	0.09
1	0.65	0.71	0.74	0.16	0.18	0.18
2	0.77	0.80	0.84	0.25	0.25	0.22
3	0.83	0.84	0.89	0.32	0.30	0.29
4	0.88	0.86	0.91	0.41	0.37	0.35
5	0.91	0.88	0.92	0.48	0.44	0.45
6	0.93	0.90	0.93	0.53	0.52	0.52
7	0.94	0.92	0.94	0.60	0.59	0.59
8	0.95	0.93	0.94	0.68	0.65	0.66
9	0.95	0.94	0.95	0.76	0.72	0.72
10	0.96	0.94	0.95	0.80	0.75	0.77
			Interpolación			
Cuartiles						
0.25	—	—	—	1.98	2.07	2.40
Mediana	1.45	1.20	1.12	6.41	6.76	6.70
0.75	2.85	2.45	2.09	9.91	10.51	10.53

Fuente: Ensare, 1998. Tabla de Nupcialidad para mujeres que ya experimentaron su primera relación sexual.

(U3), pero las diferencias tienden a disminuir. A partir del cuarto año después de la primera relación sexual (U4) la intensidad de la unión de las mujeres de las generaciones más jóvenes es ligeramente mayor en comparación con las de 30 a 39 y a partir del octavo año (U8) también es mayor que las de 40 a 49 años.

En el caso de los hombres las diferencias en la intensidad de la unión entre generaciones no es tan marcada como en el caso de las mujeres. Aunque en los primeros dos intervalos (U0 y U1) los hombres más jóvenes presentan una menor intensidad de unión con respecto a las dos generaciones mayores, esta relación se invierte a partir del segundo año después de la primera relación sexual.

Al comparar a hombres y mujeres vemos que en ambos casos las mayores diferencias en la intensidad de la unión se dan entre el primer y el segundo intervalo (U0 y U1) para las tres generaciones. En general la intensidad

Gráfica 1. Probabilidad acumulada del intervalo entre la primera relación sexual y la primera unión

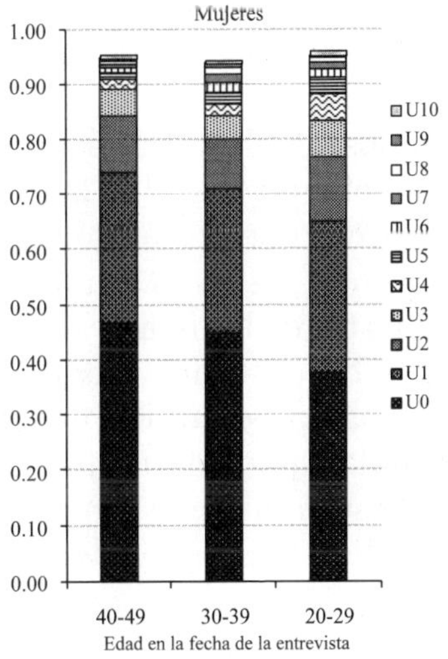

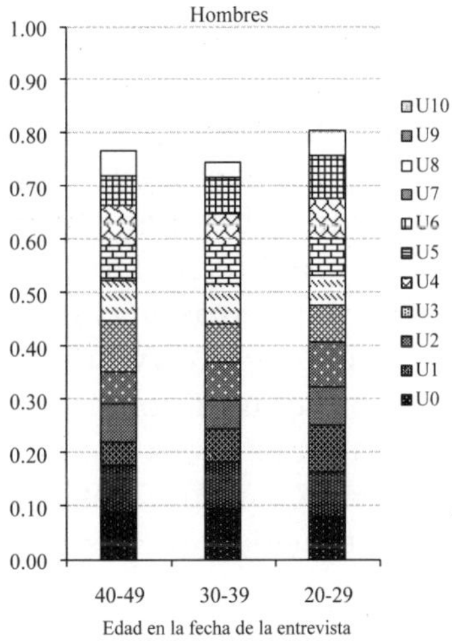

Fuente: Cuadro 6.

de unión es mucho menor para los hombres que para las mujeres, basta señalar que al final del intervalo que inicia dos años después de la primera relación sexual (U2) mientras el 77% de las mujeres de las generaciones 20 a 29 años ya estaban unidas, sólo el 25% de los hombres de esta misma edad se encontraban en la misma situación. No obstante, un resultado interesante es que las diferencias entre hombres y mujeres tiende a disminuir conforme es más joven la cohorte en casi todos los intervalos.

En el caso de las mujeres, existe un gran cambio en la intensidad de la unión entre el intervalo U0 y el U1, similar en las tres generaciones. En el caso de los hombres los cambios no son tan drásticos de un intervalo a otro. Hasta el intervalo U3 la tendencia para las mujeres es la misma: menor probabilidad de unión mientras más joven es la cohorte, pero sin grandes diferencias entre las dos mayores. En los tres últimos intervalos (U4, U5 y U10) la probabilidad de unión es prácticamente igual para las cohortes de 20 a 29 y 40 a 49; y ligeramente menor para la cohorte de 30 a 39 años.

La probabilidad de unión de los hombres es mucho menor que las mujeres. Incluso en el intervalo U10 la intensidad de la unión no alcanza el nivel que presentan las mujeres al final del intervalo U3. No se observan grandes diferencias entre las distintas cohortes de los hombres en los primeros intervalos (U0 y U1). No obstante, a partir de U2 hay un aumento en la intensidad de unión de la cohorte más joven. Lo anterior indica que, en un mismo intervalo, los hombres jóvenes se están uniendo con mayor intensidad que los hombres de la cohorte precedente.

Calendario de la primera unión

Al referirnos al momento de la primera unión a partir de la primera relación sexual, la mediana del intervalo de años entre la primera relación sexual y la primera unión aumenta en la medida en que la generación de las mujeres es más joven (gráfica 2). Sin embargo, el espaciamiento entre la primera relación sexual y la entrada en unión conyugal es muy corto para las tres cohortes de mujeres estudiadas. En el caso de los hombres, ellos tienden a unirse mucho más tarde que las mujeres después de su primera relación sexual. Pero los hombres jóvenes están acortando ligeramente el espaciamiento entre la primera relación sexual y la primera unión.

Un año y medio después de la primera relación sexual, 50% de mujeres de 20 a 29 años había experimentado la primera unión conyugal. Por su parte, la mitad de las mujeres de 30 a 39 años se había unido 1.2 años después de la primera relación sexual, mientras que 1.1 años después de la primera relación sexual, 50% de mujeres de 40

Gráfica 2. Mediana del intervalo de años entre la primera relación sexual y la primera unión

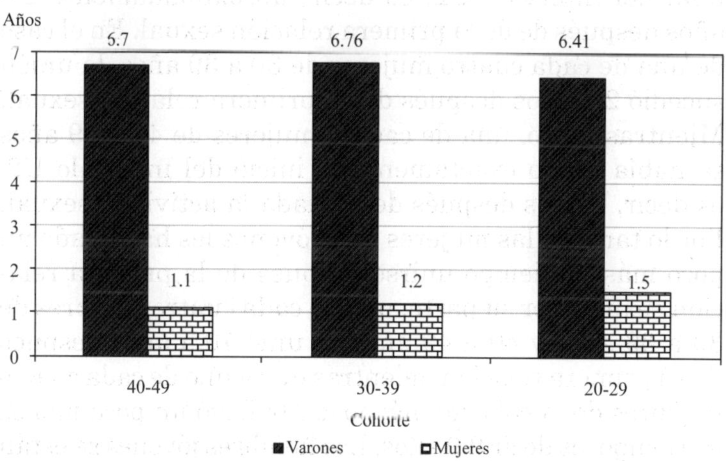

Fuente: Ensare, 1998.

a 49 años se había unido conyugalmente. En el caso de los hombres, vemos que 6.4 años después de la primera relación sexual, 50% de los hombres de 20 a 29 años había experimentado la primera unión conyugal.

A la mitad de los hombres de 30 a 39 les tomó 6.8 años unirse después de la primera relación sexual. Finalmente, 6.7 años después de la primera relación sexual, ya se habían unido 50% de los hombres de 40 a 49 años. Prácticamente no hay cambio entre una y otra cohorte.

Intensidad de la unión

Volviendo con la intensidad de la unión en diferentes momentos del tiempo, en la gráfica 3 se muestran claramente aumentos en la probabilidad de unirse conforme avanza el tiempo después de la primera relación sexual. Pero en esta gráfica se observan diferencias en el patrón de intensidad de unión de ambos sexos que manifiestan diferencias de género muy profundas. Alrededor de una de cada cuatro mujeres de 20-29 años se había unido al final del intervalo U2, es decir, aproximadamente 2.8 años después de de la primera relación sexual. En el caso de una de cada cuatro mujeres de 30 a 39 años, la unión sucedió 2.4 años después de su primera relación sexual. Mientras tanto, una de cada 4 mujeres de 40 a 49 años se había unido exactamente al inicio del intervalo U2, es decir, 2 años después de iniciada la actividad sexual. Por lo tanto, a las mujeres más jóvenes les ha llevado un poco más de tiempo unirse después de la primera relación sexual. Por su parte, uno de cada cuatro hombres de 30 a 39 años y 40 a 49 años se unió 10.5 años después de su primera relación, mientras que a uno de cada cuatro hombres de la cohorte más joven le llevó un poco menos de tiempo, es decir 9.9 años. Los hombres jóvenes se están uniendo más rápido que los mayores.

Gráfica 3. Probabilidad acumulada de unirse después de la primera relación sexual según duración de la unión por cohorte

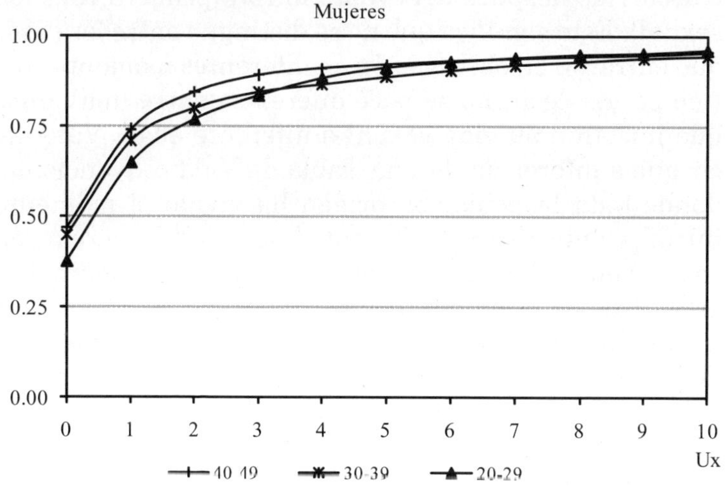

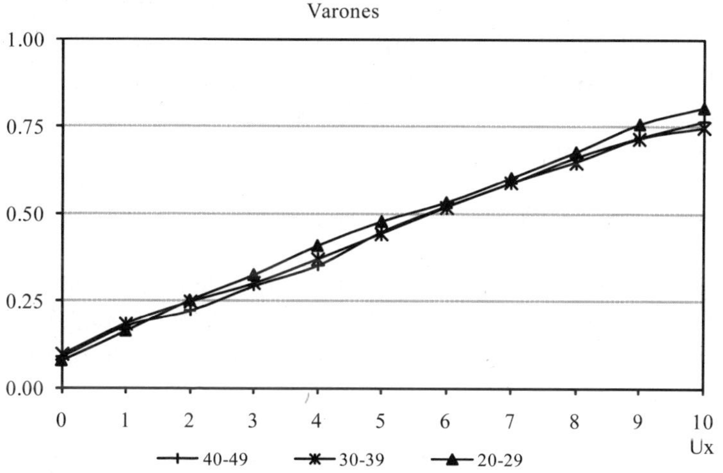

Al analizar los resultados de la Tabla de Vida cabe señalar que se asume que las probabilidades del evento terminal (primera unión) dependen sólo del tiempo trascurrido después del evento inicial (primera relación sexual). Esto significa que no se distingue entre los casos que entraron en observación en diferentes momentos del tiempo. Es decir, no se hace diferencia entre individuos que iniciaron su vida sexual a diferente edad. Vale decir que a diferencia de una Tabla de Vida convencional, donde toda la población origen ha vivido el momento inicial, en nuestro caso el evento inicial (primera relación sexual) puede haber ocurrido en cualquier momento. Por esta razón en la siguiente aproximación consideramos el momento en que ocurre este evento. Así, la primera relación sexual se definirá como una variable que depende del tiempo (*Time-Dependent, Covariate*) y veremos como ésta y otras variables se asocian al tiempo en el que ocurre la primera unión conyugal. El método de análisis de supervivencia (*Survival Analysis*) que emplearemos a continuación permite, al igual que la Tabla de Vida, que los casos que no han experimentado el evento terminal (casos truncados) contribuyan al cálculo de las probabilidades, pero además permite incluir variables asociadas a la ocurrencia en el tiempo de nuestra variable terminal, es decir, de la primera unión.

Variables asociadas a la primera unión

La segunda aproximación al estudio de la disociación entre la vida sexual y conyugal consiste en la construcción de un modelo de riesgos proporcionales (PHM) donde la edad a la primera unión representa el tiempo de supervivencia (T). Este método permitirá investigar la relación entre la edad a la primera unión y algunos posibles factores explicativos como la primera relación sexual y el nivel de escolaridad. Se estima un modelo separado para hombres y mujeres para ver el efecto diferencial de las variables asociadas a la primera unión para cada uno de ellos. Así, la intención que guía esta segunda aproximación es saber cómo influye la edad a la primera relación sexual y la pertenencia a cierta cohorte de nacimiento sobre la edad a la primera unión. También se considera la influencia de otras variables como el nivel de escolaridad y la existencia de un embarazo previo al momento de la unión. Se intenta probar dos hipótesis: la primera postula que a mayor edad a la primera relación sexual mayor es el riesgo relativo de unión; y en la segunda hipótesis se asume que cuanto más jóvenes son las generaciones, mayor es la postergación de la primera unión.

CONSTRUCCIÓN DEL MODELO DE RIESGOS (PHM)

La *variable dependiente* es la edad a la primera unión (T). Esta variable se define en términos del estatus conyugal de la persona, que consiste en una variable dicotómica que toma el valor de 1 cuando la persona está unida y 0 cuando no lo está. Cuándo el estatus conyugal es positivo, se indica que el evento terminal ha ocurrido, entonces la variable dependiente asume el valor de la edad a la primera unión; y cuando el estatus conyugal es negativo, la edad a la primera unión es igual a la edad de la persona al momento de la entrevista (caso truncado).

Variables asociadas:

1. *Edad a la primera relación sexual*. Dado que una persona puede pasar de un estatus sexual negativo a uno positivo en el transcurso del tiempo, la edad a la primera relación sexual (T-C) es una variable que depende del tiempo. El cambio de un estatus

a otro se da a la edad en que ocurre la primera relación sexual

2. *Edad.* Se analiza el efecto de pertenecer al grupo de edad de 12-19, 30-39, 40-49 y 50 y más años de edad al momento de la encuesta. Se utiliza al grupo de 20 a 29 años como categoría de referencia.
3. *Escolaridad.* Se analiza el efecto de tener de uno a tres años de secundaria, de uno a tres años de preparatoria y un año profesional o más con respecto a tener sólo hasta primaria completa.
4. *Embarazo premarital.* Se analiza el efecto de que la mujer estuviera embarazada cuando se unió por primera vez (o la pareja en el caso de los hombres).

Los efectos de diferentes variables en la edad a la primera unión se expresan en el valor de los coeficientes de beta (β) para cada variable. El coeficiente de beta (β) proporciona el valor del riesgo relativo en escala logarítmica, por lo que el exponente de beta (Exp β) facilita la interpretación. Así, Exp (β) representa la razón de momios o el riesgo relativo de exposición en comparación con la no exposición. A través de la razón de momios, se muestra el efecto de diferentes variables sobre la edad a la primera unión. Tanto para las mujeres como para los hombres la edad a la primera relación sexual tiene un efecto significativo sobre la edad a la primera unión y un coeficiente beta (β) positivo (cuadro 6), lo que indica que la razón de riesgo se incrementa con el tiempo. La razón de momios (Exp β) permite ver que, por cada año de incremento en la edad a la primera relación sexual, el riesgo relativo de unión es cuatro veces mayor para una mujer que ha tenido su primera relación sexual en comparación con quien no la ha tenido. El efecto para los hombres es también importante: por cada año de incremento en la edad a la primera relación sexual el riesgo relativo de unión es dos veces mayor para un varón que ha tenido su primera relación sexual en comparación con quien no lo ha tenido (cuadro 7).

En cuanto al efecto de la edad (cohorte de nacimiento), vemos que las mujeres entre 12 y 19 años son menos propensas a unirse. Si comparamos este grupo de mujeres con aquellas de 20 a 29 años, el riesgo relativo de las mujeres de 12 a 19 es 26.8% menor que el de las jóvenes de 20 a 29 años. Mientras que el riesgo relativo asociado a tener entre 30 y 39 años es 11% mayor para las mujeres en comparación con aquellas de 20 a 29 años de edad. Pertenecer al grupo de edad de 40 a 49 y 50 y más años no tiene efectos significativos para las mujeres. En el caso de los hombres, el grupo de edad de 12 a 19 no tuvo efecto significativo sobre la edad a la primera unión. Para los demás grupos de edad, el riesgo de unión es menor si se pertenece a una generación mayor. El riesgo relativo de unión, asociado a tener entre 30 y 39 y entre 40 y 49 años es, respectivamente, 12.5% y 13.1% menor en comparación con los que tienen entre 20 y 29 años. Si se tiene 50 años o más el riesgo de experimentar la primera unión es 24.2% menor en comparación con el grupo de 20 a 29 años. Caso contrario a las mujeres, para quienes una mayor edad implicaba un mayor riesgo de unión en comparación a las jóvenes de 20 a 29 años, para los hombres una mayor edad implica cada vez menor riesgo de unión con respecto a aquellos jóvenes de 20 a 29 años.

Los resultados también muestran que contar con mayores niveles de escolaridad representa un menor riesgo de unión en comparación con quienes sólo tienen hasta primaria completa o menos; aunque tener entre uno y tres años de secundaria no es significativo para los hombres. Cabe señalar que el riesgo relativo de unión disminuye conforme aumenta el nivel de escolaridad. Una mujer que cuenta con uno a tres años de secundaria, se unirá

Cuadro 7. Efecto de diferentes variables sobre la edad a la primera unión

Variables	β	*S.E.*	*Exp(β)*
Mujeres			
Primera relación sexual (t)	1.4504	0.0401	4.2650***
Variables de Control			
Edad			
12-19	-0.3123	0.1221	0.7318*
20-29			
30-39	0.1081	0.0479	1.1142*
40-49	0.1021	0.0546	1.1075
50 y más	0.0648	0.0765	1.0670
Escolaridad			
Primaria			
Secundaria	-0.3694	0.0446	0.6912***
Preparatoria	-0.6200	0.0653	0.5379***
Profesional	-1.0648	0.0812	0.3448***
Embarazo al momento de la primera unión			
No estaba embarazada			
Sí estaba embarazada	0.2338	0.0530	1.2633***

Hombres			
Primera relación sexual (t)	0.7914	0.0736	2.2065***
Variables de Control			
Edad			
12-19	0.2395	0.2207	1.2706
20-29			
30-39	-0.1331	0.0604	0.8754*
40-49	-0.1401	0.0678	0.8693*
50 y más	-0.2777	0.0798	0.7576***
Escolaridad			
Primaria			
Secundaria	0.0565	0.0578	1.0582
Preparatoria	-0.2842	0.0717	0.7526***
Profesional	-0.4831	0.0742	0.6168***
Embarazo al momento de la primera unión			
No estaba embarazada			
Sí estaba embarazada	0.4411	0.0638	1.5545***

* $p < 0.05$ ** $p < 0.01$ *** $p < 0.001$

Fuente: Ensare, 1998.

30.9% más tarde que una que sólo tiene hasta primaria completa o menos. Ahora, si alcanzaron el nivel de preparatoria, las mujeres postergarán la unión un 46.2% más con respecto a las mujeres con primaria completa o menos. Finalmente, si una mujer tiene un año de educación profesional o más se unirá 65.5% más tarde que las menos escolarizadas. Esto parece indicar que conforme aumenta el nivel de escolaridad, los sectores urbanos asignan una mayor prioridad a la obtención de ciertos niveles educativos y, por lo tanto, ocurre el retraso en el cumplimiento de eventos demográficos tales como la unión conyugal. Por su parte, para los hombres no tuvo efecto significativo el tener entre uno y tres años de secundaria, parece que para ellos el umbral que hace la diferencia en el calendario de la unión, con respecto a los menos escolarizados es la educación media. Un varón que cuenta con uno a tres años de preparatoria postergará la unión 24.7% más que aquel que sólo tiene hasta primaria completa, y si tiene un año de educación profesional o más se unirá aún más tarde, es decir, 38.3% después que aquel con menor escolaridad.

Por último, el haber estado embarazada al momento de la unión aumenta el riesgo de unión para ambos sexos, pero la intensidad es mayor para los hombres. El estar embarazada aumenta la probabilidad de unión en 26% para las mujeres mientras que para los hombres el hecho de que su pareja esté embarazada aumenta la probabilidad de unión 55% por encima de aquel cuya pareja no lo está al momento de la unión.

En cuanto a la disociación entre la vida sexual y conyugal, el PHM permite hacer una aproximación sobre la relación entre el primer encuentro sexual y la primera unión conyugal. En este sentido se observó que, tanto para las mujeres como para los hombres, conforme aumenta la edad a la primera relación sexual el riesgo relativo de

Gráfica 2. Efecto de diferentes variables sobre la edad a la primera unión

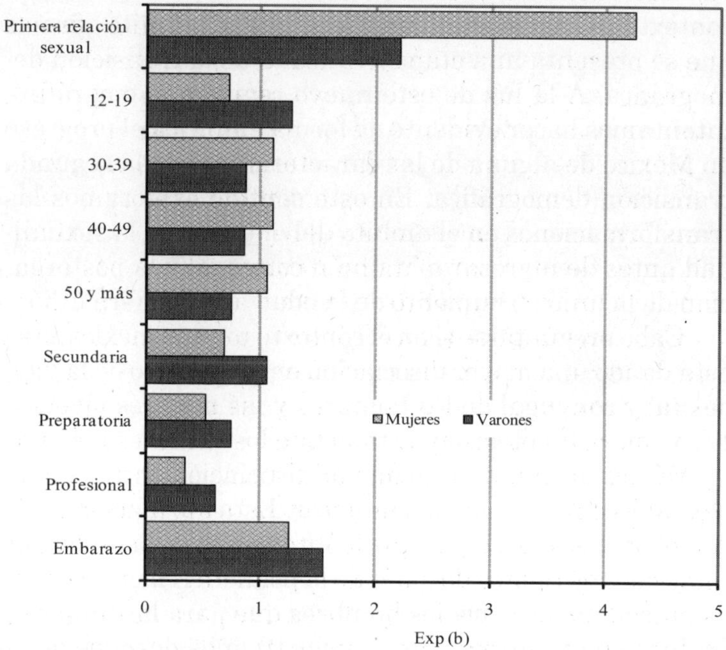

Fuente: Ensare, 1998.

unión es mucho mayor para aquellos que han tenido su primera relación sexual en comparación con quienes no la han tenido. Pero una vez más se observan diferencias de género, ya que el riesgo que implica la relación sexual sobre la unión de una mujer es más fuerte que el que implica para el varón.

CONCLUSIONES

Al comparar las diferencias entre sexo y generación se observa que, al menos en el contexto urbano mexicano, se están presentando, de forma incipiente, algunos rasgos de la segunda transición demográfica, con sus respectivas diferencias de género. El hecho de encontrarse en un contexto de baja mortalidad y fecundidad permite afirmar que se presenta una etapa avanzada de la transición demográfica. A la luz de este nuevo régimen demográfico, intentamos hacer evidente de forma empírica el progreso en México de alguna de las características de la segunda transición demográfica. En este sentido exploramos las transformaciones en el ámbito del ejercicio de la sexualidad antes de ingresar a la unión conyugal y la postergación de la unión o aumento de la edad a la primera unión.

Cabe preguntarse si en el contexto urbano mexicano se está dando una mayor disociación entre el inicio de la vida sexual y conyugal de los hombres y las mujeres jóvenes. La primera hipótesis apuntaba que los hombres urbanos en México presentan una mayor disociación entre la vida sexual y conyugal que las mujeres. Esta afirmación pudo corroborarse al observar que la intensidad de la unión por intervalos de tiempo después de la primera relación sexual es mucho menor para los hombres que para las mujeres. Incluso en el intervalo que inicia 10 años después de la primera relación sexual, la intensidad de la unión de los hombres no alcanza el nivel que presentan las mujeres casi 4 años después de su primera relación sexual. Por su parte, la estimación de la probabilidad acumulada de unión en distintos intervalos entre los dos eventos estudiados permitió observar diferencias en el patrón de intensidad y calendario de unión de ambos sexos que manifiestan diferencias de género muy profundas, aunque las diferencias intergeneracionales no son tan evidentes.

Uno de los principales conceptos que las conferencias de El Cairo y Beijing pusieron de relieve en la década de los noventa fue la perspectiva de género, la cual es útil para explicar las diferencias en el comportamiento de hombres y mujeres en distintos ámbitos de la vida. El género, como construcción social, se refiere a las relaciones sociales y a los roles que mujeres y hombres desempeñan dentro de su sociedad. Los resultados mostrados en este trabajo se enmarcan en la perspectiva de género. Ésta permite entender las desigualdades de poder entre mujeres y hombres construidas socialmente a partir de la diferencia sexual, anatómica y fisiológica. Existen cuatro ejes en función de los cuales se definen las relaciones sociales y los significados simbólicos de ser hombre o mujer: sexualidad, reproducción, división sexual del trabajo y ámbito público o ciudadanía (Watkins, 1993). "Los sistemas género-sexo son los conjuntos de prácticas, símbolos, representaciones, normas y valores sociales que las sociedades elaboran y que dan sentido a la satisfacción de los impulsos sexuales, a la reproducción de la especie humana y en general a la interacción entre las personas" (De Barbieri, 1992:151).

La segunda hipótesis señalaba que cuanto más jóvenes son las generaciones se presenta una mayor disociación entre la vida sexual y conyugal, sobre todo en el caso de las mujeres. Al respecto vimos que, a partir de la primera relación sexual y antes del cuarto año a partir de ésta, efectivamente la intensidad de la unión es ligeramente más alta para las cohortes mayores (1949-1958 y 1959-1968), que tenían 40 a 49 y 30 a 39 años al momento de la encuesta, en comparación con la cohorte más joven (1969-1978), que tenía entre 20 y 29 años al momento de la encuesta. Pero las diferencias entre las mujeres de 20 a 29 con respecto a las de 30 a 39 y 40 a 49 tienden a disminuir conforme aumenta el tiempo transcurrido después de la primera experiencia sexual. Los hombres también presentan una menor intensidad de unión con respecto a las dos generaciones mayores, al menos en los primeros dos intervalos. Pero esta relación se invierte a partir del segundo año después de la primera relación sexual, de manera que hay una menor intensidad de unión por parte de los hombres de mayor edad.

De lo anterior podemos concluir que en todas las generaciones, incluso las más jóvenes, existen grandes diferencias de género en el ejercicio de la sexualidad antes de ingresar a la unión conyugal. Este ejercicio es muy limitado entre las mujeres en comparación con los hombres; basta recordar que el 77% de las mujeres de 20 a 29 años ya estaban unidas antes de cumplir cuatro años después de su primera experiencia sexual y sólo el 25% de los hombres de esta misma edad se encontraban en la misma situación. Sin embargo, cabe señalar que las diferencias de intensidad entre hombres y mujeres tienden a disminuir conforme más joven es la cohorte.

Los cambios intergeneracionales observados tanto en mujeres como en hombres consisten en un mínimo aumento del ejercicio de la sexualidad antes de ingresar a la unión conyugal, que se refleja en una disminución de la intensidad de la unión sólo en los primeros años después de iniciada la vida sexual. A partir del cuarto año los hombres jóvenes se unen con mayor intensidad que los mayores. Sobre el calendario de la primera unión a partir de la primera relación sexual, el espaciamiento entre la primera relación sexual y la entrada en unión conyugal es muy corto para las tres cohortes de mujeres estudiadas. En el caso de los hombres, ellos tienden a unirse mucho más tarde que las mujeres después de su primera relación sexual. Pero los hombres jóvenes se unen un poco antes de los mayores.

Otra de las características de la segunda transición demográfica es la postergación del matrimonio. Ha sido documentado que la urbanización, el aumento en la esperanza de vida de la población, el incremento en los niveles de escolaridad, así como la mayor participación femenina en los mercados de trabajo, implican cambios en las ideas y en el comportamiento de los individuos, por ejemplo, respecto al calendario de eventos que marcan transiciones de la juventud a la edad adulta. En este trabajo también se intentó evidenciar de manera empírica la forma en que variables como la pertenencia a cierta generación, la escolaridad, el momento en que inicia la vida sexual, y el embarazo previo a la unión conyugal, afectan la edad a la primera unión. La primera hipótesis sobre este tema postulaba que a mayor edad a la primera relación sexual mayor sería el riesgo relativo de experimentar la primera unión. Al respecto se encontró que, efectivamente, tanto para las mujeres como para los hombres, conforme aumenta la edad a la primera relación sexual aumenta el riesgo de unión. Es decir, que por cada año de incremento en la edad a la primera relación sexual el riesgo relativo de unión es cuatro veces mayor para una mujer que ha tenido su primera relación sexual en comparación con quien no la ha tenido, mientras que para los hombres, por cada año de incremento en la edad a la primera relación sexual, el riesgo relativo de unión es dos veces mayor para un varón que ha tenido su primera relación sexual en comparación con quien no lo ha tenido.

En este sentido *no hay evidencia suficiente para señalar que existe una disociación entre la vida sexual y conyugal*, pues el PHM permitió hacer una aproximación sobre la relación entre el primer encuentro sexual y la primera unión conyugal mostrando que tanto para las mujeres como para los hombres conforme aumenta la edad a la primera relación sexual el riesgo relativo de unión es mucho mayor para aquellos que han tenido su primera relación sexual en comparación con quienes no la han tenido. Pero una vez más se observan diferencias de género. Ya que el riesgo que implica la relación sexual sobre la unión de una mujer es más fuerte que el que implica para el varón.

La segunda hipótesis señalaba que cuantos más jóvenes son las generaciones se presentaría una mayor postergación de la primera unión. Tomando como referencia a las mujeres de 20 a 29 años se encontró que las mujeres que tenían entre 12 y 19 años presentan un menor riesgo de unirse, pero no así en el caso de los hombres. Si comparamos este grupo de mujeres con aquellas de 20 a 29 años el riesgo relativo de una adolescente es 70% menor. En el caso de los hombres, el grupo de edad de 12 a 19 no tuvo efecto significativo sobre la edad a la primera unión. También se encontró que el riesgo relativo de unirse asociado a tener entre 30 y 39 años es 10% mayor para las mujeres en comparación con aquellas de 20 a 29 años de edad. Esto significa que las jóvenes están postergando un poco más la unión, sin embargo, los grupos de edad de 40 a 49 y 50 y más no son significativos para las mujeres. En el caso de hombres, la relación es inversa en comparación con las mujeres, ya que el riesgo de unión es menor si se pertenece a una generación mayor. El riesgo relativo asociado a tener entre 30 y 39 y entre 40 y 49 años es 80% menor; y si se tiene 50 y más años el riesgo es 70% menor en comparación con el grupo de 20 a 29 años.

Respecto a la pregunta, ¿la postergación de la unión está asociada con un mayor nivel de escolaridad; estos factores operan diferencialmente para los hombres y las mujeres?, los resultados muestran que contar con mayores niveles de escolaridad representa un menor riesgo de unión en comparación con quienes sólo tienen hasta primaria completa o menos, aunque tener entre uno y tres años de secundaria no resultó significativo para los hombres, ya que en su caso la diferencia la marca la preparatoria o una mayor escolaridad. Un varón que cuenta con uno a tres años de preparatoria postergará la unión 24.7% más que aquel que sólo tiene cursado hasta primaria completa. Por su parte, para una mujer tener de uno a tres años de secundaria sí marca una diferencia con respecto a quien sólo tiene hasta primaria completa o menos, ya que las primeras se unirán 30.8% más tarde con respecto a las segundas; y, si cuenta con uno a tres años de preparatoria, se unirá 46.2% más tarde que una menos escolarizada. Finalmente, si una mujer tiene un año de educación profesional o más se unirá 65.5% más tarde. Hay que destacar que, conforme aumenta el nivel de escolaridad, los sectores urbanos asignan una mayor prioridad a la obtención de ciertos niveles educativos y, por lo tanto, ocurre el retraso en el cumplimiento de eventos demográficos tales como la unión. Esto se aproxima a las afirmaciones acerca de que *en el contexto urbano mexicano, se están presentando, de forma incipiente, algunos rasgos de la segunda transición demográfica, con sus respectivas diferencias de género.*

Por último, pudimos observar el efecto de haber estado embarazada al momento de la unión. Este hecho aumenta el riesgo de unión para ambos sexos, pero la intensidad es mayor para los hombres. *Una mujer embarazada al momento de unirse, se une 20% más rápido que aquella que no estaba embarazada cuando se unió; y un varón, cuya pareja estaba embarazada, se une 50% más rápido que aquel que aún no esperaba un hijo al momento de unirse.*

Finalmente, sería interesante, en una próxima investigación sobre este mismo tema, indagar el efecto del uso de anticonceptivos como herramienta para la disociación entre la vida sexual y conyugal en México, ya que, como afirman algunos autores, la autonomía entre la vida sexual y reproductiva gracias a la tecnología anticonceptiva permitió a los jóvenes modificar el calendario de inicio de la vida sexual e implicó una postergación de la edad al casarse. En el momento en que la relación sexual no implica un embarazo, el matrimonio deja de ser el hito de la iniciación sexual para las mujeres y el marco de protección frente al probable embarazo extramarital. Para comprobar dichas hipótesis, la información más adecuada para hacerlo sería aquella que proporcione la historia anticonceptiva de los individuos desde el momento en que comenzaron su uso. Hasta el momento, no contamos con este tipo de información.

BIBLIOGRAFÍA

Bongaarts, J. (1982), "Un marco para el análisis de los determinantes próximos de la fecundidad", en *Ensayos sobre población y desarrollo*, núm. 3, Corporación Centro Regional de Población y The Population Council.

Chackiel, J., y J. Martínez (1993), "Transición Demográfica en América Latina y el Caribe desde 1950", en *La Transición Demográfica en América Latina y el Caribe, IV Conferencia Latinoamericana de Población,* México, INEGI, UNAM, IIS, vol. I, 1a. parte.

Conapo (1999), La situación demográfica de México, 1999, Conapo, México.

Cox, D. R. (1972), "Regression Models and Life Tables (with Discussion)", *Journal of the Royal Statistical Society*, Series B 34:187-220.

De Barbieri, T. (1992), "Sobre la categoría género. Una introducción teórico- metodológica", en *Fin de siglo. Género y cambio civilizatorio*, Ediciones de las Mujeres, Fin de siglo núm. 17.

Davis, K. y Blake, J. (1967), "La estructura social y la fecundidad. Un sistema analítico", en *Factores sociológicos de la fecundidad,* Celade, Naciones Unidas, Universidad de Chile, Gráfica Panamericana, México.

García y Rojas (2002), "Cambios en la formación y disolución de las uniones en América Latina", en *Papeles de Población*, núm. 32, Universidad Autónoma del Estado de México, México.

Germani, G. (1968), "Sociología de la moral. La sociología y el problema de la vida moral", en T. Parsons *et al. Sociología de la religión y la moral*, Paidós, Buenos Aires.

Gómez de León, J. (1996), "Fecundidad y anticoncepción", en *Demos*, núm. 9, pp. 8-10, UNAM, IIS, México.

Hajnal, J. (1965), "European marriage patterns in perspective", en Glass, D. V., en Eversley, D. E. C. (ed.), *Population in History*, Londres, pp. 101-143.

INEGI, Estadísticas de nupcialidad, consulta interactiva de datos en Internet: http://www.inegi.org.mx/nupcialidad/Matrimonios.asp.

Juárez, F. (1984), "Examen crítico de la técnica de tablas de vida en las tendencias sobre fecundidad: el caso de México", en *Demografía y Economía*, vol. 18, núm. 3 (59), p. 287, El Colegio de México, Centro de Estudios Económicos y Demográficos, México.

_____, Zavala de Cosío, M. y Quilodrán, J. (1996), *Nuevas pautas reproductivas en México*, El Colegio de México, Centro de Estudios Demográficos y de Desarrollo Urbano, México.

_____ y J. Quilodrán (1990), "Mujeres pioneras en el cambio reproductivo en México", en *Revista Mexicana de Sociología*, El Colegio de México, Centro de Estudios Demográficos y de Desarrollo Urbano, México.

Lesthaeghe, R. (1995), "The second demographic transition in Western countries: an interpretation", en K. O. Mason y An-M. Jesen (eds.), *Gender and family change in industrialized countries*, Clarendon Press, Oxford.

_____ y K. Neels (2002), "From the First to the Second Demographic Transition. An Interpretation of the Spatial Continuity of Demographic Innovation in France, Belgium and Switzerland", *European Journal of Population*, vol. 18 (4):225-260.

_____ y J. Surkyn (2002), "New Forms of Household Formation in Central and Eastern Europe. Are they

Related to Newly Emerging Value Orientations?" IPD Working Paper 2002-2, Interface Demography, VU Brussel.

Mier y Terán, M. (1993), "Trayectoria de vida de las mujeres jóvenes en México", IV Conferencia Latinoamericana de Población. La Transición Demográfica en América Latina y el Caribe, Celade, Somede, UNAM, ABEP, Prolap, IUSSP, México.

Notestein, F. W. (1945), *International Population Readjustments*, Princeton University, Princeton.

Quilodrán, J. (2003), "La familia, referentes en transición", en *Papeles de Población*, núm. 37, UAEM, México.

_____ (2001), *Un siglo de matrimonio en México*, El Colegio de México, México.

_____ (2000), "Atisbos de cambios en la formación de las parejas conyugales a fines del milenio", en *Papeles de Población*, Universidad Autónoma del Estado de México, núm. 25, México.

_____ (1999), "L'union libre en Amérique Latine: Aspects Récents d'un Phenomene Seculaire", en *Cahiers Quebecois de Demographie*, vol. 28, núm. 1-2.

_____ (1998), *Le mariage au Mexique: evolution nationale et typologie regionale*, Academia-Bruylant.

_____ (1991), *Niveles de fecundidad y patrones de nupcialidad en México*, El Colegio de México, México.

_____ (1989), "México: diferencias de nupcialidad por regiones y tamaños", en *Estudios Demográficos y Urbanos*, vol. 4, núm. 3 (12), pp. 595-613.

_____ (1985), "Modalités de la Formation et Evolution des Unions en Amérique Latine", en IUSSP, International Population Conference, Lieja.

Segalen, M. (1998), *Antropología histórica de la familia*, Taurus, España.

UNFPA (2003), *El estado de la población mundial*, en http://www.unfpa.org/swp/2003/swpmain_spa.htm.

Valdés, L. (2000), *Población: reto del tercer milenio*, UNAM, Coordinación de Humanidades, México.

Van de Kaa, D. (1997), "Narraciones ancladas: historia y resultados de medio siglo de investigaciones sobre los determinantes de la fecundidad", en *Notas de Población*, núm. 66, pp. 9-85.

_____ (1987), "Europe's second demographic transition", en *Population Bulletin*, vol. 42, núm. 1, Washington, D. C.

Watkins, S. (1993), "If All We Knew about Women Was What We Read in Demography, What Would We Know?", en *Demography* , vol. 30, núm. 4.

Welti, C. (1997), "Cambios en la fecundidad", en *Demos*, núm. 10, pp. 16-18, UNAM, IIS, México.

CUARTA PARTE

LAS PAREJAS Y SU DESCENDENCIA*

* Agradecemos a El Colegio de México, al Instituto Nacional de Estadística, Geografía e Informática (INEGI) y a la Universidad de Costa Rica, su autorización para la publicación de los capítulos II, III y IV, de esta cuarta parte.

I. RAZONES PARA REDUCIR LA FECUNDIDAD: OPINIONES DE LAS MUJERES QUE LIDERARON EL CAMBIO*

JULIETA QUILODRÁN**
FÁTIMA JUÁREZ***

INTRODUCCIÓN

La gran mayoría de los países de América Latina presentan en la actualidad niveles de fecundidad bajos. Sin embargo, este proceso no ha sido uniforme ni entre países ni al interior de ellos; en muchos lugares persisten todavía niveles relativamente elevados. De cualquier forma, a pesar de la falta de sincronía en las intensidades y en los calendarios con los cuales cada país disminuyó su fecundidad, el panorama actual de la región puede ser calificado como de un crecimiento poblacional "controlado" (1.4 % en el año 2004).[1]

De acuerdo con la cuantiosa información recabada en las encuestas de fecundidad levantadas en los últimos treinta años y las series de indicadores que han podido

* Este trabajo corresponde a una versión ampliada del publicado en la *Revista Notas de Población,* núm. 87, Celade, enero de 2009, con el nombre de "Las pioneras del cambio reproductivo: un análisis desde sus propios relatos".

** Profesora-Investigadora de El Colegio de México.

*** Profesora-Investigadora de El Colegio de México.

[1] Si se toma en cuenta la migración internacional en México esta cifra desciende a 1.1% (Conapo, 2004).

reconstruirse a partir de las estadísticas vitales y de los censos que se remontan a fines del siglo XIX, el descenso de la fecundidad inició en Latinoamérica en los años sesenta del siglo pasado con excepción de Argentina, Uruguay y Cuba, donde comenzó años antes. A pesar de los casi 50 años transcurridos desde que se manifestó el cambio de tendencia, aún no disponemos de explicaciones certeras sobre la manera en que se llevó a cabo el tránsito entre un régimen de fecundidad elevado y otro bajo. Esta afirmación es válida para cualquier región del mundo que estemos examinando, las teorías avanzadas son muchas pero las explicaciones todavía pocas. De aquí que adelantar en este terreno nos ha parecido un reto de investigación interesante. Identificar los mecanismos que alentaron o, por el contrario, retardaron la transición hacia una baja fecundidad en México nos permitirá, por otra parte, entender mejor los motivos de la persistencia de grupos que no han iniciado o completado todavía esta transición, o bien, la han profundizado a tal punto que se encuentran ya cercanos al reemplazo.

Sin embargo, incursionar en la comprensión de las causas de la adopción de nuevos modelos reproductivos no es tarea fácil. Las teorías elaboradas enfatizaron durante mucho tiempo los factores estructurales insertando el descenso de la fecundidad en el marco de la Teoría de la Transición Demográfica, cuyos elementos explicativos encuentran fundamento en la teoría sociológica de la modernización. Esta teoría considera que factores tales como la urbanización acelerada de la población, el incremento de las oportunidades de educación y empleo sobre todo entre las mujeres, así como la disminución del valor económico de los hijos (costo-beneficio)[2] serían los responsables de los cambios sociales, entre los cuales

[2] Asociado a la disminución de la "incertidumbre".

figurarían los demográficos. En el caso de la fecundidad se postula que los hijos dejan de representar un factor de seguridad para los padres en sociedades que se benefician de la existencia de un estado de bienestar. Mucha de la investigación en esta línea explicativa ha sido abordada desde la microeconomía con trabajos tan importantes como los desarrollados por Becker (1960). Sin embargo, los modelos de esta naturaleza han tenido escasa aplicabilidad tanto a la realidad de los países desarrollados como en desarrollo. Las evidencias acumuladas con información a nivel macro (Proyecto de Princeton sobre la Fecundidad Europea), así como a nivel individual (Encuesta Mundial de Fecundidad) mostraron el escaso poder explicativo que ellos tenían sobre el descenso de los niveles de la fecundidad (Leete, 1999).

Como alternativa a los estudios de orden más bien económico, desde mediados de los años ochenta se comienza a abrir paso una nueva corriente que postula a los aspectos culturales como la clave explicativa del proceso de descenso de la fecundidad; ello, sin desconocer la importancia que revisten las variables de carácter estructural e individual. Van der Kaa (1987) y Lesthaeghe (1986 y 1988), que figuran entre sus principales promotores, se apoyan en la "teoría del cambio ideacional" de Inglehart (1977) para atribuir la responsabilidad principal de la disminución de los niveles de la fecundidad a la difusión entre la población de nuevas aspiraciones y actitudes hacia la formación de las familias. De este modo el descenso de la fecundidad se enmarcaría en un proceso de largo aliento, donde los cambios en los valores se complementarían con aquellos derivados de transformaciones estructurales.

Por su parte, Santow y Bracher (1999) denominan "feedback mechanism" a la influencia que tiene el que un grupo reduzca el número de hijos para que el resto de la población adopte el mismo comportamiento. Dicho de otra manera y trayendo estas afirmaciones al terreno del presente trabajo, tendríamos que un grupo pionero de mujeres que adoptó tempranamente la regulación de su fecundidad habría sido el germen para que actuara el "feedback mechanism" una vez que la disponibilidad de los anticonceptivos se tornó masiva.

El trabajo que planteamos a continuación busca abundar sobre las razones que tuvieron las mujeres mexicanas para reducir el tamaño de su descendencia y los escollos que encontraron en su camino. Este estudio constituye en realidad la tercera etapa en el análisis de la transición hacia un régimen de baja fecundidad en México. Originalmente cada una de las autoras trabajó el tema utilizando las historias de uniones y nacimiento de la Encuesta Mexicana de Fecundidad de 1976 (EMF) que formó parte de la serie de las World Fertility Survey (WFS) (Juárez, 1983; Quilodrán, 1983). De manera separada cada una concluyó que la tendencia de los niveles de la fecundidad se revierte hacia mediados de los años sesenta y que son las generaciones 1942-1946, las responsables de este hecho (generaciones transicionales). Estas mismas generaciones fueron las que transitaron en menor proporción hacia un cuarto hijo y entre las que lo hicieron una proporción todavía menor tuvo un quinto. Con estos antecedentes de orden eminentemente cuantitativo emprendimos a fines de los años ochenta un segundo trabajo en esta línea (Juárez y Quilodrán, 1990) cuyo propósito fue caracterizar al grupo de mujeres pioneras del cambio reproductivo en México con información, esta vez, de la Encuesta Nacional Demográfica 1982 (END). Con base en sus características demográficas y socioeconómicas –lugar de residencia, niveles de escolaridad de ellas y sus cónyuges, ocupación de los cónyuges, edad a la primera unión y tipo de unión– logramos establecer el perfil que transcribimos a continuación:

> A modo de retrato hablado, la mujer que inició el proceso de transformación de los patrones reproductivos en México habría reunido las siguientes condiciones: haber nacido después de 1941, haberse casado después de los 20 años en unión legal, vivir en un área metropolitana, contar con una escolaridad equivalente al menos a la primaria completa, y con un cónyuge profesional o de nivel afín.

Como lo deja en claro esta descripción el grupo de pioneras fue muy selectivo puesto que se trataba de mujeres cuya posición social y la de sus cónyuges era hasta cierto punto privilegiada en los años sesenta cuando inician el proceso de formación de sus familias. ¿Cómo llegaron estas mujeres a modificar su comportamiento reproductivo? ¿Cuál fue su actitud frente a la regulación de su fecundidad? La información disponible en las encuestas de la época, e incluso en la mayoría de las actuales, no permite contestar preguntas como estas. De ahí surgió entonces la idea de pasar a una tercera etapa donde pudiéramos interrogar detenidamente a un cierto número de mujeres con las características de la mujer pionera recién descrita. Esta vez se trataba de indagar *las razones* que las indujeron a regular su fecundidad de manera voluntaria y *los medios* que utilizaron con esta finalidad. La lectura detenida de los relatos obtenidos con entrevistas en profundidad nos permite remontar sus historias de vida y, de este modo, identificar los factores que influyeron sobre sus nuevas actitudes ante la reproducción. Al mismo tiempo, deben informarnos sobre los métodos que utilizaron para abandonar el régimen de fecundidad al cual estaban sujetas pero, sobre todo, proporcionarnos las percepciones que ellas y su entorno poseían en relación con la formación de las parejas y su descendencia.

MARCO INTERPRETATIVO, UNIVERSO DE ESTUDIO E HIPÓTESIS

Marco interpretativo

Los numerosos análisis existentes sobre la evolución de la fecundidad en México, incluidos los nuestros, habían explorado extensamente la influencia de las variables intermedias (Davis y Blake, 1956), así como la de los factores estructurales. Los análisis de los diferenciales por estratos sociales, pero especialmente, por lugares de residencia, niveles de escolaridad de las mujeres y sus cónyuges, así como por el tipo de ocupación de estos últimos, confirmaban que cuanto más "modernas" eran las mujeres más bajos eran sus niveles de fecundidad.

De cierta manera el primer artículo sobre las pioneras (Juárez y Quilodrán, 1990) se apartaba ya de aquellos que privilegiaban el análisis de los diferenciales de fecundidad. En él se buscó identificar al grupo de mujeres cuyo promedio de hijos era inferior a cinco. Una vez que se determinó quiénes eran estas mujeres (generaciones) se procedió a caracterizarlas con base en sus atributos sociodemográficos, los cuales están contenidos en el perfil señalado más arriba.

Para avanzar más en la comprensión del proceso de transición de una fecundidad alta a una baja, y con base en el conocimiento obtenido en este primer análisis, ideamos interrogar a algunas mujeres pioneras con el propósito de adentrarnos, si no en el mundo de los valores que es una empresa de otra envergadura, en uno que nos permitiera acercarnos a aspectos de orden más bien psicosocial y traspasar de este modo el ámbito de lo cuantitativo para incursionar en la dimensión de las percepciones y actitudes en torno a la formación de sus familias, haciendo hincapié, además, en el papel desempeñado por el esposo en todo este proceso.

Luego de revisar la literatura centrada en los marcos y modelos explicativos del descenso de la fecundidad, nos pareció que lo más adecuado para desentrañar las razones de este descenso, era adoptar, como lo hacen Lesthaeghe y Vanderhoeft (1999), las tres precondiciones formuladas por Coale (1977) para el descenso de la fecundidad marital. A partir de la experiencia obtenida con el Proyecto de Princeton sobre la fecundidad europea, este autor enuncia tres precondiciones para que se inicie el descenso, las cuales se conocen como (RWA): Readiness, Willingness y Ability.

1. (R) Readiness: Racionalidad en torno al cambio

Esta precondición encuentra su fundamento en el hecho de que la función de utilidad de la familia descansa en el número de hijos; esto, bajo la hipótesis clásica de la maximización de las ventajas que aporta un tamaño reducido. En esta línea de pensamiento tenemos a Becker, quien considera que la demanda de hijos depende de la utilidad que éstos tienen para sus padres (por ejemplo, costos de los hijos). Caldwell (1982) postula, por su parte, que la reducción de los niveles de la fecundidad resulta de la reversión del sentido de los flujos de riqueza. La transmisión pasa de ser de hijos a padres a ser de padres a hijos. Easterlin (1976), por su lado, se aproxima a esta línea de argumentación al afirmar que las decisiones sobre el número de hijos están basadas exclusivamente en los intereses de los padres.

La ventaja de los modelos anteriores, basados en la teoría económica, es su riqueza conceptual y su predilección por las especificaciones formales. Las desventajas, según los autores recién citados, están ligadas con los siguientes aspectos:

- Muchos de los conceptos son multidimensionales y, por lo mismo, difíciles de captar, por ejemplo, la calidad y la utilidad de los niños.
- La dificultad para definir las motivaciones con preguntas simples.
- La complejidad, tanto para los actores como para los observadores, de estimar adecuadamente el saldo entre costos y beneficios (Burch, 1996 y Robinson, 1997).[3]

Estas teorías de corte microeconómico explican muy bien de manera conceptual por qué el control de la fecundidad puede ser ventajoso para las familias, pero hasta ahora no se ha logrado disponer de medidas confiables respecto a los elementos esenciales que plantean. Los estudios que han tratado de medir de manera directa la utilidad de los hijos han sido realizados por psicólogos sociales, como Fawcett (1972), más que por los propios economistas que son quienes las formularon.

2. (W) Willingness: Apertura al cambio

La primera vez que Coale (1973) se refiere a esta precondición afirma que "la fecundidad debe estar dentro del cálculo de elección conciente por parte de los padres potenciales, quienes deben considerarla una forma de pensamiento y comportamiento aceptables para sopesar sus ventajas y desventajas". Luego, en 1977, bautiza las precondiciones y las precisa mejor. La *"Willingness"* haría entonces referencia "a las condiciones que legitiman

[3] Citados por Lesthaeghe y Vanderhoeft (1999).

la adopción de nuevos comportamientos con base en las estructuras normativas interiorizadas por los individuos de la sociedad en cuestión. Se trata de la modificación de percepciones arraigadas en los códigos establecidos y en las creencias tradicionales, así como de la voluntad de vencer las objeciones morales y los miedos que rodean estas últimas.

La condición (W) ha sido mucho menos estudiada que la (R), a pesar de que una gran parte de la discusión del proyecto de Princeton se encuentra justamente ligada a ella. En efecto, el concepto de secularización, entendida como una disminución de la credibilidad atribuida a la religión, pertenece al ámbito de la condición *W* ya que hace referencia a un conjunto más extenso de prácticas sociales, prácticas que van de hecho más allá de la secularización occidental con respecto al cristianismo. La secularización, además de presentarse aunada a una política de laicidad, expresa una autonomía creciente con respecto al control de la fecundidad y la salud, y más ampliamente, con respecto a *la legitimidad de interferir con el orden natural.*

Dada la importancia del concepto de secularización vale la pena ampliarlo recuperando una vez más las afirmaciones hechas por Lesthaeghe y Van der Kaa, al respecto. Así tenemos que la secularización:

- Implica la legitimidad de interferir con la naturaleza o con el orden natural, el cual representa en definitiva una construcción cultural.
- Se refiere a la posibilidad que tienen los individuos de cambiar el "orden natural" y abandonar así el fatalismo, que es un rasgo muy acendrado en muchas sociedades.
- Depende de las creencias tradicionales y de los códigos de conducta, de las prescripciones norma-

tivas, así como de la severidad de las sanciones ligadas a las transgresiones de todos estos.

Sin embargo, los cambios requeridos no dependen solamente de la disposición psicológica de los individuos de llevarlos a cabo, depende también de factores institucionales. Así lo afirmaba ya en 1880 Dumont,[4] quien sostenía en su teoría de la capilaridad social que los aspectos culturales y económicos intervenían en las decisiones de los padres con respecto a sus hijos. Según él, cuando los padres aspiran a una movilidad ascendente, que ellos mismos no han podido lograr, la proyectan sobre sus hijos y los preparan para alcanzarla invirtiendo en la salud y en la escolaridad de ellos.

Los temas relacionados con el control del orden natural y, más concretamente, aquellos que tienen que ver con el manejo que las personas hacen de su propio destino, no han sido nunca incorporados en las grandes encuestas de salud o fecundidad. Esta carencia ha impedido hasta la fecha operacionalizar estos conceptos, vale decir, convertirlos en indicadores manejables cuantitativamente.

3. Ability: Tener la disponibilidad/acceso

Esta precondición se refiere a la posibilidad de incorporar nuevas formas de comportamiento dada la existencia y disponibilidad de innovaciones. En el caso de la fecundidad alude al acceso a la tecnología anticonceptiva por parte de las mujeres. La importancia de la "*ability*" para el cambio puede tener un valor meramente psicológico y desaparecer cuando la accesibilidad a la innovación se haya generalizado.

[4] Citado por Lesthaeghe y Vanderhoeft (1999).

La condición de disponibilidad o acceso (*A*) ha sido ampliamente abordada principalmente en los estudios de planificación familiar. Desde los años sesenta cuando se realizaron las primeras encuestas sobre Conocimientos, Actitudes y Prácticas (KAP) en Estados Unidos, el propósito principal era evaluar los conocimientos respecto a la práctica anticonceptiva. Algunos consideraban que la falta de conocimiento constituía el cuello de botella principal para incrementar el uso de anticonceptivos; en cambio, otros consideraban que el eslabón más débil era la falta de motivación.

En resumen, tenemos que las tres precondiciones –*RWA*– permiten, por un lado, integrar los paradigmas económicos y no económicos de las transiciones hacia un nuevo modo de comportamiento; por otro, comprender más fácilmente que las transiciones pueden adquirir modalidades distintas dependiendo de la composición de *RWA* al inicio del proceso y por la rapidez con la cual evoluciona cada una de estas precondiciones. De este modo se podrían reconocer los factores que pueden estar obstaculizando la adopción de los anticonceptivos, aquellos que constituyen los cuellos de botella que retrasan la transición, en este caso, hacia una baja fecundidad. Lo fundamental sería, entonces, que los modelos no se construyeran teniendo en cuenta solamente la difusión del conocimiento y la disponibilidad de los contraceptivos (*A*), sino que se lograra la aceptación de las ventajas económicas (*R*) que representa un número más reducido de hijos y que esto se hiciera reconociendo los obstáculos que representan las percepciones sociales, culturales, e incluso psicológicas dominantes en cada sociedad (*W*).

Universo de estudio y fuente de datos

Las mujeres a ser entrevistadas debían reunir el perfil de las mujeres pioneras que habíamos elaborado en el trabajo anterior ya referido (Juárez y Quilodrán, 1990). Para responder a este perfil buscamos interrogar mujeres residentes en la Ciudad de México, de modo de cumplir, en primer lugar, con la condición de pertenecer a un área metropolitana y luego, con aquellas relativas a haber cursado al menos el nivel primario completo, estar casadas y que su cónyuge poseyera un título profesional o desempeñara alguna actividad socioeconómica equivalente. Un conjunto de mujeres con estas características representa por definición un grupo selecto. Posee una fecundidad comparativamente baja con respecto a sus contemporáneas –menos de 5 hijos en promedio– y son bastante homogámicas en relación con su origen social. Estas mujeres tienen, además de edades cercanas a las de sus cónyuges (homogamia etaria), niveles de escolaridad relativamente próximos a éstos (homogamia escolar) y provienen de familias que residían, la mayoría de las veces, en el mismo barrio o en uno similar (endogamia).

En total se completaron 25 entrevistas en profundidad a mujeres pertenecientes y sobrevivientes de las generaciones transicionales (1942-1946). La centralidad atribuida a la necesidad de captar la actitud de las mujeres frente a la reproducción nos condujo a introducir en la guía de entrevista una amplia gama de temáticas. De cualquier forma, la guía no representaba durante la entrevista más que un guión de ayuda para el entrevistador, ya que uno de los objetivos importantes era no interrumpir las narraciones de las mujeres aunque se refirieran a aspectos aparentemente periféricos a los contenidos en la guía.

La guía de entrevista contenía seis subtemas, de los cuales el primero estaba dedicado a introducir la entrevista. En él se solicitaba que la entrevistada proporcionara información sobre su familia de origen, información que nos permitiría ubicar a la mujer en su contexto espacial y socioeconómico familiar. En esta parte se preguntaba también sobre aspectos relativos a la sobrevivencia y escolaridad de sus padres y hermanos. En el segundo subtema se captaban datos respecto a la propia entrevistada, en relación con su edad, lugar de nacimiento, migración, nivel de escolaridad, historia laboral y, si no trabajó, respecto a si eventualmente le hubiera gustado hacerlo. El tercer subtema estaba dedicado a la formación de la pareja: noviazgo, lugares de encuentro, elección del cónyuge, y percepción de los padres sobre esta elección.

El cuarto subtema estaba referido íntegramente a la formación de la descendencia de la mujer pionera. Un número importante de preguntas estaba dedicado justamente a indagar las razones que tuvieron para tener menos hijos que la mayoría de las mujeres de su generación: ¿qué tanto fue una decisión exclusivamente de ella? O bien, ¿esta decisión estuvo mediada por la influencia de su esposo y/o la de sus familiares y amigos? ¿Qué tanto esta decisión correspondía con sus ideales reproductivos y con aquellos de su esposo al momento de casarse? Se aprovechó también para indagar sobre los posibles abortos, y muy detalladamente sobre la planificación y los métodos usados para evitar los embarazos no deseados. Por lo demás, se hace especial hincapié respecto al conocimiento que ella y su esposo tenían de las formas de prevenir los embarazos. En este mismo subtema se preguntó respecto a los intervalos protogenésico e intergenésico, y en caso de que la mujer trabajara, quién la apoyaba con el cuidado de sus hijos.

En el subtema cinco se buscó obtener la opinión de la entrevistada en cuanto a la percepción que ella tenía sobre su propio nivel de religiosidad y algo más ampliamente, sobre la que tenía respecto a los cambios generacionales ocurridos en relación con la dimensión de la prole, la formación de la pareja, así como sobre el uso de anticonceptivos.

Finalmente, como una manera de precisar y facilitar la reconstrucción de la historia de vida de las mujeres pioneras, el subtema seis se dedicó a la identificación temporal de los principales eventos sociodemográficos sobre los cuales se indagó en la entrevista: nupcialidad, fecundidad, migración, escolaridad y trabajo.

Hipótesis

La hipótesis general que guía este estudio es que el cambio de los comportamientos demográficos está asociado con transformaciones en distintos ámbitos de la vida social, incluida el de las tecnologías, y que, por lo mismo, sus explicaciones deben ser abordadas de una manera lo más comprehensiva posible.

Se parte del hecho de que la mujer pionera ya cumple con la condición de *estar conciente de las ventajas de tener menos hijos* o sea, que al contraer matrimonio la entrevistada ya poseía la (R) *Readiness*, vale decir, una *racionalidad en torno al cambio.*

De aquí que las hipótesis –específicas– formuladas consideren solamente dos de las tres precondiciones establecidas por Coale, aquellas relativas a la *Apertura al cambio*, *Willingness* (W) y a la *disponibilidad/acceso*, *Ability* (A).

Hipótesis relativas a la precondición (W) de *Apertura al cambio.* La mujer pionera tuvo la capacidad de cambiar porque:

1. Comparte con su cónyuge *una actitud positiva* hacia la regulación de la fecundidad e incluso, un tamaño ideal de familia semejante.
2. La familia –padres, hermanos y demás parientes–, así como la comunidad en general, *comparten o al*

menos toleran el proyecto de la mujer pionera *de regular su fecundidad.*

Hipótesis relativas a la precondición *Disponibilidad/ Acceso al cambio* (A). La mujer pionera pudo cambiar porque:

1. Poseía un conocimiento de los métodos disponibles para el control de su fecundidad y una disposición para adoptarlos.
2. La disposición al uso de métodos para regular la fecundidad se vio reforzada por la tecnología anticonceptiva moderna.

EL DESCENSO DE LA FECUNDIDAD Y LAS PIONERAS

El descenso de la fecundidad en México no fue ni el más tardío ni el más rápido de los observados en la región latinoamericana. Iniciado a mediados de los años sesenta, precedió a la difusión de la tecnología anticonceptiva que data de los años setenta con el Plan Nacional de Planificación Familiar instaurado en 1977. No obstante, esta situación no es exclusiva de México; históricamente, en muchos países el proceso de descenso de la fecundidad se desencadenó antes de la regulación vía métodos anticonceptivos modernos. Otro aspecto común de la transición mexicana con la de otros países, es el ligero incremento que experimentaron sus niveles de fecundidad antes de comenzar a disminuir (Dyson y Murphy, 1985; Quilodrán, 1983, 1991).

Dependiendo de las fuentes de datos utilizadas podemos situar en alrededor de 7 hijos la fecundidad máxima alcanzada por las mujeres mexicanas unidas. Nos estamos refiriendo a las generaciones nacidas hacia fines de los años treinta e interrogadas a mediados de los setenta en la Encuesta Mexicana de Fecundidad 1976-1977. Para 1980, los datos de la Encuesta Nacional Demográfica permiten estimar este mismo indicador en 4.4 hijos, o sea un descenso de la fecundidad equivalente a 37% (Quilodrán, 1983; Juárez *et al.*, 1996). Las cifras más recientes proporcionadas por el Consejo Nacional de Población (Conapo, 2004), sitúan la tasa global de fecundidad en 2.2 hijos. Como podemos apreciar, se trata de un nivel cercano al reemplazo de la población, el cual habría tomado poco más de 30 años en implantarse. Así tenemos que baja la fecundidad general, pero también se reduce la fecundidad marital, cuyos niveles máximos conocidos alcanzaron los 9.3 hijos en promedio entre las mujeres de 45-49 años de edad pertenecientes a las generaciones nacidas a finales de los años treinta (Quilodrán,1983). Estos valores comienzan a reducirse poco a poco, como resultado de un control especialmente de dimensión. Así quedó demostrado con las estimaciones ya mencionadas de las probabilidades de crecimiento de la familia (Juárez, 1983, 1984, 1994). La inflexión de estas probabilidades ocurrió hacia mediados de la década de 1960, y con esto puede darse por iniciado el proceso de adopción de un nuevo patrón reproductivo en el país, cuya difusión se generalizará y profundizará en las generaciones más jóvenes. La magnitud y la velocidad con la cual se produjo la caída de la fecundidad en México ponen en evidencia los profundos cambios por los cuales ha venido transitando la sociedad mexicana.

Considerando los aspectos metodológicos subyacentes a la definición de lo que consideramos *a priori* como "mujer pionera" cabe volver sobre la manera en que se efectuó. Ambas autoras de este trabajo llegamos, a través de distintas aproximaciones, a la conclusión de que las generaciones en las cuales comenzó a ser visible el descenso de la fecundidad a nivel país, fueron las correspondientes a las mujeres nacidas entre 1942 y 1946 (Quilodrán, 1983 y Juárez, 1983). Una medida *proxy* de las probabilidades de agrandamiento de la familia conocidas como (B_{60})[5] (Juárez, 1983), que muestra la forma en que las mujeres empiezan a modificar la intensidad y calendario de sus nacimientos, sirvió para precisar el inicio de este proceso de descenso de la fecundidad. Lo que resultó de la aplicación de esta metodología refrenda que es a partir de las generaciones nacidas en 1942 que la tendencia se revierte (Quilodrán, 1983); y que esto ocurre como consecuencia de que las probabilidades de tener un quinto hijo disminuyen, a lo cual se agrega un alargamiento del intervalo entre el cuarto y el quinto hijo. Así tenemos que los elementos que nos permiten diferenciar a las "mujeres pioneras" o sea, aquellas que optaron por familias reducidas en comparación con el resto de sus contemporáneas, son la generación –momento en que nacieron– y el orden del hijo en que comenzaron a controlar su reproducción. Estas denominaciones de familias de "paridez reducida" (menos de 5 hijos en promedio) o "alta" (5 hijos y más en promedio) deben ser entendidas en términos relativos, válidos para un periodo en que imperaban niveles de fecundidad general y marital elevados. Ahora, si consideramos una edad promedio a la primera unión cercana a los 20 años resulta lógico que los cambios recién mencionados comenzarán a manifestarse hacia la mitad de la década de 1960. Por esta razón es solamente hacia 1965 (Juárez) o 1968 (Quilodrán), que una cierta disminución de los niveles de la fecundidad se hace perceptible. A partir de

[5] Las probabilidades de agrandamiento de las familias, a_i, sólo se pueden estimar para mujeres que han completado su periodo reproductivo. La metodología de tablas de vida y el enfoque de truncamiento permiten estimar probabilidades condicionales de pasar de un hijo "x" a "x + 1" no sesgadas que son una medida similar a las a_i; para mayor detalle del método referirse a Juárez, 1983 y Juárez, 1994.

este momento comienza el comportamiento que hemos calificado de "pionero", el cual se expande de generación en generación, alcanzando progresivamente no solamente las áreas urbanas del comienzo sino abarcando poco a poco también las áreas rurales. De esta manera la transformación de la fecundidad termina por cubrir a todo el país.

En la descripción de la "mujer pionera" que transcribimos en la introducción de este trabajo, se señalaban las características demográficas y sociales que las distinguen de las generaciones pretransicionales (1937-1941). Entre estas características destaca su edad más tardía a la primera unión, 62% de ellas se unió después de haber cumplido los 20 años en comparación con solamente 39% en las generaciones pretransicionales. En lo que respecta a las diferencias en cuanto a las proporciones entre tamaños de localidad, lo que se constata es que este grupo está presente mayoritariamente en los sectores urbano (45.2%) y metropolitano (53.5%) alcanzando solamente 24.9% en las zonas rurales. Se trata al mismo tiempo de mujeres que poseen al menos 7 años de escolaridad y cuyos esposos han cursado estudios universitarios o tienen una posición económica holgada. Todo lo anterior permite afirmar que el grupo de mujeres pioneras pertenecía a los estratos sociales medios y altos de la sociedad de los años sesenta.

Las pioneras no representaron más que 36% de las generaciones nacidas entre 1942 y 1946, o sea, poco más de un tercio del total de su generación, pero aun en esta proporción fueron capaces de hacer visible un cierto descenso de la fecundidad a nivel del conjunto del país.

ANÁLISIS DE LOS RELATOS DE LAS MUJERES PIONERAS

Los relatos obtenidos con las entrevistas en profundidad que llevamos a cabo debían servirnos para entender la manera en que se van "reinventando" los comportamientos; en este caso la forma en que las mujeres identificadas como de menor fecundidad en nuestros estudios previos llegaron a adoptar un comportamiento innovador en cuanto al número de hijos.

¿Cómo emprender esta búsqueda? Como ya se explicó, la opción fue adoptar el marco conceptual de las precondiciones enunciadas por Coale (1977) y retomadas más recientemente por Lesthaeghe y Vandehoeft (1999). La razón principal de esta elección la constituye el hecho de que estas precondiciones en especial, las relacionadas con (*w*) *apertura al cambio*, permiten conjugar elementos de orden psicosocial –principalmente actitudes– con rasgos de tipo cultural y de este modo, integrar en el análisis decisiones personales de las entrevistadas con actitudes provenientes de los integrantes de su familia y entorno próximo. La selección del grupo de mujeres a entrevistar se hizo en función de que reunieran las características asociadas a la mujer pionera que se había definido y que se ha mencionado ya varias veces.

En la lectura y análisis de las entrevistas que presentamos a continuación buscamos recuperar cada una de las etapas del curso de vida de la mujer pionera. Esta perspectiva, que fue la adoptada para la realización de la guía de entrevista ya descrita, resultó de gran utilidad pues proporcionó fluidez a los relatos de las mujeres. En un primer momento, nos referiremos a su entorno familiar para saber cuán diferente eran ellas de su familia próxima y, en general, de su entorno social cercano (familiares, amistades, compañeros de trabajo). Esta parte abarca la composición familiar, hermanos, tíos, el tiempo de sobrevivencia de los padres, el nivel de escolaridad de estos últimos y de ella misma así como sus ocupaciones, entre otros aspectos. Enseguida, exploramos el periodo de cortejo y sobre todo el noviazgo con el novio que terminó siendo su esposo. La tercera parte está dedicada al tema central que nos ocupa, ya que se relaciona con las decisiones en torno a la formación de la descendencia, y especialmente, a la regulación de ella. Finalmente, nos interesamos por las percepciones de las pioneras respecto a los cambios generacionales, lo cual nos aporta elementos muy valiosos sobre la dirección e intensidad de éstos, especialmente en el área de sexualidad y anticoncepción.

El entorno social y familiar de la mujer pionera

Los padres de las pioneras, al igual que sus esposos, contaban con carreras universitarias u ocupaciones equivalentes. En cambio, salvo excepciones (viudez o separación), las madres casi nunca trabajaron. No obstante, tanto el padre como la madre poseían los niveles de escolaridad máximos que se alcanzaban en la época en que ellos vivieron su juventud, vale decir, aproximadamente durante el periodo 1915-1920. Cabe destacar que algunas de las madres cursaron incluso la universidad. Por su parte, el número de hijos que tuvieron estos padres raramente superó los cuatro. Esto nos habla de que los padres de las pioneras formaban parte, a su vez, de una elite educada y probablemente con menos hijos que el resto de sus contemporáneos (TGF de casi 6 hijos en promedio en 1930, Mier y Terán, 1982), pero no lo suficientemente numerosa como para influir sobre los niveles de los indicadores nacionales de la fecundidad, como sí ocurrió con la generación de sus hijos, o sea la generación pionera que estamos estudiando.

En realidad, fue la generación de los padres de las pioneras quienes prepararon la actitud positiva al cambio que se observa en ellas. Invirtieron en educación tanto de sus hijos hombres como de sus hijas mujeres, aunque favoreciendo todavía una escolaridad más larga entre sus hijos varones. Esto podría interpretarse como que los padres de las pioneras estaban en posesión de una cierta "racionalidad en torno al cambio" (*Readiness*) puesto que al invertir en el futuro de los hijos, al proporcionarles educación y salud estaban revirtiendo los flujos de riqueza intergeneracionales a la manera que lo plantea Caldwell.

Puede afirmarse que estos padres no solamente promovieron una mayor educación entre sus hijas sino que también les ofrecieron un mayor número de opciones al tolerar comportamientos que hasta ese momento la sociedad en general no aceptaba fácilmente. En efecto, estas mujeres pudieron trascender el ámbito doméstico, trabajar fuera de él en forma remunerada y, por lo mismo, socializar fuera del círculo familiar. Sin embargo, es muy notorio el control que siguió ejerciendo la familia sobre "la pionera". De cualquier forma, el hecho de contar con una mayor permisividad para realizar actividades fuera del hogar paterno, por ejemplo, trabajar o estudiar creó una serie de expectativas entre las mujeres respecto a su realización personal. Se podría decir que estos aspectos en cierta forma "empoderaron" a este grupo de mujeres y generaron en ellas cambios en sus actitudes y, posteriormente, en sus comportamientos. Ellas así lo manifiestan.

> Pues mi papá siempre nos apoyó, mi papá siempre nos apoyó en todo y dejó que cada quien se encauzara en lo que le gustara, fueron en ese sentido, muy abiertos... cuando yo estuve en posibilidades de elegir estudiar una carrera, me acuerdo que la creencia era que la mujer no debía estudiar una carrera, porque se casaba, entonces lo más práctico es una carrera comercial para que trabaje jovencita y pueda comprarse sus gustos, tener dinero para viajar.
> (Marcela)

Sin embargo, paralelamente al reconocimiento de poseer una familia ayudadora y tolerante (padres y hermanos), la percepción de la pionera respecto a la sociedad de su época es que ésta era muy conservadora, que reforzaba los roles tradicionales: la mujer casada en la casa, el hombre como único sostén económico del hogar y donde la llegada del primer hijo no podía ser pospuesta porque simbólicamente expresaba la consolidación del nuevo núcleo familiar. O sea, que estamos frente a la coexistencia de comportamientos modernos, como podría ser considerado el proporcionar una educación más prolongada a las mujeres y tradicionales como el seguir aceptando sin cuestionamiento el modelo de división de género imperante.

> En esa época se acostumbraba a la hora que se casaba uno, dejar de trabajar ya que era mal visto, porque era como considerar que el marido no era autosuficiente para poder mantener a la familia.
> (Angélica)

Lo anterior se veía aún más reforzado por la persistencia de normas tradicionales en el ámbito del trabajo. Así, por ejemplo, hacia 1970 se impedía a las mujeres, en la esfera empresarial privada (por ejemplo, bancos), continuar trabajando una vez que se casaran o estuvieran embarazadas. Como consecuencia de este tipo de reglamentación, la mujer pionera, aunque no lo deseara, tenía que elegir entre trabajo y matrimonio y lo que hizo fue más bien postergar un poco este último y al casarse dejar de trabajar. A esto se añade que la normatividad social privilegiaba la maternidad y otorgaba exclusivamente al hombre el papel de proveedor. Lo que la mujer pionera vive en realidad es un dilema entre formar una pareja y con ello amoldarse al rol tradicional, o continuar trabajando con el riesgo de no llegar a casarse.

> Había en el banco donde trabajaba una situación muy especial. Cuando yo entré al banco las mujeres no podían, ya no digo embarazarse, no podían casarse. La mujer tenía que salirse en cuanto se casaba en los primeros tiempos del banco, posteriormente ya se permitió que se casaran, esto yo te estoy hablando de los años setenta.
> (Cecilia)

> Trabajaba, nada más que antes de dar a luz renuncié, la compañía en que yo estaba, no permitía mujeres con hijos ni embarazadas ni nada, entonces tenía yo que renunciar; ya no me podían dar permiso o incapacidad, no, no.
> (Lourdes)

Noviazgo y matrimonio

La familia de la mujer pionera mantuvo un control férreo sobre los encuentros prematrimoniales. Esto lo logró a través del manejo de los espacios de encuentro de los jóvenes (fiestas en las casas de las muchachas con presencia de los padres) así como vigilando sus salidas (chaperones). Todavía en esa época las madres jugaban a menudo el rol de chaperonas y si no eran ellas, las acompañaban los hermanos. De cualquier forma, había menos permisividad para las hijas que para sus hermanos.

> Todo el tiempo teníamos chaperones, y en la casa de usted, nos visitaban..., vivimos un noviazgo acompañados, pero en teatros, en la opera, en el ballet, en conciertos... Nos gustó... a todos lados íbamos a pasear y especialmente en el ambiente familiar... hacíamos fiestas todo el tiempo en la casa, y invitábamos ahí a los jóvenes.
> (Lourdes)

Al control sobre los espacios se sumaba la transmisión de un "modelo ideal de esposo". Este mensaje lo enviaban básicamente las madres y abarcaba evidentemente a los novios.

> Entonces se consideraba que lo adecuado era el hijo de un buen matrimonio, de un matrimonio como el de mis papás, con principios, con valores. Aparte él (el novio) siempre fue muy respetuoso con mis papás con las normas que ellos pusieron y todo eso. Yo pienso que esto tuvo mucho que ver. Mis padres siempre lo quisieron mucho, no nada más lo aceptaron. Hasta la fecha mi mamá, le puedo decir, que le tiene una confianza y un cariño tremendo, es un apoyo. (Guadalupe)

> (se decidió por el esposo porque)... lo veía muy cariñoso con su familia, muy cariñoso con sus hermanitas, respetuoso con ella, entonces yo pensé que era una persona que se inclinaba hacia una familia, era muy trabajador, muy inquieto, muy audaz, y era una persona entusiasta, honrado, bueno de verdad, no era bebedor, ni mujeriego entonces me pareció la persona correcta.
> (Eugenia)

Lo más frecuente es que la mujer pionera haya tenido alrededor de tres novios incluido el esposo actual. Solamente una de las entrevistadas reporta cuatro novios, y dos solamente al marido. Casi todas ellas los conocieron en fiestas organizadas por su propia familia o amistades. Por lo general, eran vecinos o concurrían a las mismas escuelas que sus hermanos o primos. Esto no hace más que confirmar la alta homogamia que prevalecía en este grupo de mujeres y las expresiones siguientes reflejan el contexto normativo que operaba para favorecerla.

> A mi marido lo conocí en casa de un primo. Mi primo había sido compañero de él en la primaria y de los Scouts... ahí

me lo presentaron y después en una fiesta tuve la oportunidad de otra vez de verlo y empezamos a salir y nos hicimos novios.
(Susana)

En cuanto a las edades al casarse podemos distinguir dos grupos de mujeres pioneras. Uno que se casa relativamente temprano, entre los 21 y 22 años (edad superior a la media del país de la época); y otro que lo hace mucho más tarde, cercano a los 30 años. Estos últimos casos responden a mujeres que por diversas circunstancias continuaron trabajando: rompimiento de noviazgos y a veces la necesidad de aportar dinero al hogar de los padres. Pero lo más importante es que la experiencia del trabajo había instalado en la mujer un sentimiento de satisfacción, de independencia cuyo abandono por el hecho de casarse no les terminaba de agradar. En esta parte los discursos no son tan claros ya que normalmente no expresan un rechazo a casarse y menos a tener hijos. Sin embargo, la disposición de las familias a disminuir el control de los encuentros y flexibilizar los requisitos que debía reunir el novio/esposo al avanzar la edad de la joven soltera revela el valor asignado a que la mujer se casara y cumpliera así su rol tradicional. Esto sin que la regla general de casarse con alguien semejante (mismo grupo social) haya sido nunca abandonada (Quilodrán y Sosa, Parte 3, capítulo 1).

Uno de los rasgos de la mujer pionera que llama más la atención es que a pesar de que postergaron un poco su matrimonio no reportan haber mantenido relaciones sexuales antes de casarse. Esto refleja en el fondo la efectividad del control familiar que acabamos de reportar.

Uno, tenía uno la virginidad yo creo que hasta el cuello y entonces, ni el muchacho insistía ni a uno se le pasaba

> por la mente. La ilusión era de casarse y llegar virgen al matrimonio.
> (Graciela)

También es de destacar la claridad con la cual estas mujeres expresan su deseo de haber continuado trabajando después de casadas y los beneficios que les hubiera proporcionado. El trabajo es percibido por ellas como algo muy positivo porque les procura independencia de su propia familia, tanto desde el punto de vista económico como en su participación en actividades extrafamiliares. Como dijimos antes, las pioneras no tenían intención de renunciar al matrimonio aunque lo hayan pospuesto con respecto a la mayoría de las mujeres de su época; a lo que no querían renunciar era a la ampliación de su espacio de vida, así como a la relativa independencia económica que les procuraba un trabajo, en suma, a la realización personal. Esto explicaría que las mujeres que pasaron más tiempo trabajando antes de casarse fueran también las que buscaran con más ahínco reintegrase a él y para hacerlo allegarse de la ayuda de sus madres para la crianza de sus hijos y compatibilizar de este modo, vida familiar y trabajo.

> Yo quería realmente seguir trabajando, porque yo no me quería estancar profesionalmente, pero yo seguir con mi casa y con mis hijos, y con mi marido, y con mis papás y con mi familia; o sea,... ¡eso es lo difícil!
> (Graciela)

El tema de compatibilizar el trabajo y la crianza de los hijos es recurrente en el discurso de las mujeres. Muchas de ellas regresan a trabajar cuando ya los hijos están en la escuela, pero siempre contando con el apoyo especialmente de sus madres aunque tuvieran servicio doméstico. Lo que trataba de hacer la mujer era que alguien asegurara el buen cuidado de sus hijos y ¿quién mejor que su propia madre que no trabajaba fuera del hogar?

De cualquier forma existía una tensión con respecto al trabajo de la mujer desde el momento mismo del noviazgo, porque el grupo social exigía al futuro marido el cumplimiento de su papel como proveedor económico único una vez casado. Si la mujer casada trabajaba se presumía que el marido no podía cumplir con esta última condición. Ahora, una vez que la esposa había cumplido con la norma de abandonar el trabajo al momento de casarse y de haber tenido al menos el primer hijo, la postura ante estos temas y otros se flexibilizaba, sobre todo por parte del esposo.

Decisiones sobre la formación de la descendencia: razones

Las mujeres pioneras no fueron transgresoras en la medida en que tuvieron su primer hijo de inmediato, tal como lo prescribían las normas. Tampoco lo fueron con respecto a la sexualidad prematrimonial y al trabajo después del matrimonio fuera del hogar. Aun cuando muchas de ellas no se plantearon explícitamente controlar su fecundidad antes de casarse, estaban concientes de que era muy difícil dar la atención que deseaban otorgar a los hijos si éstos eran muy numerosos. Lo que se deriva de los relatos a este respecto es que aun sin tener en mente un número exacto de hijos, la idea era que éste no debía exceder los 3 o 4. Cabe recordar que el referente era el de su propia familia, la cual pocas veces excedió los 5 hijos.

> Tener hijos no debe ser un sacrificio debe ser una satisfacción, entonces tú tienes que saber hasta dónde realmente los

> puedes disfrutar y atender, entonces así fue que decidimos tener cuatro.
> (María Luisa)

> Antes de casarme decía yo "los que Dios quiera", cuando nos casamos dijimos "vamos a planear la familia", y ya después de tres ya estábamos así como para ahorcarlos ¿no?, ya para el cuarto dijimos "no, se acabó"... Pero el problema no es nada más mantenerlos materialmente; lo más duro realmente es educar a un hijo y sacarlo adelante moralmente, y eso no es nada sencillo. Y entre más hijos haya, más difícil es.
> (Adela)

La pionera no fue tampoco un personaje aislado. Su actitud, diferente a la gran mayoría de las mujeres de su generación, era compartida por su propio grupo de referencia. Es curioso las veces que, expresándose de distinta manera, las pioneras hacen alusión al hecho de que la "norma" en su generación era la de tener menos hijos y ver como diferente a aquellas parejas que tenían 5 o más hijos.

> Pues mis amigas casi todas tuvieron tres, cuatro o dos... Yo diría que fue toda la generación como más consciente de la situación nueva, ¿verdad?
> (Estela)

> En el pequeño círculo donde yo me desenvolví no había más de cuatro hijos, la excepción era tener más de cuatro hijos, es más, ya cuatro hijos eran muchos.
> (María Luisa)

> Todo mundo decía que, qué bueno que habíamos tenido tres hijos, porque ni eran dos que es muy poco, ni eran cuatro que ya eran demasiado.
> (Angélica)

En realidad las mujeres pioneras no se cuestionaron la llegada del primer hijo, pero a medida que llegaban los otros se fueron planteando la posibilidad de no tener más o de tenerlos más espaciados. Argumentan que los hijos requieren mucha inversión, no solamente económica; enfatizan la calidad de la atención que se les debe otorgar. Estas razones eran compartidas por la pareja, todo lo cual fue conduciendo paulatinamente, a un cambio de actitud frente a la reproducción que se manifiesta en la búsqueda de las formas para evitar la llegada de nuevos hijos.

> No, mi primer hijo no fue planeado, fue en la luna de miel y estábamos fascinados, era aquella temporada en que definitivamente si no encargabas luego, luego te ponías preocupadísima, ¡Qué cosa tan absurda!
> (Elvira)

> Si no encargabas un hijo, luego, luego, ya te sentías, pero muy mal, porque todas estaban teniendo niños, era así como carrera.
> (Susana)

> (para el primer hijo) la gente me criticó mucho porque yo llevé el ritmo unos meses, porque además yo lo hablé abiertamente. Me preguntaban ¿por qué no te embarazas desde el primer mes? Y les contestaba, pues es que yo estoy llevando ritmo, porque yo tengo mucho interés de por lo menos disfrutar seis meses, de disfrutar la vida en pareja... A mí me tachó mucha gente en la sociedad.
> (Marcela)

Estos testimonios dan cuenta de la incorporación de la regulación de la fecundidad una vez casados, pero cumpliendo con la "demostración de fertilidad", que consistía en no postergar la llegada del primer hijo. También deja entrever la preocupación por proporcionar mayor atención a la formación de los hijos, que ven como difícil si el número es elevado.

Formas de regulación

Instalada la intención de regular la fecundidad, los cónyuges colaboran entre sí para lograrla. Es de llamar la atención la comunicación que se dio al interior de la pareja sobre este tema. Aunque es obvio que de no haber existido ésta, no se hubiera podido desencadenar el proceso dado que los métodos disponibles en esa época exigían la participación del hombre; ya se tratara del método del ritmo –el más utilizado– o el condón (menos frecuentemente).

> Mi marido y yo somos bastante disciplinados, entonces un ritmo bien llevado, puede que haya excepciones, pero a nosotros nos dio buen resultado.
> (Graciela)

> Oye ya hasta aquí, si seguimos con el método del termómetro y de todas esas cosas pues tienes que cooperar. Pues él se operó después del cuarto hijo.
> (Mercedes)

> Los dos íbamos al ginecólogo, no iba yo sola, mi esposo también iba...estaba involucrado, incluso en los partos psicoprofilácticos... fue muy participativo, o sea que fue una situación muy de familia.
> (Estela)

Dada la intención de regular la fecundidad, la figura del médico se vuelve central. La mujer pionera, de acuerdo con su esposo, acude al médico, que en un primer momento la remite al uso del método del ritmo, que era por lo demás el método que aceptaba y promovía la Iglesia. La práctica del ritmo no solamente permitió a las mujeres pioneras controlar su fecundidad sino también comenzar a satisfacer su deseo manifiesto de disfrutar su sexualidad.

> Yo creo que es bonito descubrir lo que es el sexo, con tu pareja, eso es lo que yo pienso, ..., y lo veo como ventaja en un momento dado con respecto a lo que uno vivió, pues el encanto de descubrir lo que son las relaciones sexuales y pues ir descubriendo el amor en esa faceta con tu pareja.
> (María Luisa)

En realidad lo que va surgiendo es una secularización del comportamiento reproductivo que hasta entonces había pertenecido a la esfera de lo "natural", acompañada de una toma de conciencia más precisa del funcionamiento del cuerpo.

Importancia del médico

En contraposición a la confianza que depositaron las parejas en el consejo del médico se advierte que la limitación de los nacimientos no fue un tema de conversación con sus padres. Estos últimos, con la excepción de la llegada del primer hijo, habrían más bien tolerado la regulación de la descendencia pero no alentado su práctica.

> Él era (el médico) muy afectuoso, fue el primer médico que yo vi, como antigüito,... Cuando yo le pregunté que ya no quería tener más hijos y que iba a tomar pastillas, él me las mandó.
> (Cecilia)

> Los anticonceptivos eran cosas que uno platicaba con su ginecólogo, el mejor amigo con el que uno tenía las mejores

> conversaciones, sobre todo, lo relacionado con el matrimonio, con las relaciones sexuales, con los anticonceptivos. Todo era a través del ginecólogo.
> (Marcela)

> Si te acercabas a un ginecólogo o ginecóloga pues sí te explicaba todo.
> (Susana)

> Siempre tuve el apoyo de mi ginecólogo, usé el dispositivo y lo usé 8 años y después me operé.
> (Elvira)

La realidad fue que en México los métodos anticonceptivos fueron conocidos muy tempranamente (años sesenta), aunque su disponibilidad fue limitada en un primer tiempo. La efectividad que ofrecían estos métodos modernos para evitar los embarazos no deseados, aunados al deseo de la mujer de disfrutar su sexualidad sin la amenaza de un embarazo, explica la rapidez con que éstos fueron adoptados. No obstante esta aceptación, existía en el ambiente un cierto temor hacia los efectos negativos de las pastillas anticonceptivas. Muchas mujeres sufrieron malestares que las obligaron a sustituirlos o combinarlos esporádicamente con espumas, diafragmas, óvulos, inyecciones e incluso, la esterilización de ella o de él.

> (Cuando recién casada, en los años sesenta)... aquí no había nada, lo mandabas a traer de Estados Unidos. Alguien que se iba y ...por favor te encargo esto.
> (Angélica)

> Yo conocía de los métodos anticonceptivos, bueno, algunos en revistas, libros, etc. Pues, sí habíamos oído porque ya en aquel entonces se hablaba mucho del control de ritmo y

cómo se podía evitar. Sí había información, muy superficial porque esos temas no se hablaban antes realmente.
(Lourdes)

Después de mi segunda hija volví a tomar pastillas, y después como de tres o cuatro meses, empecé a tener dolor en el busto y pues me quitaron las pastillas y usamos diafragmas, como unos 10 años y después me ligaron las trompas.
(Patricia)

Pero a pesar de las reticencias de los primeros tiempos las pastillas anticonceptivas fueron consideradas como liberadoras porque quitaron a las mujeres el miedo a las relaciones sexuales.

Sobre los métodos anticonceptivos, había muchos tabúes en el aspecto de que iban a nacer los niños sin una pierna, sin cerebro, pero, bueno, teníamos amistades y como entre las mujeres platicamos más, pero él (marido) era muy reacio a platicar esos aspectos pero aun así platicamos y él estuvo de acuerdo.
(Alicia)

Dos años después de mi cuarta hija y de usar espumas, pastillas, mi marido se esterilizó... entonces se te quita un peso de encima tremendo en tus relaciones sexuales, que antes era el pavor, de que no, no. Hasta puede afectar las relaciones sexuales con tu pareja. Ahora si voy, hoy no, hoy sí, hoy no, mañana no, tantos días no, pues yo ahorita no quiero y tú si quieres, entonces no se puede. Sí puede afectar.
(Graciela)

El miedo al embarazo parece haber representado un elemento importante en la decisión de adoptar los anticonceptivos. Sin embargo, este factor no ha sido explorado en la literatura demográfica y tampoco en estas entrevistas a las pioneras.

¿Cómo conciliaron las pioneras su catolicismo y el uso de anticonceptivos?

Aunque todas las mujeres pioneras se declaran en mayor o menor grado católicas practicantes, y algunas de ellas manifiestan incluso confesarse y comulgar a diario, admiten que la Iglesia dejó, en la época en que ellas eran jóvenes, cierto grado de libertad a la mujer en relación con la regulación de la fecundidad y sus decisiones respecto al uso de anticonceptivos. Según manifiestan, la Iglesia transformó estas decisiones en un problema de conciencia, dejando a la mujer la responsabilidad de utilizarlos o no. Contribuyó a esta postura el temor de que la mujer pionera, decidida a no tener más hijos, comenzara a negarse al cumplimiento del débito conyugal y con ello pusiera en peligro la estabilidad matrimonial. No obstante, esta aceptación en el confesionario del uso de métodos anticonceptivos no significó que la Iglesia cambiara su discurso público, el cual ha seguido siendo la no aceptación del uso de anticonceptivos.

> Yo creo que para la Iglesia la prohibición de los anticonceptivos rige porque así lo dice el Papa, pero te lo deja a tu responsabilidad (el uso), tú eres la responsable, tú, tú, de lo que estás haciendo. Yo creo que la Iglesia ha convertido (el uso de anticonceptivos) en una cosa personal.
> (Rocío)

> Dios es amor y Dios tiene que comprendernos, no creo que ese año que yo tomé anticonceptivos él estuviera en desacuerdo, porque era una necesidad y yo podía seguir, seguir,

seguir teniendo hijos uno tras otro, a pesar del esfuerzo que habíamos hecho por seguir el ritmo y demás, pero no quise (hacer) lo que algunas personas decían, (ir con) el padre fulano (que) sí acepta que uses anticonceptivos si te confiesas con él.
(Estela)

Así, salvo la llegada del primer hijo, donde se criticaba abiertamente cualquier tipo de control de espaciamiento, ni la familia ni los amigos se manifestaron respecto al número de hijos que cada pareja tenía, ni sobre los métodos que utilizaban para evitarlos. Existía incluso una cierta colaboración entre los amigos cercanos para recomendarse mutuamente médicos y sacerdotes que aceptaban la práctica anticonceptiva.

PERCEPCIÓN DE CAMBIOS GENERACIONALES

Una parte importante de la entrevista estuvo dedicada a indagar las percepciones de las pioneras sobre los cambios entre su propia generación y la de sus hijos. Las respuestas obtenidas fueron muy interesantes, porque de manera casi unánime todas se refirieron a los mismos temas: equidad de género, sexualidad y reconocimiento del avance que significó la aparición de la tecnología anticonceptiva para su propia generación. Se trata evidentemente de racionalizaciones *ex post* de sus experiencias, de elaboraciones de conceptos que se manejan hoy día, pero que no por ello invalidan las comparaciones.

La tolerancia hacia el ejercicio de una sexualidad prematrimonial entre las mujeres aparece como uno de los aspectos centrales de las diferencias intergeneracionales. Resulta de interés el hecho que se trata de un comportamiento que se acepta de manera tácita, pero sin que haya una discusión entre madres e hijas. La preocupación reiterativa de estas madres pioneras es, sin embargo, que la libertad sexual sea mal manejada por las hijas, en el sentido de que no vaya acompañada de un sentimiento amoroso. Algunas frasean esto último como un temor a la promiscuidad entre las jóvenes de la generación de sus hijas y otras lo expresan como la necesidad de integrar el sentimiento amoroso a la sexualidad. Probablemente esta actitud hacia la sexualidad deriva de otro aspecto que ellas recalcan con insistencia: el disfrute pleno del sexo como una dimensión nueva en su vida lo cual lograron realmente cuando surgieron los anticonceptivos seguros (modernos). Recuerdan como una situación angustiosa la posibilidad de embarazarse; primero, al casarse, por el desconocimiento que tenían sobre el funcionamiento de la reproducción y, posteriormente, por la escasa efectividad que tenían los métodos que existían entonces.

> Si uno se casa y no conoce a más hombres que el marido, no tienes comparación, no tienes punto de comparación ¿no es cierto? El otro día me decía una amiga: "tú sabes si tu marido te ha satisfecho todo lo que tú hubieras querido, o pudo haber sido un hombre más sexy y así haberte dado más o sea hacerte gozar el sexo". No, pues nunca, le digo, ni lo vamos a saber.
> (Eugenia)

> Yo sí les he dicho (a los hijos) que la relación sexual debe hacerse con mucho amor si no, no vale la pena.
> (Elvira)

Otra entrevistada, refiriéndose concretamente a las relaciones sexuales durante el noviazgo, opina:

> Ahora es una maravilla, por ejemplo, lo primero que dice el programa de educación sexual es "soy un ser libre capaz

de decidir". Qué cosa más maravillosa si a nosotros nos hubieran enseñado algo así hubiera sido fabuloso. Me parece que se ha dado un paso gigantesco.
(Patricia)

Desde luego que la tolerancia de las relaciones sexuales fuera de matrimonio de hoy en día, implica aceptar también el uso de anticonceptivos entre las hijas. Esto último ya no se cuestiona, la preocupación que subsiste se relaciona más bien con la utilización adecuada de éstos, de preferencia que estén prescritos por un médico.

La transgresión a la norma que significaba en la generación de las pioneras que el primer embarazo no se diera de inmediato después del matrimonio también ha sido relegada. Fueron las propias pioneras quienes comenzaron a inconformarse con esta situación cuando los anticonceptivos ofrecieron la posibilidad de posponer el primer embarazo. Podría decirse que estas mujeres comenzaron a reconceptualizar la vida matrimonial al manifestar que les hubiera gustado disfrutar de un tiempo exclusivo como pareja antes de que comenzaran a llegar los hijos. Esto significa que le están atribuyendo al matrimonio una función adicional a la de la reproducción sin renunciar, sin embargo, a tener hijos, pero valorizando la relación de pareja. Esto explicaría que hayan aceptado fácilmente el regular su fecundidad no solamente en términos de dimensión sino también en cuanto al alargamiento de los intervalos intergenésicos.

Bueno mira, las ventajas hoy por hoy es pues que mis hijos están planeando su familia, eso me parece que es muy importanto, inclusive no solamente cuando ya están casados, sino desde antes de casarse.
(María Luisa)

Otro aspecto que señalan como un cambio generacional es el hecho de que ya no se distingue entre la preparación escolar de hijos e hijas, esto es un logro que no se cuestiona, como tampoco se discute que la mujer trabaje, antes y después del matrimonio. Reconocen, en los esposos de sus hijas, actitudes de colaboración en las actividades domésticas. Sin embargo, ellas están ayudando a sus hijas con la conciliación de sus roles de profesionales para que puedan trabajar y ser madres. Pero en realidad lo que están haciendo es contribuir de cierta forma al mantenimiento de un modelo de familia que permita a la mujer conciliar trabajo, reproducción y relación de pareja. Esta compaginación puede darse porque muchas de las pioneras, que son ahora abuelas, no trabajan o lo hacen en horarios flexibles. Además, el tipo de ayuda que brindan a sus hijas es más bien de supervisión del servicio doméstico del cual estas últimas disponen.

Con respecto a la generación de las hijas no se registran menciones a la figura del chaperón. Se da por entendido que al permanecer éstas más tiempo en el sistema escolar tienen más posibilidades de conocer a sus futuros maridos, ya sea en la escuela o posteriormente en el trabajo. En lo que insisten es en la preocupación que tuvieron ellas, en su momento, por imponer normas a sus hijas en relación con el respeto de las costumbres de la casa, especialmente en referencia a los horarios de regreso en la noche. Finalmente, algunas mujeres aluden a las ventajas de que la mujer posea hoy día una preparación que le permite terminar con una relación de pareja que ya no desea.

> Ahora ya no se trata de un amor amenazante, ya no tienes que aguantar todo, ya es una cosa más tolerable, ya no es el miedo de que tu pareja te deje (la hija puede decirse a sí misma) "Yo soy una profesionista y me puedo mantener". (Mercedes)

El análisis de los relatos de las mujeres entrevistadas, aquí presentado, nos recuerda aspectos que corresponden a otros tiempos, aquellos de la generación de sus padres, aspectos de su propia vida y los cambios que experimentaron a lo largo de ella, así como la forma que vieron, en su momento, evolucionar sus hijos y ahora sus nietos. Historias de al menos tres generaciones, contadas sin nostalgias y decantadas por el tiempo.

CONCLUSIONES

En un trabajo anterior atribuimos la responsabilidad de la transición de la fecundidad en México a un grupo de mujeres identificado como pionero con base en indicadores de carácter eminentemente cuantitativo. Restaba, sin embargo, dar cuenta de las razones que tuvo este grupo pionero para modificar la dimensión de su descendencia; con este propósito decidimos explorar nuevos derroteros metodológicos. La estrategia adoptada consistió en entrevistar un cierto número de mujeres que cumpliera con las características que nos había proporcionado el estudio cuantitativo. A través de los relatos, en las entrevistas en profundidad realizadas, pudimos captar las actitudes y valores que guiaban los comportamientos que habíamos observado en la etapa anterior por ser susceptibles de cuantificación. Estos mismos relatos nos permitieron recuperar la información necesaria para trazar los caminos que condujeron a las pioneras a adoptar la regulación de su fecundidad y revertir, de este modo, la tendencia secular del patrón reproductivo del país.

A comienzos de los años sesenta el tema de la regulación de la fecundidad estaba presente en los estratos más urbanos y con mayor educación de la sociedad mexicana. La racionalidad en torno al cambio, la *readiness* en los términos de Coale, estaba ya presente entre los padres de las mujeres pioneras que fueron quienes invirtieron en una escolaridad más prolongada para ellas. Una escolaridad más larga que la que habían recibido sus madres aunque todavía más corta que la que se les brindó a sus hermanos. Junto con educarlas más también les permitieron incorporarse al mercado de trabajo mientras permanecieron solteras y aceptaron tácitamente que ejercieran la regulación de los nacimientos luego de la llegada del primer hijo. Podría afirmarse incluso que la generación de los padres presentó, una cierta apertura al cambio (*willingness*), que se manifiesta en la tolerancia hacia la reducción del tamaño de la familia que lleva a cabo la generación de sus hijos (grupo pionero). Esta tolerancia tenía, sin embargo, límites muy bien establecidos. Primero un control estricto de los espacios de encuentro de las parejas y, en general, del desarrollo del noviazgo, con lo cual evitaron con éxito los contactos sexuales prematrimoniales. En segundo lugar, la obligación de la mujer de atenerse al rol tradicional de madre-esposa en la casa una vez casada; y la del esposo de cumplir con su papel como proveedor único del hogar. Además, el rol tradicional de la mujer era reforzado institucionalmente por instancias como la Iglesia a través del cumplimiento de los preceptos del matrimonio católico y en el ámbito laboral no contratando a mujeres casadas y menos si tenían hijos. Estas prescripciones iban acompañadas de una alta valoración del matrimonio, lo cual colocaba a la mujer frente a la disyuntiva de trabajar o casarse y formar una familia que era socialmente lo esencial. El hombre estaba a su vez presionado por consideraciones de estatus a mantener su papel de proveedor único.

Lo anterior nos retrata a la pionera como una mujer que fue alentada a estudiar durante más tiempo y a la cual se le permitió incluso trabajar antes de casarse, pero que una vez casada se vio constreñida a cumplir con su rol tradicional, vale decir, quedarse en la casa y dedicarse a la crianza de los hijos. Lo que establece la diferencia entre estas mujeres y las de las generaciones de sus padres es que tanto sus esposos como sus amistades pertenecientes a su mismo estrato estaban, en su gran mayoría, convencidos o se fueron convenciendo paulatinamente de que tener los "hijos que Dios les mandara" era una carga demasiado pesada. Esto explicaría el rol solidario jugado por el esposo de la pionera, quien compartió con ella el proyecto de tener menos hijos y que lo hizo posible colaborando en la utilización del método del ritmo que fue el primero en implantarse. Este método, aunque poco eficaz, sin lugar a dudas jugó un rol importante en la medida que al ser aceptado y recomendado por la Iglesia legitimaba, en un país esencialmente católico, la regulación de la fecundidad. Este método constituyó en los hechos un elemento de transición, la bisagra entre un régimen de fecundidad "natural" (en la acepción de L. Henry) y uno moderno con métodos anticonceptivos eficaces.

Pero, ¿cuáles fueron las razones que indujeron a las pioneras y a sus maridos a tener menos hijos? La argumentación que ofrecen todas las entrevistadas es muy similar: los hijos requieren mucha dedicación, ya que su crianza, para que sea buena, necesita no solamente de recursos económicos para darles estudios adecuados sino también de tiempo para inculcarles valores.

La riqueza de las entrevistas nos permitió matizar hasta cierto punto las afirmaciones anteriores al mostrarnos otras inquietudes de las pioneras durante su juventud y que se cruzan con los deseos de reducir el número de hijos. En sus relatos aparecen de manera recurrente tres temas: reclamo de un espacio dentro del matrimonio exclusivamente para la pareja, el goce sexual y el trabajo fuera del hogar. Esto significaría que la preocupación por reducir el tamaño de la descendencia fue acompañada por una cierta reconceptualización de la vida en pareja, el matrimonio debía constituir algo más que un espacio exclusivo para la reproducción, debía procurar a los cónyuges mayor satisfacción sexual y emocional, dar cabida a una relación más estrecha entre los cónyuges. En esta dinámica el trabajo aparece como un medio para valorarse a sí misma, para adquirir una identidad frente al esposo. Hay que recordar que para estas mujeres ganar dinero no era indispensable para el sostenimiento de su hogar, el deseo de trabajar tenía más bien un sentido de afirmación. Seguramente si la exploración de las actitudes de las pioneras hubiera sido más amplia hubiéramos encontrado signos de cambio en otros ámbitos. Sin embargo, estos elementos apuntan sin duda a sostener la tesis planteada por la teoría de la Segunda Transición Demográfica (Van de Kaa, 1987; Lesthaeghe, 1985, 1986, 1995, 1999) de que la baja de la fecundidad se inserta en el marco de un cambio social más amplio que el que atañe simplemente al ámbito reproductivo.

Regresando ahora a los medios para regular la fecundidad tenemos que el método del ritmo fue rápidamente reemplazado por los métodos modernos. A esto contribuyó la colaboración de lo que podríamos denominar "médicos pioneros" en la medida que respondieron a la demanda de las mujeres por regular su fecundidad, convirtiéndose en los hechos en aliados de las parejas al enseñarles la forma de llevar el método del ritmo y, luego, aconsejándoles sobre los anticonceptivos modernos cuando éstos estuvieron disponibles. La acción de estos médicos se vio reforzada por la implantación en el país de instituciones como el IPPF y sin lugar a dudas también, por la proximidad con los Estados Unidos que permitió un acceso temprano a las pastillas anticonceptivas. Según las mujeres entrevistadas era común que estas últimas se encargaran a quienes viajaban a Estados Unidos.

En 1977, cuando se pone en marcha el Programa Nacional de Planificación Familiar, las pioneras prácticamente ya habían terminado de formar su descendencia, pero el efecto a mediano plazo que tuvo su comportamiento innovador contribuyó muy probablemente a la rápida aceptación de los métodos anticonceptivos por el resto de la población. En este sentido habría operado lo que Santow y Bracher (1999) denominan el "feedback mechanism" o el "ajuste de su fecundidad que harían las familias cuando ya existe un modelo de familia instalado en un grupo de la población" (Retheford y Nachiro, 1999).

Para finalizar, queremos destacar tres puntos que nos parecen esenciales en las transformaciones ocurridas durante la transición de la fecundidad en México. Nos referimos en primer lugar, al *papel activo que desempeñaron los hombres en el proceso de descenso de la fecundidad*, sobre todo en su etapa de arranque que se caracterizó por el uso del método del ritmo (Ogino Knauss). En segundo lugar, cabe señalar la *valorización de la relación de pareja conyugal per se*; el matrimonio, además de la función tradicional de reproducción biológica y de crianza de los hijos, tendría para las entrevistadas el objetivo de constituir un espacio para disfrutar de la vida en pareja. Es decir, sin renunciar a tener hijos, se busca tener un espacio propio para gozar de la convivencia conyugal. En tercer lugar, llama la atención la forma recurrente con que aparece en los discursos de las pioneras la *aspiración de una vida sexual plena.*

Al desaparecer entonces, con el uso de métodos anticonceptivos eficaces, la tensión que provocaba la posibilidad de un embarazo, se torna posible mantener relaciones sexuales más satisfactorias. Esta reivindicación está ligada con el inicio del proceso de desvinculación de la vida sexual y reproductiva al cual se añade, en la actualidad, la separación de lo conyugal, todo lo cual está conduciendo a una reformulación del ámbito de la reproducción.

BIBLIOGRAFÍA

Becker, Gary (1960), *An economic analysis of fertility*, en Coale *et al.*, *Demographic and Economic Change in Developed Countries*, Princeton, National Bureau of Economic Research.

Caldwell, John C. (1982), *The wealth flows theory of fertility. In Determinants of Fertility Trends: Theories Re-examined*, C. Höhn y R. Mackensen (eds.), Liège, Ordina, pp. 169-188.

Coale A. J. (1977), "The development of new models of nuptiality and fertility", *Population*, 32, pp. 131-152.

_____ (1973), *The demographic transition reconsidered*, International Population Conference, Liege, Ordina.

Conapo (2004), *La situación demográfica de México 2004*, Consejo Nacional de Población.

Davis Kingsley y Blake Judith (1956), *La estructura social y la fecundidad: un sistema analítico*, Santiago, Chile, Centro Latinoamericano de Demografía.

Dyson, T. y Murphy M. (1985), "The onset of fertility transition", *Population and Development Review*, 11, pp. 399-439.

Easterlin, R. (1976), "The conflict between aspiration and resources", *Population and Development Review*, 2(3), pp. 417-425.

Fawcett, James (1972), *The satisfaction and cost of children: Theories, Concepts and Methods*, Honolulu, East West Center, East-West Population Institute, pp. 1-10.

Inglehart, Ronald (1977), *The silent revolution: changing values and political styles among western publics*, Princeton, N. J., Princeton University.

Juárez, Fátima, Quilodrán, Julieta y Zavala de Cosío, María Eugenia (1996), *Nuevas pautas reproductivas en México*, México, El Colegio de México.

Juárez, F. (1994), "Estrategias familiares en América Latina en distintas etapas de la Transición", IV Conferencia Latinoamericana de Población, México.

_____ y Quilodrán, J. (1990), "Mujeres pioneras del cambio reproductivo en México", *Revista Mexicana de Sociología*, año LII, núm. 1, enero-marzo, UNAM, IIS, pp. 33-50.

_____ (1984), "Examen crítico de la técnica de Tablas de Vida en las tendencias sobre fecundidad: el caso de México", *Demografía y Economía*, vol. XVIII, núm. 3 (59), El Colegio de México, pp. 287-333.

_____ (1983), "Family Formation in Mexico: a Study Based on Maternity Histories from a Retrospective Fertility Survey", tesis doctoral, Londres, University of London, London School of Hygiene and Tropical Medicine.

Leete, Richard (1999), *Dynamics of values in fertility change*, Oxford, Nueva York, Oxford University Press.

Lesthaeghe, Ron y Vanderhoeft, C. (1999), "Une conceptualisation des transitions vers de nouvelles formes de comportements", en Dominique, Tabutin, 1997, *Théories, paradigmes et courants explicatifs en démographie*, Chaire Quetelet, Institut de Démographie, Université Catholique de Louvain –la –Neuve, Académia, L'Harmattam.

Lesthaeghe, Ron (1995), "La deuxième transition démographique dans le pays occidentaux: une interprétation", en Tabutin *et al.*, *Transition démographiques et societés*, Chaire Quetelet, Institut de Démographie, Université Catholique de Louvain-la-Neuve, Académia, L'Harmattam, pp. 133-180.

Lesthaeghe, Ron y Surkyn, J. (1988), "Cultural dynamics and economic theories of fertility change", *Population and Development Review*, Nueva York, 24 (1), pp. 1-45.

Lesthaeghe, Ron y Wilson, C. (1986), "Modes of production, secularization and the pace of the fertility decline in Western Europe, 1870-1930", en S. Watkins y A. J. Coale, *The Decline of Fertility in Europe*, Princeton University Press, Princeton.

Mier y Terán, Martha (1982), "Évolution de la population mexicaine à partir des données des recensements: 1895-1970", tesis doctoral, Faculté des Études Supérieures, Université de Montréal, Montreal.

Quilodrán, J. y Sosa, V. (2004), "El emparejamiento conyugal: una dimensión poco estudiada de la formación de las parejas", en *Imágenes de la familia en el cambio de siglo,* México, UNAM, IIS, pp. 217-250.

Quilodrán, Julieta, (1991), *Niveles de fecundidad y patrones de nupcialidad en México*, México, El Colegio de México.

_____ (1983), *Niveles de fecundidad y patrones de fecundidad*, Informe de Investigación, World Fertility Survey, El Colegio de México (mimeo).

Retherford, Robert D., Ogawa Naohiro y Sakamoto Satomi (1999), *Values and fertility change in Japan*, Tokio, Nihon University, Population Research Institute, pp. 122-147.

Santow, Gigi y Bracher, Michael (1999), *Traditional Families and Fertility decline: Lessons from Australia's Southern Europeans*, Richard Leete (ed.), Oxford, Clarendon Press, pp. 51-77.

Van de Kaa, Dirk J. (1987), "Europe's second demographic transition", *Population Bulletin* (42) 1, Nueva York, Population Reference Bureau.

II. EL TIPO DE UNIÓN Y EL ABORTO: UNA COMPARACIÓN GENERACIONAL PARA MÉXICO*

JULIETA QUILODRÁN**
VIRIDIANA SOSA***

ANTECEDENTES

La prohibición legal que pesa sobre la práctica del aborto lo convierte en los hechos en un fenómeno de carácter "clandestino" que cobra visibilidad solamente cuando se trata de abortos espontáneos o bien inducidos cuyas complicaciones hayan obligado a la hospitalización de la mujer.[1] Esta situación afecta, de entrada, la generación de estadísticas adecuadas para estudiarlo y con ello la solidez de los análisis que puedan realizarse. De cualquier manera las estimaciones existentes nos enfrentan a un hecho que no es una cuestión menor. En 1995 se habrían

* Este artículo fue publicado originalmente en *Estudios Demográficos y Urbanos*, vol. 19, núm. 2 (56), 2004, El Colegio de México, pp. 377-412.

** Profesora-Investigadora de El Colegio de México.

*** Investigadora del Proyecto Conacyt 29051-S. Doctora en demografía por El Colegio de México.

[1] Cabe recordar que existen dos tipos de abortos, aquellos en los que se considera que la madre interviene de alguna u otra manera para que se dé esta interrupción (aborto inducido) y los que se presentan de manera natural sin que medie voluntad alguna (aborto espontáneo) (Salas, 1996).

practicado a nivel mundial alrededor de 26 millones de abortos legales y 20 millones de abortos ilegales. Esto representaría una tasa de 35 abortos por cada 1 000 mujeres de entre 15 y 44 años (Henshaw *et al.*, 1999a). Estimaciones más recientes sitúan en alrededor de 50 millones el número de mujeres que recurren al aborto en el mundo. De este total, 20 millones lo practican en malas condiciones sanitarias, y entre ellas un cuarto, es decir, 5 millones, serían jóvenes de entre 15 y 19 años de edad (UNFPA, 2000). Otras estimaciones del mismo UNFPA (1998a) consideran que uno de cada cinco abortos realizados clandestinamente se complica, afecta la salud de la mujer, y representa un elevado costo para los sistemas públicos de salud. Estas cifras resultan alarmantes si se toma en cuenta la creciente generalización de la práctica anticonceptiva y muestran que la posibilidad de regular voluntariamente la fecundidad no ha sustituido cabalmente al aborto inducido.

Un buen ejemplo de esto lo constituyen los resultados que presentan Henshaw *et al.*, en su trabajo sobre la incidencia mundial del aborto inducido (1999a). Según estos autores, en los países donde el aborto es legal y por lo mismo se lleva un registro de ellos –Australia, Puerto Rico, Corea del Sur, Turquía, Suiza, Zambia, Francia, Italia, Bélgica y los Países Bajos, entre otros– las tasas observadas fluctúan entre 83 y 7 abortos por 1 000 en las mujeres de 15 a 44 años de edad. Hay un nivel máximo muy elevado y un rango de variación demasiado amplio en los países donde el aborto es legal y donde la frecuencia del uso de anticonceptivos deberían asegurar su baja incidencia. Ahora que en aquellos países donde el aborto está restringido o prohibido, su práctica no es menor. El no estar legalizado no reduce necesariamente las tasas de incidencia, pero sí incrementa enormemente el riesgo que representa un aborto para la salud de la mujer.[2] Por esta razón la práctica clandestina del aborto constituye, además, un verdadero problema de salud pública. De modo que legalizado o no, el aborto inducido sigue presente a pesar de las expectativas creadas en torno a su sustitución por el uso intensivo y eficiente de métodos anticonceptivos.

Una de las cuestiones más controvertidas del documento que se elaboró en la Conferencia Internacional sobre Población y Desarrollo, llevada a cabo en El Cairo en 1994, fue justamente la relativa al concepto de salud reproductiva y, más específicamente, el del aborto. Éste suscitó enconadas discusiones, por razones sobre todo ideológicas y religiosas que fue difícil resolver. De cualquier forma el texto que se aceptó finalmente puede ser considerado un avance en el tema, ya que entre los acuerdos alcanzados se reconoció la necesidad de enfrentar el impacto del aborto inseguro sobre la salud de la mujer y la urgencia de reducir su práctica por medio del incremento y mejoramiento de los servicios de planificación familiar (Organización de las Naciones Unidas, 1994, cap. 8). La tesis subyacente sostiene que en una población mejor informada sobre el uso de anticonceptivos eficaces y con fácil acceso a ellos, los embarazos no deseados serán menos frecuentes y con ello disminuirá la necesidad de recurrir al aborto.

Sin embargo, a pesar de la importancia que se otorgó al aborto en la reunión de El Cairo, que fue refrendada posteriormente durante la reunión de la Asamblea General de la ONU en 1999, la investigación existente aún es escasa y poco se sabe sobre su prevalencia y los efectos reales de esta práctica (UNFPA, 1998a). En realidad, como

[2] Datos de la OMS (1998), de Ross y Frankenberg (1993) y de Crane (1994), citados por Leridon y Toulemon (2002), estiman el riesgo de un aborto clandestino en 400 por 100 000 casos, mientras el de un aborto legal no llegaría al 1 por 100 000.

lo afirma el Instituto Alan Guttmacher –institución especializada en el tratamiento de este tema– es crucial seguir la indagación respecto a la frecuencia del aborto y sobre las condiciones en que las mujeres acuden a él en todo el mundo (The Alan Guttmacher Institute, 1999). La penalización asociada a su prohibición explica, hasta cierto punto, su persistencia como problema de salud pública y determina la imposibilidad de contar con información fidedigna que ofrezca la elaboración de políticas mejor sustentadas. De hecho, la escasez de información adecuada propicia un clima de desconfianza en torno a los resultados de las investigaciones que se llevan a cabo.

El aborto forma parte de la mortalidad intrauterina y si bien es un fenómeno inherente al proceso reproductivo, al convertirse en inducido se transforma en la manifestación del deseo de la mujer de interrumpir el embarazo en curso, generalmente con el propósito de espaciar el nacimiento de sus hijos o bien con el de controlar la cuantía de su descendencia. Sin embargo, esa práctica no sólo ha servido para interrumpir los embarazos no deseados dentro de una familia, ha llegado también a mermar el crecimiento poblacional cuando ha alcanzado proporciones suficientemente altas. Éste fue el caso de algunos países de la región latinoamericana antes de la aparición y adopción de los métodos anticonceptivos (Frejka y Atkin, 1996).

Se han confirmado los resultados de algunos trabajos anteriores que sostenían la alta incidencia del aborto en los países de América Latina, como los de Frejka *et al.* (1989 y 1996) y Sing y Sedgh (1997), que calculaban entre 3 y 5 millones el número anual de casos en una región donde el aborto solamente es legal en Cuba. En suma, los niveles de aborto en esta área no disminuyeron necesariamente, conforme se incrementó la proporción de usuarias de anticonceptivos. En cambio, es distinta la situación en los países desarrollados donde el aborto es legal. En ellos ocurre la relación inversa y esperada entre aborto inducido y uso de anticonceptivos; esto independientemente de los rangos de las tasas que, como vimos, pueden mantenerse relativamente elevadas. Lo anterior significaría que en esos países la disponibilidad y utilización de anticonceptivos habrían cumplido con las expectativas de contribuir a la reducción de los embarazos no deseados y con ello al decremento de los abortos provocados.

De vuelta a la situación observada en numerosos países respecto al incremento simultáneo del uso de anticonceptivos y del aborto, es posible que se trate de una situación transitoria, según se desprende de un estudio reciente de Cleland y Marston (2003). Estos autores, en los países donde la fecundidad ha descendido y sigue en descenso rápidamente –la mayoría de ellos en desarrollo– se da un aumento simultáneo de la anticoncepción y el aborto; este último como consecuencia, presumiblemente, de una demanda no satisfecha de anticonceptivos. Los niveles de fecundidad constantes o bajos se traducirían, en cambio, en una reducción de la práctica abortiva, dada la alta prevalencia en el uso de anticonceptivos que esta situación supone. En efecto, si consideramos que el aborto se incrementa con el número de embarazos (Núñez, 2002:23) es lógico que al reducirse éstos, como resultado del uso de anticonceptivos, también disminuyan los abortos. Sin embargo, aun en estas circunstancias es probable que la relación inversa entre la fecundidad y el aborto –a menor fecundidad mayor aborto– persista todavía durante un tiempo, no solamente como consecuencia de una demanda no totalmente satisfecha de anticonceptivos sino también por un mejor registro de los casos de aborto, en razón de una liberalización del tratamiento legal al que está sometido, o simplemente por los embarazos no deseados producto de descuidos en la utilización de estos métodos.

¿En qué punto estaría América Latina respecto a la demanda insatisfecha de anticonceptivos? El Population Council (s.f.) la estima entre 20% y 35%, mientras que Ross y Winfrey (2002) la fijan hacia los años noventa en 17.1% para el conjunto de mujeres unidas de los países en desarrollo, y para el caso de América Latina en 13.7%. Esta última cifra es más cercana al 14.1% estimado para México en 1995 por el Consejo Nacional de Población con la misma fuente de datos (Conapo, 1996). De cualquier forma, el promedio de uso de anticonceptivos entre las mujeres unidas de América Latina es de 66% y el de los países más poblados de la región (Brasil, Colombia y México) es cercano a 80% (ONU, 1998), de donde se infiere que la demanda insatisfecha es más bien escasa.

Aunque la investigación llevada a cabo sobre la incidencia del aborto data de muchos años atrás, en América Latina ha sido especialmente abundante desde el punto de vista médico. La complejidad que implica el utilizar datos escasos y poco fiables puede ser la razón de que sean relativamente pocos los estudios enfocados desde la perspectiva demográfica. Frejka, uno de los principales estudiosos de este tema para América Latina (Frejka *et al.*, 1989), estimaba en 25% la proporción de embarazos interrumpidos voluntariamente en los países de esta región. Las cifras que se presentan en el cuadro 1 ponen en evidencia que se trata de los rangos más altos de aborto inducido del mundo en desarrollo. Otra investigación, en la que también intervino Frejka, expone que la proporción de mujeres que declaraban haberse practicado al menos un aborto alrededor de los años noventa variaba entre 20% y 46% según el país (Frejka y Atkin, 1996).

Las proporciones de embarazos que terminan en aborto (última columna del cuadro 1) son tanto más elevadas

Cuadro 1. Proporción de abortos ilegales, tasas de abortos y proporción de aborto por región, 1995

Región	*% Ilegal (porcentajes)*	*Tasa*[a] *(por mil)*	*Abortos/embarazos (porcentajes)*[b]
Total mundial	44.0	35.0	26.0
Regiones desarrolladas[c]	9.0	39.0	42.0
Regiones en desarrollo[d]	54.0	34.0	23.0
África	99.0	33.0	15.0
Asia	37.0	33.0	25.0
Europa	12.0	48.0	48.0
América Latina	95.0	37.0	27.0
América del Norte	< 0.5	22.0	26.0
Oceanía	22.0	21.0	20.0

[a] Abortos por cada 1 000 mujeres de 15 a 44 años.
[b] Abortos por cada 100 embarazos conocidos (abortos más nacimientos vivos).
[c] Incluye Europa, América del Norte, Australia, Nueva Zelanda y Japón, excluida Europa oriental. Las regiones se presentan conforme a la definición de la Organización de las Naciones Unidas.
[d] Las que no están en las regiones desarrolladas, excluida China.
Fuente: Henshaw, Singh y Haas, A. (1999a), "La incidencia del aborto inducido a nivel mundial", *Perspectivas Internacionales en Planificación Familiar*, vol. 25, número especial.

cuanto más bajos son los niveles de la fecundidad, de modo que, de mantenerse los niveles actuales de abortos, estas proporciones deberían tender a elevarse en todas las regiones conforme desciendiera el promedio de hijos por mujer.

Algunas estimaciones para los países más poblados de América Latina sitúan las tasas de aborto entre 23 y 53 por mil en Brasil, entre 20 y 47 por mil en Colombia, entre 14 y 33 por mil en México y entre 31 y 77 por mil en Perú (Singh y Wulf, 1994; Leridon y Toulemon, 2002). Estos países presentan tasas de fecundidad que duplican las de los países desarrollados, pero que equivalen, no obstante, a la mitad de las de África.

En México el tema del aborto[3] aún es, al igual que en muchos otros países, sumamente controvertido, con temporadas más álgidas que otras. Hace poco tiempo, cuando se intentó hacer cambios en las leyes para hacer más rígida la penalización, volvió a convertirse en foco de atención. Actuaban a contracorriente quienes abogan por el derecho que tiene la mujer a decidir sobre su propio cuerpo, tal como lo estipulan la Ley Mexicana de Población y los acuerdos internacionales celebrados a este respecto. Podemos afirmar que en México hay diversas posiciones frente a este tema, las cuales en su mayoría admiten la práctica del aborto en ciertas circunstancias[4] (Rodríguez, 2001).

[3] El aborto se define como la expulsión o extracción del útero de un producto de la concepción presuntamente no viable. La presunción de no viabilidad descansa en el hecho de que el feto no ha alcanzado cierta gestación, que generalmente es de 28 semanas, o determinado peso (Pressat, 1987).

[4] Las actitudes a este respecto están cambiando; así tenemos que en una encuesta realizada en el estado de Guanajuato –uno de los más tradicionales y católicos del país– 62% de los entrevistados manifestó que aceptaba el aborto en ciertas circunstancias (Rodríguez, 2001).

En cuanto a la incidencia del aborto, Singh y Sedgh (1997) estimaban que para 1990, 20% del total de embarazos terminaba en abortos inducidos en México; esto a pesar de la alta prevalencia del uso de anticonceptivos que ya para entonces existía en el país. A su vez Núñez (2002:22) llegó a cifras del mismo orden en el trabajo más completo que se ha realizado para México sobre este tema: la proporción de embarazos que concluían en abortos eran de 22.7% en 1981, de 19.6% en 1992 y de 19% en 1997, lo cual muestra una disminución promedio anual de 0.33% entre 1981 y 1992 y de 0.12% entre 1992 y 1997. Según estas cifras, hacia 1990, de cada cinco mujeres interrogadas, una había experimentado al menos un aborto, en lugar de una de cada cuatro, como ocurría en los años ochenta, según se desprende de las estimaciones que hicieron en esas fechas Frejka *et al.* (1989). En cambio, los datos contenidos en el Boletín de Información Estadística del Sistema Nacional de Salud correspondiente a 1991, 1992 y 1993, así como en la encuesta Enadid, 92 se aproximan más al 17.1% que obtienen Henshaw *et al.* (1999a), considerando un total de 533 000 abortos estimados a partir de registros hospitalarios.[5] Según estos mismos autores, al menos una quinta parte (106 500) correspondería a abortos cuyas consecuencias requirieron hospitalización (20%) y que por este mismo hecho figuran en las estadísticas hospitalarias. Otro dato interesante de dicho estudio es que, al diferenciar la incidencia del aborto atendiendo al tamaño del lugar de residencia de la mujer, se advierte que la situación en las áreas metropolitanas es similar a la que se observa en los países desarrollados; es decir, a un mayor uso de anticonceptivos corresponden menos abortos. Esto revela que en las grandes concentraciones urbanas se hace un uso más eficiente de los métodos an-

[5] No se ofrecen más precisiones sobre las fuentes utilizadas.

ticonceptivos, lo cual va acorde con los mayores niveles educativos de la mujer y seguramente también con la mayor calidad de los servicios de planificación familiar que se ofrecen. En consecuencia, en el México de los años noventa la mayor oferta de anticonceptivos y su utilización más eficiente actuaba en el sentido esperado, operando hasta cierto punto como sustitutos del aborto.

Tal situación no coincide, sin embargo, con los resultados de los análisis de Núñez que muestran entre 1981 y 1992 un mayor descenso de las proporciones de aborto en el sector rural que en el nacional, y por ende, en el urbano. De acuerdo con las cifras proporcionadas por este investigador (Núñez, 2002:23), en tal periodo el aborto descendió en las áreas rurales de menos de 2 500 habitantes a un ritmo promedio anual de 0.57%, muy superior al 0.33% experimentado por el conjunto de la población. Sin embargo, esta tendencia se revierte durante el quinquenio 1992-1997 cuando las proporciones de aborto en el sector rural aumentaron a razón de 0.16% anual en promedio, mientras en el país aún disminuirían, pero menos (0.12% en promedio). Es posible que un desabasto de anticonceptivos, aunque sea transitorio, orille más facilmente a una población rural más pobre y dependiente de la distribución gratuita de éstos a someterse a un aborto que a la urbana. De cualquier forma, estas evoluciones parecen confirmar en términos generales las afirmaciones de Cleland y Marston (2003) respecto al hecho de que, a medida que la utilización de anticonceptivos se universaliza, el aborto provocado tiende también a disminuir.

Cuando la información de las encuestas de fecundidad y los registros hospitalarios no habían sido utilizados para realizar estimaciones de los niveles de aborto, las cifras divulgadas variaban en rangos inverosímiles de acuerdo con la fuente de datos utilizada (Salas,1996). Así tenemos que en la información de carácter periodístico revisada por Infante y Cobos (1989) y citada por Núñez (2002), las cifras presentadas fluctuaban en rangos de enorme amplitud, entre 50 mil y 6 millones de abortos para el periodo 1976-1982. En realidad la aplicación de modelos basados en los límites establecidos por la fecundidad natural llevan a fijar en un máximo de 500 mil el número de abortos anuales (Núñez, 2002:1). Esta cifra equivaldría a poco más de 20% del total de nacimientos registrados anualmente (INEGI, 1998).

Otro de los estudios que contiene estimaciones de los niveles de aborto para México es el de Mendoza (1991). En él se calculan el número de abortos inducidos y su impacto en los patrones de fecundidad durante el periodo de 1976 a 1987 por medio del método de Bongaarts. La información utilizada proviene de las encuestas sociodemográficas nacionales de 1976, 1979, 1982 y 1987, así como de registros hospitalarios. De acuerdo con sus resultados, el aborto habría evitado 1.8 hijos nacidos vivos por cada 1 000 habitantes en el transcurso de los 11 años que comprende el estudio. Esto equivaldría a 400 mil nacimientos evitados a razón de 0.16 hijo evitado por año, si se considera como base un total de 2.5 millones de nacimientos anuales.

La información disponible no deja dudas respecto a la disminución de la ocurrencia del aborto entre la década de los ochenta y la de los noventa, aunque el ritmo de descenso parece haberse estancado en los años noventa. Tal vez la razón de este estancamiento pueda atribuirse al repunte de las proporciones de mujeres alguna vez embarazadas y con aborto en el grupo 15-19 años en el país, y más notoriamente en los grupos de edades 15-24 años en el campo entre 1992 y 1997. También habrían aumentado en este mismo periodo las proporciones para todos los órdenes de embarazos tanto en el país como en el ámbito rural (Núñez, 2002) y con ello se manifestaría la decisión de las familias de atenerse a un calendario y a una dimensión de familia preestablecidos. De cualquier manera llaman la atención estos incrementos que se contraponen a la relación esperada: una disminución del aborto conforme se expande la contracepción.

Sin desconocer la necesidad de mejorar las estimaciones de la ocurrencia del aborto, en este trabajo se pretende analizar el fenómeno desde una perpectiva generacional y diferenciar su práctica de acuerdo con la condición matrimonial de las mujeres. ¿Acaso una mujer soltera acude al aborto con la misma frecuencia que otra que está casada o en unión libre?

La formación de las parejas conyugales y la de su descendencia han experimentado cambios profundos en las últimas décadas.

Los anticonceptivos han otorgado a la mujer el poder de modular su exposición al riesgo de concebir y con ello disociar el ejercicio de la sexualidad del de la reproducción. La regulación voluntaria de la fecundidad le ha proporcionado en los hechos la libertad de ejercer su sexualidad sin la consecuencia natural de un embarazo no necesariamente deseado. Paralelamente, la institución matrimonial ha visto cuestionado su papel como regulador de la vida sexual y reproductiva dentro de la sociedad. Como consecuencia de estos cambios, hace ya unos treinta años surgió en los países desarrollados la modalidad de "cohabitación sin papeles", mientras en América Latina, donde las uniones informales han sido tradicionales,[6] comenzó a darse un incremento de ellas, sobre todo en países como los del Cono Sur, donde su presencia era casi inexistente.

[6] La unión libre tradicional latinoamericana constituye una alternativa al matrimonio como medio para fundar una familia, establecerse en cohabitación y formar descendencia. Aunque es menos estable que el matrimonio, su duración promedio es sólo unos años inferior a la de éste, lo mismo que el número promedio de hijos que llegan a tener.

Otro rasgo que pone de manifiesto la liberalización de las normas sociales relativas a la práctica sexual fuera de unión es el incremento de las concepciones prenupciales. En México se duplicó la proporción de mujeres menores de 30 años con concepciones prenupciales entre las generaciones 1947-1951 y 1967-1971 (9.3% y 18.2%, respectivamente). Este aumento y el mantenimiento de la proporción de madres solteras en rangos constantes (13.0% y 12.4%) (Quilodrán, 2001)[7] nos llevó a examinar la posibilidad de que el aborto se hubiera convertido en una alternativa creciente para las mujeres solteras embarazadas. Para responder a esta preocupación, que realizamos una estimación de la ocurrencia de abortos por generaciones y tipos de unión al comparar los comportamientos de las mujeres que nacieron entre 1947 y 1951 y 1967 y 1971, que tenían además, al momento de la Encuesta Nacional de la Dinámica Demográfica de 1997 (Enadid, 97), de 45 a 49 y 25 a 29 años, respectivamente. Las mujeres del primer grupo comenzaron a reproducirse a comienzos de los años sesenta, cuando los anticonceptivos modernos no estaban aún disponibles y las del segundo grupo lo hicieron a comienzos de los años ochenta, cuando la práctica anticonceptiva estaba ya bastante difundida.

El interés por introducir la naturaleza de la unión conyugal como un factor adicional del análisis surgió al observar que las mujeres que concluyen un matrimonio y aquellas que ingresan en una unión informal poseen condiciones socioeconómicas y patrones de comportamiento demográfico diferentes. Así lo han confirmado numerosos trabajos realizados en Latinoamérica desde los años setenta, entre los cuales figuran los de Henriques (1979,

[7] Evidencias en el mismo sentido figuran en Guzmán *et al.* (2001).

°1989), Quilodrán (1979, 1985, 1992, 2001) y Castro Martin (1997, 2001), entre otros. De este modo añadimos a la diferenciación generacional un elemento de pertenencia a grupos sociales distintos: las mujeres casadas a sectores de mejor condición social que las que se encuentran en unión libre. Además, cada tipo de unión lleva asociados patrones de nupcialidad diferentes. Quienes se casan lo hacen a edades más tardías que quienes ingresan en una unión libre y sus matrimonios son más estables. En cambio, los niveles más elevados de disolución que presentan las uniones informales (uniones libres) derivan más frecuentemente que entre las casadas en "rematrimonios".

El interés principal del trabajo radica en vincular el aborto –considerado como un elemento más del proceso reproductivo– con la nupcialidad para dos momentos cruciales de la dinámica demográfica de México: los años sesenta, cuando emerge la contracepción, y los años ochenta, cuando está ampliamente difundida. Con este propósito se procede en primer lugar, a comparar el comportamiento frente al aborto de las generaciones 1947-1951 y 1967-1971, según el tipo de unión en que se encuentra la mujer al momento de ser entrevistada en la encuesta Enadid, 97. Luego, con la intención de estimar la ocurrencia de abortos inducidos, adoptamos como factor de separación el valor establecido por Leridon (1977, 1993) para el aborto espontáneo, con base en una serie de tablas de mortalidad intrauterina ya existentes.

Cabe recordar que la información sobre aborto contenida en las historias de embarazo de las encuestas de fecundidad no suele distinguir entre el espontáneo y el inducido, de ahí la necesidad de recurrir a este procedimiento. Hecho este ejercicio pasamos a la formulación del patrón de uso de anticonceptivos para ambas generaciones y por tipo de unión, en un esfuerzo para comprender más cabalmente la evolución del aborto. Establecido este patrón resultó necesario refinar la estimación; para ello acudimos a la efectividad de cada uno de los métodos anticonceptivos. Así, de acuerdo con lo planteado por Bongaarts y Westoff (2000), podríamos establecer mejor la relación entre aborto y anticonceptivo y, en nuestro caso además, con la naturaleza del vínculo conyugal de la mujer.

METODOLOGÍA Y FUENTE DE DATOS

Como fue referido, las estimaciones más recientes sobre la ocurrencia del aborto en México provienen de la Enadid, 97 (INEGI, 1999; Conapo, 2001; Núñez, 2002). También mencionamos que utilizaremos la misma información, pero le daremos un tratamiento distinto: reconstruiremos la experiencia de dos grupos de generaciones en relación con el aborto y uso de anticonceptivos según la naturaleza de la unión.

Los datos contenidos en las historias de embarazos y de uniones incluidos en el cuestionario de la Enadid, 97 proporcionaron la información referente a las veces que cada mujer estuvo embarazada, el total de hijos nacidos vivos que tuvo, el número de abortos que experimentó, su prevalencia en el uso de anticonceptivos, y el tipo de unión en que se encontraba al momento de la entrevista.

Con base en la información anterior se calcularon en primer lugar las tasas específicas de aborto respecto al total de mujeres unidas en cada tipo de unión, grupo de edad y generaciones.

Ejemplo: Tasa de aborto de mujeres casadas de edades x, x + 4, de la generación i, i + 4

$$ta^{C_{(i,i+4)}}_{(x,x+4)} = \frac{A^{C_{(i,i+4)}}_{(x,x+4)}}{M^{C_{(i,i+4)}}_{(x,x+4)}}$$

Donde:

ta = tasa de aborto
A = abortos observados
C = casadas
M = mujeres
i, i + 4 = grupo de generaciones
x, x + 4 = grupo de edad

Estas tasas, una vez analizadas, sirvieron para construir una serie de "tasas de fecundidad específicas en ausencia de aborto", *f'x*, para cada una de las generaciones consideradas. Esta nueva serie de tasas resulta de sumar a las tasas específicas de fecundidad *fx* de las generaciones 1947-1951 y 1967-1971 ya conocidas (Quilodrán, 2000) las tasas específicas de aborto.

Ejemplo: Tasas específicas de fecundidad de las mujeres casadas en ausencia de aborto *f'x*

$$f'_{(x,x+4)} = f_{(x,x+4)} + ta_{(x,x+4)}$$

En la siguiente etapa se procedió a comparar las dos series de tasas recién mencionadas, *f'x y fx*, con el propósito de estimar el efecto reductivo del aborto sobre los niveles de la fecundidad de cada tipo de unión. Esto antes de los 30 años de edad de la mujer, de modo que fueran comparables ambas generaciones.

Finalmente, se calculó la prevalencia anticonceptiva de las mujeres cuantificando las proporciones de las que utilizaban cada método en el momento de la entrevista. A estas proporciones se les aplicó un índice de efectividad para encontrar la población de mujeres realmente protegida por la anticoncepción.

Todo lo anterior con el propósito de establecer en primer lugar si en México se está cumpliendo o no la hipótesis postulada en la Reunión de El Cairo sobre una relación inversa entre uso de anticonceptivos y aborto; o sea, a mayor práctica anticonceptiva menores tasas de aborto. Y en segundo lugar, dilucidar si la ocurrencia de aborto y el patrón de uso de anticonceptivos varían, además, por tipo de unión, incluida su efectividad,[8] con lo cual agregaríamos una nueva diferencia al patrón reproductivo de las mujeres casadas, por un lado, y en unión libre, por otro.

PREVALENCIA DEL ABORTO POR GENERACIONES Y TIPOS DE UNIÓN

En general es difícil determinar la prevalencia del aborto tanto por la dificultad para recabar datos fidedignos, como porque se trata, en parte, de un fenómeno que la mujer puede no percatarse de haberlo experimentado. Según Leridon (1977) es difícil estimar los abortos espontáneos, debido a que muchos de los embarazos no llegan a ser descubiertos o percibidos como tales por la mujer. Esto significa que a la omisión voluntaria de los abortos se suma la involuntaria, producto de la propia naturaleza del fenómeno y que afecta básicamente la estimación de la ocurrencia de aborto espontáneo.

Hechas estas advertencias y tomando en consideración que las tasas de aborto correspondientes a las mujeres solteras resultaron sumamente bajas, referiremos el análisis solamente a las mujeres unidas. En efecto, el número promedio de abortos entre las solteras no excede de 0.05 por mujer en ninguna de las generaciones estudiadas. Por lo demás, el hecho de que la proporción de madres solteras con hijos no haya variado entre los años sesenta y ochenta entre las generaciones estudiadas muestra que

[8] La efectividad de los métodos proviene del trabajo del UNFPA (1998b), "Contraceptive trends and levels".

la soltera que se embaraza procura formar una pareja conyugal antes de que ocurra el nacimiento del hijo, como lo pone de manifiesto el incremento de las concepciones prenupciales entre generaciones (Quilodrán, 2001). En consecuencia, el aborto se practica básicamente dentro de las uniones conyugales; resta comprobar si se trata además de un comportamiento que difiere, como supusimos, entre mujeres casadas y las que viven en unión libre.

La comparación entre generaciones (cuadro 2) muestra el marcado descenso que experimentó el aborto entre los años sesenta y ochenta: de 1.1 abortos en promedio por mujer antes de los 30 años disminuyó a 0.5, reducción equivalente a 55%. Sin embargo, una característica que no varía entre las generaciones observadas es la concentración de este fenómeno en los grupos de edades 20-24 y 25-29 años. Así tenemos que en estas edades se acumuló 94.3% de los abortos experimentados por las mujeres de las generaciones de más edad antes de los 30 años y 97.9% de los casos registrados entre las más jóvenes.

La ocurrencia de abortos que resulta de nuestro análisis de los datos de la Enadid, 97 es superior a la que obtiene Núñez (2002)[9] en su trabajo: 0.19 abortos antes de los 30 años de la mujer para el año 1991 en comparación con los 0.5 abortos que registramos nosotros en las generaciones 1967-1971. Las discrepancias entre las cifras proceden, en primer lugar, de la naturaleza de la información manejada; en el primer caso con representación nacional y en el segundo, una muestra de mujeres metropolitanas de algunas colonias del Distrito Federal. En segundo lugar, las diferencias de nivel y de calendario del aborto de un grupo de generaciones al siguiente.

Sin embargo, si llevamos la comparación para 1991 hasta los 35 años de edad de las mujeres –lo cual no po-

[9] Cuadro 3.27, p. 74.

Cuadro 2. Tasas de aborto por generaciones según grupo de edad y tipo de unión (por mil)

Grupo de edad / Generaciones	*Casadas*		*Unión libre*		*Total*	
	1947-1951	*1967-1971*	*1947-1951*	*1967-1971*	*1947-1951*	*1967-1971*
15-19	13.7	4.4	6.9	8.7	12.5	5.2
20-24	113.0	46.6	40.4	50.8	99.9	47.4
25-29	119.5	54.5	52.9	52.1	107.5	54.0
Tasas de aborto antes de los 30 años	246.2	105.5	100.2	111.6	219.9	106.6
Promedio de abortos por mujer de < 30 años	1.2	0.5	0.5	0.6	1.1	0.5
Porcentaje de mujeres unidas	82.0	81.0	18.0	19.0	100.0	100.0

Fuente: cálculos propios con datos Enadid, 1997.

demos hacer con la acumulación para los generaciones 1967-1971 por problemas de truncamiento– el promedio de abortos por mujer estimado en transversal (Núñez, 1991) se aproxima mucho al longitudinal (generaciones 1967-1971): 0.42 abortos y 0.5 abortos por mujer respectivamente.

Ahora, cuando introducimos la distinción entre mujeres según tipo de unión encontramos que el aborto sigue concentrándose en las mismas edades, independientemente de la intensidad que alcance en cada caso. En las generaciones 1947-1951 la proporción de mujeres casadas que abortó antes de los 30 años fue 2.5 veces mayor que la de las mujeres en uniones libres. En las generaciones 1967-1971 la tendencia se revierte al incrementarse ligeramente el aborto entre estas últimas, mientras disminuye de manera notable entre las casadas (+ 11.4% y – 57.1%, respectivamente). Este cambio va en el mismo sentido que el que presenta Núñez para el año 1991 entre las mujeres jóvenes especialmente rurales (Núñez, 2002).

En resumen, puede decirse que entre los años sesenta-setenta el aborto fue un fenómeno típico de la mujer casada (generaciones 1947-1951). Esto cambió drásticamente en las generaciones jóvenes que comenzaron a reproducirse a fines de los años ochenta, pues el promedio de abortos por mujer casada antes de los 30 años se redujo entre generaciones de 1.2 a 0.5, promedio similar al que presentaban las mujeres en uniones libres de las generaciones 1947-1951 y apenas inferior al que alcanzan en las generaciones 1967-1971 (0.5 y 0.6 abortos, respectivamente).

De modo que todo indica que las menos escolarizadas y de condición social más desfavorable no recurren o lo hacen muy poco al aborto como un método para controlar su fecundidad y que la pequeña elevación del promedio entre generaciones podría responder más bien a mejoras en la declaración derivada de la elevación de sus niveles de escolaridad (Quilodrán, 2001).

La gráfica 1 ilustra la evolución de la ocurrencia de abortos entre edades, generaciones y tipos de unión y muestra la forma en que se ha estrechado la brecha entre tipos de unión. Los rangos de las generaciones 1947-1951 indican que prácticamente una de cada 9 mujeres experimentaba un aborto entre los 22.5 y 32.5 años de edad. Esta misma relación disminuyó en las generaciones 1967-1971 a una de cada 19. Entre las mujeres casadas la incidencia baja de una de cada nueve a una de cada veinte. En cambio, en el caso de la unión libre pasa, por las razones ya esgrimidas, de una de cada 11 mujeres a una de cada 10.

Gráfica 1. Tasas de aborto por generaciones y tipos de unión (para mil mujeres en cada grupo de edad y tipo de unión)

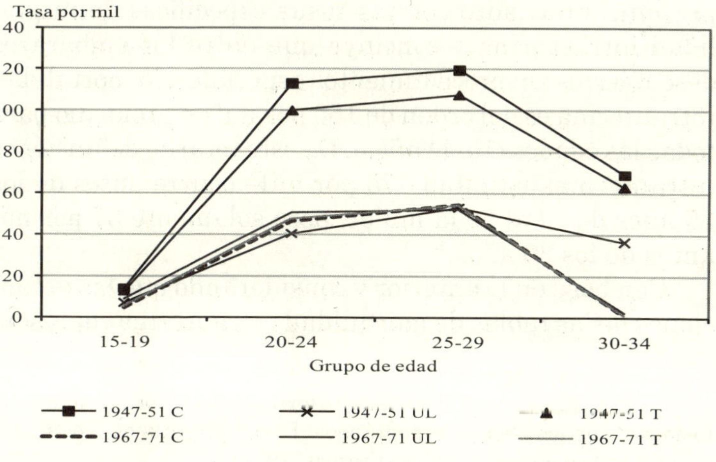

Fuente: cuadro 2.

ABORTO ESPONTÁNEO E INDUCIDO

Ya mencionamos que la información disponible en las encuestas no distingue entre abortos espontáneos e inducidos; sin embargo, tal diferenciación nos permitirá precisar mejor la tendencia del aborto provocado (inducido) y con ello el sentido de su relación con la fecundidad. Con este propósito recurrimos a dos trabajos de Leridon (1977, 1993) en los cuales se aboca a hacer una estimación de la mortalidad intrauterina a partir de tablas construidas por él y otros autores.[10] Por medio de comparaciones y utilizando sus propios datos conforma una tabla de mortalidad intrauterina que arroja un total de 237.3 defunciones por mil embarazos conocidos al comienzo de la tercera semana de gestación verdadera.

Los cocientes de esta misma tabla (Leridon 1977-1993), permiten afirmar, además, que antes de los tres meses de gestación (12 semanas) se ha producido ya 87.5% del total de las defunciones intrauterinas que llegarán a ocurrir (207.6 abortos del total de los 237.3 por mil embarazos, ya mencionados). En este mismo trabajo Leridon presenta un cuadro con las tasas específicas de mortalidad intrauterina y concluye que entre los embarazos descubiertos sin procedimientos especiales, la mortalidad intrauterina es del orden de 150 por mil en promedio para todas las edades (15-44 años). De este total de defunciones intrauterinas la mitad –75 por mil– ocurre antes de los 35 años de edad de la mujer, pero solamente 37 por mil antes de los 30 años.[11]

Con base en lo anterior y considerando que las defunciones de las tablas de mortalidad intrauterina represen-

[10] Las tablas de mortalidad intrauterina reflejan esencialmente la incidencia de los abortos espontáneos. El componente de mortinatos es muy escaso en estas tablas (Pressat, 1987).

[11] Cuadro A.12 bis (Leridon, 1977:69).

tan esencialmente abortos espontáneos (Pressat, 1987) procederemos a separar las tasas de abortos resultantes de los datos de la Enadid, 1997 (cuadro 3) en sus dos componentes, el espontáneo y el inducido. Así, la parte de la tasa acumulada de abortos hasta los 30 años que supere el valor de 37 por mil será interpretada como la tasa correspondiente al aborto inducido en cada generación y tipo de unión. Con base en el supuesto anterior tenemos que en las generaciones mayores –que formaron su familia en los años sesenta o setenta (1947-1951)– las tasas de aborto inducido eran cinco veces más elevadas que las de aborto espontáneo (183 y 37 por mil, respectivamente) y casi seis veces entre las mujeres casadas (209 y 37 por mil). En ambas generaciones las tasas de aborto inducido de las mujeres en uniones libres solamente duplican a las de aborto espontáneo. En las generaciones jóvenes la proporción de abortos inducidos entre las casadas disminuye a tal punto que queda incluso levemente por debajo del correspondiente a las uniones libres (69 y 75 por mil, respectivamente).

Las estimaciones anteriores dejan en claro que el aborto inducido se redujo a la mitad entre generaciones (51.6% menos) y que ha disminuido más aún entre las mujeres casadas casi tres veces, en los 20 años que median entre las dos generaciones analizadas. Esto, hasta los 30 años de edad de la mujer, que es el límite de edad en que podemos comparar el comportamiento de las dos generaciones sin correr el riesgo de incorporar sesgos atribuibles a su truncamiento.

Estamos hablando de tasas acumuladas de aborto totales antes de los 30 años de 22% y 10.7% en cada una de las generaciones, y de 18.3% y 7% tratándose del inducido. Un comportamiento atribuible básicamente a las mujeres casadas en las generaciones 1947-1951 (85% de la tasa total) que se reduce y prácticamente se equipara con el

Cuadro 3. Tasas de aborto acumuladas por las mujeres hasta los 30 años según generaciones, tipo de unión y de naturaleza del aborto (por mil mujeres en cada grupo de edad y tipo de unión)

	Casadas		*Unión libre*		*Total*	
Generaciones	*1947-1951*	*1967-1971*	*1947-1951*	*1967-1971*	*1947-1951*	*1967-1971*
Total	246.2	105.5	100.2	111.6	219.9	106.6
Espontáneo	37.0	37.0	37.0	37.0	37.0	37.0
Inducido	209.2	68.5	63.2	74.6	182.9	69.6
Inducido/Espontáneo	5.7	1.9	1.7	2.0	4.9	1.9

Fuente: cuadro 2.

de las mujeres en uniones libres en las generaciones más jóvenes (65% y 67% respectivamente). O sea, las casadas tienden a abandonar la práctica del aborto (menos 67.2% entre generaciones) y quienes están en uniones libres lo incrementan en 18 por ciento.

EL IMPACTO DEL ABORTO SOBRE LOS NIVELES DE FECUNDIDAD

Para medir este impacto, tal como lo propusimos en la parte correspondiente a la metodología, obtuvimos, por un lado, la serie de tasas específicas de fecundidad que normalmente se calculan *f(x)* y que incluyen el efecto reductivo del aborto (Quilodrán, 2000), y por otro, la serie en ausencia de este efecto *f'(x)* que resulta de sumar a las tasas –*f(x)*– la tasa de aborto correspondiente. La población de referencia utilizada en la estimación de estas tasas corresponde a las de mujeres de cada generación por grupo de edad y tipo de primeras uniones subsistentes al momento de la entrevista. El llevar la comparación de estas series sólo hasta los 25 años responde justamente a esta última restricción, provocada por la falta de una historia de uniones en la encuesta utilizada.

En la gráfica 2 figuran los promedios de hijos acumulados conforme a las tasas del cuadro 4 y se puede apreciar una vez más el descenso que ha experimentado la fecundidad en México. En efecto, se trata de las curvas de *f(x)* o de *f'(x)* en las generaciones transicionales (1947-1951) las mujeres habían acumulado hacia los 25 años un promedio superior a tres hijos, mientras las generaciones que comenzaron a reproducirse alrededor de 1990 apenas superaban 1 hijo a esta misma edad. Lo anterior constituye no solamente un cambio en la intensidad de la fecundidad sino también en su calendario, en el supuesto como cabe esperar, de que seguirán reproduciéndose después de los

Gráfica 2. Promedio acumulado de hijos antes de los 25 años con y sin efecto del aborto por generaciones (para 1 000 mujeres unidas)

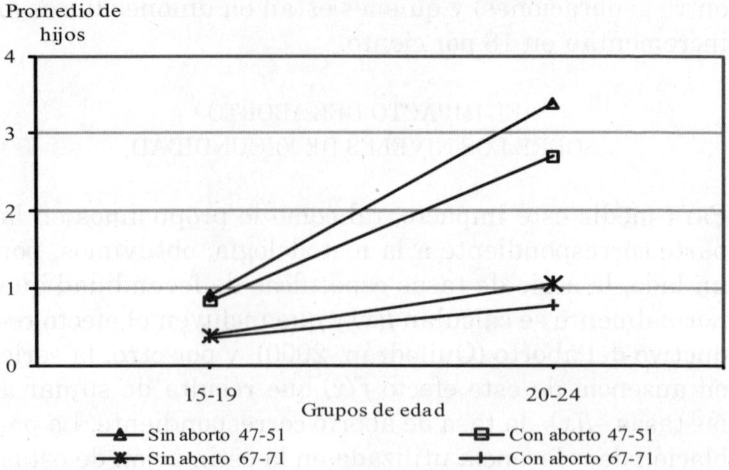

Fuente: Enadid, 1997 y Quilodrán, 2000.

25 años. Este cambio respondería, al menos en parte, al retraso de la nupcialidad –calendario de las uniones en el interior de cada grupo de edad– sin descartar un posible alargamiento del intervalo protogenésico.

Pero lo que nos interesa destacar aquí es el hecho de que el descenso de fecundidad sin el efecto reductivo del aborto (*f'x*) ni distinciones por tipo de unión fue menor entre las generaciones (menos 68%) que el correspondiente a la fecundidad observada *f(x)* (menos 71%). Esto implicaría que, además del aborto, hay otros factores que han influido en el descenso de la fecundidad.

Adicionalmente, los datos del cuadro 4 nos muestran que los hijos evitados por el aborto antes de los 25 años de edad de las mujeres fue de 0.56 en las generaciones

Cuadro 4. Tasas específicas de fecundidad con y sin el efecto del aborto acumuladas por generaciones[a] hasta los 25 años de edad de las mujeres

Generaciones	*1947-51*	*1947-51*	*1967-71*	*1967-71*
Grupo de edad	*f'(x)*	*f(x)*	*f'(x)*	*f(x)*
15-19	0.8860	0.8234	0.3761	0.3501
20-24	3.2592	2.6969	1.0386	0.7755
Descendencia a los 25 años	3.26	2.70	1.04	0.78
Número promedio de hijos evitados por aborto	-0.56		-0.27	

Fuente: cálculos propios con datos Enadid, 97 y Quilodrán, 2000.

1947-1951 y la mitad, 0.27 en las generaciones 1967-1971. De cualquier forma el ritmo de descenso de la fecundidad es más rápido que el del aborto.

La fecundidad por generaciones y tipos de unión

Los promedios de hijos por tipo de unión que se presentan en el cuadro 5 confirman lo que se había constatado desde los setenta en el sentido de que las mujeres casadas tienen en promedio más hijos que las que se encuentran en unión libre (Quilodrán, 1980); en este caso, antes de los 25 años.

Por su parte, análisis de los niveles de aborto y su disminución a través del tiempo apoyan las afirmaciones de Frejka *et al.* (1989, 1996) en relación con la importancia del papel que desempeñó este fenómeno en la regulación

Cuadro 5. Tasas específicas de fecundidad por tipo de unión y generación (hasta los 25 años de edad de las mujeres)

Generaciones	*Casadas*		*Unión libre*	
Grupo de edad	*f'(x)*	*f(x)*	*f'(x)*	*f(x)*
Generación 1947-1951				
15-19	0.175	0.162	0.187	0.178
20-24	0.490	0.382	0.375	0.323
Promedio de hijos	3.32	2.72	2.81	2.51
Número promedio de hijos evitados	0.60		0.30	
Generación 1967-1971				
15-19	0.069	0.065	0.101	0.092
20-24	0.134	0.087	0.125	0.075
Promedio de hijos	1.01	0.76	1.13	0.83
Número promedio de hijos evitados	0.25		0.30	

Fuente: Enadid, 97 y Quilodrán, 2000.

de los nacimientos en muchos países de la región latinoamericana. En el caso de México el aborto habría evitado el nacimiento de 0.57 hijos en promedio antes de los 25 años de edad de las mujeres en las generaciones que comenzaron a formar su descendencia a fines de los años sesenta (generaciones 1947-1951). A partir de entonces habría comenzado a competir con los métodos anticonceptivos modernos para el control de la fecundidad. Así encontramos que su efecto se redujo a 0.27 nacimientos en promedio durante el primer quinquenio de los noventa (cuadro 4).

EL ABORTO Y EL USO DE ANTICONCEPTIVOS POR TIPO DE UNIÓN

Lo anterior nos motivó a explotar algo más la abundante información contenida en la Enadid, 97, esta vez respecto al uso de anticonceptivos, y preguntarnos cómo se había dado la sustitución del aborto por estos métodos y si dicho reemplazo fue también diferencial por tipo de unión. En esta vía una de las primeras tareas consistió en determinar el patrón de uso, o sea, la distribución de las mujeres según el método anticonceptivo al que recurren. La encuesta utilizada no incluye una historia de uso de la anticoncepción que nos permitiera combinar su información con la de la historia de embarazos y las uniones, de ahí que decidiéramos limitarnos a los datos relativos a su uso actual para las mismas generaciones y tipos de unión que hemos considerado. Se trata de una restricción fuerte, ya que supone que la mujer no cambia de método a lo largo de su vida reproductiva, por lo cual hay que tomar con cautela el dato relativo al método utilizado al momento de la entrevista.

Por las razones recién expuestas, antes de pasar al análisis del cuadro 6 cabe mencionar que las proporciones correspondientes a las generaciones consideradas –1947-1951 y 1967-1971– no son directamente comparables. La etapa del ciclo reproductivo en que se encuentra cada grupo de generaciones, uno al término de su ciclo y el otro en plena llegada de los hijos, influye en el patrón y en la intensidad del uso de la anticoncepción.

Esta afirmación es plenamente válida cuando observamos que la proporción de jóvenes protegidas por algún método es el doble de la de las mujeres mayores, quienes en su mayoría están esterilizadas (58.8% y 30.9%, respectivamente).

Otra cuestión interesante que surge del examen de los datos de este mismo cuadro 6 es que, cuanto más elevada es la edad de la mujer (generación 1947-1951), es también mayor la proporción de ellas esterilizada y menor la que usa métodos modernos. De cualquier forma persiste entre ellas el uso de métodos tradicionales. De repetirse entonces este patrón de comportamiento entre las más jóvenes el trasvase principal se daría entre aquellas que usan métodos modernos y la esterilización (operación femenina).

Cuando a la distinción por generaciones le añadimos la diferenciación por tipo de unión surgen otras cuestiones que interesa destacar. El diferencial entre la proporción de usuarias de anticonceptivos por tipo de unión, que fue 25.2% en las generaciones 1947-1951, se reduce en las generaciones 1967-1971 a solamente 5.7%. Sin embargo, cuando consideramos además la naturaleza del método utilizado encontramos que una de cada 5 mujeres (20.7%) que estaban en unión libre al momento de ser entrevistadas y que comenzaron a formar su descendencia a partir de fines de los años ochenta, se esterilizó antes de cumplir 30 años. Esta misma proporción fue de solamente una de ocho mujeres casadas (13.2%), lo cual significa que la tendencia a la esterilización entre las mujeres en uniones libres supera en 36% a la de las casadas.

Cuadro 6. Uso de anticonceptivos entre las mujeres unidas al momento de la entrevista según grupo de generaciones, tipo de unión y método anticonceptivo utilizado (para 100 mujeres 15-49 años en cada tipo de unión)

Tipo de control natal	*Casadas*		*Unión libre*		*Total*	
Generaciones	*1947-1951*	*1967-1971*	*1947-1951*	*1967-1971*	*1947-1951*	*1967-1971*
Operación femenina	63.3	13.2	51.4	20.7	62.4	14.6
Métodos modernos[a]	1.7	57.9	21.5	60.4	12.5	58.2
Métodos tradicionales[b]	22.2	27.2	26.6	18.4	22.8	25.8
Operación masculina	2.4	1.5	0.3	0.3	2.0	1.2
Otros	0.4	0.2	0.2	0.2	0.3	0.2
Total	100.0	100.0	100.0	100.0	100.0	100.0
% Mujeres usuarias de anticoncepción	31.7	59.5	23.7	56.1	30.9	58.8

[a] Incluye: Pastillas, inyecciones, implantes y dispositivo (DIU).
[b] Incluye: Ritmo, condón, retiro, óvulos y diafragmas.
Fuente: cálculos propios con datos de Enadid, 97.

Otro resultado sorprendente es la relativamente elevada proporción de mujeres casadas que usan métodos tradicionales en edades plenamente reproductivas –generaciones 1967-1971– comparada con la que presentan las mujeres en unión libre de la misma generación: 27.2% y 18.4%, respectivamente. Advertimos que mientras las casadas acuden a métodos anticonceptivos poco eficaces, como son los tradicionales, las que están en unión libre se inclinan desde muy temprano por el uso de métodos definitivos como la esterilización o altamente efectivos como los modernos; incluso superan un poco a las casadas en cuanto al uso de estos últimos (60.4% y 57.9%, respectivamente).

La distinción por tipo de unión ha puesto en evidencia que en el transcurso de los años noventa el patrón de uso de anticonceptivos de las mujeres casadas jóvenes, que son por lo demás las más numerosas, más escolarizadas y con uniones más estables, las exponía más al riesgo de un embarazo que el patrón correspondiente a las que estaban en unión libre en estas mismas edades.

Mujeres efectivamente protegidas por la anticoncepción

Una forma más precisa de evaluar la exposición al riesgo de embarazarse que la simple distribución por tipo de método utilizada es estimando la proporción de aquellas mujeres que están efectivamente protegidas, esto es, tomando en cuenta la efectividad del método que utilizan. Respecto a este tema Bongaarts y Westoff (2000) y Hernández (2001) encuentran que existe una fuerte relación entre la probabilidad de abortar y el efecto del cambio de prevalencia en el uso de anticonceptivos. Un análisis realizado por los dos primeros muestra que la tasa de aborto total está inversamente relacionada con la prevalencia y efectividad de la anticoncepción, así como con las preferencias en fecundidad. Consecuentemente lo estaría con la probabilidad de abortar después de un embarazo no deseado y con la duración promedio de los años reproductivos fértiles de exposición al riesgo. En resumen, sostienen que la incidencia del aborto puede disminuir con el incremento de la prevalencia de anticoncepción y con su efectividad.

En el cuadro 7 y la gráfica 3 se presentan las proporciones de mujeres efectivamente protegidas según generaciones y tipos de unión. Las proporciones de efectividad de cada uno de los métodos son las que manejan el UNFPA (1996 y 1998) y la OMS (2002). Lo primero que se observa es que en las generaciones jóvenes la proporción de mujeres efectivamente protegidas es menor que entre las mayores. Puede decirse incluso que la diferencia es poca para mujeres que están en tan distinta etapa de su vida reproductiva, las mayores al final y las más jóvenes al comienzo.

Gráfica 3. Efectividad de la anticoncepción de mujeres usuarias por tipo de unión y generación (porcentajes)

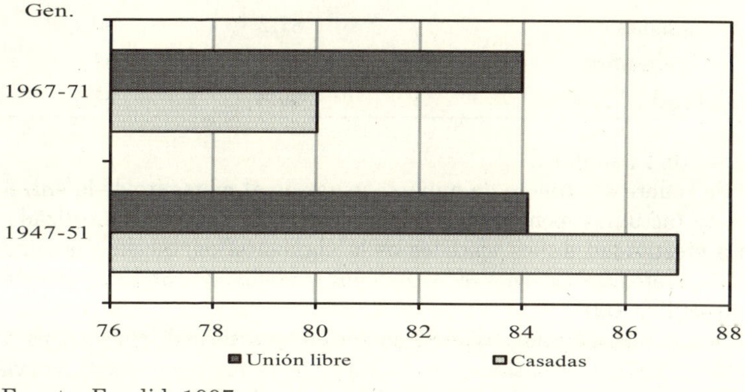

Fuente: Enadid, 1997.

Cuadro 7. Distribución de las mujeres usuarias "efectivamente protegidas"[a] por tipo de unión según generaciones (para 100 mujeres 15-49 años en cada tipo de unión y generación al momento de la entrevista)

Tipo de método	*Generaciones*	
	1947-1951	*1967-1971*
Esterilización femenina		
Casadas	62.7	13.1
Unión libre	51.2	20.5
Total	61.8	14.5
Métodos modernos		
Casadas	10.4	51.5
Unión libre	19.1	53.8
Total	11.1	51.8
Métodos tradicionales		
Casadas	11.3	13.9
Unión libre	13.5	9.4
Total	11.6	13.6
Operación masculina		
Casadas	2.4	1.5
Unión libre	—	0.3
Total	2.0	1.2
Total		
Casadas	87.2	80.2
Unión libre	84.1	84.2
Total	86.8	81.1

Fuente: Enadid, 97.

[a] Se refiere al número de mujeres usuarias al momento de la entrevista (actuales) ponderadas por la efectividad del método utilizado. La efectividad de los métodos es la siguiente: operación femenina 99%, métodos modernos 89%, métodos tradicionales 51% y operación masculina 100%.

Fuente: UNFPA (1996), "World Population Monitoring", Nueva York y UNFPA (1998b), "Contraceptive trends and levels", wallchart, Nueva York y http://www.who.int/reproductive_health.htm.

Para continuar con la lógica de la exposición que hemos presentado, acudimos una vez más a efectuar la distinción entre tipos de uniones. Así, observamos en el cuadro 7 y las gráficas 4a y 4b que considerada la efectividad de los métodos anticonceptivos utilizados, el patrón de uso de las mujeres en uniones libres las protege 5.2% más de un embarazo que el de las mujeres casadas. La diferencia estriba en que las sólo unidas utilizan un poco más los métodos anticonceptivos modernos que las casadas (4.3% más), pero mucho más la esterilización (36% más). Esto revela que a una proporción importante de las mujeres más desfavorecidas socialmente le urge dar por

Gráfica 4a. Distribución porcentual de las casadas usuarias de anticonceptivos "efectivamente protegidas" por generación (para 100 mujeres en cada grupo de generaciones)

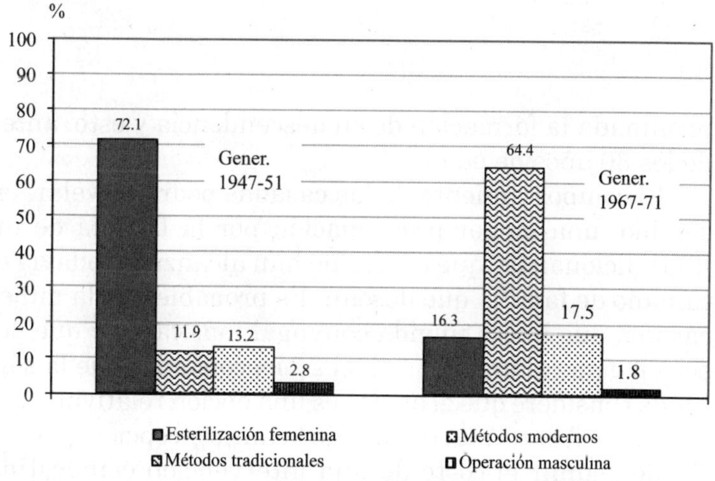

Fuente: Cuadro 7.

Gráfica 4b. Distribución porcentual de las mujeres en unión libre usuarias de anticonceptivos "efectivamente protegidas" (para 100 mujeres en cada grupo de generaciones)

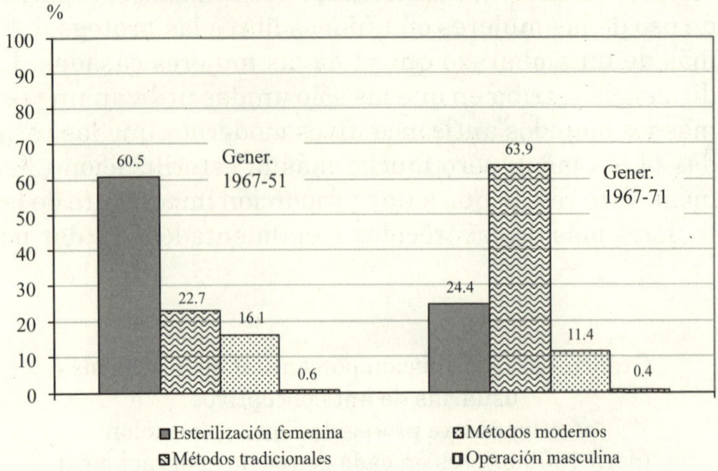

Fuente: Cuadro 7.

terminada la formación de su descendencia y esto, antes de los 30 años de edad.

El comportamiento de las casadas podría revelar, en cambio, una menor preocupación por la llegada de un hijo adicional, porque tal vez no han alcanzado todavía el tamaño de familia que desean. Es probable que la mujer casada, que inicia su vida conyugal más tarde y que posee en general un mejor nivel socioeconómico que la sólo unida considere que el aborto es una opción relativamente aceptable frente a un fracaso de la anticoncepción, porque puede asumir el costo de una intervención clandestina pero segura.

En cambio, la mujer que está en unión libre y no tiene recursos para practicarse un aborto con pocos riesgos para su salud se inclinaría por la solución definitiva de la esterilización. Sin embargo, también cabe la posibilidad de que la predilección de muchas mujeres casadas por los métodos tradicionales resulte de un rechazo cada vez mayor a emplear los métodos hormonales, por lo menos para espaciar los nacimientos.

En suma, podemos decir que las mujeres en uniones libres tradicionales, que son las que dominan dentro de este tipo de unión, o sea las que poseen un patrón de uniones caracterizado por una edad promedio a la primera unión precoz y una inestabilidad de uniones mayor que las de las casadas, han adoptado un modelo de reproducción todavía más maltusiano que el de éstas. Se trata, además, de las mujeres más desfavorecidas socialmente; sin embargo, como no superan el 20% del total de mujeres unidas, pues sólo alcanzan 18% y 19% en cada una de las generaciones consideradas, el impacto de su comportamiento sobre los niveles generales de fecundidad del país es relativamente escaso.

CONCLUSIONES

La vinculación entre la nupcialidad y el aborto ha aportado, conforme a nuestro deseo inicial, algunos elementos nuevos respecto al comportamiento reproductivo de las mujeres jóvenes. A partir de los datos que proporcionaron las entrevistadas en la encuesta sobre la dinámica demográfica de México de 1997 (Enadid, 97) y contenidos en las historias de embarazos y preguntas sobre las uniones conyugales, tratamos de diferenciar el aborto partiendo de varias perspectivas. Una primera fue la *generacional*, basada en la observación de dos grupos de mujeres que comenzaron a formar sus familias a 20 años de distancia:

unas a fines de los años sesenta (generaciones 1947-1951) y las otras a fines de los ochenta (generaciones 1967-1971); unas al comienzo de la transición de la fecundidad y las otras cuando la tecnología anticonceptiva estaba ampliamente difundida. La *categoría estado conyugal* de las mujeres al momento de levantar la encuesta no solamente representa la variable que sirve para establecer el vínculo entre el aborto y la nupcialidad, sino que constituye un elemento adicional de diferenciación. En efecto, el tipo de unión opera hasta cierto punto, como un referente de pertenencia social[12] que facilita las comparaciones entre las mujeres con mejores condiciones socioeconómicas –que serían las casadas en matrimonio civil y religioso o solamente religioso– y las más desfavorecidas –que serían las que se encuentran en uniones libres tradicionales– cuya presencia sigue siendo mayoritaria en el contexto mexicano.[13] Para dimensionar la influencia del aborto inducido sobre los niveles de fecundidad propusimos un *factor de separación* que permite distinguirlo del espontáneo. Una vez establecido el peso relativo de cada uno de ellos y efectuada la comparación de su evolución entre generaciones, se procedió al análisis del patrón de uso de *métodos anticonceptivos*, incluida la esterilización, para mostrar la forma en que pudo darse la sustitución entre unos y otros; al emplear métodos anticonceptivos en lugar de acudir al aborto.

Si bien el propósito que perseguimos en este trabajo no fue en ningún momento mejorar las estimaciones de la ocurrencia de aborto, hubo que elaborar las necesarias para desarrollar la estrategia metodológica planteada.

[12] Utilizado frecuentemente en este sentido en los trabajos de J. Quilodrán.

[13] Los trabajos más recientes sobre el tema confirman la persistencia de este modelo de unión libre (Castro Martin, 2001; Quilodrán, 1999, 2001; Solís, 2004).

No obstante, la investigación sobre el aborto ya existente nos sirvió en todo momento como referente para validar nuestras propias cifras y avanzar así en la consecución de nuestro objetivo, cuya propia naturaleza nos obligó a aventurarnos en un tema cuyo estudio es muy complejo.

Los resultados que obtuvimos confirman los de otros autores respecto al descenso del aborto a través del tiempo; además, pudimos constatar que este fenómeno se centró esencialmente en las mujeres casadas de las generaciones nacidas a finales de los años cuarenta y comienzos de los cincuenta. Ellas, que tuvieron muy poco acceso a los métodos anticonceptivos modernos, habían experimentado ya a la edad de 30 años 1.2 abortos en promedio, casi 6 veces más que los abortos espontáneos posibles (37 por mil hasta esta misma edad). En cambio, las que estaban en unión libre en las mismas circunstancias acumularon solamente 0.5 abortos por mujer, cantidad equivalente a 1.7 veces más que los espontáneos. Los rangos de aborto presentados por las mujeres solteras fueron tan bajos (0.05 abortos por mujer) que se decidió restringir el estudio a las mujeres alguna vez unidas.

Veinte años después, en las generaciones que nacieron a fines de los años sesenta comienzos de los setenta, el aborto se redujo a la mitad y más aún entre las casadas (60%). Esto, junto con la cuasi-estabilidad de la ocurrencia entre las mujeres en unión libre, hace que prácticamente se borren las diferencias entre tipos de uniones.

Las evoluciones del aborto según las características examinadas revelaron que las casadas lo sustituyeron de alguna manera, puesto que sus niveles de fecundidad se redujeron drásticamente entre los dos periodos observados (72% menos), al pasar de 2.7 hijos a 0.8 en promedio por mujer antes de los 25 años (cuadro 5). Lo mismo sucedió con las que vivían en unión libre, que, pese a recurrir muy poco al aborto, disminuyeron su fecundidad casi tanto como las casadas (67% menos).

La verificación de un descenso simultáneo de los niveles del aborto y de la fecundidad, es decir, en el mismo sentido de la relación postulada en el documento de El Cairo, nos condujo a adentrarnos en el tema de la anticoncepción. Así fue como decidimos examinar la distribución de las usuarias de anticonceptivos por tipo de unión según el método utilizado, y luego refinar esta medida acudiendo para ello a los indicadores de efectividad ya existentes para cada uno de los métodos considerados. Este análisis reveló que las estrategias de regulación de la fecundidad, al igual que su control por medio del aborto, difieren entre las mujeres casadas y las que están en unión libre. Así tenemos que las casadas no solamente recurrieron desde más temprano al aborto y al uso de métodos anticonceptivos sino que al hacerlo estuvieron más protegidas que las otras. La información relativa a las generaciones más jóvenes –nacidas entre 1967 y 1971–, quienes no superaban los 30 años a la fecha de la encuesta, muestra que las casadas, en comparación con las que están en unión libre, se esterilizan menos en estas edades, pero acuden más frecuentemente a los métodos tradicionales, lo cual ocasiona que estén menos protegidas "efectivamente" frente a un eventual embarazo.

En suma, la ocurrencia de abortos en México se ubica entre las más bajas de América Latina y al parecer nunca había sido demasiado elevada. Podemos considerar que se trata de un fenómeno que conoció su auge hacia mediados del siglo pasado, entre los años cincuenta y sesenta, cuando aparece entre la población la inquietud por regular la fecundidad y los métodos disponibles eran todavía poco eficaces. En este contexto la mujer casada, que era la más educada y urbana, pudo haber recurrido al aborto, a pesar del catolicismo reinante, para poner fin a un embarazo no deseado. Entre las que estaban en unión libre, el afán controlista apareció más tarde (Juárez y Quilodrán, 1990) y cuando surgió, los métodos anticonceptivos eficaces ya estaban a su alcance. En estas circunstancias no habrían tenido necesidad de acudir frecuentemente al aborto y habrían adoptado directamente métodos modernos y eficaces. En la última década la situación predominante fue la de jóvenes con menos de un hijo nacido vivo en promedio antes de los 30 años y ampliamente protegidas de un embarazo (casi 60%) por métodos con eficiencia igual o superior a 80%. La mitad de ellas se valía de métodos modernos y la otra, dividida entre las casadas que acuden más frecuentemente a métodos tradicionales y las que estaban en unión libre quienes se inclinan más por la esterilización (27% *versus* 18% y 13% *versus* 21%, respectivamente).[14] En las generaciones 1967-1971 del conjunto de mujeres que regulan su fecundidad, 16% habría salido de la exposición al riesgo de concebir por esterilización propia o del esposo (14.6% y 1.2% respectivamente), 26% estaría utilizando métodos tradicionales y poco seguros, y 58% estaría protegida por métodos modernos y eficaces.

La interrogante que subsiste es cómo van cambiando los calendarios de uso de los anticonceptivos conforme avanza la edad de la mujer; sin embargo, no puede resolverse con la información disponible, al menos con la fuente de datos utilizada. La respuesta –y más si la tuviéramos para cada tipo de unión– nos permitiría entrelazar la información sobre aborto con la del uso de anticonceptivos por edad, y efectuar un análisis más preciso de la manera en que se va sustituyendo el control de nacimientos vía aborto por la regulación con el uso de anticonceptivos a lo

[14] Véase cuadro 6.

largo de la vida reproductiva de la mujer, y esto según la naturaleza de la unión en la cual se encuentra la mujer.

BIBLIOGRAFÍA

Benítez, R. y J. Quilodrán (1983), *La fecundidad rural en México*, México, El Colegio de México.

Bongaarts, J. y C. Westoff (2000), "The potential Role of Contraception in Reducing Abortion", *Studies in Family Planning*, vol. 31, núm. 3, septiembre.

Castro Martin, Teresa (1997), "Marriages without papers in Latin America", en IUSSP, International Population Conference, Beijing, IUSSP, pp. 941-960.

_____ (2001), "Matrimonios sin papeles en Centroamérica: persistencia de un sistema dual de nupcialidad", Seminario Población del Istmo 2000: familia, migración, violencia y medio ambiente, Luis Rosero Bixby (ed.), San José, Costa Rica, Centro Centroamericano de Población, 2001.

Cleland, J. y C. Marston (2003), "Relationships between contraception and abortion: a review of the evidence", *International Family Planning Perspectives*, vol. 29, núm. 1, marzo.

Consejo Nacional de Población (Conapo) (1996), *Indicadores básicos de salud reproductiva y planificación familiar*, México.

_____ (2001), *La situación demográfica de México 2002*, México.

Fondo de Población de las Naciones Unidas (UNFPA) (1996), *World Population Monitor*, Nueva York.

_____ (1998a), "Pobreza e inequidad de género salud y derechos sexuales y reproductivos en América Latina y el Caribe", presentado en la VII Conferencia Regional sobre la Integración de la Mujer en el Desarrollo Eco-

nómico y Social de América Latina y el Caribe (CEPAL), Santiago de Chile, 19-21 de noviembre de 1997.
_____ (1998b), *Contraceptive trends and levels*, Wallchart, Nueva York.
_____ (2000), *Vivir juntos en mundos separados. Hombres y mujeres en tiempos de cambio*. Estado de la Población Mundial 2000.
Frejka, T., L. Atkin y O. Toro (1989), *Programa de investigación para la prevención del aborto inducido en condiciones riesgosas y sus consecuencias adversas en América Latina y el Caribe*, Working Papers, núm. 23, septiembre, Population Council Regional Office Latin America and the Caribbean, México.
Frejka, T. y L. Atkin (1996), *The role of induced abortion in the fertility transition of Latin America*, Clarendon Press, Oxford.
Frejka, T. y J. Ross (2001), "Paths to subreplecement fertility: the empirical evidencie", en Global Fertility Transition, *Population and Development Review*.
Gómez, Elsa (1997), *La salud y las mujeres en América Latina y el Caribe: viejos problemas y nuevos enfoques*, Serie Mujer y Desarrollo, CEPAL, Santiago de Chile.
Guzmán, J. M., R. Hakkert, J. M. Contreras, y M. Falconier (2001), *Diagnóstico sobre salud sexual y reproductiva de adolescentes en América Latina y el Caribe*, Fondo de Población de las Naciones Unidas, Equipo de apoyo técnico del UNFPA para América Latina y el Caribe, enero, 2001, México.
Henriques, M. E. (1979), "Legal and Consensual Unions: Their Fertility Implications in Latin America", *Nuptiality and Fertility*, IUSSP, Ordina, Bélgica, pp. 271-285.
_____ (1989), "Brazil: Changes in Nuptiality and their Fertility Implications", en International Population Conference, IUSSP, Nueva Delhi, pp. 163-174.

Henshaw, S., S. Singh, y T. Haas (1999a), "La incidencia del aborto inducido a nivel mundial", *Perspectivas Internacionales en Planificación Familiar*, vol. 25, núm. especial.

_____ (1999b), "Recent Trends in Abortion Rates Worldwide" , *International Family Planning Perspectives*, vol. 25, núm. 1, marzo de 1999, pp. 44-48.

Hernández, Daniel (2001), "Mortalidad fetal y aborto", J. Gómez de León y C. Rabell (coords.), *La población de México: tendencias y perspectivas sociodemográficas hacia el siglo XXI*, FCE, Conapo, México.

INEGI (1998), *Anuario Estadístico.*

_____ (1999), *Encuesta Nacional de la Dinámica Demográfica de 1997*, base de datos, metodología y tabulados.

Juárez, F. y J. Quilodrán (1990), "Mujeres pioneras del cambio reproductivo en México", *Revista Mexicana de Sociología*, vol LII, núm. 1, UNAM, IIS, pp. 33-49.

Leridon, H. (1977), *Aspectos biométricos de la fecundidad humana*, trad. Zulma C. Camisa, Celade, 1977.

_____ (1993), *Biomedical and demographic determinants of reproduction*, Oxford, Clarendon.

Leridon y Toulemon (2002), "La régulation des naissances", en Chasteland y Chenais, *La population du Monde*, INED, París.

Mendoza, Doroteo (1991), *Demographic impact of induced abortion in Mexico*, IMSS (mimeo).

Núñez, Leopoldo (2002), "Incidencia, diferenciales y actitudes del aborto en México: metodologías alternativas", tesis de maestría en demografía, Centro de Estudios Demográficos y de Desarrollo Urbano, El Colegio de México.

Organización de las Naciones Unidas (1998), "World Contraceptive Use 1998", gráfico mural, Nueva York.

_____ (1994), *Conferencia Internacional de Población y Desarrollo*, capítulos 4 y 8, El Cairo.

Organización Mundial de la Salud (OMS) (1998 y 2002), http://www.who.int/reproductive_health.html.

Ortiz Ortega, Adriana (1993), "El aborto en condiciones riesgosas: ocultamiento, ilegalidad, corrupción y negligencia", *Demos* 6 Carta demográfica sobre México.

Pérez Duarte, Alicia Elena (1991), "El aborto y el derecho. Reflexiones jurídicas sobre el aborto", *Demos* 4 Carta demográfica sobre México.

Population Council (s/f), *Mejora y expansión de los servicios de planificación familiar en el sistema de salud mexicano (Oaxaca)*, México.

Pressat, Roland (1987), *Diccionario de demografía*, Oikos ediciones, Barcelona.

Quilodrán, Julieta (1979), "La nupcialidad en las áreas rurales de México", en *Demografía y Economía*, vol. XIII, núm. 3, El Colegio de México.

____ (1985), "Modalités de la formation et évolution des unions en Amérique Latine", en *International Population Conference*, Florencia, International Union for the Scientific Study of Population, pp. 269-280.

____ (1992), "La vida conyugal en América Latina: contrastes y semejanzas", en *Actas de la conferencia sobre el poblamiento de las Américas*, vol. 3, Veracruz, International Union for the Scientific Study of Population (IUSSP), pp. 245-264.

____ (1999) "L'union libre en Amérique latine: aspects récents d'un phénomène séculaire", en *Cahiers québécois de démographie*, vol. 28, núm. 1-2, primavera-otoño, pp. 53-80.

____ (2000), "Atisbos de cambios en la formación de las parejas conyugales a fines del milenio", *Papeles de población*, año 6, núm. 25, Centro de Investigaciones y Estudios Avanzados de la Población, Universidad Autónoma del Estado de México, julio-septiembre de 2000.

_____ (2001), *Un siglo de matrimonio en México*, El Colegio de México.

Reider, Ian y Susan Pick (1992), "El aborto, ¿quién debe tomar la decisión?", *Demos* 5, Carta demográfica sobre México.

Rodríguez, Gabriela (2001), "El aborto. Encuesta en Guanajuato", en *Demos* 13, Carta demográfica sobre México.

Ross, J. y W. Winfrey (2002), "Unmet need for contraception in the developing world and the former Soviet Union: An update estimate", *International Family Planning Perspectives*, vol. 28, núm. 3, septiembre.

Salas, Guadalupe (1996), "Reflexiones en torno a la interrupción voluntaria del embarazo, la legislación de aborto y a la salud reproductiva", tesis para obtener el grado de maestría en demografía, El Colegio de México.

Singh, S. y G. Sedgh (1997), "The relationship of abortion to trends in contraception and fertility in Brazil, Colombia and Mexico", *International Family Planning Perspectives*, vol. 23, núm. 1, marzo.

Singh, S. y D. Wulf (1994), "Estimated Levels of Induced Abortion in Six Latin American Countries", *International Family Planning Perspectives*, 20 (1), pp. 4-13.

Solís, P. (2004), "Cambios recientes en la formación de las uniones consensuales en México", en F. Lozano (coord.), *El amanecer del siglo y la población mexicana, VII Reunión Nacional de Investigación Demográfica en México*, vol. 1, Cuernavaca, UNAM, CRIM, Somede.

The Alan Guttmacher Institute (1999), "Sharing responsability: Women society and abortion worlwide", Nueva York.

Welti, Carlos (1993), "El impacto demográfico del aborto. Se estima en una quinta parte de la fecundidad total", *Demos* 6 Carta demográfica sobre México.

III. UN PRIMER ACERCAMIENTO A LA ESTIMACIÓN DE LOS NIVELES DE FECUNDIDAD MASCULINA EN MÉXICO*

JULIETA QUILODRÁN**
VIRIDIANA SOSA***

INTRODUCCIÓN

Con este estudio se pretende efectuar un acercamiento al análisis de los niveles de fecundidad masculina en México, tema que no ha sido tratado hasta la fecha, a pesar de la participación indispensable de los hombres en la reproducción biológica. Por todos es conocida la falta de estudios sobre su papel en este proceso, carencia que se torna más aguda cuando se desea introducir la perspectiva de género en el análisis. Partiendo del concepto de que los indicadores demográficos traducen, expresan, sintetizan o alertan sobre comportamientos poblacionales emergentes, su estimación debe permitirnos remontar en la búsqueda de sus determinantes y adelantarnos en la predicción de sus consecuencias. En ambos casos, las

* Este artículo fue publicado originalmente en *Notas de información y análisis*, vol. 15, 2001, México, INEGI, pp. 58-67.

** Profesora-Investigadora de El Colegio de México.

*** Investigadora del Proyecto Conacyt 29051-S. Doctora en población por El Colegio de México.

preguntas que se definan nos permitirán incursionar en las interrelaciones entre los propios fenómenos del mundo social, económico, cultural y biológico.

Sin embargo, la etapa de análisis demográfico que comprende la construcción de estimadores sólidos y su debida interpretación no es tan evidente como parece. Un ejemplo de ello es lo que se presenta a continuación. En realidad la estimación de cualquier tasa constituye un procedimiento técnicamente simple; la complejidad comienza cuando la información que se desea manejar –y como en nuestro caso, también comparar–, posee muy distintos grados de confiabilidad. Renunciar a su utilización sería, no obstante, negarnos la posibilidad de establecer sus características demográficas básicas, como son la intensidad y el calendario.

La fecundidad masculina constituye un fenómeno raro en la medida que, como decíamos, ha sido poco estudiado. La razón principal de ello es que los productores de la información pocas veces recaban o publican la distribución de los nacimientos según la edad de los padres. Siempre se ha considerado como más confiable la información relativa a la madre, y a partir de ella se han derivado indicadores tan importantes como la tasa de reproducción que nos proporciona la velocidad de reemplazo de las poblaciones.

Además del sesgo hacia el estudio de la fecundidad de la mujer, también está ausente la consideración de que todo nacimiento ha requerido hasta el presente de una pareja heterosexual; es decir, que al igual que en el caso de la nupcialidad, todo nacimiento involucra a dos personas, y los modelos elaborados para considerar esta circunstancia son pocos y complejos. En este trabajo se adopta la solución clásica, que consiste en conducir el análisis en forma separada para cada sexo.

FUENTE DE DATOS Y METODOLOGÍA

Fuente de datos

Para contextualizar la importancia del tema a tratar nos referiremos, en primer lugar, a la disponibilidad de información sobre los nacimientos, en México, de acuerdo con la edad del padre. Nuestra intención inicial de reconstruir series prolongadas de tasas, que nos trazarán la evolución del comportamiento masculino a este respecto, se vio frustrada por la cuasi-inexistencia de la clasificación de los nacimientos según la edad del padre. En efecto, solamente se dispone de esta última para la década de los años treinta y, de manera reciente, a partir de 1985, ya que para este lapso, de fines de los años treinta y hasta 1985, sólo existe información sobre la edad de la madre. En vista de esta situación, se seleccionaron para la comparación y análisis los periodos 1933-1937 y 1990-1994. Por su parte, los denominadores de las tasas provienen de los censos de 1930, 1940, 1990 y del Conteo de Población y Vivienda de 1995.

La comparación de indicadores, construidos con información de tan diversa calidad, conlleva riesgos inevitables que tendrán que tomarse en cuenta en su interpretación; de cualquier forma, nuestro interés no se limita a mostrar los niveles de las tasas masculinas en dos épocas. En realidad, lo que deseamos destacar son las diferencias existentes entre los calendarios y las intensidades de la fecundidad masculina y femenina en ambos periodos. A menudo, se aduce que los hombres tienen muchos más hijos que las mujeres, y el saber popular lo atribuye a que éstos tienen hijos fuera del matrimonio. ¿Qué tan cierta es esta afirmación?

Antes de intentar responder esa pregunta cabe señalar que, desde el punto de vista biológico, el periodo fértil del hombre es más prolongado que el de la mujer, es decir, va más allá de los 50 años, edad que, de manera convencional, se acepta como límite para la mujer. En segundo término, sabemos que en México la proporción de hombres que contrae al menos una unión es superior a la de mujeres y, por último, que el porcentaje de aquellos que se encuentran viudos, separados o divorciados es notablemente menor que el de mujeres, de acuerdo con información censal, lo cual indica que el *rematrimonio* es más frecuente en los hombres. En resumen, se puede decir que hay más hombres expuestos a la eventualidad de tener un hijo, en un momento dado, que mujeres.

Otro motivo que puede contribuir a que los niveles de la fecundidad masculina sean más altos que los femeninos, es la posibilidad de que los hombres mantengan uniones conyugales paralelas, es decir, sean de hecho polígamos. La literatura demográfica ha reportado desde los años setenta, que existe un excedente de mujeres que se declaran unidas con respecto a la proporción de hombres en la misma situación. Las razones son, en parte, las uniones paralelas y en parte también, la negativa frecuente de los hombres de declararse unidos (Quilodrán, 1974).

La bibliografía sobre niveles de fecundidad masculina es sumamente escasa y fue justamente esta carencia uno de los principales alicientes para trabajar en su estimación, esperando provocar con ello una sensibilización sobre el tema.

Metodología

Comencemos con la definición de fecundidad masculina. De hecho, ésta es la misma que la de la mujer: "capacidad reproductiva de una población, esto es, el número de hijos nacidos vivos en una población dada, en este caso, de hombres, en un cierto periodo también dado" (Haupt y Kane, 1991:14).

La capacidad reproductiva está relacionada con la fertilidad, que es la capacidad de concebir. En este sentido, Coleman señala, a partir de una revisión de la literatura existente sobre el tema de la fecundidad masculina, que se ha observado que ésta es diferente en hombres y mujeres, aun así se reconoce que hay poca evidencia demográfica al respecto (Coleman, 1998:59-98). En los hechos, existiría más investigación sobre la fecundidad de los hombres en la antropología que en la demografía (Figueroa, 1998).

Casi siempre, cuando se habla de fecundidad, se refiere a la mujer y sus diferenciales según edad, escolaridad, lugar de residencia, etc.; sin embargo, persiste la ausencia del hombre en estos estudios. Es decir, la reproducción biológica ha sido abordada considerando sólo a la mujer y sus características, cuando lo correcto sería hacerlo con las características de ambos miembros de la pareja. Por otra parte, en el mismo artículo, mencionado con anterioridad, Coleman alude a la dificultad de obtener información sobre la fecundidad masculina en América Latina; esto según él, como consecuencia de la existencia de una cierta poligamia, o con más precisión, a que hay una proporción relativamente importante de nacimientos fuera de unión. Una ventaja relativa de los datos que se manejan en este trabajo radica en que no entra en consideración el estado civil de los padres del nacido. Se incluyen todos los nacimientos, independientemente de que los padres estén solteros, casados o en uniones.

También es importante hacer notar que el fenómeno a estudiar –la fecundidad– es el resultado, casi exclusivamente, de la relación sexual de una pareja heterosexual. Esta es otra de las razones por las cuales su estudio se debería enfocar desde el ángulo de las parejas, pero para ello se requiere información por pares. En las encuestas rara vez es posible reconstruir estas parejas como tampoco en las fuentes de información clásicas (estadísticas vitales, censos). De hecho en nuestra cultura occidental desde hace siglos se asume que los hombres y las mujeres pertenecen a esferas distintas, donde la mujer es la responsable de la reproducción biológica y el hombre de la producción y manutención de la familia. Este pensamiento sería, en nuestra opinión, la razón principal por la cual no se ha captado, de manera sistemática, información sobre la fecundidad del hombre.

Ahora, sin desconocer la necesidad de realizar análisis de la fecundidad, basados en unidades complejas como es la pareja conyugal, se decidió aprovechar las bondades de utilizar las estadísticas vitales y los censos como un primer acercamiento al estudio de este fenómeno en la población masculina. Así, tenemos que dentro de las ventajas de la información disponible actualmente para México se encuentra el contar desde hace algunos años con la enumeración exhaustiva de todos los eventos vitales, acompañados de sus principales características demográficas, sociales y económicas: en el caso de los nacimientos, de aquellas que los padres poseen en el momento del nacimiento del hijo; es decir, las estadísticas vitales nos proporcionan la clasificación de los nacimientos según la edad de cada uno de los padres, y los censos, los efectivos (montos) de población, ambos indispensables para obtener las tasas generales de fecundidad por edad. Las estadísticas vitales del pasado apenas contenían las distribuciones del fenómeno por edad y sexo, y cuando existían lo eran, por lo general, para grupos de edades muy agregados. Las de hoy en día brindan, además, el nivel de escolaridad, la ocupación y la residencia, así como la edad desplegada de los padres o contrayentes en el caso de la nupcialidad, lo cual permite realizar análisis más finos.

¿Es solamente la escasez de información la que limita la estimación de los niveles de fecundidad masculina? En realidad, parte de esta carencia se debe a la complejidad metodológica de construir estimadores que tengan significados claros. La dificultad de comparar las series de tasas femeninas y masculinas deriva, entre otros aspectos, de las diferencias de estructuras por edad de las poblaciones de cada sexo que intervienen en los denominadores de las tasas; esto es, afirmar que los hombres tienen un promedio más alto de hijos que las mujeres es técnicamente difícil de demostrar.

Lo anterior se confirma con las palabras de Karmel –citado por David Coleman–: "el uso de una tasa aplicada a la población total y que se obtiene para un solo sexo, supone que la tasa no es afectada por el número y distribución por edad del otro sexo" (Coleman, 1998). Comenta también que esto podría resolverse con un modelo de nupcialidad capaz de reconciliar los números y los porcentajes de fecundidad de cada sexo. Es decir, para el análisis por pares se requiere disponer no sólo de los nacimientos clasificados por sexo y edad, sino por parejas conyugales.

En el caso de este trabajo se está considerando el total de nacimientos, independientemente de si son producto de uniones conyugales estables o de mujeres solteras. Vale decir que hijos de un mismo hombre pueden tener distintas madres o viceversa. La explicación de las diferencias en los niveles de la fecundidad total de hombres y mujeres radicaría entonces, en gran medida, en el régimen demográfico al que estaría sujeta la población estudiada: niveles de sobrevivencia de los miembros de las parejas conyugales, formación y estabilidad de las mismas, así como de nuevas nupcias, sin contar con los eventos coyunturales que pueden modificar la población presente, como las migraciones o las sobremortalidades.

Aprovechar los datos existentes en las estadísticas vitales para el periodo 1933-1937, nos permite, con todo y sus limitaciones, crear un referente con el cual comparar la información correspondiente al lapso 1990-1994. Utilizar esta referencia para periodos entre los cuales mediaron 60 años debe permitirnos constatar qué tanto cambió el calendario y los niveles de las tasas de fecundidad masculinas y qué tanto difieren de las tasas femeninas ya conocidas.

PRINCIPALES RESULTADOS

En el cuadro 1 y en las gráficas 1 y 2 se presentan las tasas de fecundidad por edad femenina y masculina para los dos periodos considerados.

Como era de esperar, los datos para el periodo 1933-1937 presentan irregularidades atribuibles a la calidad de la información, aunque algunas de éstas responden a efectos generacionales.

Así, tenemos que las generaciones que tenían entre 20 y 30 años en 1933-1937 nacieron durante la época revolucionaria, o sea, se trata de generaciones huecas cuya nupcialidad fue perturbada por los desequilibrios de los efectivos en presencia, desfavorables para las mujeres. Aun así, observamos el desplazamiento a la derecha de la curva de fecundidad masculina que responde a una reproducción más tardía que la de las mujeres y a tasas globales coherentes: mayores entre los hombres y menores entre las mujeres.

Las tasas específicas de fecundidad masculina (o femenina) por grupo de edad, en un periodo dado, se obtuvieron refiriendo el número total de nacimientos registrados en las estadísticas vitales por grupo de edad del padre o de la madre, según sea el caso, a la población media de hombres (o mujeres) de los mismos grupos de edad para

Cuadro 1. Tasas específicas de fecundidad (observadas) por sexo y periodo

Grupo de edad	*1933-1937*		*1990-1994*	
	Mujeres	*Hombres*	*Mujeres*	*Hombres*
< de 15	0.095	0.013	0.002	0.0
15-19			0.09	0.03
20-24	0.292	0.218	0.19	0.153
25-29	0.205	0.188	0.184	0.202
30-34	0.171	0.276	0.13	0.171
35-39	0.136	0.198	0.074	0.113
40-44	0.037	0.11	0.031	0.07
45-49	0.02	0.146	0.007	0.041
50-54	0.024	0.07	0.002	0.021
55 - +	—	0.028	—	0.006
TGF	**4.9**	**6.2**	**3.5**	**4.1**
$TGF^H - TGF^M$	**1.3**		**0.6**	

Fuentes: INEGI. Estadísticas históricas de México, Tomo I, 1990. Estadísticas vitales, XI Censo General de Población y Vivienda 1990. Anuario estadístico de los Estados Unidos Mexicanos, 1939. Resultados definitivos. Conteo de Población y Vivienda, 1995. Aguascalientes, México, INEGI.

el periodo correspondiente. Las poblaciones medias utilizadas provienen, en primer lugar, de los promedios entre los efectivos no corregidos de dos censos consecutivos, a saber: 1930 y 1940, 1990 y Conteo de Población y Vivienda 1995 (series a) (cuadro 2).

Luego, se recurrió a la construcción de una nueva serie de tasas (serie b) para el periodo 1933-1937 utilizando, para 1930, una estructura por edad corregida obtenida de Mier y Terán (1982). Por último, se procedió a suavizar

Gráfica 1. Tasas específicas de fecundidad por sexo y edad 1933-1937

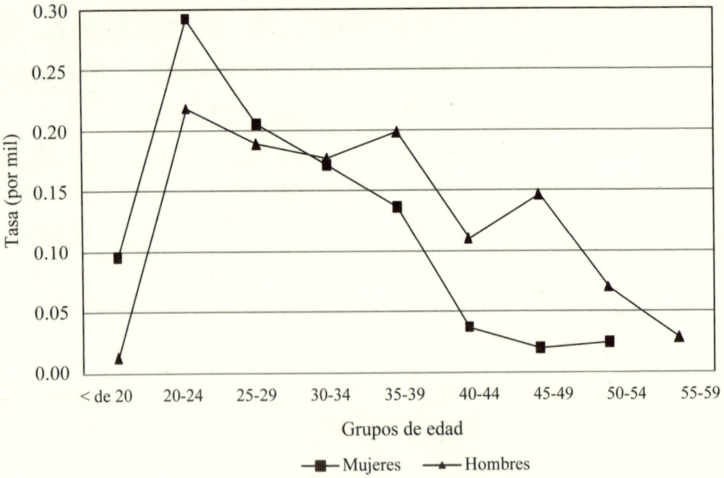

Gráfica 2. Tasas específicas de fecundidad por sexo y edad 1990-1994

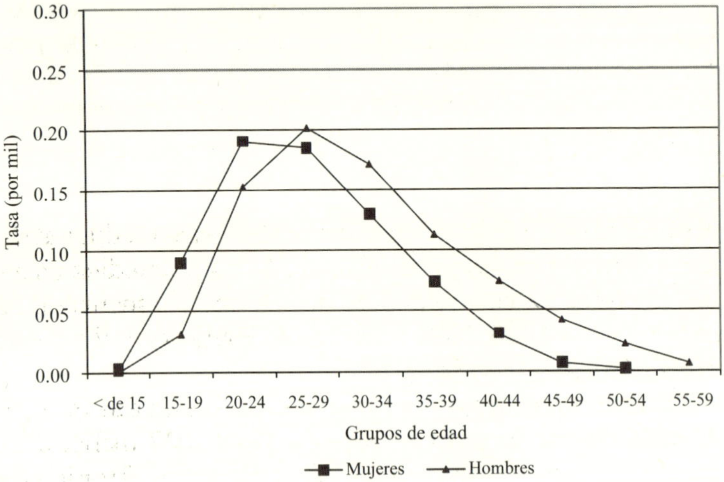

Cuadro 2. Tasas específicas de fecundidad observadas y corregidas por sexo y periodos

Grupo de edad	*1933-1937*		*1933-1997*	
	Mujeres[a]	*Mujeres*[b]	*Hombres*[a]	*Hombres*[b]
< de 15	0.095	0.002	0.013	0.0
15-19		0.097		0.130
20-24	0.292	0.317	0.218	0.128
25-29	0.205	0.225	0.188	0.189
30-34	0.171	0.171	0.276	0.269
35-39	0.136	0.152	0.198	0.224
40-44	0.037	0.037	0.11	0.108
45-49	0.02	0.019	0.146	0.143
50-54	0.024	0.022	0.07	0.067
55 - +			0.028	0.098
TGF	4.9	5.2	6.2	6.6
Diferencias	0.3		0.4	

[a] Cuadro 1, series observadas.

[b] Cuadro 1, series corregidas y cálculos propios con base en las poblaciones corregidas de 1930 y 1940 (Mier y Terán, Marta, 1982).

las curvas correspondientes a las tasas de fecundidad, utilizando para ello las series corregidas.

Las tendencias de las tasas no corregidas (cuadro 1 y gráficas 1 y 2) muestran que la fecundidad más tardía y más elevada entre los hombres persiste, cualquiera que sea la población de base que se utilice.

Los resultados obtenidos con las cifras corregidas para el periodo 1933-1937 no muestran cambios importantes en las tendencias de la fecundidad (gráfica 3); esto es, el calendario de la fecundidad masculina presenta el mismo

Gráfica 3. Tasas específicas de fecundidad por sexo 1933-1937. Series corregidas (a) y sin corregir (b)

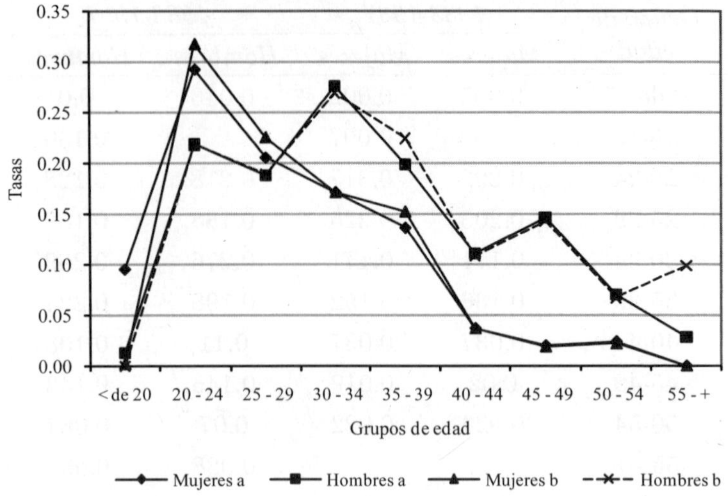

Fuente: Cuadro 2.

desplazamiento hacia la derecha en ambos periodos. Sin embargo, no ocurre lo mismo con las tasas globales de fecundidad (TGF). La Intensidad aumenta ligeramente para ambos sexos, cuando se usan las series cuyos denominadores fueron ajustados: 0.3 hijos más para mujeres y 0.4 para hombres.

Ahora bien, es necesario hacer un paréntesis y aclarar que, más que en los denominadores, el problema reside en los datos del numerador; es decir, en el volumen de nacimientos registrados según las diferentes fuentes con las que se está trabajando.

Las series de tasas acumuladas (gráficas 4 y 5) nos llevan a pensar que las estadísticas tradicionales de la

Gráfica 4. Número promedio acumulado de hijos por sexo y edad (corregido) 1933-1937

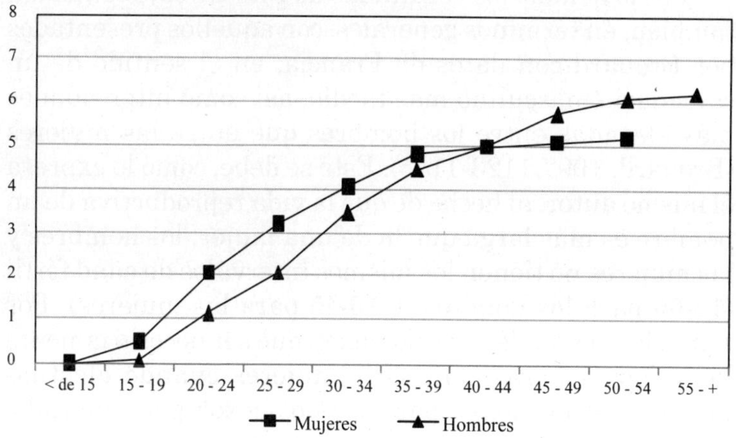

Fuente: Cuadro 2.

Gráfica 5. Número promedio acumulado de hijos por sexo y edad 1990-1994

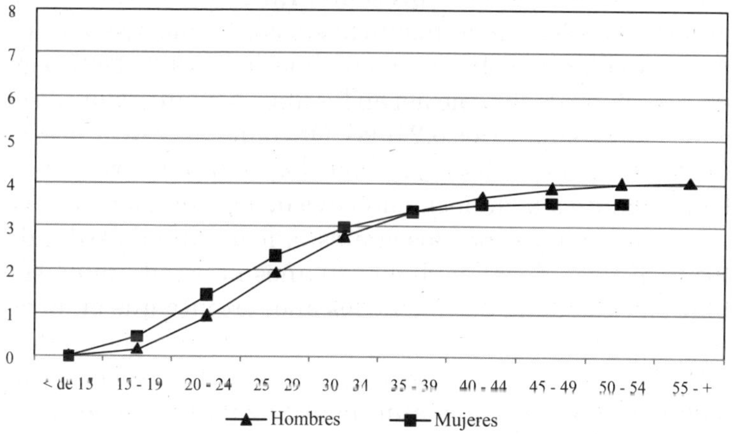

Fuente: Cuadro 1.

demografía –estadísticas vitales– ofrecen una estimación razonable de los niveles de la fecundidad.

Por lo demás, los resultados de este trabajo coinciden también, en términos generales, con aquellos presentados por Brouard con datos de Francia, en el sentido de un calendario masculino más tardío, así como intensidades más elevadas entre los hombres que entre las mujeres (Brouard, 1997:1123-1145). Esto se debe, como lo expresa el mismo autor, al hecho de que la vida reproductiva de un hombre es más larga que la de una mujer; los hombres y las mujeres no tienen los mismos intervalos de edad fértil (18-55 para los hombres y 15-45 para las mujeres). Por tanto, las descendencias no tienen que ser necesariamente las mismas para hombres y mujeres cuando efectuamos las estimaciones para los dos sexos por separado.

Ahora, cuando se procede a comparar las curvas acumuladas de los dos periodos para varones y mujeres por separado (gráficas 6 y 7) se constata no sólo el descenso de la fecundidad que ha ocurrido en el país, sino también que en el pasado la mujer seguía procreando hijos después de los 40 años, hecho que en la década de los años noventa prácticamente ya no se presentó. En cambio, tratándose de los hombres, el incremento hasta edades más allá de los 40 era evidente, sobre todo en el periodo 1933-1937, con un hijo en promedio, no así en los años noventa, cuando el aumento no superó los 0.2 hijos. Obviamente, durante este último periodo, la disminución de la fecundidad responde básicamente a la adopción masiva de los anticonceptivos.

Otros motivos por los cuales la fecundidad tardía de los hombres –después de los 40 años de edad– pudo ser más elevada en la década de los años treinta que en la de los noventa fueron, por una parte, la diferencia de edades entre los cónyuges, donde hombres mayores estaban casados con mujeres que aún no alcanzaban la edad de la menopausia, y/o porque las segundas nupcias de hombres

Gráfica 6. Número promedio acumulado de hijos por varón según edad y periodo

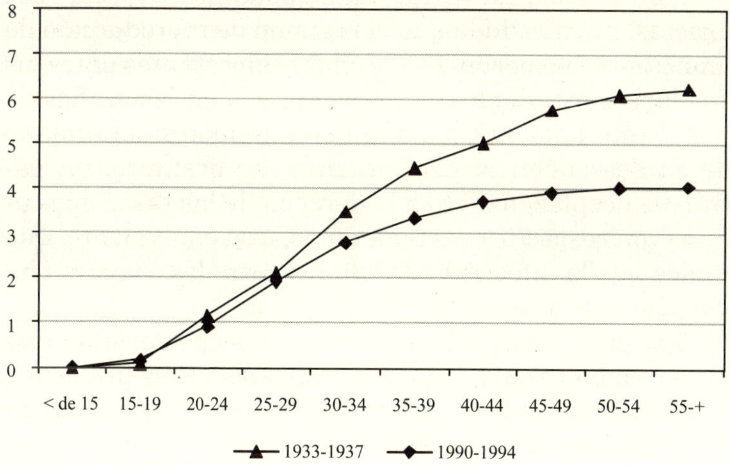

Fuente: Cuadro 2.

Gráfica 7. Número promedio acumulado de hijos por mujer según edad y periodo

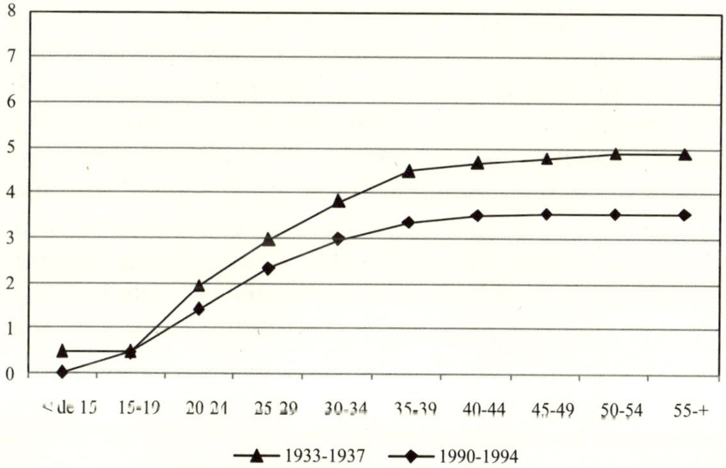

Fuente: Cuadro 1 y cuadro 2, serie b.

hubieran sido más frecuentes y con mujeres más jóvenes, acentuando este fenómeno.

Aun cuando las cifras manejadas no sean las más exactas, no cabe duda que el régimen de reproducción de ambos sexos experimentó cambios importantes entre los dos lapsos estudiados, como se aprecia en las gráficas 1 y 2. Tanto hombres como mujeres redujeron el tamaño de su descendencia manteniendo, no obstante, un patrón de desplazamiento a la derecha de las tasas masculinas con respecto a las femeninas, casi equivalente, que indica que la diferencia de edades entre los cónyuges ha variado muy poco.

Por otra parte, cabe señalar que las poblaciones que sirven como cálculo de las tasas de 1990-1994 provienen de los nacimientos ocurridos desde fines de la década de los años cuarenta. Desde entonces no se han producido perturbaciones importantes de la mortalidad o nupcialidad que hubieran desequilibrado los efectivos de los diferentes sexos y grupos de edad, como fue el caso en los años treinta. A esto debe añadirse el mejoramiento constante que se ha dado en la calidad de las estadísticas vitales.

En las gráficas para el periodo 1990-1994 se advierte que las cúspides de las curvas con las tasas de fecundidad se han vuelto más dilatadas, sobre todo entre las mujeres, indicando con ello un modelo de reproducción más tardío que en el pasado (gráfica 2). En efecto, las tasas que corresponden al grupo 20-24 años de edad son más altas entre las mujeres de la década de los años treinta, mientras en el periodo 1990-1994 se manifiesta una amplitud mayor, donde la tasa 25-29 años de edad es casi tan elevada como la de 20-24. En cuanto a los hombres, es evidente la mala calidad de la información disponible para los años treinta; por señalar una de las varias incongruencias: los hombres del grupo 15-19 años presentan valores más elevados que los de las mujeres.

En cuanto a los calendarios de la fecundidad masculina, Brouard constata el mismo desplazamiento hacia la derecha que observamos con los datos de México. Lo anterior se da como consecuencia de que la fecundidad de los hombres comienza más tarde y tiene, por lo mismo, una cúspide más tardía y dilatada, esto es, permanece elevada durante más tiempo.

En definitiva, este desplazamiento está determinado, en gran medida, por la diferencia de edades entre los miembros de la pareja. Es decir, las tasas por edad están fuertemente influidas por el patrón de nupcialidad. Pero hay otros hechos que pueden establecer diferencias en las estructuras por edad y sexo de la población, por ejemplo, las diferencias en las probabilidades de sobrevivencia de hombres y mujeres en las distintas edades.

Otros fenómenos que pueden presentarse como interferencia son las migraciones –que también son selectivas por sexo y edad, esto es, migran más los hombres en edades reproductivas–, y los rematrimonios selectivos por sexo, donde los hombres son los que se vuelven a casar con más frecuencia. El efecto que podría introducir la migración selectiva por sexo –esto es, en el caso de México, la mayor probabilidad de migrar de los hombres–, es hacer disminuir los efectivos de población en ciertas edades y con ello su fecundidad, así como también podría incrementarla si contrae una nueva unión fuera de la comunidad de origen.

Cabe aclarar que la ilegitimidad no introduce ruido en estas estimaciones, dado que las tasas se obtuvieron con respecto al total de nacimientos declarados, por un lado, por las mujeres y, por otro, por los hombres. Los errores en este último caso pueden provenir, más bien, de una mala declaración de la edad al nacimiento del hijo.

Otras medidas –además de las tasas estimadas– que resultan interesantes y se derivan del calendario de la fecundidad son las edades medias al tener los hijos o edades medias a la maternidad o paternidad, según el caso. En el cuadro 3 hemos comparado las edades que se estimaron para México para los dos periodos considerados y éstas con las disponibles para Francia. Así, mientras en Francia, en 1974, la edad promedio a la paternidad era de 29.7 años y la maternidad de 26.8 años (Brouard, 1997), en México los valores de este indicador eran, a comienzos de la década de los años noventa, de 30.3 años y 26.1 años, respectivamente, a pesar de los casi 20 años que median entre las observaciones de uno y otro país.

De acuerdo con los mismos datos del cuadro 3, las edades a la maternidad y paternidad habrían disminuido a través del tiempo. Este cambio en la tendencia es congruente con una fecundidad en descenso y, por ende, con un promedio menor de hijos por mujer y por hombre. De hecho, los valores de 1990, en México, son bastante cercanos a los de Francia 20 años antes, cuando la fecundidad en aquel país era más elevada que la actual.[1]

Cuadro 3. Edades medias a la paternidad y maternidad por sexo y periodo, México y Francia

	Hombres	*Mujeres*	*Diferencias*
México			
1933-1937	32.7	30.3	2.4
1990-1994	27.3	26.1	1.2
Francia			
1974	29.7	26.8	2.9

Fuentes: Cuadro 1 y Brovard (1997).

[1] Desafortunadamente, los datos estimados sólo pudieron compararse con Francia, pues es uno de los pocos países que cuentan con dicha información.

CONCLUSIONES

Al comenzar el análisis de la fecundidad masculina nos enfrentamos con diversos problemas, algunos de carácter metodológico y otros de escasez de información en cuanto a los datos sobre la edad de los hombres al tener sus hijos, a pesar de su corresponsabilidad en su nacimiento. No obstante esta dificultad, se pudieron estimar las tasas específicas y globales de fecundidad para hombres y mujeres, observando diferencias tanto a nivel de calendario como de intensidad.

Sin embargo, consideramos que los indicadores estimados, sobre todo para la década de los años treinta, pueden ser mejorados si se procede a nuevas correcciones de la información sobre nacimientos, así como de los volúmenes y estructura de la población de esos años.

Por otra parte, habría que emprender una reflexión sobre la necesidad de crear nuevas formas de análisis del fenómeno fecundidad, formas en las que no sólo se estudie el comportamiento reproductivo de las mujeres y de los hombres por separado, sino donde la unidad de análisis sea la pareja, lo cual resolvería el problema de las estructuras por edad y sexo –presentado anteriormente–, aunque ello suponga la inclusión de la nupcialidad.

Como hemos podido comprobar, aunque sea de manera aproximada, la fecundidad masculina es más alta que la femenina, más tardía que ésta y el tiempo expuesto al riesgo de tener hijos, más prolongado. A su vez las diferencias de edades de los conyuges al tener los hijos pone en evidencia el desplazamiento de la curva masculina a la derecha. Lo cual se corresponde perfectamente con la brecha observada al comparar las edades promedio a la primera unión.

El camino para llegar a profundizar en lo que sería el régimen de fecundidad masculina aún es largo, y se requiere que contribuyan a este propósito los productores de información. De otra forma, cualquier intento por avanzar en el tema de la reproducción biológica masculina y por ende, en las diferencias de género a este respecto se verá limitado.

BIBLIOGRAFÍA

Brouard, N. (1997), "Évolution de la fécondité masculine depuis le début du siècle", en *Population*, París, núm. 32, junio de 1997, pp. 1123-1145.

Coleman, David (1998), "Tendencias de la fecundidad masculina en los países industrializados: teorías en busca de alguna evidencia", en *Varones, sexualidad y reproducción*, México, Susana Lerner (ed.), El Colegio de México, Sociedad Mexicana de Demografía, pp. 59-98.

Contreras, Juan Manuel (1999), "El comportamiento reproductivo de los varones a través de la perspectiva de género", tesis para obtener el grado de maestría en demografía, El Colegio de México.

Figueroa Perea, Juan Guillermo (1998), "La presencia de los varones en los procesos reproductivos: algunas reflexiones", en *Varones, sexualidad y reproducción*, México, Susana Lerner (ed.), El Colegio de México, Sociedad Mexicana de Demografía, pp. 163-189.

Haupt, Arthur y Thomas Kane (1991), *Guía rápida de población*, Washington, D. C., Population Reference Bureau, 2a. ed., p. 14.

Hernández, Luis (2000), "La dinámica demográfica y su impacto sobre las poblaciones casaderas en México", tesis doctoral, El Colegio de México.

INEGI (1990), Estadísticas históricas de México, t. I, Estadísticas vitales.

_____ (1990), XI Censo General de Población y Vivienda 1990.

_____ (1939), Anuario estadístico de los Estados Unidos Mexicanos, 1939. Resultados definitivos.

_____ (1995), Conteo de Población y Vivienda, 1995. Aguascalientes, México, INEGI.

Mier y Terán, Marta (1982), "Evolution de la population mexicaine a partir des dones des recensements: 1985-1970", tesis presentada para obtener el grado de doctor en filosofía en la Facultad de Estudios Superiores del Departamento de Demografía, Universidad de Montreal.

Quilodrán, Julieta (1974), "Evolución de la nupcialidad en México: 1900-1970", en *Demografía y Economía*, vol. 8, núm. 1, 1974.

ANEXO

Glosario

Tasas específicas: tasas que corresponden al total de la población expuesta al riesgo, sin distinción del estado civil de los padres.

Estadísticas vitales: nacimientos. Información disponible en disco compacto desde 1985.

Tasa global de fecundidad: se refiere a la suma de las tasas específicas por edad para un periodo dado.

Notas metodológicas

Para el periodo 1933-1937 la información por grupos de edad venía muy agregada (en el caso de nacimientos: a partir de menores de 20 años, decenal y hasta 60 y más en el caso de hombres, y para las mujeres a partir de menores de 15 años, decenal también y hasta 40 años y más; sin embargo, para la población total la información venía: a partir de menores de 14 años de 15 a 19, de 20 a 59 y 60 y más, para ambos sexos), así es que para convertirla a grupos quinquenales se utilizó como factor de separación los porcentajes correspondientes a la estructura observada en el periodo de la década de los años noventa.

IV. ALGUNOS ASPECTOS DE LA FORMACIÓN DE LAS FAMILIAS Y DE LA FECUNDIDAD DE LAS MUJERES EN LA ZONA CENTROAMERICANA DE MÉXICO*

JULIETA QUILODRÁN**
JULIETA PÉREZ***
ELSA PÉREZ****

INTRODUCCIÓN

Si uno consulta cualquier publicación de Naciones Unidas con información por regiones, a México se le clasifica como parte de la región de América Central y del Caribe. Desde este punto de vista México formaría parte, como país, de la zona central del continente americano. Sin embargo, dado que al interior del país subsisten grandes diferencias regionales, optamos por circunscribir nuestro análisis a un grupo de estados que estimamos tienen característi-cas más homogéneas no sólo entre sí, sino también, con respecto a las de los otros países que conforman la región

* Este artículo fue publicado originalmente en Rosero Bixby, Luis (ed.), *Población del Istmo 2000: familia, migración, violencia y medio ambiente*, San José, Universidad de Costa Rica, 2001, pp. 83-103.

** Profesora-Investigadora de El Colegio de México.
*** Maestra en demografía por El Colegio de México.
**** Maestra en demografía por El Colegio de México.

centroamericana cuya población constituye el objeto de estudio del presente capítulo.

El primer parámetro que utilizamos para justificar el universo elegido deriva de la geografía física. De acuerdo con las clasificaciones de esta disciplina, Centroamérica limita al norte con el Istmo de Tehuantepec en México, esto significa que abarca la parte sur del estado de Oaxaca, los estados de Chiapas y Tabasco, así como los de Campeche, Yucatán y Quintana Roo en la península de Yucatán. Dicho de otra manera, cubre la franja sudoccidental y sureste del país, aquella que limita al sur con Guatemala y con Belice (Mapa 1). Un segundo factor que se tomó en consideración fue el origen maya de gran parte de la población de estos estados, así como la persistencia en el uso de esta lengua en la región. Con excepción de Tabasco y Campeche, en todos los demás estados al menos el 20% de la población habla alguna lengua indígena.[1] Cabe señalar, por otra parte, que el maya constituye la segunda lengua indígena más hablada en México después del náhuatl y en la región que estamos considerando, una de cada tres personas habla maya y español, o solamente maya.

En contraste con las características recién mencionadas, que otorgan cierto común denominador a los habitantes de la región entre sí, y a éstos con los de los demás países de Centroamérica, existen otras que más bien los diferencian. Así, por ejemplo, Chiapas es la entidad más rezagada del país, tanto en lo que respecta a su desarrollo económico, como a su dinámica demográfica. Mientras gran parte del país se encuentra en una etapa

[1] *Proporción de población que habla lengua indígena en cada* estado: 40% en Yucatán; 37% en Oaxaca; 26% en Quintana Roo; 21% en Chiapas; 16% en Campeche, y 3.4% en Tabasco. Fuera de la región solamente los siguientes estados superan el 10% de personas que hablan alguna lengua indígena en el país: Hidalgo, 18%; Guerrero, 13%; Puebla, 11%; y Veracruz, 10% (Conteo de Población 1995).

Mapa 1. Ubicación geográfica de los estados de la región centroamericana de México

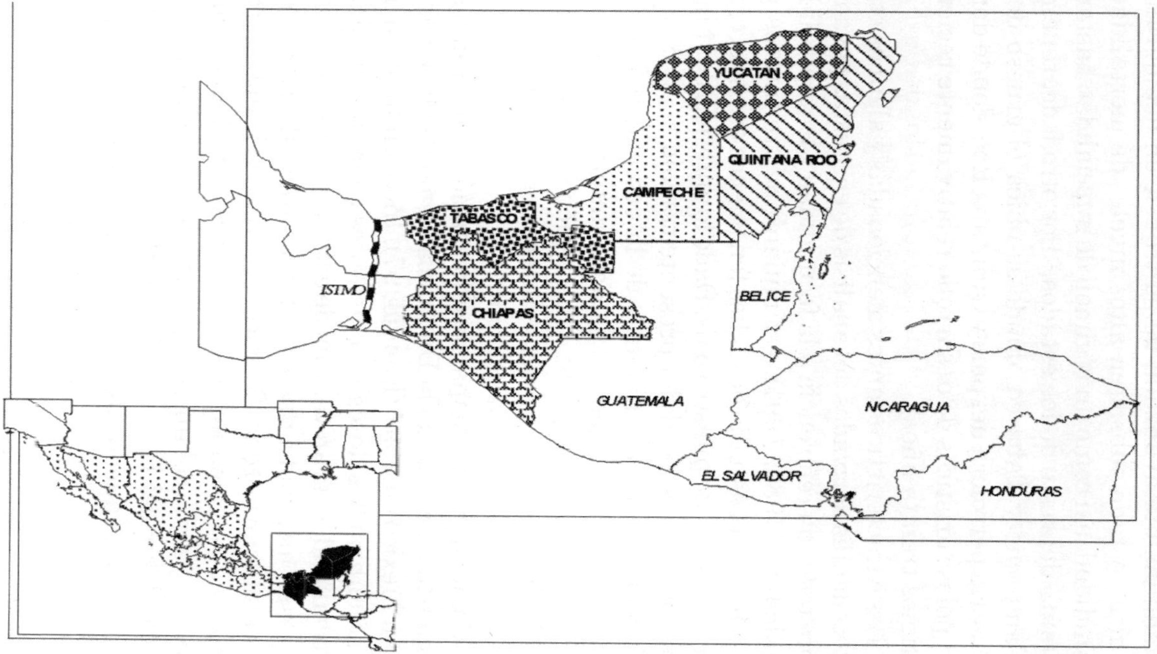

Fuente: INEGI, 1995.

medianamente avanzada de su transición demográfica, en dicho estado subsisten altos niveles de mortalidad y fecundidad, así como un régimen de nupcialidad bastante distante del resto de los estados.[2] Por otro lado, tenemos a Campeche y Tabasco, donde se ubica el grueso de la industria petrolera del país y Quintana Roo, donde dominan polos turísticos de desarrollo relativamente reciente (últimos treinta años).

Las características antes mencionadas y algunos otros antecedentes derivados del análisis de encuestas pasadas, sobre todo con referencia a la fecundidad y la nupcialidad (Quilodrán, 1983, 1991), estimulan nuestro interés por profundizar el estudio de dichos fenómenos en esta región tan particular de nuestro país. Dado lo anterior, definimos como objetivo central del presente trabajo el análisis de la formación de las uniones y de la descendencia de las mujeres residentes en los estados anteriormente señalados y que forman parte de la región centroamericana de México, misma que denominaremos de aquí en adelante "México-Centroamericana".

Como fuente principal de información utilizaremos la Encuesta Nacional de la Dinámica Demográfica levantada en México en 1997 (Enadid, 97). Independientemente de actualizar los datos ya existentes sobre fecundidad y nupcialidad, la gran ventaja de esta encuesta es que tiene representatividad a nivel estatal. Esto significa que podemos analizar la zona "México-Centroamericana", estado por estado o como un todo, con excepción del estado de Oaxaca, ya que solamente la parte de su territorio que se ubica al sur del Istmo de Tehuantepec pertenece a esta región. Dado que los datos disponibles en la encuesta no son representativos a un nivel inferior al estatal, optamos

[2] Dicho patrón se caracteriza por una edad temprana a la primera unión, además de una elevada proporción de mujeres en unión libre, así como en uniones disueltas y en nuevas nupcias (Quilodrán, 1991).

por excluir la parte perteneciente a dicho estado. De este modo, el conjunto estudiado quedó finalmente compuesto por los estados de: Chiapas, Tabasco, Campeche, Yucatán y Quintana Roo.

El trabajo postula que, a pesar de su continuidad geográfica y cultural, o al menos del origen étnico común de gran parte de su población, la región estudiada es heterogénea desde el punto de vista socioeconómico, debido a que los estados que la conforman se han desarrollado a distintos ritmos, y por lo tanto cuentan con distintos niveles de marginalidad. Lo anterior ha provocado, a su vez, corrientes migratorias diferenciales por estados que han marcado tanto las estructuras por edad de sus poblaciones como la dinámica de formación de las familias y su descendencia.

En una primera etapa del trabajo se busca enmarcar la realidad de la región estudiada en el contexto nacional, así como establecer qué tan homogéneos son los estados que la conforman. Para este efecto, se utiliza la información disponible en censos y encuestas, así como los indicadores obtenidos con base en estas fuentes. Posteriormente, se analizan las características socioeconómicas y las pautas migratorias de las mujeres –15-54 años– entrevistadas en la Enadid, 97 y pertenecientes a los estados seleccionados. En esta encuesta se formularon una serie de preguntas sobre el tema de la migración que nos permiten analizar los flujos interregionales y aquellos que involucran a estados fuera de la región. En los dos apartados siguientes se desarrollan los temas centrales del trabajo relacionados: 1) con el ritmo de ingreso en uniones, la intensidad del fenómeno primera unión, la estabilidad y los tipos de uniones predominantes; 2) las probabilidades de agrandamiento de las familias para las generaciones mayores y por lo mismo, que han concluido la formación de su descendencia.

CARACTERÍSTICAS SOCIOECONÓMICAS DE LA REGIÓN

La región México-Centroamericana fue durante mucho tiempo un territorio habitado exclusivamente por población de origen maya. La influencia maya ha persistido hasta nuestros días y se expresa básicamente en la proporción de población que habla lengua indígena en la región. Esta característica, que se deriva de la pregunta formulada a la población de 5 años y más en el Censo con respecto a hablar una lengua indígena y/o español, es la única información que nos permite acercarnos a la pertenencia de las personas a ciertos grupos étnicos. Sin embargo, es probable que muchos rasgos de la cultura maya persistan entre la población, aun cuando se haya perdido el dominio de la lengua.

La información existente hasta la fecha sobre la dinámica demográfica de la zona revela la existencia de niveles comparativamente altos de fecundidad y mortalidad, una nupcialidad relativamente temprana y abundante en uniones no legales, así como corrientes migratorias que han causado cambios significativos en el perfil de estas poblaciones en los últimos treinta años (Pérez, E., 1999; Quilodrán, 1983 y 1991; Juárez *et al.*, 1989). Estas características no son, sin embargo, uniformes a través de la región. El impulso de actividades extractivas en algunos estados (Tabasco, Campeche) y la creación de polos turísticos en otros (Cancún, Cozumel, Mérida) habrían contribuido al desarrollo de la región, pero de manera desigual.

Para dar cuenta de estas diferencias hemos acudido, en primer lugar, a clasificar las entidades según su "grado de marginación"[3] (cuadro 1). Así tenemos que los

[3] Los niveles de marginación son los propuestos por el Conapo (1999) y representan un resumen de las características más impor-

diferentes estados presentan también distintos niveles de marginación. En 1970, de los cinco estados, dos contaban con niveles *altos*: Campeche y Yucatán, mientras Chiapas, Quintana Roo y Tabasco tenían niveles *muy altos*. En cambio, en 1995 la situación se tornó diferente. Tabasco se ubicó en un nivel *alto* en lugar de uno *muy alto*. Por su parte, Quintana Roo fue el estado que más avanzó al transitar de un nivel *muy alto* de marginación a un nivel *medio*, mientras Chiapas permaneció a la zaga con un nivel *muy alto*.

Al cambiar los rangos de marginación, la situación de los estados que conforman la región ha variado también en cuanto al lugar de marginación que ocupan en el contexto nacional. Por un lado, se encuentran los estados de Quintana Roo y Tabasco, los cuales mejoraron su situación al pasar de ocupar el séptimo y cuarto lugar nacional en 1970 a ocupar para 1995, el 18 y el 10 respectivamente. Por su lado, en los estados de Campeche, Chiapas y Yucatán la situación fue a la inversa, ya que de ocupar lugares superiores al décimo en 1970, en 1995 ocuparon las posiciones 8, 1 y 6, respectivamente. Sin embargo, puede considerarse que la región mejoró sus condiciones socioeconómicas en el transcurso de los últimos 20 años, aun cuando sus posiciones de marginalidad con respecto a los otros estados (32) hayan subido.

Ahora, analizando las características demográficas se observan avances considerables en el descenso de la mortalidad y la disminución de la fecundidad entre 1970 y 1995. La tasa bruta de mortalidad se reduce en Chiapas de 11.3 a 4.1, lo que significa una disminución de casi un tercio. En los demás estados, las tasas de mortalidad descienden alrededor de un 50%. Estos progresos se ven

tantes de desarrollo, tales como alfabetismo, niveles de instrucción, servicios en las viviendas, entre otros.

Cuadro 1. Algunas características socioeconómicas y demográficas de los estados de la región México-Centroamericana,[a] 1995

Indicadores Sociales / Demográficos	*Estados*					
	Campeche	*Chiapas*	*Q. Roo*	*Tabasco*	*Yucatán*	*País*
Índice de marginación[b]						
1970	Alto	Muy alto	Muy alto	Muy alto	Alto	—
1995	Alto	Muy alto	Medio	Alto	Alto	—
Lugar nacional						
1970	18	2	7	4	12	
1995	8	1	18	10	6	
Tasa bruta de mortalidad						
1970	7.8	11.3	5.0	8.8	10.2	10.1
1995	4.0	4.1	2.8	4.2	5.4	4.7
Tasa global de fecundidad (TGF)						
1970	6.2	7.2	5.8	6.4	6.2	6.3
1995	2.8	3.7	2.7	2.8	3.0	2.8
Esperanza de vida al nacimiento						
1970						

Hombres	64.9	52.4	68.3	60.1	61.8	60.9
Mujeres	65.8	53.8	70.6	61.8	62.6	65.3
1995						
Hombres	69.8	68.4	70.5	70.1	69.9	69.7
Mujeres	76.6	74.7	77.3	76.6	75.4	76.1
Saldo neto migratorio						
1970	-3.0	-1.3	26.8	-0.5	-2.3	—
1995	12.1	-5.7	49.3	0.9	-8.2	—
Tasa de crecimiento media anual						
1970-1980	5.1	2.8	9.5	3.2	3.3	3.2
1990-1995	3.3	2.0	6.5	2.7	2.4	2.1
Población de la region con respecto a:[c]						
Total país	0.7	3.9	0.8	1.9	1.7	100.0
Total mujeres 15-54	0.7	3.6	0.8	1.9	1.7	100.0

[a] Comprende los estados de la península de Yucatán (Campeche, Quintana Roo y Yucatán), Chiapas y Tabasco.
[b] Conapo (1999), "La situación demográfica de México", cuadros 3, p. 137 y 6, p. 141.
[c] INEGI (1995), Conteo de Población y Vivienda, 1995.
Fuente: INEGI (1997), Perspectiva Estadística de Campeche, Chiapas, Q. Roo, Tabasco y Yucatán.

reflejados en el incremento de la esperanza de vida al nacimiento.

En el año de 1970 Quintana Roo contaba con la mayor esperanza de vida de la región tanto en el caso de los hombres como de las mujeres –68.3 y 70.6 años respectivamente– y esto aun por encima del total nacional; en el otro extremo se encontraba Chiapas con una esperanza de vida de las mujeres casi 15 años menor que en Quintana Roo y 10 años menos con respecto al total nacional. Veinticinco años más tarde, en 1995, Chiapas muestra la mayor de las ganancias en esperanza de vida: 16 años más entre los hombres y 20 años más entre las mujeres. Los estados de Campeche, Tabasco y Quintana Roo también aumentan sus esperanzas de vida para ambos sexos: entre 5 y 10 años entre los hombres y entre 11 y 15 entre las mujeres. En cuanto a los niveles de fecundidad se observa un fuerte descenso en las tasas globales de fecundidad. Estas tasas disminuyeron alrededor de un 50% en los cinco estados considerados. No obstante, Chiapas continúa en 1995 presentando la tasa global de fecundidad más alta del país. En el resto de los estados, esta última tiene niveles similares al del total nacional.

Con respecto a la migración, se puede observar que mientras en 1970 la mayoría de los estados eran de expulsión –con excepción de Quintana Roo–, en 1995 Campeche, Quintana Roo y Tabasco presentan un saldo neto migratorio positivo, lo cual los convierte en estados de atracción. Cabe destacar que Quintana Roo y Campeche aumentaron considerablemente su saldo neto migratorio en el periodo 1970-1995; el primero pasó de –3% a 12% y el segundo de 26.8% a 49.3%, es decir, un aumento de cinco veces para el primero y de cerca del doble para el último. El ritmo de crecimiento demográfico de los estados de la región es también muy heterogéneo. Destaca en ellos el correspondiente a Quintana Roo, cuyo ritmo de crecimiento poblacional es el mayor del país en ambos momentos en el tiempo: en 1970 su tasa media de crecimiento anual era de 9.5%, casi tres veces más que la nacional; en 1995 ésta desciende a 6.5% pero aún sigue siendo tres veces mayor que la nacional. Con niveles de mortalidad y de fecundidad similares a los del conjunto del país, su alta tasa de crecimiento demográfico no puede derivarse sino de un alto crecimiento social.

Por último, es importante señalar el peso de la población analizada en el contexto nacional. En su conjunto la población de la región México-Centroamericana representaba en el año de 1995 el 9.0% de la población total del país con 8 235 232 habitantes. Dentro de ella destaca la de Chiapas, la cual representa, por sí sola, casi el 4%, seguida de Tabasco y Yucatán que representan cada una alrededor del 2% y, por último, la de Campeche y Quintana Roo, que no alcanzan el 1% cada una.

La población femenina en edades reproductivas de la región es de 2 219 069 y representa el 8.5% de su similar nacional. Del mismo modo que la población total, Chiapas constituye alrededor del 4% de la población femenina en edades reproductivas del país, al tiempo que Quintana Roo representa menos del 1 por ciento.

LAS MUJERES ENTREVISTADAS

En la gráfica 1, en la cual representamos la distribución de las mujeres entrevistadas por estado de la región según grupo de edad, advertimos que su estructura por edad no es del todo similar. Chiapas y Tabasco son los estados que poseen la población femenina más joven de la región.

En el caso de Chiapas esto se explicaría en parte por la persistencia de niveles de fecundidad más elevados que en los otros estados (un hijo más en promedio) y en el caso de Tabasco, por una esperanza de vida de las mujeres

Gráfica 1. Región México-Centroamérica: estructura por edad de la población femenina en edades reproductivas

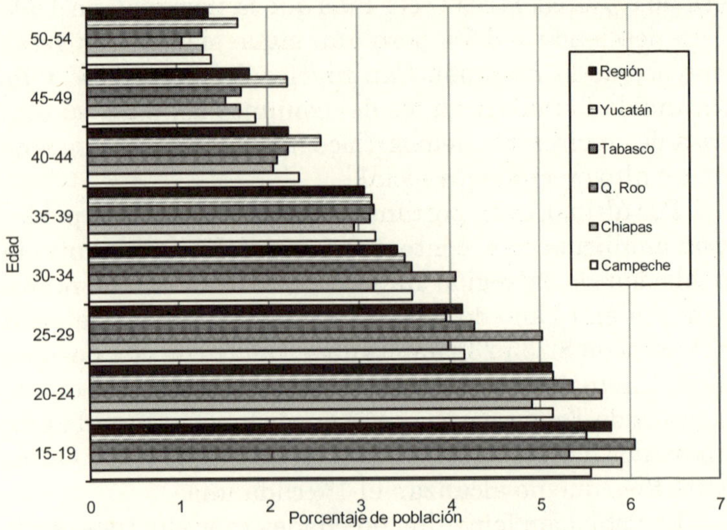

Fuente: INEGI (1995), Conteo de Población y Vivienda, 1995.

comparativamente mayor. Por el contrario, Campeche y Yucatán cuentan con una población más envejecida con proporciones de mujeres entre 40 y 54 años que exceden a las de todos los demás estados. Por último, Quintana Roo presenta la estructura por edades más irregular en el sentido de que la proporción de mujeres que pertenecen al grupo de edad 15-19 es menor que la del grupo de edad 20-32 años. Lo difícil en el caso de este estado es distinguir qué parte de estas proporciones corresponden al crecimiento natural y cuáles al efecto de atracción de población ejercido por el incremento de la actividad económica ligado a los desarrollos turísticos levantados en él. Ahora bien, la estructura regional de la población femenina no se ve afectada por estas irregularidades dado el gran peso que tiene la población del estado de Chiapas dentro del conjunto de la población de la región.

Cuando nos acercamos a las características socioeconómicas de las entrevistadas (cuadro 2) observamos que Chiapas presenta un claro rezago en lo relativo a los niveles de educación. En esta entidad la proporción de mujeres en edades reproductivas que saben leer y escribir es 15 puntos porcentuales menor que en Quintana Roo que es el estado más alfabetizado de la región (76.7% y 91.8% respectivamente).

En cuanto a las proporciones de mujeres con secundaria y más la tendencia es la misma. En Quintana Roo el 60% de las mujeres entrevistadas alcanzó este nivel de instrucción, mientras en Chiapas no llega al 40% (37.6%), es decir, apenas una de cada tres mujeres ha ingresado a un curso de nivel secundario. Los estados de Campeche,

Cuadro 2. Niveles educacionales, participación económica y lugar de residencia de las mujeres en edades reproductivas de la región México-Centroamericana (porcentajes)

Estado	*Educación*		*Participación económica femenina*	*Tipo de residencia urbana*[a]
	Alfabetas	*Secundaria y más*		
Campeche	87.4	51	45.6	75.4
Chiapas	76.7	37.6	35.3	51.5
Quintana Roo	91.8	59.8	51	85.3
Tabasco	89.1	51.7	43.9	57.7
Yucatán	86.5	47.5	53.5	82.9
Total Región	83.6	46.3	43.1	64.2

[a] Se refiere a localidades de 2 500 habitantes o mayores.
Fuente: Cálculos propios con base en la Enadid, 1997.

Tabasco y Yucatán se ubican, por su parte, en una posición intermedia con proporciones de mujeres con secundaria y más que fluctúan entre 48% en Yucatán y 52% en Tabasco.

La participación femenina 15-54 años en el mercado laboral es de 43.0% para el conjunto de la región, proporción superior a la registrada para el país, que es de 35.1%.[4] Observando el comportamiento por estado tenemos que éste sigue el mismo patrón que la educación salvo que en esta ocasión es Yucatán el que encabeza la lista con 53.5% de mujeres que participan en la actividad económica. Chiapas conserva el último lugar, al igual que en el caso de la educación, con solamente 35% de mujeres que participan en el mercado laboral.

Cuando se toma en consideración el tipo de localidad de residencia de las mujeres no cabe duda que la región México-Centroamericana es una zona altamente rural en comparación con el conjunto del país.[5] Sin embargo, aquí nuevamente nos enfrentamos a una fuerte diversidad al interior de la región. Puede considerarse que Quintana Roo, Yucatán y Campeche son estados altamente urbanizados con proporciones de 85%, 83% y 75%, respectivamente. En el otro extremo están Chiapas con poco más de la mitad de su población en zonas urbanas y Tabasco con 58% de su población en esta misma situación.

Las características socioeconómicas de las mujeres entrevistadas que acabamos de analizar (cuadro 2) confirman, como era de esperar, aquellas observadas para el conjunto de la población de cada estado con datos de tipo censal. En los estados más marginados las mujeres poseen menos escolaridad y participan menos en la actividad económica. Por otra parte, pareciera ser que existe

[4] INEGI, Conteo de Población y Vivienda, 1995.

[5] En el Conteo de Población y Vivienda de 1995, 73.5% de la población vivía en localidades urbanas o sea, en aglomeraciones mayores de 2 500 habitantes.

una relación muy estrecha entre el tipo de localidad de residencia y las características socioeconómicas antes mencionadas. Así tenemos en los extremos a Chiapas, que cuenta con el menor porcentaje de mujeres que habitan en localidades urbanas, menor porcentaje de mujeres alfabetizadas, así como de mujeres con secundaria y más, mientras Quintana Roo, en el extremo opuesto, presenta la situación de un estado altamente urbano y escolarizado.

Como observamos al analizar las estructuras por edades de los diferentes estados de la región, una parte importante de ellas se explica por el crecimiento social, de aquí que hayamos decidido profundizar en el tema de la migración. A este efecto, se acudió a la pregunta sobre la condición migratoria contenida en la encuesta para estimar la proporción de población nativa e inmigrante en cada estado, desagregando, en el caso de los estados que conforman la región, aquel del cual provenían los inmigrantes. Cuando la inmigración se originaba en un estado ajeno a la región o en el extranjero se agrupó a los inmigrantes dentro de la categoría "otras regiones". Si nos atenemos a las proporciones que figuran en la columna de "nativas" del cuadro 3 observamos que Chiapas es el estado con menos movilidad de su población (89% de nativas) y Quintana Roo, con la mayor, ya que solamente 28% de las mujeres entrevistadas eran originarias del estado. Entre estos dos extremos tenemos a Tabasco y Yucatán con proporciones de nativas cercanas al 80% y Campeche que denota una inmigración importante desde el momento que sólo el 65% de sus mujeres son nativas.

La pregunta obligada a estas alturas es de dónde provienen y la intensidad que adquieren los flujos de inmigrantes que llegan a cada uno de los estados de la región. Al momento de la entrevista –1997– una de cada cinco mujeres en edades reproductivas declaró haber cambiado alguna vez su lugar de residencia. De éstas, la mitad na-

Cuadro 3. Distribución de las mujeres en edades reproductivas de la región México-Centroamericana según condición migratoria (porcentajes)

Estado	*Condición migratoria*								
		Inmigrantes							
	Nativas	*Cam-peche*	*Chiapas*	*Quin-tana Roo*	*Tabasco*	*Yucatán*	*Región*	*Otras regiones*	*Total*
Campeche	64.6	—	5.4	2.7	8.7	5.3	22.1	13.2	35.4
Chiapas	89.1	0.1	—	0.1	1.8	0.2	2.2	8.7	10.9
Quintana Roo	27.8	6.8	3.9	—	4.9	32.4	48.0	24.2	72.1
Tabasco	81.2	1.2	4.5	0.4	—	0.8	7.1	11.7	18.8
Yucatán	79.4	3.0	0.7	6.4	1.3	—	11.5	9.1	25.6
Región	77.6	1.5	1.9	1.6	2.2	3.8	11.1	11.3	22.3

Fuente: Cálculos propios con base en la Enadid, 1997.

ció en alguno de los estados que componen la región; no obstante, solamente Campeche y Quintana Roo superan esta media regional con 63% y 67% de inmigrantes de la zona. En el caso de este último estado dos de cada tres mujeres inmigrantes llegan de Yucatán mientras que en Campeche la inmigración es más diversificada en cuanto a los estados de origen: 4 de cada 10 mujeres llegan de Tabasco, 2.4 de Chiapas y otras 2.4 de Yucatán. Cabe recordar que de las aproximadamente 500 mil mujeres que declararon haber cambiado de residencia dentro de la región o haber llegado a ella desde el exterior –mitad y mitad– no se reparten uniformemente por entidad. El estado que más inmigrantes ha recibido, tanto en números absolutos como relativos, es Quintana Roo (más de 140 mil residentes no nacieron en esta entidad), siete personas de cada diez provenían de otros estados y de ellas cinco llegaron de su propia región, la México-Centroamericana.

En vista de la importancia de la inmigración de las entidades de Quintana Roo y Campeche consideramos importante analizar las diferencias en la estructura por edad que existe en ambas entidades considerando el estatus migratorio. En la gráfica 2 se puede observar que, para el caso de Campeche, las mujeres nativas tienen una estructura por edad joven, mientras las inmigrantes de otras regiones cuentan con una estructura más envejecida. Quienes se movieron dentro de la región se ubican en una posición intermedia. En el caso de Quintana Roo las diferencias en la estructura por edad de las mujeres según su condición migratoria son más drásticas: la proporción de nativas de entre 15 y 19 es cuatro veces mayor que el de inmigrantes de otras regiones y casi tres veces más que el de inmigrantes interregionales. De este modo y al igual que en Campeche, la estructura por edad de la población nativa es considerablemente más joven que la de las migrantes.

Gráfica 2. Distribución porcentual de las mujeres reproductivas según condición de migración y grupos de edad

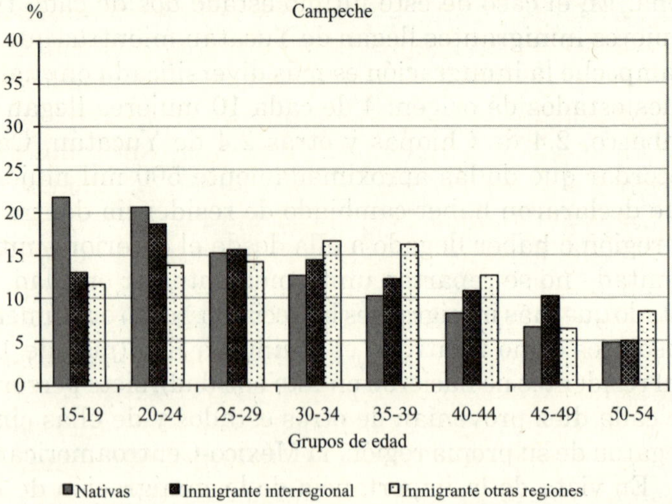

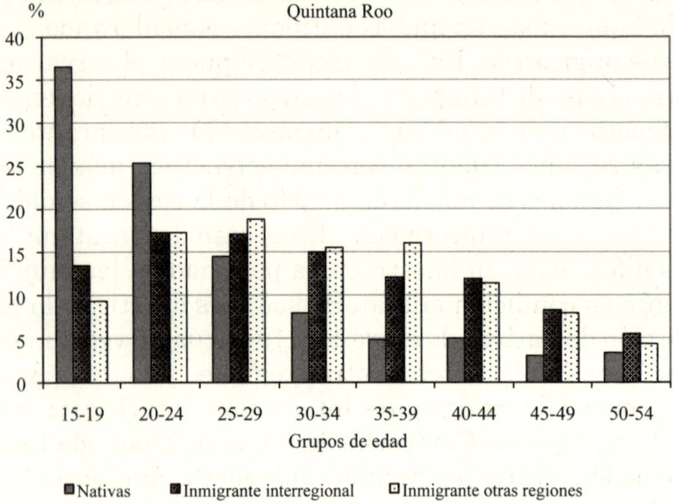

Fuente: Cálculos propios con base en Enadid, 1997.

El análisis que acabamos de hacer sobre las características socioeconómicas, la estructura por edad y de migración de cada uno de los estados nos ha mostrado que los estados de Tabasco, Campeche y Yucatán presentan características muy semejantes y que por lo mismo, es posible reagruparlos. Esto significa que de aquí en adelante conduciremos los análisis a partir de tres subregiones: 1) *Quintana Roo*, cuyas características principales son: poseer un grado de marginación *medio* en el contexto nacional con lo que se ubica como el mejor de la región México-Centroamericana; presentar los niveles de fecundidad y mortalidad más bajos de la región, así como los flujos de inmigración más altos. 2) *Sureste*, con un nivel de marginación *alto* y comportamientos intermedios en cada una de las variables demográficas: fecundidad, mortalidad y movilidad territorial. Conforman esta subregión los estados de Campeche, Tabasco y Yucatán. 3) Finalmente, *Chiapas*, con un grado de marginación *muy alto* (el más alto del país en 1995) y con los niveles de fecundidad y mortalidad más elevados de la región y de todo el país. A diferencia de los otros es un estado con muy poca movilidad de su población, como se pudo apreciar desde que se analizaron los datos de los cuadros 1 y 3.

FORMACIÓN FAMILIAR: LAS UNIONES CONYUGALES

Estructura por estado conyugal de las mujeres 15-49 años

Una primera aproximación a la estructura por estado conyugal de las mujeres de la zona estudiada nos muestra que la proporción de solteras fluctúa en torno al 28% con excepción, de Quintana Roo donde sólo es 25%. Esta última proporción se acompaña en este mismo estado de una población unida (66%) y en uniones interrumpidas de manera voluntaria (7.7% de separadas y divorciadas) algo mayor que en los demás estados; por el contrario, la proporción de viudas es menor que en los otros (1.1%). Sin embargo, como su población es casi cinco veces menor que la de Chiapas y la del otro grupo de estados, su comportamiento pesa menos sobre el indicador correspondiente al conjunto de la región (cuadro 4).

Ahora bien, si observamos la gráfica 3, donde figura exclusivamente la distribución de la población unida según tipo de unión al momento de la encuesta, tenemos que el estado de Chiapas sigue siendo el estado más "diferente" de la región y del país.

En efecto, Chiapas confirma lo que hemos observado en el pasado (Quilodrán, 1989, 1991 y 1998) en el sentido de que las uniones legales no alcanzan en él más que el 59% del total de las uniones y de ellas solamente 1 de cada 3 es un matrimonio civil y religioso.

Esto es algo inusitado en el país e incluso dentro de la región. En el conjunto de estados que hemos denominado del Sureste los matrimonios civiles y religiosos representan el doble de los de Chiapas lo mismo sucede en Quintana Roo.

Además, la relación entre éstos y los solamente civiles es 1.6 veces favorable a los civiles y religiosos; es decir, una situación inversa a la de Chiapas.

Otra característica de este último estado es la abundancia de matrimonios no sancionados legalmente: 30.8% de uniones libres y 10.4% de matrimonios solamente religiosos.

Si bien la unión libre y en menor medida, el matrimonio solamente religioso están presentes en todos los estados de México son relativamente pocos los que presentan proporciones de uniones libres que superan

Cuadro 4. Distribución de las mujeres en edades reproductivas de la región México-Centroamericana según estado conyugal (porcentajes)

Estado conyugal	*Subregión*			
	Chiapas	*Sureste*	*Quintana Roo*	*Región*
Soltera	27.6	28.9	25.1	28.0
Actualmente unida	63.8	62.6	66.1	63.4
Casada por lo civil y por la iglesia	13.1	32.4	31.1	24.4
Casada sólo por la iglesia	6.7	0.6	1.2	3.1
Casada sólo por lo civil	24.4	19.4	19.8	21.5
Vive en unión libre	19.6	10.2	14.0	14.4
Separada o divorciada	6.5	6.7	7.7	6.7
Separada de una unión libre	3.2	2.6	2.4	2.9
Separada de un matrimonio	2.3	2.9	4.0	2.8
Divorciada de un matrimonio	0.2	0.6	0.7	0.5
Divorciada de un matrimonio sólo por lo civil	0.7	0.6	0.5	0.6
Viudas	2.1	1.8	1.1	1.9
Viuda de un matrimonio	1.5	1.5	0.8	1.4
Viuda de una unión libre	0.7	0.3	0.3	0.5
Total	100.0	100.0	100.0	100.0

Fuente: Cálculos propios con base en Enadid, 1997.

Gráfica 3. Mujeres actualmente unidas según tipo de unión y entidad de la región México-Centroamericana

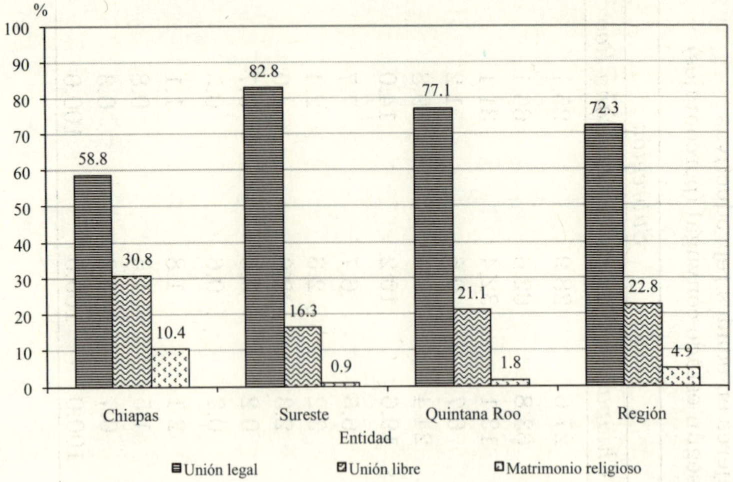

Fuente: Anexo 1.

el 15% correspondiente al conjunto del país y el 4% de matrimonios religiosos.

La región analizada se distingue por situarse en todos los casos por encima de estas medias nacionales, sobre todo en Chiapas: 32% de uniones libre y 9% de matrimonios solamente religiosos.

A partir del análisis efectuado puede afirmarse que la región se distingue por una presencia abundante de uniones libres con el estado de Chiapas a la cabeza. En el resto de los estados los matrimonios que conllevan una formalización de tipo religioso además de la legal, representan entre 49% y 53%, cifras de cualquier manera, bastante por debajo del 62% observado en el Censo de 1990 a nivel del país. O sea, una de las características predominantes de la región México-Centroamericana vendría a ser su escaso apego a la institucionalización civil y religiosa de las uniones en comparación con el resto del país.

Composición de la población femenina por estado conyugal y edad

En la gráfica 4 podemos apreciar no solamente la presencia diferencial de cada tipo de unión, lo cual ya comentamos en el punto anterior, sino también su evolución por edad en cada uno de los tres subgrupos de estados en que hemos dividido la región. Lo primero que llama la atención a este efecto, es el hecho de que, con excepción de Chiapas, la nupcialidad legal domina en todas las edades consideradas.

Segundo, que los matrimonios civiles y religiosos, además de ser predominantes, progresan a medida que las edades avanzan, en detrimento sobre todo de las uniones libres, las cuales son especialmente abundantes en las edades jóvenes.

Por último, que los matrimonios solamente religiosos disminuyen con la edad comparativamente mucho menos que las uniones libres. Ahora, si los comportamientos frente a los tipos de uniones no se modificaran a través de las generaciones[6] tendríamos que más de la mitad de las mujeres en uniones "no legales" a los 15-19 años (uniones libres y matrimonios religiosos) se encontrarían en una unión legal en el grupo de edades 45-49 años (legalización de uniones a través del curso de vida de las mujeres).

[6] Otras condiciones son que la mortalidad y la migración no sean tampoco diferenciales por tipo de unión.

Gráfica 4. Región México-Centroamericana: mujeres de 15-49 años actualmente unidas por tipo de unión según grupos quinquenales de edad actual

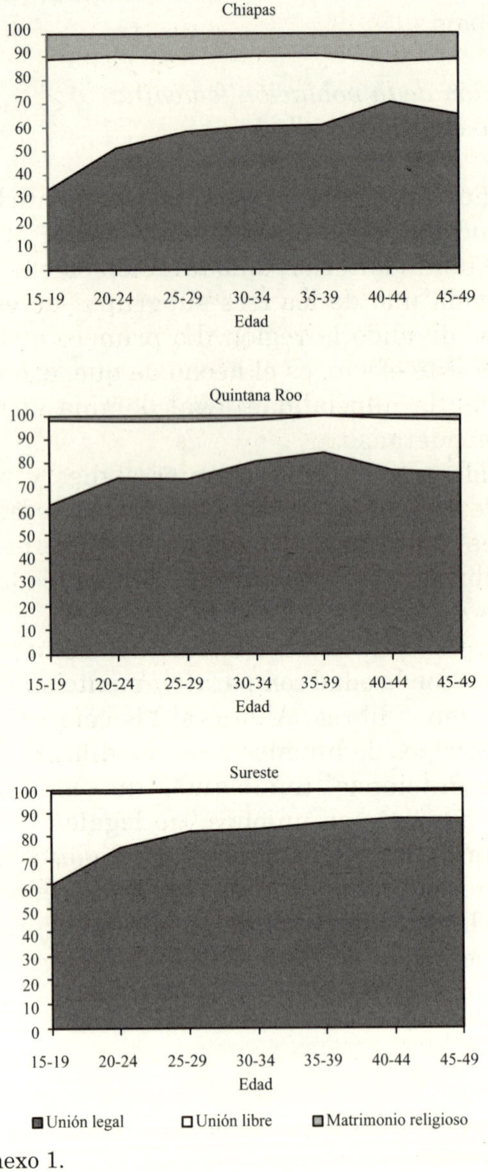

Fuente: Anexo 1.

Calendario de las uniones conyugales

Las edades promedio a la primera unión[7] que figuran en el cuadro 5 fluctúan entre los 20.1 años en Chiapas y 21.7 años en Quintana Roo. La región Sureste se ubica, por su parte, en una posición intermedia con 21 años. Cuando comparamos estas edades con las obtenidas 20 años antes con datos equiparables de la Encuesta Mexicana de Fecundidad (WFS, 1976) tenemos que las generaciones nacidas en los años cincuenta habrían retrasado su ingreso en uniones, con respecto a las generaciones nacidas en los años treinta, 1.4 años en Chiapas y 2.7 años en el Sureste.[8]

Lo que resulta un tanto inesperado es que las generaciones más jóvenes de mujeres –1968-1972– que tienen apenas arriba de 25 años en el momento de la Encuesta, presenten proporciones acumuladas de uniones iguales (región Sureste) o algo superiores (Chiapas) a las generaciones nacidas 10 o 20 años antes. ¿Se está dando acaso una reversión de la tendencia al alza de las edades al unirse en la región? O bien, ¿una evolución hacia matrimonios más tempranos entre un grupo de mujeres y muy tardíos en otro grupo de modo que la edad promedio se incremente de todas maneras?

La proporción que parece mantenerse dentro de los rangos conocidos para el país es aquella de mujeres unidas en el grupo 45-49 años, con excepción de Quintana Roo donde la unión tendería a ser un fenómeno universal, probablemente por influencia de migraciones selectivas de personas casadas o unidas.

[7] Se trata de edades promedio para mujeres alguna vez unidas de 30 a 49 años de edad al momento de la entrevista.

[8] Estamos comparando Chiapas con la región Pacífico-Sur y Sureste (Tabasco-Campeche y Yucatán) con la Sureste de la WFS (Quilodrán, 1991).

Cuadro 5. Calendario de las uniones para mujeres de la región México-Centroamericana en edades reproductivas (porcentajes)

Indicador	*Subregión*			
	Chiapas	*Sureste*	*Quintana Roo*	*Región*
Edad promedio a la primera unión (m)	20.1	21.0	21.7	20.7
Unidas hasta los 20-24 años				
Generación 1968-1972	0.8	0.7	0.8	0.8
Generación 1958-1962	0.7	0.7	0.8	0.7
Generación 1948-1952	0.8	0.8	0.7	21.5
Unidas hasta los 45-49 años	6.5	6.7	7.7	6.7
Generación 1968-1972	—	—	—	—
Generación 1958-1962	—	—	—	—
Generación 1948-1952	0.9	1.0	1.0	1.0

Fuente: Cálculos propios con base en Enadid, 1997.

En resumen, puede decirse que las uniones en la región México-Centroamericana se celebran en promedio a los 21 años, o sea, más temprano que a nivel nacional,[9] las uniones libres y los matrimonios sólo religiosos son más frecuentes y la intensidad de las uniones algo superior a las del país.

FORMACIÓN DE LA DESCENDENCIA

La información manejada con anterioridad nos mostró que la tasa global de fecundidad (TGF) disminuyó al menos a la mitad entre 1970 y 1995 incluso en Chiapas que fue donde varió menos. En esta sección queremos hacer un análisis más fino de la evolución de la fecundidad por lo que presentaremos un estudio de las probabilidades de agrandamiento de familias (a_i). Este análisis lo conduciremos para las mujeres de las generaciones nacidas entre 1948 y 1967 que en el momento de la entrevista tienen entre 30 y 49 años y que habitaban en cada una de las áreas que hemos venido analizando. Con objeto de hacer comparaciones con poblaciones que estuvieran en un periodo de muy alta fecundidad, o bien en una etapa más avanzada de su transición demográfica, se incluyen por un lado, las series de probabilidades correspondientes al total de mujeres rurales del país pertenecientes a los grupos de generaciones 1920-1934 de la encuesta PECFAL-R de 1969-1970 (Quilodrán, 1980); y por otro, las series de probabilidades obtenidas con datos de la misma Enadid, 97, para el conjunto de mujeres del país y del Distrito Federal, que es el estado que reporta la fecundidad más baja de México.

[9] De acuerdo con los datos de la tabla de nupcialidad 1995 derivada del Conteo de Población 1995, la edad promedio a la primera unión de las mujeres fue 22.9 años.

Antes de presentar nuestro análisis consideramos necesario hacer dos consideraciones: primero, ya que los niveles de fecundidad en las poblaciones con un régimen de fecundidad natural dependen de la edad de la mujer y del tiempo de exposición al riesgo (Henry, 1972), consideramos, con el fin de controlar el efecto que tiene la duración de las uniones sobre el indicador utilizado, solamente las mujeres que tuvieron su primera unión entre los 17 y los 21 años de edad.[10] Segundo, que dentro del grupo analizado se encuentran algunas mujeres que aún no habían concluido su ciclo reproductivo en el momento de la encuesta, por lo cual las probabilidades de agrandamiento correspondientes a los órdenes superiores a 4 o 5 hijos en las generaciones más jóvenes podrían estar en cierta medida subestimadas. Sin embargo, esto no debería afectar seriamente los resultados aquí presentados ya que, dadas las tendencias generales observadas, se esperaría que la mayor parte de las mujeres pertenecientes a las generaciones jóvenes tengan una descendencia menor que la de las mujeres de las generaciones precedentes.

En el *Diagrama de Lexis* (figura 1) presentado se aprecia que las mujeres de las generaciones 1948-1967 comenzaron su vida reproductiva entre principios de la década de los sesenta y los ochenta, por lo que se les puede considerar a la gran mayoría de ellas como pertenecientes a las generaciones transicionales.[11] Se puede advertir también que estas mujeres iniciaron su ciclo reproductivo poco antes o simultáneamente con la puesta en marcha de los primeros programas de planificación familiar en la segunda mitad de los setenta. Estos programas brindaron por primera vez a las mujeres mexicanas, acceso

[10] Este grupo de mujeres representa el 40% del total de las mujeres entrevistadas.

[11] Denominación dada al grupo de mujeres que iniciaron el proceso de descenso de la fecundidad en México (Juárez y Quilodrán a; 1990).

Figura 1. Diagrama de Lexis: generaciones 1948-1967

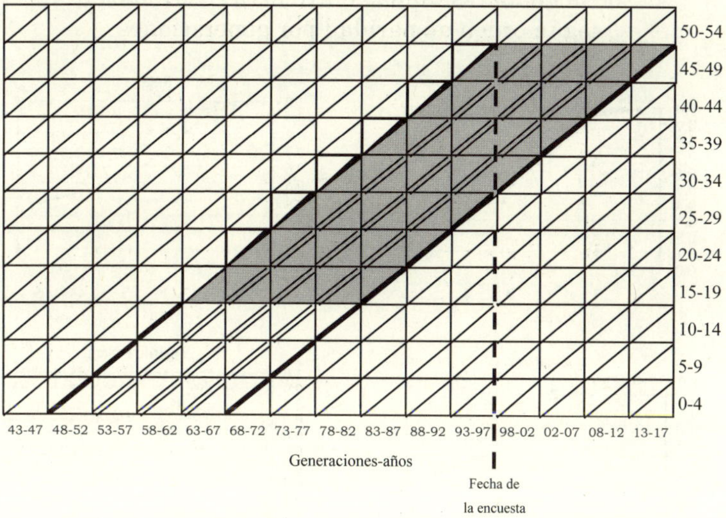

a la información y al uso de métodos que les permitieron regular voluntariamente su fecundidad.

La gráfica 5 contiene las series comparativas de probabilidades de agrandamiento de familias de mujeres rurales de la Encuesta PECFAL-R (1969-1970) y de aquellas nacidas entre 1943 y 1967 interrogadas en la Enadid, 97 y que se unieron entre los 17 y 21 años. Los valores prácticamente constantes de las a_i[12] del grupo de generaciones 1920-1934 para las zonas rurales del país son una característica de las poblaciones que no controlan sus nacimientos. Además, el valor de a_0 refleja una situación en la cual la esterilidad es mínima. Por el contrario, las curvas cada vez más cóncavas de los grupos de generaciones más jóvenes de la Enadid, 97 nos permiten afirmar que, tal como se esperaba, la práctica de la anticoncepción

[12] Ver cuadro, Anexo 2, para valores superiores de a_i.

Gráfica 5. Probabilidades de agrandamiento de familias (a_n) de las mujeres unidas entre los 17 y 21 años según orden de paridad por generaciones

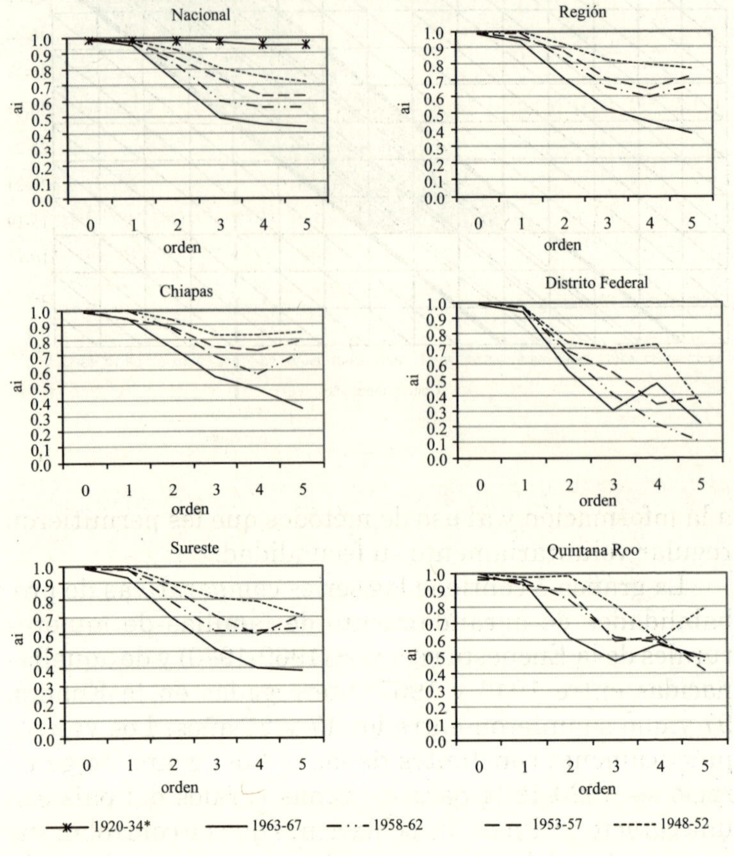

* Mujeres alguna vez unidas de 35-39 años, unidas entre los 15 y 19 años.
Fuente: Anexo 2.

está cada vez más difundida en el país. De cualquier forma la llegada del segundo hijo (a_1) es similar cualquiera sea el grupo de generaciones.

Para los órdenes inferiores a 3 hijos, se observa que, a medida que las cohortes son más jóvenes, las probabilidades de agrandamiento se reducen de manera pronunciada. Si se observan, por ejemplo, las a_3 de los grupos de generaciones extremos 1948-1952 y 1963-1967 se percibe una diferencia de casi treinta puntos porcentuales entre una y otra. Esto es una clara muestra de cómo las generaciones más recientes regulan mejor su fecundidad que las generaciones mayores una vez que alcanzan cierta paridad. Cabe aclarar que hemos hecho la comparación con respecto a la probabilidad de tener un cuarto hijo para evitar las diferencias de exposición al riesgo entre los dos grupos de generaciones considerados.

Al comparar la región México-Centroamericana con el país, se observa que no existen diferencias considerables hasta la a_3. Las diferencias se advierten en los órdenes superiores, siendo estas probabilidades más bajas en el nivel nacional. Cabe señalar que este comportamiento no es homogéneo en todas las generaciones: mientras que para los grupos de generaciones mayores los niveles fueron prácticamente los mismos hasta el orden tres, para las generaciones 1953-1962 las probabilidades de tener un quinto y sexto hijo son mayores en la región México-Centroamericana.

Cuando se analizan las a_i por grupos de generaciones en las subregiones en que se dividió la población objeto de estudio, se observa que los ritmos de cambio entre dichos grupos son diferentes. Si bien en todos los grupos de generaciones la probabilidad de tener un hijo es casi la misma, las mujeres de Quintana Roo presentan niveles más bajos. Esto significa que este estado ha avanzado más rápido que los demás en su transición hacia una baja fecundidad dentro de la región. Por otra parte, si observamos las probabilidades correspondientes a las mujeres de la generación 1963-1967 tenemos que en el Distrito Federal se produce un descenso drástico entre a_1 y a_3. No obstante que la llegada del primer y segundo hijo tienen la misma probabilidad en Chiapas que en el Distrito Federal, aquella de tener al menos un cuarto hijo en Chiapas (a_3) es equivalente a la de tener al menos un tercer hijo en el Distrito Federal (a_2). En realidad la transición en el Distrito Federal se anticipó a la de los otros estados estudiados, así como a la del país en su conjunto. Dicha transición es notoria desde las generaciones de más edad, situación que no ocurre con las mujeres de la región México-Centroamericana donde, incluso en las generaciones mayores, la curva de las a_i es poco pronunciada. Asimismo, se observa que las a_2 de todos los grupos de generaciones de las mujeres del Distrito Federal están por debajo del 75%, mientras que a nivel nacional y de la región estudiada recién en el grupo de generaciones 1963-1967 alcanza este nivel.

El ritmo de descenso de la fecundidad ha sido más uniforme para las mujeres del sureste (Campeche, Tabasco y Yucatán). Las gráficas con sus probabilidades muestran que, al igual que en el total de la región, las disminuciones más pronunciadas de las a_i se observan en el grupo de generaciones más jóvenes, aunque la tendencia al descenso puede advertirse desde el grupo de generaciones 1958-1962. En el caso de Chiapas hasta el orden tres de nacimientos los grupos de generaciones de mayor edad presentan curvas muy similares; en realidad las diferencias vienen a manifestarse a partir de paridades mayores.

Finalmente, tenemos que Quintana Roo es la subregión que mostró el cambio más pronunciado entre generaciones. Mientras las generaciones más antiguas –1948-1952– no controlaban su descendencia, la forma de su curva es convexa, característica de las poblaciones donde no hay prácticas deliberadas para limitar el tamaño de la familia. En cambio las generaciones más jóvenes 1963-1977 presentan una curva con forma ya bastante cóncava con valores de a_1 y a_2 semejantes a los del Distrito Federal y a_3 sólo algo superior (17%). Cabe hacer notar que Quintana Roo tenía en el grupo de generaciones 1948-1952 las a_i más altas de la región, pero luego hace una transición muy rápida de su fecundidad hacia niveles más bajos.

Finalmente, puede afirmarse que hasta el cuarto hijo (a_3) las probabilidades son muy semejantes en todos los estados de la región. La tendencia más sostenida a la disminución de las a_i superiores a tres, la presenta la región sureste con niveles algo inferiores a los nacionales.

CONSIDERACIONES FINALES

El análisis de la región México-Centroamericana nos ha mostrado que se trata de una zona más heterogénea que lo que habíamos supuesto en un inicio. El desarrollo, en un pasado reciente, de actividades económicas relacionadas con la industria extractiva del petróleo en Campeche, así como del turismo en Quintana Roo, provocaron fuertes flujos migratorios al interior y hacia la zona, los cuales a su vez han contribuido a su diferenciación interna. En Campeche una de cada tres mujeres entre los 15 y 54 años es inmigrante, mientras en Quintana Roo esta relación se eleva a tres de cada cuatro mujeres. En realidad, Campeche ha recibido menos de la mitad de la inmigración (35.4%) que Quintana Roo (72.1%), aunque en los dos estados el 50% de ésta proviene de la propia región. Ahora, la mayoría de quienes se desplazan lo hacen de Yucatán hacia Quintana Roo y de Tabasco hacia Campeche que son, como lo hemos señalado, los dos polos de desarrollo más importantes de la región. De los estados restantes, Chiapas es el que se ubica en la posición equidistante con una población muy rural (51%) y que emigra poco (89% de mujeres nativas). Es decir, tenemos un estado como Chiapas, cuya población se ha mantenido alejada de la influencia de población ajena a su región y tenemos otro, Quintana Roo, cuya existencia responde prácticamente a la inmigración, o sea, a la atracción de población de otros estados de la región y del país. Esto era precisamente lo que se buscaba impulsar a través del desarrollo turístico y en gran medida se logró. Los otros tres estados presentan características muy similares, por lo que para facilitar el análisis fueron reagrupados.

En cuanto a la formación de las parejas conyugales observamos comportamientos diferentes entre Chiapas y el resto de las subregiones. Este es un estado "original" dentro del patrón de nupcialidad de México. En él, como en ninguna otra parte del país, el matrimonio legal es comparativamente poco frecuente mientras que, por el contrario, las uniones no legales –unión libre y matrimonio solamente religioso– alcanzan las proporciones más elevadas. Es también en Chiapas donde las mujeres se casan más temprano: en promedio un año antes que en la subregión Sureste y casi dos que en Quintana Roo. Sin embargo, aun cuando Chiapas dista de las demás subregiones, es importante señalar que en la región analizada, tanto como conjunto como por subregiones, las proporciones de uniones no sancionadas legalmente se encuentran por encima de la media nacional. Por lo tanto, podría afirmarse que la región se distingue por su escaso apego a la institucionalización civil y religiosa de las uniones en comparación con el resto del país. Asimismo, las uniones en la región tienen un calendario más temprano y una intensidad mayor comparada con los niveles nacionales.

Por su parte, el análisis de la formación de la descendencia permite afirmar que el descenso de la fecundidad está cada vez más difundido en el país. Las curvas correspondientes a las probabilidades de agrandamiento de las familias (a_i) son cada vez más cóncavas, lo que revela justamente una fecundidad más baja en los grupos de generaciones más jóvenes de la Enadid, 97. También se observó que las generaciones más recientes regulan mejor su fecundidad que las generaciones mayores, una vez que alcanzan cierta paridad. El análisis por subregiones nos mostró que Quintana Roo posee los niveles más bajos de fecundidad de la región estudiada y que, incluso en las generaciones más recientes presenta valores similares a los del Distrito Federal. Esto significa que este estado ha avanzado más rápido que los demás en su transición hacia una baja fecundidad dentro de la región. Por el contrario, en Chiapas, la probabilidad de tener al menos un cuarto hijo (a_3) es equivalente a la de tener al menos un tercer hijo en el Distrito Federal (a_2). En la subregión Sureste (Campeche, Tabasco y Yucatán) el ritmo de descenso de la fecundidad ha sido más lento, pero a su vez, más sostenido que en Quintana Roo que, como mencionamos con anterioridad, está haciendo la transición más rápida de la región México-Centroamericana.

Los resultados obtenidos en este trabajo nos han revelado la existencia de diferentes patrones de fecundidad y de nupcialidad al interior de la región México-Centroamericana, tal y como lo habíamos postulado. El desarrollo socioeconómico dispar que ha sucedido en las subregiones se ve reflejado en sus distintas dinámicas demográficas. La fuerte inmigración a Quintana Roo habría provocando que su transición demográfica ocurra de manera más rápida, mientras en el otro extremo, en Chiapas, ésta estaría siendo más tardía como resultado, en parte, de su retraso socioeconómico. Sin embargo, el tránsito entre altos y bajos niveles de fecundidad es un hecho generalizado en la región, pese a las disparidades socioeconómicas de las subregiones estudiadas.

Estos hallazgos reiteran la necesidad de profundizar en estas temáticas, toda vez que los mecanismos a través de los cuales se está produciendo la transición demográfica hacia bajos niveles de fecundidad no están siguiendo los derroteros clásicos: modernización-descenso de la fecundidad. También cabría ahondar en la relación entre la fecundidad y la nupcialidad de las mujeres según condición migratoria, ya que tal y como este estudio lo revela, la región cuenta con grandes flujos migratorios interregionales y hacia la región.

BIBLIOGRAFÍA

Benítez, René y Julieta Quilodrán (comps.) (1983), *La fecundidad rural en México*, UNAM, ISS, El Colegio de México, México.

Conapo (1999), *La situación demográfica de México, 1999*, México.

Henry, Louis (1972), *Demographie analyse et modeles*, Librairie Larousse, Sciences humaines et sociales, París.

INEGI (1999), *Encuesta Nacional de la Dinámica Demográfica, 1997, Metodología y Tabulados*, Aguascalientes.

_____ (1997), *Perspectiva Estadística de Campeche*, Aguascalientes.

_____ (1997), *Perspectiva Estadística de Chiapas*, Aguascalientes.

_____ (1997), *Perspectiva Estadística de Quintana Roo*, Aguascalientes.

_____ (1997), *Perspectiva Estadística de Tabasco*, Aguascalientes.

_____ (1997), *Perspectiva Estadística de Yucatán*, Aguascalientes.

_____ (1997), *Campeche, Conteo de Población y Vivienda 1995, Perfil Sociodemográfico*, Aguascalientes.

_____ (1997), *Chiapas, Conteo de Población y Vivienda 1995, Perfil Sociodemográfico*, Aguascalientes.

_____ (1997), *Estados Unidos Mexicanos, Conteo de Población y Vivienda 1995, Perfil Sociodemográfico*, Aguascalientes.

_____ (1997), *Quintana Roo, Conteo de Población y Vivienda 1995, Perfil Sociodemográfico*, Aguascalientes.

_____ (1997), *Tabasco, Conteo de Población y Vivienda 1995, Perfil Sociodemográfico*, Aguascalientes.

_____ (1997), *Yucatán, Conteo de Población y Vivienda 1995, Perfil Sociodemográfico*, Aguascalientes.

Juárez, Fátima, Julieta Quilodrán y Ma. Eugenia Zavala (1989), "De una fecundidad natural a una controlada", en *Estudios Demográficos y Urbanos*, 4(1):5-51, enero-abril.

_____ (1996), *Nuevas pautas reproductivas en México*, El Colegio de México, Centro de Estudios Demográficos y de Desarrollo Urbano, México.

Juárez, Fátima y Julieta Quilodrán (1990), "Mujeres pioneras del cambio reproductivo en México", en *Revista Mexicana de Sociología*, 52(1):33-49, UNAM, IIS.

Pérez, Elsa (1999), "Fecundidad y migración en Yucatán: uso de las razones de paridad progresivas", tesis de maestría en demografía, El Colegio de México, México.

Quilodrán, Julieta (1980), "Algunas características de la fecundidad rural en México", en *Demografía y Economía*, 14(44):397-410. El Colegio de México, México.

_____ (1991), *Niveles de fecundidad y patrones de nupcialidad en México*, El Colegio de México, México.

_____ (1998), *Le Mariage au Mexique: évolution nationale et typologie régionale*, Academia-Bruylant, Louvain-la-Neuve, Belgique.

Anexo 1. Distribución de las mujeres de 15-49 años actualmente unidas de la región México-Centroamericana por tipo de unión según grupos de edad actual, 1970-1997 (porcentajes)

Tipo de unión	*Grupos quinquenales de edad*							*Total*
	15-19	*20-24*	*25-29*	*30-34*	*35-39*	*40-44*	*45-49*	
Chiapas								
Unida legal	40.0	51.5	58.5	60.8	61.2	70.9	65.5	58.8
Unión libre	47.3	38.8	30.9	29.6	29.3	17.0	23.4	30.8
Matrimonio religioso	12.7	9.7	10.6	9.6	9.5	12.1	11.1	10.4
Sureste								
Unida legal	60.4	75.7	82.4	83.3	85.9	87.8	87.5	82.8
Unión libre	38.4	23.0	16.8	15.8	13.4	11.4	11.7	16.3
Matrimonio religioso	1.2	1.3	0.8	0.9	0.7	0.8	0.8	0.9
Quintana Roo								
Unida legal	62.8	74.1	73.5	80.8	84.4	77.0	75.5	77.1
Unión libre	35.4	23.6	24.0	17.2	15.5	21.5	22.4	21.1
Matrimonio religioso	1.8	2.3	2.5	2.0	0.1	1.5	2.1	1.8

Región México-Centroamericana								
Unida legal	50.8	65.2	71.2	73.8	75.6	80.2	78.1	72.3
Unión libre	42.4	29.8	23.6	21.7	20.1	14.6	17.1	22.8
Matrimonio religioso	6.8	5.0	5.2	4.5	4.3	5.2	4.8	4.9

Fuente: Cálculos propios con base en Enadid, 1997.

Anexo 2. Probabilidades de agrandamiento de familias (a_n) de las mujeres unidas entre los 17 y 21 años según orden de paridad por generaciones

n	*Generación*				*n*	*Generación*			
	*1920-34**	*1963-67*	*1958-62*	*1953-57*	*1948-52*		*1920-34**	*1963-67*	*1958-62*	*1953-57*	*1948-52*
Chiapas						Región México-Centroamericana					
0		0.98752	0.99746	1.00000	1.00000	0		0.98553	0.99071	0.99274	1.00000
1		0.93903	0.99706	0.94014	0.99463	1		0.93561	0.98365	0.95905	0.99617
2		0.74944	0.87595	0.88690	0.94022	2		0.71139	0.83020	0.88069	0.92064
3		0.55382	0.69255	0.75618	0.84343	3		0.52547	0.65193	0.71249	0.82241
4		0.47704	0.57978	0.73542	0.83933	4		0.44702	0.60223	0.65130	0.79266
5		0.35537	0.72157	0.79344	0.85221	5		0.38369	0.66177	0.72297	0.77568
6		0.75694	0.62360	0.54486	0.79577	6		0.42109	0.61776	0.60038	0.72922
7		0.63216	0.46318	0.47361	0.75253	7		0.62600	0.55194	0.55088	0.72674
8		0.67647	0.67642	0.84413	0.50423	8		0.54827	0.56053	0.56358	0.57763
Sureste						Distrito Federal					
0		0.98524	0.98985	0.98640	1.00000	0		0.98984	1.00000	1.00000	1.00000
1		0.93072	0.97645	0.97858	1.00000	1		0.93589	0.96446	0.96885	0.97280
2		0.70290	0.79056	0.87319	0.89966	2		0.55780	0.66058	0.68458	0.74255
3		0.51214	0.62186	0.70607	0.80942	3		0.30607	0.40118	0.54387	0.70061
4		0.40340	0.63007	0.59640	0.78623	4		0.47403	0.21621	0.34549	0.72250
5		0.39061	0.63404	0.70819	0.71316	5		0.22322	0.10416	0.38285	0.35157

6	0.15963	0.60237	0.66855	0.68142	6		0.44746	0.91289	0.27606	0.44443
7	0.85683	0.63708	0.63743	0.69830	7		—	–	—	–
8	0.13368	0.50145	0.40374	0.65427	8		—	–	—	—
Quintana Roo					Nacional					
0	0.97956	0.96334	1.00000	1.00000	0	0.982	0.99065	0.99023	0.99454	0.99792
1	0.94778	0.96028	0.92547	0.97569	1	0.982	0.94488	0.97134	0.96834	0.97429
2	0.61130	0.83680	0.89930	0.97773	2	0.977	0.71832	0.82789	0.86978	0.92486
3	0.47220	0.60644	0.58692	0.80762	3	0.974	0.49491	0.60404	0.73561	0.80764
4	0.55904	0.57560	0.61054	0.59285	4	0.961	0.45738	0.56540	0.63695	0.75184
5	0.48287	0.47008	0.41562	0.78851	5	0.954	0.44380	0.56563	0.64439	0.72192
6	0.24129	0.69679	0.46625	0.59677	6	0.904	0.33581	0.58894	0.64445	0.69458
7	—	—	—	—	7	0.885	0.44031	0.52711	0.63484	0.66679
8	—	–	—	—	8	0.757	0.31360	0.48608	0.58395	0.59400

* Mujeres alguna vez unidas de 35-39 años, unidas a los 15-19 años.
Fuente: Cálculos propios con base en la Enadid, 1997 y Quilodrán (1980), "Algunas características de la fecundidad rural en México", en *Demografía y Economía*, vol. XIV, núm. 44, El Colegio de México.

V. DETERMINANTES PRÓXIMOS DE LA FECUNDIDAD EN HAITÍ*

ELÍAS ESQUIVEL**

INTRODUCCIÓN

El avance sobre el entendimiento de la fecundidad se ha dado de forma progresiva, haciendo mejoras que en forma aislada parecerían menores, pero que al unirse sientan las bases para investigaciones cada vez de forma más acertada sobre la población.

El análisis de la fecundidad fue ignorado hasta fines del siglo XIX, pero tal atraso parece responder más a la insuficiencia de datos que a una falta de entendimiento sobre el indicador mismo. Como ejemplo tenemos que hasta esa época en ninguna parte de Europa occidental se registraba la edad de la madre al momento del parto, situación un tanto diferente era la de Suecia y Finlandia donde se habían establecido tablas elementales de fecundidad general para cada grupo de edad, construidas en función del número de partos sobre el número de mujeres sobrevivientes (Dupâquier, 1985).

* Basado en la tesis de licenciatura en actuaría, Determinantes próximos de la fecundidad en Haití, de Elías Esquivel, Facultad de Estudios Superiores Acatlán, Universidad Nacional Autónoma de México, 2006. Becario del proyecto Conacyt 29051-S.

** Actuario.

Adolphe Quételet, uno de los más influyentes estadísticos sociales del siglo XIX, quien no tardó en captar el interés de los nuevos datos sugirió que para realizar un estudio más exacto de la fecundidad era necesario considerar el número de nacidos vivos y no el de partos ya que existía diferencia entre estos conceptos: los nacimientos múltiples. Este mismo autor estableció *cuatro factores demográficos* de la fecundidad: la edad fisiológica, la edad cruzada de los esposos, la mortalidad y la actitud ante la procreación. A su vez hacia el año de 1866 aparece una obra fundamental para el desarrollo del estudio de la fecundidad: "Fecundity, fertility, sterility and allied topics", de Mathews Duncan, que introduce el concepto de "mujeres fecundas" para designar a las mujeres con capacidad de procrear y el de "mujeres fértiles" para aquellas que hacen uso efectivo de esta capacidad; conceptos que hoy en día se utilizan de manera opuesta.

La construcción científica de la demografía ha sido el resultado del progreso de las estadísticas sociales en materia de población, por medio de los censos regulares y periódicos casi inexistentes en la mayoría de los países hasta el siglo XX (Gonnard, 1972). Por su parte, el interés sobre los factores sociales que afectan a la fecundidad humana aumentó sustancialmente en el periodo de la posguerra tanto entre los científicos, como entre los gobernantes y dirigentes políticos. Este creciente interés fue producto de una serie de cambios complejos que afectaban a las sociedades en estos momentos. Después de la Segunda Guerra Mundial, los demógrafos esperaban que las tasas de fecundidad declinaran o simplemente se estabilizaran a niveles muy bajos en función de la cobertura cada vez mayor de la anticoncepción en poblaciones más urbanizadas. Sin embargo, estas proyecciones resultaron equivocadas por no haber considerado los aspectos sociales que influyen en las variables involucradas en el crecimiento poblacional (Carleton, 1970).

Los progresos alcanzados después de la guerra aumentaron las posibilidades de llevarse a cabo análisis más amplios de la fecundidad que abarcaran distintos aspectos de la población que se creían demasiado íntimos o personales. Así se abrió la puerta para analizar variables estrechamente ligadas con la fecundidad como la contracepción y el aborto.

Dada la necesidad de obtener un mayor conocimiento de los factores que afectan la fecundidad se llevó a cabo el estudio *Indianápolis*. La finalidad de éste consistió en probar más de una veintena de hipótesis referentes a la relación existente entre la planificación de la fecundidad y el tamaño de la familia, así como la influencia que estarían ejerciendo ciertos factores sociales y psicológicos. El alcance demasiado ambicioso de este estudio no condujo a los resultados esperados, pero ayudó a que estudios futuros se centraran en una menor cantidad de hipótesis (Kiser, 1967).

A través de los años los intentos de definir los diversos factores que inciden en la fecundidad han sentado las bases para lograr una explicación cada vez más completa del fenómeno. En 1956, Kingsley Davis y Judith Blake en su obra "La estructura social y la fecundidad, un sistema analítico" establecieron una serie de once variables intermedias para vincular la fecundidad con las variables fundamentales de la estructura social. Las variables intermedias se refieren a las tres etapas del proceso de producción biológica: coito, concepción, gestación y parto.

De acuerdo con Davis y Blake cualquier modificación en las pautas reproductivas de una sociedad se efectúa a través del cambio en una o más de las variables intermedias definidas por ellos. Estas variables consideran factores tales como el uso de anticonceptivos, la frecuencia

Figura 1. Determinantes de la fecundidad

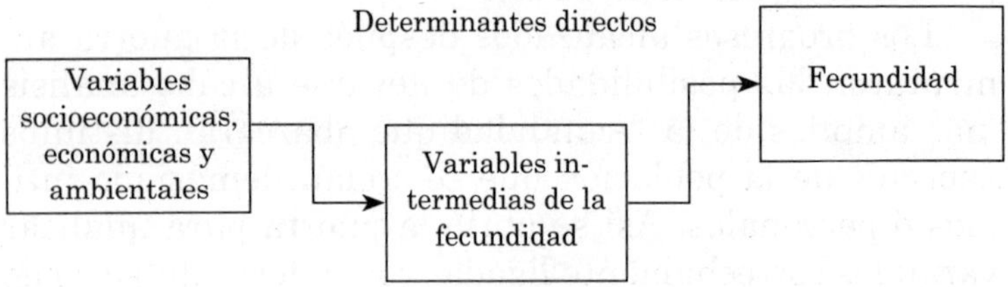

de las relaciones sexuales, la incidencia de la esterilidad, los abortos provocados o espontáneos, cambios en la edad al casarse, la incidencia del celibato y los cambios en la exposición al riesgo de concebir debido a la separación, divorcio o viudez. Todos estos factores están presentes en cualquier sociedad, ya sea para reducir o aumentar la fecundidad. Aun su ausencia es una forma de influencia, en el caso, por ejemplo, de no practicar el aborto su resultado sobre la fecundidad será positivo al no limitarla.

Con base en esta consideración, John Bongaarts realizó una amplia investigación para explicar la sensibilidad de la fecundidad a cambios en cada variable, llegando a la conclusión de que, de todos los determinantes próximos incluidos en la clasificación de Davis y Blake, cinco de ellos eran capaces de explicar casi la totalidad de las variaciones de la fecundidad: intensidad de la unión, uso de anticoncepción, prevalencia de aborto, infertilidad posparto y esterilidad patológica. Después de varios estudios, Bongaarts encontró que algunas de las variables intermedias definidas por Davis y Blake eran más relevantes que otras al determinar la magnitud del cambio en la fecundidad. A finales de la década de 1970 propuso un modelo sencillo y completo para analizar las relaciones existentes entre las variables intermedias y el nivel de la fecundidad. En dicho modelo se clasifican estas variables de la manera siguiente:

I. Factores de exposición
   1. Proporción de casadas

II. Factores de control deliberado de la fecundidad marital
   2. Anticoncepción
   3. Aborto inducido

III. Factores de la fecundidad natural marital
   4. Infertilidad por lactancia
   5. Frecuencia del coito
   6. Esterilidad
   7. Mortalidad intrauterina espontánea

EL MODELO ORIGINAL DE BONGAARTS

Fecundidad natural

El estudio de los determinantes de la fecundidad basa su análisis en la existencia de diversas prácticas encaminadas a limitar el número de hijos que cierta pareja pueda tener. De este modo, la tasa global de fecundidad (TGF) que se observa en una población no representa la capacidad reproductiva máxima de ésta pues existen diversos factores que lo impiden.

Figura 2. Tasa global de fecundidad

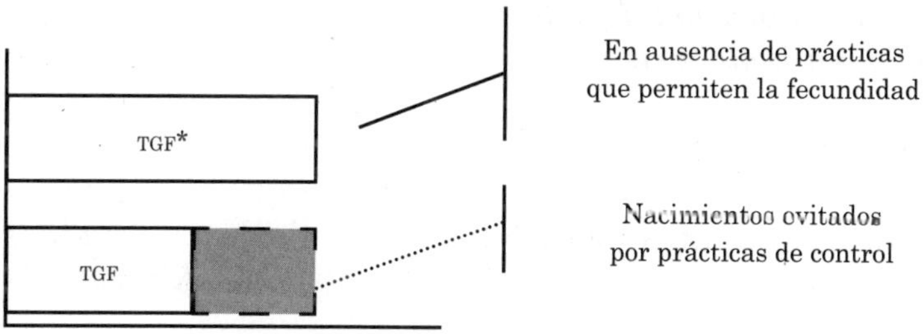

Figura 3. Fecundidad natural

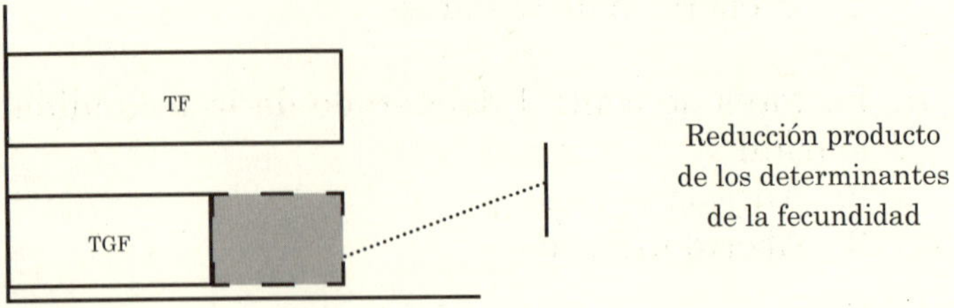

Esta TGF en ausencia de prácticas que limiten las pautas reproductivas es llamada "tasa de fecundidad natural" que corresponde al nivel máximo de fecundidad (TF) en ausencia de control voluntario de la misma. Tal concepto es base para la comprensión de los determinantes de la fecundidad, ya que el efecto inhibidor que éstos tengan actuará directamente sobre la fecundidad natural arrojando como resultado los niveles observados a través de la tasa de fecundidad global (TGF).

El concepto de "fecundidad natural" apareció en la literatura demográfica hace ya 50 años, gracias a Louis Henry (Henry, 1953), quien la definió como la fecundidad que existiría en ausencia de un control deliberado de la fecundidad por parte de la pareja casada. Por su parte, Bongaarts, luego de realizar una investigación en poblaciones que no ejercen control deliberado de su fecundidad estimó que dicho nivel máximo es de 15.3 hijos al final del periodo fértil de la mujer.

Las variables del modelo de John Bongaarts

El primer modelo definido por Bongaarts para analizar los determinantes próximos de la fecundidad sigue un enfoque similar al propuesto por Ansley Coale para evaluar el efecto de diferentes patrones matrimoniales sobre la fecundidad. Para este fin Coale se basó en la construcción de tres índices: uno para el nivel global de fecundidad, otro para la fecundidad de las mujeres casadas y finalmente uno más para la proporción de mujeres casadas.

Estos índices se construían de manera que el índice de fecundidad global era el producto de los dos restantes. Bongaarts parte de esta idea para la construcción de su modelo, pero con un conjunto distinto de índices relativos a la fecundidad global (TGF), fecundidad marital (TM) y la proporción de mujeres casadas (C_m) con las siguientes definiciones (Bongaarts, 1982):

TGF: Tasa Global de Fecundidad. Número total de hijos nacidos vivos que una mujer tendría a lo largo de sus años reproductivos si se sujetara a las tasas específicas de fecundidad prevalecientes.

TM: Tasa Total de Fecundidad Marital. Número total de hijos nacidos vivos que una mujer tendría a lo largo de sus años reproductivos si se sujetara a las tasas específicas de fecundidad marital prevalecientes (basada en la fecundidad de las mujeres casadas entre 15-49 años).

Cm: Índice de proporción de casadas.

Así en el modelo desarrollado por Bongaarts para cuantificar el efecto de las variables intermedias sobre la fecundidad se expresa de la siguiente forma:

$$TGF = TF \cdot C_m \cdot C_c \cdot C_a \cdot C_i \cdot C_p \qquad \text{... (1)}$$

Donde:

(C_m) Índice de Proporción de Casadas.

(C_c) Índice de Anticoncepción que busca describir los efectos inhibidores que la anticoncepción tiene sobre la fecundidad.

(C_a) Índice de Aborto que busca describir los efectos inhibidores del aborto sobre la fecundidad.

(C_i) Índice de Infecundidad Posparto o índice de infertilidad por lactancia, tiene el propósito de describir los efectos inhibidores de los periodos de amenorrea posparto sobre la fecundidad.

(C_p) Índice de Esterilidad Patológica, intenta estimar el efecto inhibidor que tienen las enfermedades sobre la fecundidad.

EL MODELO ORIGINAL DE BONGAARTS REVISADO POR JOHN STOVER

En los más de 20 años que habían transcurrido desde que John Bongaarts propuso su modelo para medir el efecto de las variables intermedias sobre la fecundidad John Stover consideró, en 1998, revisar el cálculo de los diferentes índices debido principalmente, a la nueva información aportada por las Encuestas más recientes, especialmente las Demographic and Health Surveys (DHS). Las principales modificaciones que introdujo este nuevo modelo se refieren a:

- El reemplazo de la exposición al embarazo por la noción de mujeres sexualmente activas.
- La revisión del índice de esterilidad para medir con mayor precisión la infecundidad por todas las causas.
- El índice de anticoncepción modificado que introduce el efecto de la infecundidad.

Sustitución del Índice de Matrimonio (C_m) por Índice de Actividad sexual (C_x)

El propósito del índice de matrimonio es representar el efecto del periodo en el cual la mujer no es sexualmente activa. Debido a la inexistencia de esta información en 1978 Bongaarts la adoptó como *proxy* a la proporción de mujeres que no se encontraban en unión, ya que se suponía no estaban bajo el riesgo de embarazarse.

Índice de Esterilidad (C_f)

Dado que la información sobre la infecundidad por cualquier causa está disponible para un gran número de países a través de las encuestas, ésta puede ser utilizada para construir un índice de esterilidad modificado, en el cual no se considerará únicamente a las mujeres entre 45 y 49 años unidas que nunca han tenido hijos (como lo hace el índice de esterilidad patológica C_p) sino que se apega a la definición de infecundidad hecha por la Encuesta Demográfica y de Salud (DHS) que considera en tal condición a las mujeres que no se encuentran en menopausia, en amenorrea posparto o embarazadas y que han estado en unión durante un periodo dado.

Índice de Anticoncepción (C_u)

El modelo original de Bongaarts incluye un factor de ajuste por infecundidad (1.08) para el índice de anticoncepción (C_c) que cuando la prevalencia anticonceptiva es alta (próxima al 90%) arroja valores inconsistentes muy cercanos a cero y en ocasiones negativos, esto sucede principalmente en los países en los que el principal método de contracepción es la esterilización (por ejemplo, India, donde el 48% de las mujeres están esterilizadas) ya que se da una sobreposición entre mujeres esterilizadas e infecundas.

La solución a este problema es remover a las mujeres infecundas de este índice, lo cual es apropiado ya que la infecundidad ahora es incluida en el índice de esterilidad.

De tal forma que el modelo modificado queda entonces como:

$$TGF = TF \cdot C_x \cdot C_u \cdot C_f \cdot C_i \cdot C_a \qquad \text{... (2)}$$

Donde:

(C_x) Índice de Actividad sexual.
(C_f) Índice de Esterilidad que aprovecha la información existente sobre las causas de la esterilidad.
(C_u) Índice de Anticoncepción, remueve a las mujeres infecundas de este índice ya que la infecundidad ahora es incluida en el índice de esterilidad.

La revisión de John Stover no pretende hacer cambios al modelo de Bongaarts, que ha resultado un método bien fundamentado y exitoso para el análisis de la fecundidad, su única pretensión es actualizar los índices utilizados en el modelo, con el fin de explotar la información que desde hace algunos años está disponible para una gran cantidad de países.

BREVE EVOLUCIÓN DE LA FECUNDIDAD HAITIANA 1995-2000

La aplicación del modelo de Bongaarts-Stover que es el objetivo principal de este trabajo se hace utilizando los datos contenidos en el cuestionario individual de la Encuesta EMMUS-III levantada en Haití el año 2000. Esta encuesta que forma parte de la serie de Encuestas DHS (Demograhic Health Survey) fue auspiciada por el Ministerio de Salud Pública y Población (MSPP) y conducida por el Instituto Haitiano de la Infancia (IHE), gracias al financiamiento de distintos órganos internacionales como Naciones Unidas por la Infancia (UNICEF), el Fondo de las

Naciones Unidas por la Población (FNUAP) y el Programa de Naciones Unidas para el Desarrollo (PNUD).

El Informe Final de la Encuesta publicado en *Profil des femmes en Haïti* (Barrère, 2002) nos proporciona información respecto a los niveles de fecundidad a los cinco años precedentes a la encuesta, es decir, referentes al periodo 1995-2000, que se presentan a continuación.

Más de la mitad de la sociedad haitiana está constituida por mujeres (52%), de entre las cuales cerca de la mitad se encuentra en edad reproductiva (15-49 años), estas mujeres juegan un rol determinante en la dinámica demográfica del país. La TGF en Haití es 4.9 hijos por mujer, lo cual quiere decir que dados los niveles actuales de fecundidad por edad específica, se esperaría que una mujer haitiana tenga, en promedio, 4.9 hijos al final de su vida reproductiva, concentrándose la mayor fecundidad entre los 30 y 34 años.

El indicador a nivel nacional disimula niveles muy diferentes según el área de residencia de las mujeres: las mujeres del medio rural tienen una fecundidad 50% más elevada que aquellas del medio urbano (5.9 hijos por mujer contra 3.4), no obstante, no existen diferencias sustanciales en tanto a la edad a la primer relación sexual, que en ambos medios se da aproximadamente a los 17.5 años; y en cuanto a la edad en que se presenta el primer nacimiento: 20.5 años para la mujer rural y 21.1 para su contraparte urbana.

De igual forma las diferencias en la fecundidad según el nivel de instrucción que haya alcanzado la mujer, muestran que las mujeres con una mayor escolaridad tienden a postergar el nacimiento de un primer hijo e incluso a evitarlo. De tal manera que las mujeres sin instrucción presentan una fecundidad más elevada (6.6 hijos) que aquellas que tienen un nivel de educación primario o superior (presentando reducciones que van desde el 19%

hasta el 74% en la tasa de fecundidad); mostrándonos así una relación inversa entre la fecundidad de las mujeres y su nivel de instrucción. Además, esta característica comporta a su vez otras diferencias entre las mujeres, por ejemplo, las mujeres sin instrucción son más rurales que urbanas, según datos de la encuesta 4 de cada 5 mujeres sin instrucción reside en el medio rural.

Veamos ahora algunos datos referentes al promedio de hijos por mujer, lo cual nos puede dar una descripción acerca del tamaño de las familias. El promedio de hijos por mujer pasa de 0.15 hijos a los 15-19 años hasta los 6.1 hijos entre aquellas con 45-49 años (mujeres que prácticamente han completado su fecundidad). Estos promedios son más elevados cuando se considera a las mujeres actualmente unidas (0.80 en el grupo 15-19 y 6.6 entre las mujeres 45-49 años). Adicionalmente podemos comentar que un 32% de las mujeres tienen entre uno y tres hijos, mientras el 18% tienen seis o más hijos (44% y 27% entre las unidas).

Otro aspecto relacionado con los niveles de la fecundidad tiene que ver con el tiempo transcurrido entre los nacimientos (espaciamiento de los hijos o intervalo intergenésico). Dentro de la sociedad haitiana tenemos que el 11% de las mujeres esperan entre 7 y 17 meses entre un nacimiento y otro, y que un poco más de un cuarto de los nacimientos (27%) se presentan en un intervalo de menos de dos años, la mayor parte de éstos se concentra entre los 24 y 36 meses (39%) posteriores al nacimiento anterior. La duración media del intervalo intergenésico es ligeramente superior a los dos años y medio (30.4 meses), aunque, como es de esperarse, este valor es menor entre las mujeres más jóvenes (23.9 meses en el grupo 15-19 y 36 meses entre los 40 y 49 años).

Los datos de la EMMUS-III fueron recolectados entre febrero y julio de 2000 en 9 595 hogares y se realizaron

10 159 entrevistas individuales a mujeres de entre 15 y 49 años, así como a 3 179 hombres de 15 a 59 años.

Nuestro universo de estudio comprende, entonces, a las 10 159 mujeres haitianas de entre 15-49 años entrevistadas en el año 2000 bajo la EMMUS-III acerca de sus pautas reproductivas, nupciales y contraceptivas durante el periodo 1995-2000.

APLICACIÓN DEL MODELO ORIGINAL (BONGAARTS)[1]

Una de las características que hacen del modelo de Bongaarts una herramienta ampliamente utilizada en el análisis de la fecundidad es la reducida cantidad de información necesaria para su aplicación. Excluyendo el índice de aborto (C_a), todos los demás componentes se calculan con base en: 1) tasas de fecundidad por edad específica, 2) tasas de fecundidad por edades específicas para mujeres unidas, 3) uso de anticoncepción por grupos de edad y su distribución por método, 4) duración promedio del periodo no susceptible a embarazos tras un parto y 5) proporción de mujeres 15-49 años que no hayan tenido hijos nacidos vivos (gráfica 1).

La tasa de fecundidad para las mujeres haitianas unidas es mayor en un 26% (1.76 hijos) que la tasa para el total de la mujeres, esto debido al peso que ejerce la población de mujeres solteras no expuestas al riesgo de embarazo.

Índice de matrimonio

El índice de matrimonio (C_m) se basa en el supuesto que indica que si las mujeres que no se encuentran en unión

[1] Es necesario recordar que el efecto inhibidor de las variables intermedias de la fecundidad es mayor a medida que el valor de su índice se acerca a 0.

Gráfica 1. Tasa global de fecundidad Haití (1995-2000)
(mujeres 15-49 años)

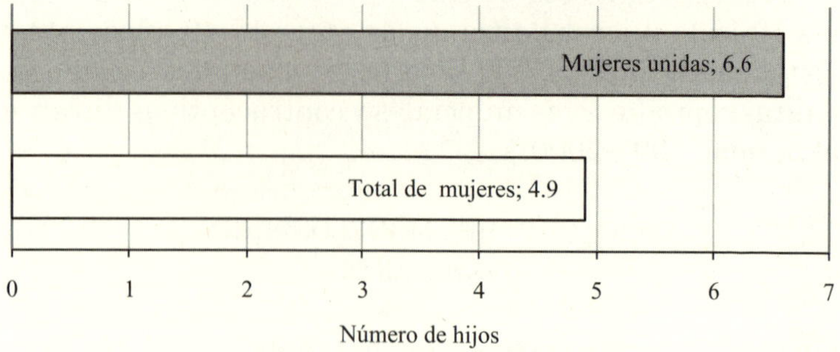

Fuente: Cálculos propios con base en EMMUS-III.

lo estuvieran experimentarían las mismas tasas de fecundidad marital prevalecientes (TM). Para el cálculo del índice C_m se considera también un periodo de referencia de cinco años para así ser consistentes con la TGF. Veamos ahora los resultados del cálculo de dicho índice.

La gráfica 2 permite observar que el mayor porcentaje de mujeres unidas se encuentra entre las edades 35-39, seguido de los grupos 30-34 y 40-44 años, en los cuales 8 de cada 10 mujeres se encuentran en unión.

Índice de anticoncepción

Ahora, en el caso del índice de anticoncepción, la construcción de C_c asume que el uso de contracepción reducirá las tasas de fecundidad marital, debido a la proporción de usuarias y también a la efectividad de los anticonceptivos utilizados (gráfica 3).

Cabe destacar que sólo el 28% de la población femenina haitiana en edad reproductiva (15-49 años) hace uso de algún método de anticoncepción.

Gráfica 2. Comparación de índice C_m por grupos de edad, Haití, 1995-2000

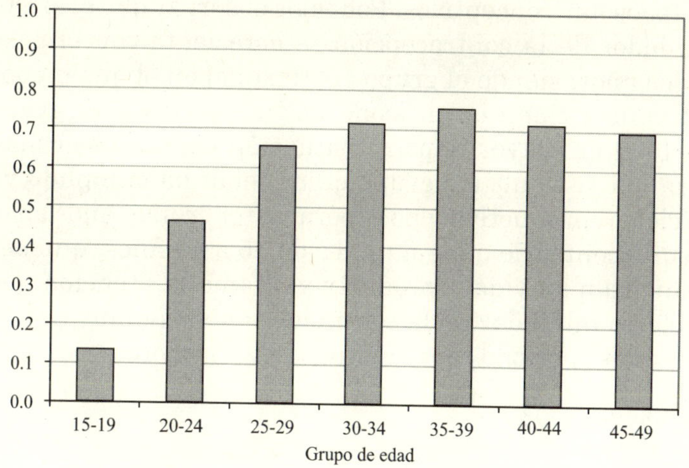

Fuente: Cálculos propios con base en EMMUS-III.

Gráfica 3. Comparación de índice C_c por grupos de edad, Haití, 1995-2000

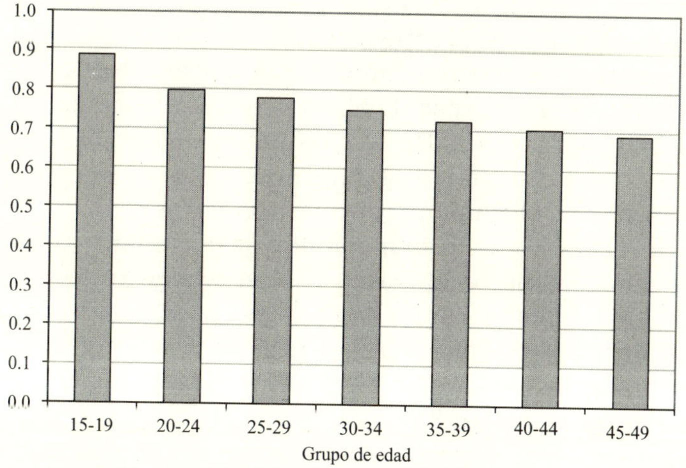

Fuente: Cálculos propios con base en EMMUS-III.

El índice de anticoncepción es una combinación entre la proporción de uso y la efectividad promedio de los métodos anticonceptivos. Podemos observar que el efecto inhibidor de la contracepción se acrecienta con el paso de los años, siendo el grupo 15-19 aquel en el que menor relevancia tiene la anticoncepción efectiva y el grupo 45-49 el de mayor impacto, situación lógica si se considera que este último grupo quinquenal ha cumplido ya su ciclo reproductivo y no esperaría tener más hijos en el futuro, contrario a las mujeres de 15 a 19 años, quienes comienzan su vida reproductiva. Llama la atención que el efecto inhibidor de la contracepción varía muy poco a través del periodo reproductivo de las mujeres.

Índice de aborto

En cuanto al índice de aborto es necesario mencionar que a pesar de que hoy en día la información existente es más abundante que hace 20 años, sigue siendo limitada y en cierta medida, poco confiable. Es un hecho bien conocido que dentro de las sociedades donde la interrupción voluntaria de la gestación está prohibida dicha condición no asegura que su práctica no se lleve a cabo.

Para el cálculo del índice C_a se decidió tomar una aproximación a la tasa de aborto haitiana estimada por Naciones Unidas (2001), la cual indica que el 3% de las mujeres en edad fértil se han practicado al menos un aborto desde el comienzo de su actividad sexual.

Es necesario conocer el número de nacimientos evitados por cada aborto (entre 0.4 en ausencia de anticoncepción y 0.8 hijos nacidos vivos por mujer en presencia de anticoncepción), por lo cual es necesaria la información respecto a la proporción de mujeres protegidas por anticoncepción que se han practicado un aborto. Dada la dificultad de contar con dicha información se recurre a la prevalencia anticonceptiva total (gráfica 4).

Gráfica 4. Comparación de índice C_a por grupos de edad, Haití, 1995-2000

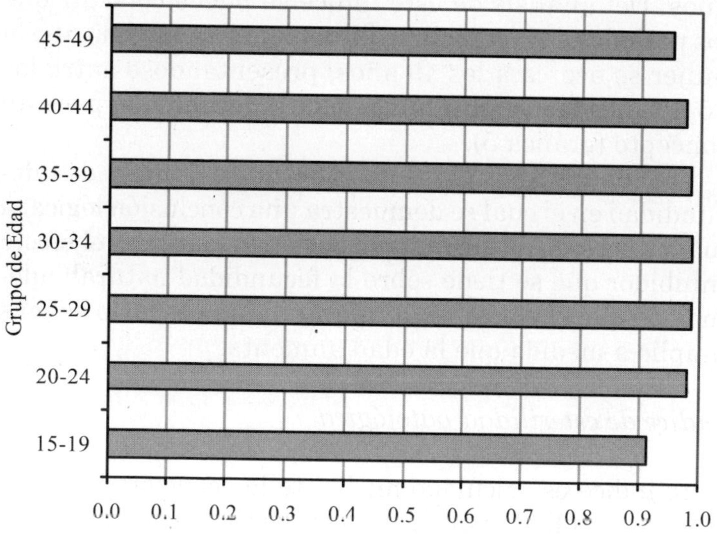

Fuente: Cálculos propios con base en EMMUS-III.

Índice de infecundidad posparto

El índice de infecundidad posparto (C_i) se obtiene de un cálculo que resulta muy sencillo dado que existe información sobre los periodos no susceptibles al embarazo en las DHS+, tales periodos de infecundidad tras un parto van desde 5.4 hasta 8.7 meses dentro de la sociedad haitiana, encontrándose el lapso más breve entre las mujeres de 15 a 19 años y el más amplio en el grupo quinquenal 45-49.

El índice C_i se deriva de la relación existente entre los periodos intergenésicos entre la presencia y ausencia de lactancia, tomando en consideración que al no practicarse la lactancia, la duración promedio de la infertilidad desde el nacimiento hasta el regreso de la ovulación es de 1.5 meses y cuando es practicada se tiene un valor de 6.8 meses promedio entre los 15 y 49 años. Del análisis de este índice se puede concluir que los periodos de lactancia se incrementan a medida que la mujer se acerca a los 49 años, presentándose entre los 45-49 años la mayor inhibición de la fecundidad por este concepto (gráfica 5).

El cuadro 1 nos presenta el cálculo del índice de infecundidad en el cual se demuestra una conclusión lógica: a mayor periodo de amenorrea posparto mayor es el efecto inhibidor que se tiene sobre la fecundidad natural; además de que el efecto de la infecundidad posparto es más amplio a medida que la edad aumenta.

Índice de esterilidad patológica

Este índice es calculado mediante la ecuación de regresión desarrollada por Frank Odile (1983) con base en la información de 18 países, de la región del África Sub-Sahariana, respecto a la TGF y la proporción de mujeres sin hijos (cuadro 2 y gráfica 6).

Dado que la ecuación propuesta por Odile proviene de una recta de regresión es común que no todos los datos se ajusten a tal recta, quedando por encima o debajo de ella.

El cuadro 3 resume los valores de todos los índices calculados por grupos quinquenales de edad, así como para el grupo 15-49 años.

La tasa global de fecundidad estimada mediante el modelo original de Bongaarts es sólo 6% menor (0.28 hijos) a la observada en la sociedad haitiana. Esta proximidad da cuenta tanto de la calidad de información contenida en las DHS+, como de la efectividad del método de este autor.

En la gráfica 7 se observa que la máxima reducción de la fecundidad haitiana se debe a los patrones nupciales prevalecientes en la sociedad, seguidos de la práctica

Gráfica 5. Comparación de los periodos en amenorrea posparto, Haití, 1995-2000

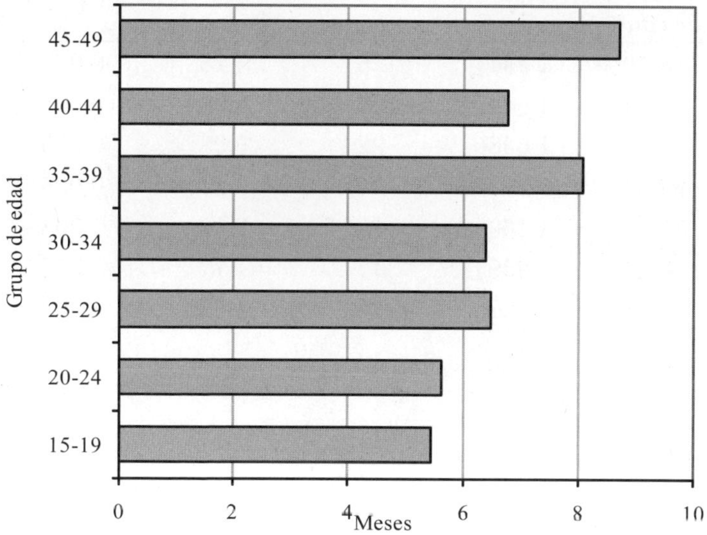

Fuente: Cálculos propios con base en EMMUS-III.

Cuadro 1. Índice de infecundidad posparto

Grupo Edad	C_i
15-19	0.836
20-24	0.829
25-29	0.801
30-34	0.804
35-39	0.753
40-44	0.792
45-49	0.735
Total	0.791

Fuente: Cálculos propios con base en la EMMUS-III.

Cuadro 2. Estimación del índice de esterilidad patológica

Grupo de edad	*N*	*Unidas sin hijos*	*Prop. Muj sin* HNV %	C_p
15-19	2 434	126	5.18	0.967
20-24	1 844	184	9.98	0.895
25-29	1 538	92	5.98	0.955
30-34	1 257	42	3.34	0.995
35-39	1 160	29	2.50	1.008
40-44	959	17	1.77	1.018
45-49	967	16	1.65	1.020

Fuente: Cálculos propios con base en la EMMUS-III.

Gráfica 6. Índice de esterilidad patológica, Haití, 1995-2000

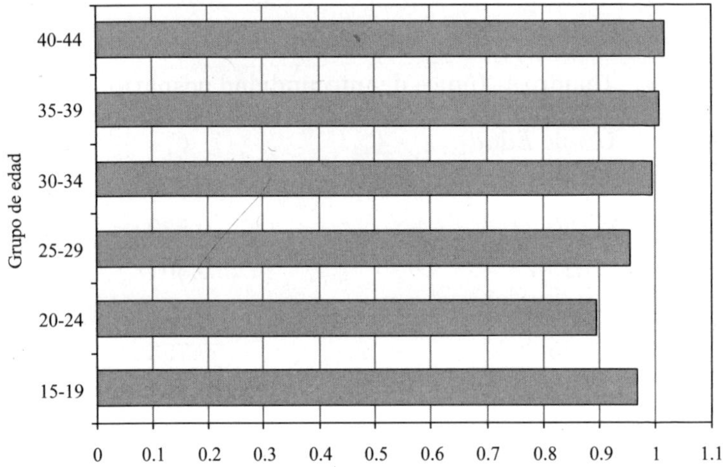

Fuente: Cálculos propios con base en la EMMUS-III.

Cuadro 3. Estimación de los Índices de las Variables Intermedias de la Fecundidad, Haití, 1995-2000 (valores de los Índices del modelo original de Bongaarts)

Grupo de edad	C^m	C_c	C_a	C_i	C_p	*TF estimadas por Bongaarts**	*TGF observada*	*TGF estimada*
15-19	0.144	0.885	0.913	0.836	0.967	—	0.151	—
20-24	0.514	0.799	0.979	0.829	0.895	3.4	0.710	1.015
25-29	0.728	0.779	0.985	0.801	0.955	3.2	1.035	1.366
30-34	0.794	0.751	0.987	0.804	0.995	2.7	1.163	1.27
35-39	0.84	0.725	0.984	0.753	1.008	2.1	0.953	0.954
40-44	0.797	0.705	0.975	0.792	1.018	1.0	0.599	0.441
45-49	0.775	0.69	0.952	0.735	1.02	0.3	0.285	0.115
Total 15-49	0.483	0.776	0.997	0.791	1.02	15.3	4.895	4.608

Fuente: Cálculos propios con base en la EMMUS-III.
* Bongaarts, 1982 (cita en p. 447).

Gráfica 7. Efecto inhibidor de los distintos índices sobre la fecundidad de Haití, 1995-2000

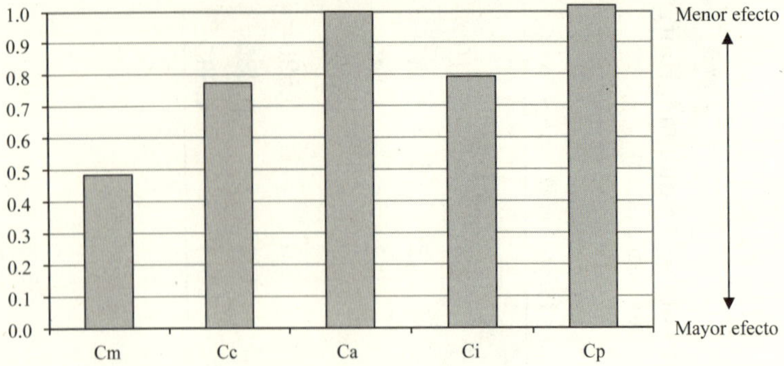

Fuente: Cálculos propios con base en la EMMUS-III.

anticonceptiva y la infecundidad posparto; la esterilidad patológica y la práctica del aborto son las variables que menos peso tienen en la limitación de la fecundidad.

APLICACIÓN DEL MODELO BONGAARTS REVISADO (STOVER)

Veamos ahora la aplicación del modelo Bongaarts *revisado* por Stover, quien contribuye al incluir las mejoras de la información que se han presentado en las últimas dos décadas.

Índice de actividad sexual

Comencemos por revisar el índice C_x, el cual representa, en el modelo revisado, la proporción de mujeres sexualmente activas dentro de la sociedad haitiana para el periodo de estudio, y cómo esta variable incide en la fecundidad presentada.

Las proporciones de actividad sexual s(a) van desde un 18% entre los 15-19 años hasta el 72% presente entre los 30-34 años (cuadro 4).

El cálculo del índice C_x sigue el mismo procedimiento que el índice de matrimonio y arroja resultados similares.

Donde:

fa = Tasa de fecundidad por edad específica, y
S(a) = Proporción de mujeres de edad *a* que son sexualmente activas.

Los valores de la tabla 4 nos indican que 7 de cada 10 mujeres entre 30 y 39 años se encuentran ante una alta exposición al riesgo de presentar un embarazo debido a su condición de actividad sexual y a que más de la mitad de las mujeres mayores de 20 años son sexualmente activas.

Cuadro 4. Índice de Actividad Sexual (Cx)

Grupo de edad	*f(a)*	*S(a)*	*Cx*
15-19	0.791	0.180	0.18
20-24	1.197	0.529	0.529
25-29	1.287	0.670	0.67
30-34	1.334	0.719	0.719
35-39	1.033	0.710	0.71
40-44	0.683	0.644	0.644
45-49	0.334	0.582	0.582
Total			0.492

Fuente: Cálculos propios con base en la EMMUS-III.

Índice de anticoncepción

El cuadro 5 sigue reflejando la escasa prevalencia anticonceptiva, aún más visible a edades tempranas en las cuales se inicia el ciclo reproductivo. Cabe recordar que el índice alcanzará valores tendientes a 0 a medida que el uso de anticoncepción se generalice dentro de la sociedad haitiana.

Cuadro 5. Estimación del índice de contracepción C_u

Grupo de edad	
15-19	0.9103
20-24	0.8236
25-29	0.8121
30-34	0.7799
35-39	0.7729
40-44	0.7901
45-49	0.852
Total	0.8104

Fuente: Cálculos propios con base en la EMMUS-III.

Índice de aborto

La única diferencia entre el índice de aborto calculado por Stover y Bongaarts es que en la versión revisada del modelo la prevalencia anticonceptiva es multiplicada por la efectividad de la anticoncepción, esto para ser consistentes con el razonamiento seguido durante el cálculo del índice de anticoncepción (C_c, Bongaarts y C_u, Stover); el resultado no presenta variaciones trascendentes, menores a un 1.0%, en función de la baja práctica anticonceptiva haitiana.

Cuadro 6. Cuadro resumen para el cálculo de los índices del modelo revisado por Stover

Grupo de edad	C_x	C_u	C_a	C_i	C^f	*TF estimadas por Stover*	*TGF observada*	*TGF estimada*
15-19	0.180	0.901	0.919	0.836	0.984	3.4	0.151	0.420
20-24	0.529	0.828	0.980	0.829	0.973	3.3	0.710	1.136
25-29	0.670	0.820	0.986	0.801	0.953	3.1	1.035	1.291
30-34	0.719	0.787	0.987	0.804	0.927	3.0	1.163	1.250
35-39	0.710	0.775	0.985	0.753	0.904	2.9	0.953	1.065
40-44	0.644	0.786	0.976	0.792	0.816	2.8	0.599	0.882
45-49	0.582	0.846	0.954	0.735	0.616	2.7	0.285	0.567
Total 15-49	0.492	0.810	0.997	0.791	0.896	21.0	4.895	5.954

Fuente: Cuadros 1, 2, 3, 4.

Índice de esterilidad

El índice C_f es reconstruido totalmente en función de la disponibilidad de la información presente hoy en las encuestas DHS+. En tal índice se encuentran tanto las mujeres unidas que no han tenido hijos nacidos vivos en los últimos 5 años como las que son declaradas en tal situación por la EMMUS-III (gráfica 8).

Veamos ahora la tabla resumen (gráfica 6) que resulta de la aplicación del modelo revisado por Stover.

Al no presentar cambios drásticos en la metodología para el cálculo de los índices de las variables intermedias de la fecundidad, los resultados obtenidos mediante el modelo revisado presentan la misma tendencia que los del modelo original, con la particularidad de que el usar la actividad sexual incrementa el índice en función de

Gráfica 8. Proporción de mujeres sexualmente activas infecundas, Haití, 1995-2000

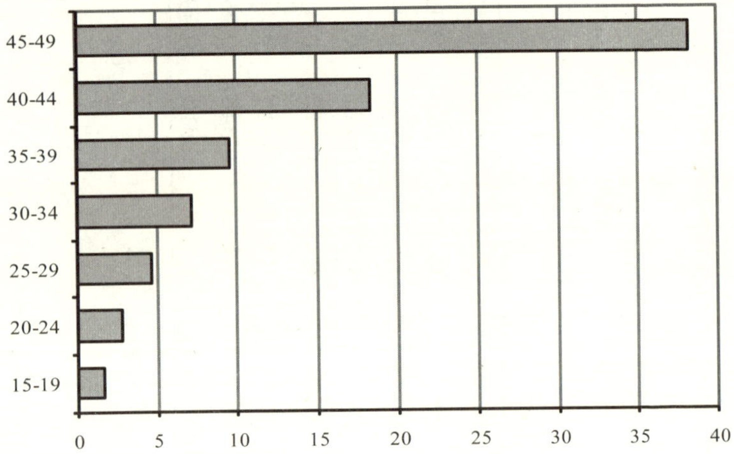

Fuente: Cálculos propios con base en la EMMUS-III.

Gráfica 9. Comparación de los efectos inhibidores de los índices calculados con el modelo original y revisado, Haití 1995-2000

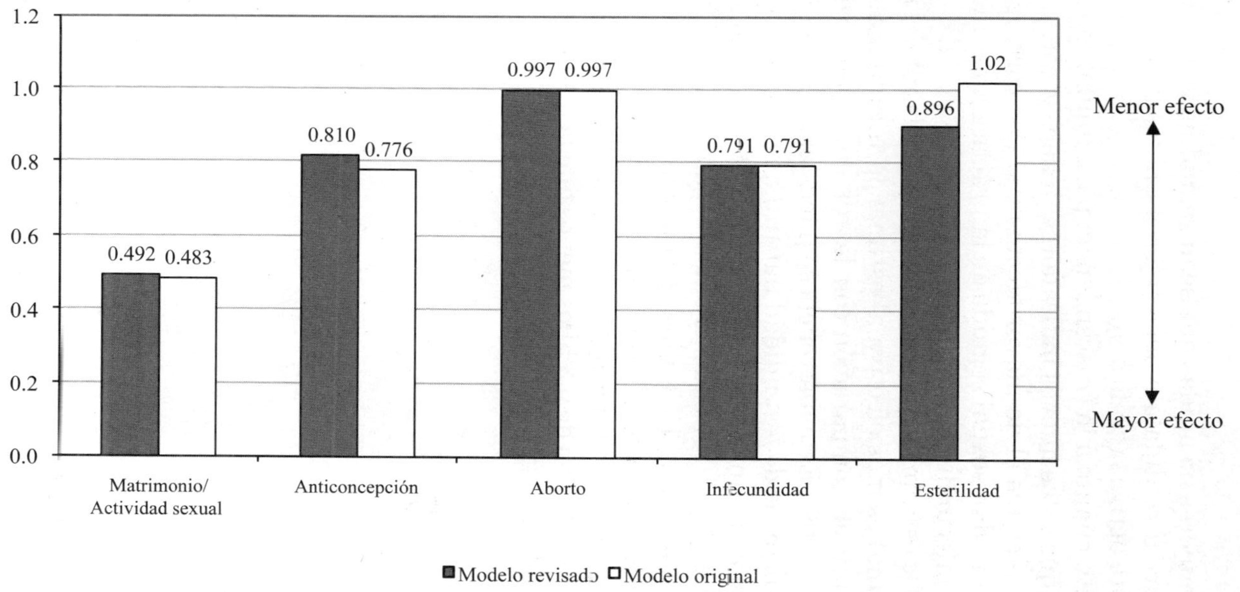

Fuente: Cálculos propios con base en la EMMUS-III.

las mujeres no unidas que sean sexualmente activas y lo reduce a medida que las mujeres unidas no son sexualmente activas (gráfica 9).

En cuanto a la trascendencia para inhibir la fecundidad que estos nuevos indicadores tienen, se constata que el que ejerce el de mayor efecto es el que corresponde a la actividad sexual seguido de la práctica anticonceptiva y la infecundidad posparto.

De esta forma podemos observar que la TGF del modelo original es más efectiva al estimar la TGF observada (4.6 *vs.* 4.9) en comparación con la TGF del modelo revisado (5.9 *vs.* 4.9). Esta diferencia se puede explicar por las distintas tasas de fecundidad natural de referencia que usa un modelo y otro: 15.3 hijos por mujer el modelo original y 21 hijos el revisado. De usarse una tasa de fecundidad natural de 15.3 hijos para hacer comparable ambos cálculos en el modelo revisado de Stover la TGF estimada pasaría de 5.9 a 4.3 hijos. O sea, el modelo revisado da una estimación de 0.3 hijos menos que la que proporcionó el modelo original de Bongaarts (gráfica 10).

Gráfica 10. Comparación de la tasa global de fecundidad observada con el modelo original y las estimadas con el revisado, Haití 1995-2000

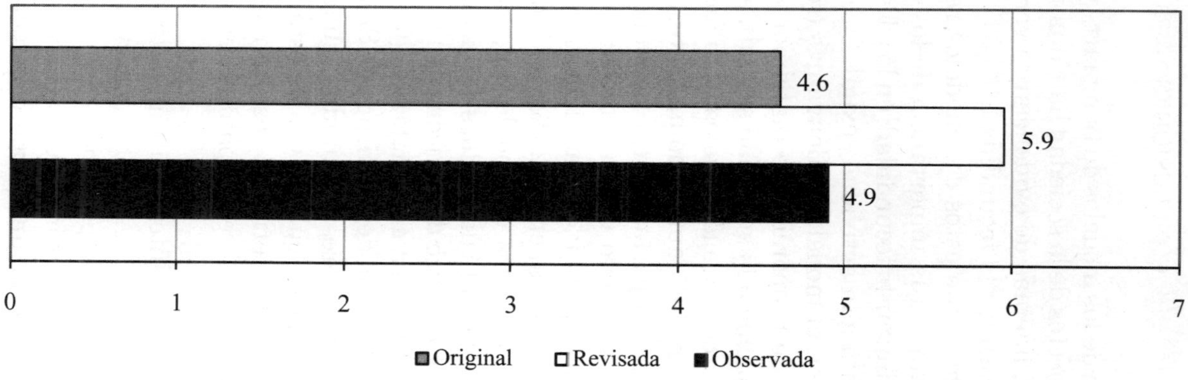

Fuente: Cálculos propios con base en la EMMUS-III.

CONCLUSIONES

La aplicación de los modelos de Bongaarts y Stover nos ha mostrado aspectos de la sociedad haitiana que resultan de gran interés, además de evidenciar la certeza de ambos métodos al estimar la fecundidad.

Así tenemos que estos dos modelos resultan consistentes en cuanto a la importancia de los determinantes próximos al limitar la fecundidad; en los dos casos el índice que representa a la actividad sexual, C_x en el modelo de Stover y C_m en el modelo de Bongaarts (recordemos que el índice C_m de proporción de matrimonios buscaba ser una aproximación a la actividad sexual), es el que mayor influencia ejerce sobre los niveles de la fecundidad reduciéndola en un 50% aproximadamente. Los siguientes dos lugares en importancia corresponden al índice de infecundidad posparto C_i, que con un promedio de 6.8 meses de insusceptibilidad tras el alumbramiento reduce la fecundidad natural en un 20%; y el índice de anticoncepción (C_c y C_u, para el modelo original y modificado respectivamente), el cual reduce la fecundidad natural en un 20%. Este índice de anticoncepción tiene un efecto ligeramente mayor en el modelo de Bongaarts (4%) que el presentado en el modelo revisado de Stover, debido a la exclusión de las mujeres infecundas usuarias de anticoncepción dentro del cálculo de C_u. De esta forma tenemos que el aborto y la esterilidad resultan ser las variables de menor impacto sobre las pautas reproductivas de la sociedad haitiana.

También resulta interesante que a través de la aplicación de ambos modelos es posible observar algunas características sociales de la población haitiana. Como ejemplo de ello tenemos que las mujeres más jóvenes (15-19 años) son las que presentan una proporción menor de actividad sexual a la vez de ser quienes se encuentran solteras y en mayor número, mientras que las mujeres entre los 30 y 34 años son las de mayor actividad sexual, sin ser este grupo donde existe mayor proporción de mujeres unidas (el grupo de edad 35-39 años es donde se concentra la mayor proporción de mujeres unidas con un 84 por ciento).

Otro aspecto importante es el relacionado con la anticoncepción, en donde sólo 3 de cada 10 mujeres sexualmente activas o en unión hacen uso de algún método contraceptivo, siendo el método preferente entre las mujeres usuarias las inyecciones (utilizadas por el 40% de ellas), seguido de la esterilización (con una prevalencia del 11.7%) y el condón (10%). Entre las mujeres de 15 a 39 años la menor proporción de uso de anticonceptivos se encuentra entre los 15 y 19 años (19% del total de mujeres en el grupo), mientras que el mayor grado de uso se presenta entre los 35 y 39 años con un 33 por ciento.

Por otro lado tenemos que el 10% de las mujeres entre 15-49 años se han declarado infértiles y como es de esperarse la proporción se incrementa en función de la edad alcanzada, pasando de un 1.5% entre los 15 y 19 años, hasta llegar al 38% a los 45 años de edad.

Las mujeres haitianas casadas y no casadas sexualmente activas no están usando anticoncepción aun cuando desean evitar el embarazo, por ello es necesario que los programas de planificación familiar se extiendan a lo largo del país con el fin de cubrir la necesidad insatisfecha de planificación que alcanza al 40% de las mujeres casadas (Barrère, 2002:15).

La educación, los servicios de planificación familiar y los productos anticonceptivos contribuyen a reducir el embarazo no intencional, aun más en sociedades como la haitiana donde la actividad sexual se inicia desde edades tempranas. Ampliar las opciones anticonceptivas ofreciendo información y productos es indispensable para que las mujeres puedan tomar decisiones acerca de la protección contra el embarazo que sean compatibles con sus propias costumbres y valores. De esta manera, el uso de anticonceptivos (principalmente modernos) conducirá a un descenso en la fecundidad tal y como ha sucedido en el resto de los países en desarrollo.

Finalmente, cabe destacar que el análisis detallado de los factores que influyen sobre la fecundidad resulta ser un instrumento altamente útil en el estudio de las pautas reproductivas y en la adopción de políticas de población en este tema. Esto, además debe propiciar la recolección de información que contribuya a enriquecer el conocimiento de los determinantes próximos del fenómeno fecundidad.

BIBLIOGRAFÍA

Barrère, Monique, Michel Cayemittes y Bernard Barrère (2002), *Profil des femmes en Haïti: Résultats de l'Enquête Mortalité, Morbidité et Utilisation des Services, EMMUS-III 2000.* Calverton, Maryland, EUA, Institut Haïtien de l'Enfance et ORC Macro.

Bay, G., F. del Popolo y D. Ferrando (2003), Determinantes próximos de la fecundidad. Una aplicación a países latinoamericanos, Celade, Serie de Población y Desarrollo núm. 43, Santiago.

Bongaarts, Jhon y Sharon Kirmeyer (1982), Estimating the impact of contraceptive prevalence on fertility: Aggregate and age-specific versions of the model. In The Role of Surveys in the Analysis of Family Planning Programs, Ordina, Bélgica.

Bongaarts, John (1982), *Un marco para el análisis de los determinantes próximos de la fecundidad*, Corporación Centro Regional de Población, Bogotá.

Carleton, Robert O. (1970), *Aspectos metodológicos y sociológicos de la fecundidad humana*, Celade, Santiago.

Castro, Josué de (1977), *The geopolitics of hunger*, Nueva York.

Cayemittes, Michel [*et al.*] (2001), Enquête mortalité, morbidité et utilisation des services EMMUS-III Haïti, 2000. Haïti Institut haïtien de l'enfance et ORC Macro, Pétionville.

Dupâquier, J. y M. Dupâquier (1985), *Histoire de la démographie la statistique de la population des origines à 1914*, Librairie Académique Perrin, París.

Frank (1983), en Stover, John, "Revising the Proximate Determinants of Fertility Framework", *Studies in Family Planning*, vol. 29, núm. 3, pp. 255-267.

Freedman, Ronald (1967), *Factores sociológicos de la fecundidad* [por] Kingsley Davis [y] Judith Blake, México, El Colegio de México.

Gonnard, René (1972), *Historia de las doctrinas de la población*, 2a. ed., Celade, Santiago.

Henry, Louis (1953), *Fécondité des mariages, nouvelle méthode de mesure*, Presses Universitaires de France, París.

Kiser, Clyde Vernon (1967), *Résumé of the Indianapolis study of social and psychological factors affecting fertility*, Bobbs-Merrill, Indianapolis.

Moreno, L. y S. Singh (1992), Descenso de la fecundidad y cambios en sus determinantes próximos en América Latina, *Notas de Población*, núm. 55, Celade, pp. 129-159.

Preeg, Ernest H. (1996), *The Haitian Dilemma: A case Study in Demographics, Development, and U.S. Foreign Policy*, Center for Strategic and International Studies, Washington.

Pressat, Roland (1979), *Dictionnaire de démographie*, Presses Universitaires de France, París.

Stover, John (1998), "Revising the Proximate Determinants of Fertility Framework", Nueva York, *Studies in Family Planning*, vol. 29, núm. 3, pp. 255-267.

United Nations (2001), *World Populations Prospects: The 2000 Revision, Comprehensive Tables*, vol. 1, Nueva York.

Quinta parte

ANÁLISIS COMPARATIVO DE LA LEGISLACIÓN SOBRE FAMILIA EN AMÉRICA LATINA Y MÉXICO

I. ¿LEYES PATRIARCALES PARA PAREJAS MODERNAS? LA REGULACIÓN LEGAL DE LAS PAREJAS CONYUGALES EN LATINOAMÉRICA

JAQUELINE VASSALLO*

La sociedad es del hombre:
Él solo ha escrito las leyes de sus pueblos, sus códigos.
Por consiguiente, se ha reservado toda la supremacía para sí.
Juana Manso[1]

A MANERA DE INTRODUCCIÓN

La codificación en materia de familia, ha sufrido en América Latina, cambios relevantes, a partir de la segunda mitad del siglo XX. Entre ellos podemos reconocer los relacionados con la regulación de las relaciones matrimoniales: la adopción mayoritaria de un divorcio alternativo al divorcio sanción –que suponía la necesaria existencia de

* Investigadora Conicet, Programa de Familia del Centro de Estudios Avanzados, Universidad Nacional de Córdoba, Argentina.

[1] Destacada docente y escritora argentina del siglo XIX (Malgesini, 2000).

un "culpable"– y la adecuación de los deberes y derechos de los cónyuges durante –y con posterioridad al matrimonio–, teniendo en cuenta los principios de igualdad y no discriminación.

Sin lugar a dudas, el trabajo de las feministas, organizaciones sociales y militantes de partidos políticos llevó a que los estados revisaran los cuerpos normativos, con el objetivo de desmontar las tradicionales bases del derecho civil latinoamericano.

En este trabajo nos proponemos realizar un análisis jurídico del tipo de uniones que para el interés demográfico tienen lugar en dieciocho países de América Latina, utilizando como método el derecho comparado, es decir, la rama del derecho que tiene por objeto el estudio de los diferentes sistemas jurídicos que son puestos en relación para fijar los elementos comunes y obtener finalidades de orden interpretativo, crítico o de reforma.[2]

Analizaremos las leyes que rigen el derecho de familia en cada país, destacando que la mayoría de ellos se rigen por códigos civiles, y sólo unos pocos cuentan con Códigos de Familia específicos. En este sentido, las normas legales vigentes en estos cuerpos legales serán nuestra fuente principal, habiendo sido obtenidas de las páginas web de cada país, ya que las mismas presentan datos fiables y actualizados.

El estudio abarcará importantes instituciones tales como la regulación del matrimonio, requisitos para constituirlo, impedimentos para celebrarlo, derechos y obligaciones de los cónyuges, las posibles disoluciones (muerte, divorcio, separación personal) y las "cargas" de familia que adquieren con respecto a los hijos o con el otro

[2] Se ha estudiado la legislación de Argentina, Bolivia, Colombia, Costa Rica, Cuba, Chile, Ecuador, El Salvador, Guatemala, Honduras, México, Nicaragua, Panamá, Paraguay, Perú, República Dominicana, Uruguay y Venezuela.

cónyuge, en caso de divorcio. Igualmente, consideraremos las uniones libres –requisitos para su validación, derechos y obligaciones que generan para la pareja y/o los hijos– tanto durante su vigencia como en caso de disolución, así como la validación legal de las uniones celebradas por autoridades indígenas siguiendo sus ritos.

Ahora bien, para poder comprender de manera cabal los profundos cambios adoptados, los rezagos y contradicciones que aún persisten en las leyes latinoamericanas que regulan estas instituciones, así como los "modelos" de familia, de varón y de mujer que subyacen en los sistemas, resulta ineludible partir de una revisión histórica del derecho de familia de nuestro continente.

"HASTA QUE LA MUERTE NOS SEPARE": UN MODELO, DOS CONTINENTES

Una vez independizadas de España, las nacientes repúblicas americanas iniciaron una febril producción legislativa a partir de la segunda mitad del siglo XIX, lo cual nos revela la intención de implantar "un sistema jurídico formal, basado en la seguridad de las propiedades y en la libertad de contratar" (Espinoza, 1999:220).

Los códigos, por entonces, aparecían como instrumentos necesarios en los proyectos de la construcción de los respectivos estados; a través de ellos se asentó el modelo capitalista y las nociones de lo público y lo privado en el marco de una nueva relación entre Estado y sociedad[3]

[3] Al respecto, afirma Cicerchia: "El poder, desconfiado de la reproducción de la ilusión constante, consagra y sistematiza las reglas de juego. Durante la modernidad, básicamente legisla. La propiedad, la igualdad jurídica y económica de los individuos y la diferenciación entre orden público y derecho público conforman el tramado ideológico capitalista donde el individuo transita esferas, artificiales y legitima-

(Cicerchia, 2001:15-16). En este sentido, se constituyeron en unificadores y organizadores de distintos aspectos de la vida civil de los habitantes de estos países (Vassallo, 2004:401-410); (Cicerchia, 2001:16).

Los modelos que adoptaron los legisladores latinoamericanos fueron los europeos, los que resultaron, en la mayoría de los casos, reproducidos casi textualmente, aunque se reajustaron algunos detalles para que pudieran aplicarse en un contexto como el latinoamericano, tan rico, diferente y desigual a la realidad europea.

En materia de derecho de familia, los legisladores recogieron las normas del Código Civil francés, y las combinaron con la legislación castellana y el derecho canónico, vigentes durante todo el periodo colonial (Espinosa, 1999); (Vassallo, 2004); (Barragán, 2004:108).

La tradición del derecho hispánico colonial, en materia de derecho de familia, ha tenido en América Latina una influencia innegable. Ello queda demostrado porque un número significativo de los códigos civiles promulgados a partir de la segunda mitad del siglo XIX, reconocía la validez del matrimonio eclesiástico celebrado bajo el rito de la Iglesia católica, tal como lo habían venido haciendo las *Partidas* y la real cédula de Felipe II de 1564, por la cual confirmó la reforma del matrimonio aprobada por el Concilio de Trento, que lo entendía como "sacramento indisoluble" (Huaita Alegre, 1999:487-540); (Ghirardi, 2004), reconocimiento que aún persiste en varios países de la región[4] (Huaita Alegre, 1999:489).

das, de diferente naturaleza y responsabilidad: una exterior, codificada y pública, y otra íntima y privada".

[4] Actualmente, seis países son regulados por códigos civiles que tuvieron sus orígenes en el siglo pasado: Chile (1857), Ecuador (1861), Argentina (1871), Uruguay (1868), Guatemala (1879) y México (1884), de los cuales, la mayor parte, si no todos, han sufrido importantes

Sin lugar a dudas, como afirma Cicerchia, los legisladores latinoamericanos tenían la fuerte influencia de las doctrinas historicistas en relación con la ley, es decir, que las nuevas disposiciones "no debían anticiparse a los usos y costumbres gestados con una fuerte influencia de la Iglesia católica" (Cicerchia, 2001:17).

A manera de ejemplo podemos citar las palabras vertidas por el autor del Código Civil de Argentina, Dalmacio Vélez Sarsfield, en una de las notas explicativas que introdujo en el texto de este cuerpo jurídico, al legislar el matrimonio religioso: "El matrimonio es la más importante de todas las transacciones humanas. Es base de toda la constitución de la sociedad civilizada (...)". Las personas católicas, como las de los pueblos de la República Argentina no podrían contraer el matrimonio civil. Para ellas sería un perpetuo concubinato, condenado por su religión y por las costumbres del país. *La ley que autorizara tales matrimonios en el estado actual de nuestra sociedad, desconocería la misión de las leyes que es sostener y acrecentar el poder de las costumbres y no enervarlas y corromperlas*"[5] (Código Civil argentino, 1987).

Similares apreciaciones hallamos en el Código peruano de 1852 que establecía en su artículo 156: "El matrimonio se celebra en la República con las formalidades establecidas por la Iglesia en el Concilio de Trento", con lo cual, quedaron en suspenso las propuestas sobre la instauración del matrimonio civil que en esta materia venían realizando los liberales desde los años treinta. Entre las numerosas afirmaciones vertidas en el parlamento que intentaba la defensa de la jurisdicción civil, encontramos la siguiente: "al eclesiástico no concedamos

modificaciones en el área que nos ocupa. A pesar de ello la influencia de la codificación del siglo pasado mantiene su vigencia.

[5] El destacado es nuestro. Notas al art. 167. Este matrimonio fue derogado y se legisló el matrimonio civil en 1882.

otra autoridad que en lo puramente espiritual. De ningún modo los autorizaremos para que unan o desunan familias"[6] (Espinoza, 1999:230-231).

La existencia de un discurso jurídico teñido de influencias teológicas, incidió en la persistencia de instituciones coloniales, que repercutieron en la consideración del matrimonio, la familia y en la definición de los roles y espacios de sus integrantes, en el marco de un nuevo "orden", diferente al anterior, que suponía la existencia de súbditos "bautizados" y obligatoriamente católicos.

La familia se consideró como otrora, fundamento del "orden social", piedra angular en la que sólo en su seno podían formarse "buenos ciudadanos". De allí que los legisladores, siguiendo el código civil francés, regularon específicamente el matrimonio y la familia, por considerarla de orden público (Vassallo, 2004); (Arnaud-Duc, 2000:129); (Núñez, 2005:351-364).

El modelo de familia que evidenciaron como viable para estos fines fue el vigente hasta entonces: una familia que debía constituirse a partir de la existencia de un matrimonio monogámico, siguiendo las solemnidades del derecho canónico y/o de otras religiones oficialmente reconocidas, cuya cabeza principal era el marido, investido de amplios poderes tanto para dirigir a las mujeres y los hijos, como para administrar la sociedad conyugal, dentro de una distribución de roles conforme a la tradición. Este matrimonio sólo podía disolverse por el fallecimiento de uno de los cónyuges, pues al tomar como fuente las normas del Concilio de Trento y no legislar un matrimonio civil, se desplazó toda posibilidad de que las parejas pudieran divorciarse[7] (González del Riego Espinosa, 1999:131-132).

[6] Matrimonio civil que fue legislado en 1930.

[7] La Iglesia católica permitía, bajo ciertas circunstancias, que la pareja se separara, pero permanecía con toda su fuerza el vínculo conyugal. El Concilio de Trento estableció las causas legítimas para

El régimen civil de la familia continuó, basado en la "potestad", sustentada en la autoridad del padre y, luego, del marido; y el deber de obediencia, primero como hija y luego, esposa (en definitiva, menores de edad perpetuas). La debilidad de la naturaleza femenina continuó siendo el fundamento para establecer una tutela jurídica especial, el otorgamiento de la "potestad marital" al varón[8] (Perrot, 1997:10). La mujer casada resultó destinataria de un estricto marco legal en el ordenamiento jurídico, caracterizado por su necesaria sujeción al varón: carecía de personería legal y requería la autorización del marido; por lo tanto, cualquier "desacato" producido frente al cónyuge, abrió las puertas para que éste estuviera facultado a "corregirlo", a través de "amonestaciones y moderados castigos domésticos" (González del Riego Espinosa, 1999:135); (Barragán, 2004:113-114).

La exclusión de las mujeres del acceso al poder político y doméstico asumió un cariz conceptual: a nivel político, ellas no estaban comprendidas dentro de la categoría

---

que la Iglesia decretara el divorcio y la separación de una pareja, y los tribunales eclesiásticos solían conceder en su nombre la separación de los esposos. Entre las causas más importantes admitidas para solicitar el divorcio, tenemos en primer lugar: el mutuo consentimiento, especialmente si uno de los cónyuges –o ambos– decidían tomar votos religiosos. En segundo lugar, si sólo uno de los cónyuges pedía el divorcio en contra de la voluntad de otro, éste sólo podía darse por adulterio, tanto en la mujer como en el varón, con tal que sea consumado, cierto y manifiesto; también se podía pedir el divorcio por pecados de herejía o apostasía. Finalmente, en los casos de sevicia y malos tratos, la opinión común decía que era insuficiente una sevicia cualquiera, fruto del malhumor o un arrebato pasajero. Volviendo al caso del adulterio, el divorcio cesaba si el cónyuge inocente volvía a cohabitar con el adúltero o si ambos eran reos del mismo delito.

[8] Según Perrot, los hombres, de hecho, son los dueños de lo privado y especialmente de la familia, instancia fundamental, cristal de la sociedad civil, que gobiernan y representan aunque deleguen en las mujeres la gestión de lo cotidiano.

jurídica de "ciudadano"; a nivel civil, estaban colocadas bajo la potestad del varón (Espinosa, 1999:225).

El desmontaje de este modelo llevó más de un siglo, y aún hoy encontramos persistencias no sólo a nivel legal, sino a nivel social. El trabajo comprometido de distintas voces discordantes provenientes de la militancia feminista –tanto las de principios del siglo XX como las de los años sesenta, y de subsiguientes generaciones hasta llegar a la actualidad– llevó a que los países introdujeran en sus agendas la justicia de género, que repercutió en las innovaciones legislativas y la implementación de nuevas políticas públicas[9] (Espinosa, 1999); (Vasallo Barrueta,

[9] En América Latina, a falta de un movimiento sufragista, hubo una eclosión de mujeres ilustradas en la segunda mitad del siglo XIX que promovieron la prensa de mujeres, barómetro seguro del auge de los movimientos feministas en el mundo. En algunos países como Perú, las ilustradas se constituyeron como líderes intelectuales de la nación, y no cesaron de reclamar el derecho a la educación y al trabajo. Sin embargo, a pesar de que muchas de ellas dejaron de lado la maternidad (Clorinda Matto y Mercedes Cabello, para empezar), su identificación primordial con el mundo de la casa y con el papel de madre simbólica, se mantuvo constante. El movimiento feminista en Cuba, que se inició en el siglo XIX, representó en Latinoamérica lo más avanzado del pensamiento femenino, en el reconocimiento de la situación de desigualdad y el planteamiento de su transformación como objetivos a conquistar: la igualdad jurídica y el derecho a voto.

Llegado el siglo XX, las feministas latinoamericanas del 900 reivindicaban trasformaciones sociales y políticas tendientes a revertir la opresión, la subordinación, basadas en una idea de justicia, entendida como igualdad de derechos. En México, durante los años treinta, las mujeres le habían pedido al cardenismo el derecho a voto; en Colombia, en 1912, se manifestaron a favor de los derechos civiles de la mujer casada; en Ecuador, en 1928, demandaron ante la corte la aplicación de sus derechos políticos. En Bolivia, el primer feminismo ronda los años veinte. Los principios que circulaban en reuniones como las del Ateneo Femenino, fundado en 1923, se resumen en la frase "estudia, libérate, redímete". El icono de las feministas bolivianas fue Adela Zamudio, quien criticaba a la Iglesia y la institución matrimonial.

2002:14-15); (Oliver, 2002:50); (Zapata, 2002:74); (Gargallo, 2002:113-114); (Denegri, 2004:247-248); (Salazar y Pinto, 2002:165-181); (Rodríguez, 2003:202-241).

Estas decisiones también marcharon al compás de un contexto internacional favorable para estos cambios: la Comisión Interamericana de Mujeres (organismo especializado de la OEA creada en 1953) inició en los años sesenta una campaña para la revisión de los códigos civiles con el objetivo de eliminar de ellos las discriminaciones contra la mujer y toda otra disposición que pudiera prestarse a prácticas discriminatorias, sin olvidar que este

---

Asimismo, durante la primera mitad de este siglo, el clima intelectual del Cono Sur era propicio para el desarrollo de una filosofía feminista autóctona en la que participaron mujeres, pero también algunos hombres, como socialistas y librepensadores de la talla del filósofo uruguayo Vaz Ferreira.

Posteriormente, con los movimientos feministas de la década de 1960 se inicia un nuevo periodo de reivindicaciones, impregnado por el descubrimiento de la "mismidad".

En el Chile de los sesenta, las mujeres lucharon contra la opresión jurídica, económica y política. En México se conformó por académicas, profesionales y militantes de partidos políticos de izquierda que se organizaron en grupos de autoconciencia. Los primeros círculos reunieron a mujeres de clase media que reflexionaban sobre el cuerpo y la sexualidad. Un grupo se reconoció como "feminista de la igualdad" y se orientaron hacia una política de equidad entre los sexos, en la que fundamentalmente lucharon por la igualdad ante la ley y en todas las esferas de la vida económica y social. Mientras que las "feministas de la diferencia" definieron sus demandas centrales en el combate de la violencia contra las mujeres y por la legalización del aborto.

Por su parte, las bolivianas de clase media y alta, retomando el feminismo de principios del siglo XX, fueron recogiendo e internalizando sus principios, solicitando el reconocimiento de opciones fuera de las ataduras convencionales, la libre sexualidad, el desmontaje de los valores patriarcales y una fuerte postura en contra de la autoridad del Estado. Nota: en esta cita no se pretende sintetizar la totalidad del movimiento feminista latinoamericano, simplemente se apuntan algunos ejemplos.

organismo declaró el "Año Internacional de la Mujer" en 1975, que acompañó con un plan de acción que entendía que "*la plena dignidad de la persona humana y la discriminación de que es objeto una parte de la sociedad en razón de su sexo, son términos repugnantes e incompatibles por principio*"[10] (Comisión Interamericana de Mujeres, 1974).

Cada país materializó los cambios al compás de sus propios tiempos históricos. Algunos condicionamientos estuvieron marcados por el grado de relación entre el Estado y la Iglesia que incidían en las reformas legales relativas al matrimonio, el divorcio y el aborto[11] (Zanata, 1996); (Gueznez, 2003:177-178). Tampoco debemos olvidar que incidieron políticas sostenidas por los gobiernos de las dictaduras latinoamericanas de finales del siglo XX, que se mantenían reacias a las modificaciones legales relativas al matrimonio, la familia y las representaciones de género tradicionales[12] (Femeninas, 2002:52).

[10] La Comisión Interamericana de Mujeres (CIM) fue fundada en 1928, durante la Sexta Conferencia Internacional Americana, que tuvo lugar en La Habana. Desde 1949, fue propiciando ante los gobiernos la creación de Oficinas de la Mujer, con el objetivo de promover el mejoramiento de la situación jurídica y social. Entre los países miembros, podemos citar: México, Guatemala, El Salvador, Honduras, Nicaragua, Costa Rica, Panamá, Colombia, Ecuador, Perú, Chile, Cuba, Republica Dominicana, Barbados, Haití, Trinidad y Tobago, Jamaica, Venezuela, Brasil, Bolivia, Paraguay, Uruguay y Argentina.

[11] Sin lugar a dudas, como afirma Loris Zanata, la relación entre la Iglesia católica, el Estado y la política ha marcado de manera singular la historia de América Latina. Desde la colonización católica española, hasta nuestros días, esta institución ha sido, de manera diferente en cada país, un actor político importante en la toma de decisiones.

[12] A manera de ejemplo, en Argentina los golpes de Estado protagonizados por Onganía (1966) y Videla (1976) volvieron a fojas cero todos los reclamos políticos y civiles de las mujeres. Según Femeninas, durante esos años "se consolidó desde el gobierno un discurso fuertemente persuasivo sobre la misión artificial de la mujer-madre, sus deberes y capacidades naturales".

La secularización del derecho de familia estuvo –y aún hoy está– condicionada por la decisión política –o la falta de ella– de avanzar y superar lo establecido por la Iglesia en la definición de la vida civil de las personas, y no permitiendo la conservación de la jurisdicción sobre los asuntos matrimoniales. Algunos países, como Uruguay y Cuba lo hicieron tempranamente, a principios del siglo XX, lo que se refleja en el total desplazamiento de la Iglesia en esta materia, reconociendo como único matrimonio válido al civil, y la posibilidad de disolución del mismo, a través del divorcio vincular.

La laicidad del Estado uruguayo separó las cuestiones públicas de la vida religiosa y por ende, contribuyó a la erosión de las visiones tradicionales de la mujer como esposa y madre, favoreciendo su integración al mundo de la escuela y el trabajo remunerado. En este contexto, y a principios del siglo XX, los presidentes uruguayos José Batlle y Ordóñez y Baltasar Brum apoyaron la causa feminista. Fue por entonces cuando se sancionó, en 1913 –a instancias de un proyecto de ley presentado por el filósofo Vaz Ferreira– la ley del "divorcio unilateral", que daba a la mujer la facultad de obtenerlo por su sola voluntad, sin expresión de causa (Oliver, 2002:47); (Marrero, 2002:133).

Por su parte, en Cuba y como consecuencia de la declaración de la independencia en 1912, se inició un nuevo periodo político, en el que las mujeres comenzaron a reclamar cambios de la situación jurídica, que se caracterizaba por la dependencia de una figura masculina que la representara ante cualquier acción legal. Las "sufragistas" cubanas obtuvieron la patria potestad para la mujer (1917) al año siguiente, la sanción del divorcio vincular y, luego, la despenalización del aborto (Vasallo, 2002:15-16).

Sin embargo, y a pesar de lo aludido, aún hoy persiste la vigencia del matrimonio religioso en varios países de fuerte tradición católica como, Bolivia, Colombia, Costa Rica, Nicaragua, Panamá y Perú, cuya legislación continúa otorgándole vigencia a la jurisdicción eclesiástica en la constitución y en algunos casos hasta en disolución de los matrimonios.[13]

En este punto es preciso señalar que, siguiendo el ejemplo uruguayo, Argentina, Cuba, Honduras y Venezuela han establecido de manera específica la validez exclusiva del matrimonio civil, aclarando que ningún sacerdote, ministro o pastor puede efectivizar el matrimonio religioso, sin antes constatar –a través de la partida o certificado correspondiente– que se ha efectivizado el civil.[14] A tal punto llega el control y el cuidado de la jurisdicción laica y estatal, que el código uruguayo prescribe pena de seis meses de prisión para la autoridad religiosa que desobedezca el mandato, y hasta un año, en caso de reincidencia[15] (Mannarelli, 2004:157).

[13] Bolivia: http://caipe.org.pe/RIJ/bases/legisla/bolivia/codfamilia/html.

Colombia: http://www.superservicios.gov.co/basedoc/códigos/shtml.

Costa Rica: http://www.pgr.go.cr.

Nicaragua: http://www.biblioteca.jus.gov.ar/Codigo.

Panamá: http://www.biblioteca.jus.gov.ar/Codigo -Familia-Panamá.html.

Perú: http://www.caipe.org.pe/rij/bases/legisla/peru/codeiv.htm.

[14] Uruguay: http://www.parlamento.gub.uy.

Argentina: http://www.saij.jus.gov.ar.

Cuba: http://www.eurosur.org/fiacso/mujeres/cuba/legi-2.htm.

Honduras: http: //www.monografias.com/trabajos21/codigofamilia/codigo-familia.5html.

Venezuela: http://www.comunidad.vlex.com/pantin/codigocivil.html. comunidadderecho.org.

[15] El matrimonio civil recortaba el poder de la Iglesia en términos prácticos. El registro municipal fortalecía el perfil de una institución laica y civil, que era precisamente lo que, a mediano y largo plazo, podía debilitar el matrimonio eclesiástico. A partir de estas conside-

Ahora bien, entre los países que reconocen como válidos a los matrimonios celebrados en sede y por autoridad religiosa, hallamos importantes matices, porque mientras los códigos de Bolivia, Brasil, Nicaragua y Perú estipulan que les reconocerán efectos jurídicos en tanto los declaren e inscriban ante la autoridad estatal, otros como los de Colombia, Costa Rica, Nicaragua y Panamá continúan reconociendo una jurisdicción ineludible a los tribunales eclesiásticos, similar a la del pasado colonial.[16]

En este sentido, Bolivia reconoce la validez del matrimonio religioso cuando haya tenido lugar en lugares apartados de los centros poblados, donde no existen o no se hallen provistas las oficialías del Registro Civil, siempre que concurran los requisitos legales establecidos, y que luego se inscriba en el registro civil más próximo;[17] mientras que Perú estipula que el párroco ordinario del lugar deberá remitir en 48 horas la partida correspondiente.[18]

Colombia y Costa Rica, por su parte, prescriben que tendrán plenos efectos jurídicos los matrimonios celebrados conforme a los cánones o reglas de cualquier confesión religiosa o iglesia que haya suscrito para ello tratado de derecho internacional o convenio de derecho público interno con el Estado. El matrimonio religioso tiene efectos civiles y cesa con el divorcio, decretado por

---

raciones se entienden mejor las reiteradas alusiones en el discurso clerical a la desconfianza que debían despertar los mecanismos de administración estatal.

[16] Bolivia, *op. cit.*; Brasil, http://www.planato.gov.br/legislacao; Nicaragua, *op. cit.*; Perú, *op. cit.*; Colombia, *op. cit.*; Costa Rica, *op. cit.*; Nicaragua, *op. cit.*; Panamá, *op. cit.*

[17] El celebrante debe enviar al oficial del registro civil el acta de celebración y demás constancias, bajo su exclusiva responsabilidad, estando sujeto a sanciones que se establecerán según el caso, sin perjuicio de que también puedan hacer el trámite correspondiente los contrayentes. *Op. cit.*

[18] Perú, *op. cit.*

el juez de familia. Sin embargo, en materia del vínculo de los matrimonios religiosos regirán los cánones y normas correspondientes al ordenamiento religioso.[19]

Nicaragua prescribe que cuando la celebración la haya celebrado una autoridad católica, la autoridad eclesiástica debe decidir sobre la validez y sobre las causas de disolución del mismo; y la sentencia dictada deberá inscribirse en el Registro del Estado Civil de las Personas. Finalmente, Panamá reconoce como válidos los matrimonios celebrados por algún culto reconocido, siempre que tenga personería jurídica, pero no se necesita declararlo en ninguna instancia estatal.[20]

Por su parte, debemos señalar que Panamá, Perú y Bolivia, rompiendo con tradiciones culturales eurocéntricas, que han considerado al indígena como una minoría que debía integrarse a la sociedad nacional, atribuyendo a sus diferencias culturales y su lengua la causa de su supuesto atraso e inferioridad, reconocen como válidos los matrimonios y las uniones de hecho celebrados por sus autoridades locales y siguiendo sus propios ritos (Guardia, 2002:202).

En Panamá, el Sáhila es la autoridad competente para celebrar el matrimonio de los kunas, en el territorio de la Comarca de San Blas. La soltería de los interesados se acredita ante la autoridad que lo celebre, mediante las declaraciones de dos personas mayores de edad, "honorables" y residentes en el lugar.

La celebración del matrimonio se inicia con el desarrollo de las ritualidades tradicionales de la comarca, en acto público; y culmina con la comparencia de los contrayentes ante el Sáhila y su secretario, más dos testigos mayores de edad.

[19] *Op. cit.*
[20] *Op. cit.*

El matrimonio se considerará realizado, siempre que se hayan cumplido los ritos propios de la costumbre kuna. El Sáhila deberá inscribir el matrimonio, en la Dirección Comacal del Registro Civil, donde se labrará un acta pertinente.[21]

Por su parte, en Perú el matrimonio puede tramitarse y celebrarse en las comunidades campesinas e indígenas ante un comité especial constituido por la autoridad de la misma y por los directivos de mayor jerarquía;[22] mientras que en Bolivia, las formas prematrimoniales indígenas como el "*tantanacu*" o "*sirvinacu*", son consideradas formales uniones de hecho.[23]

En este punto debemos decir que, para el derecho, el concepto de familia es como una abstracción. Se trata de una categoría de valor más o menos inalterable que establece un patrón, un "modelo" de lo que es o debe ser una familia, por regla, conservador. Los códigos la conciben como la surgida de un matrimonio civil o religioso (cuando más de la unión concubinaria) y nuclear –integrada por los cónyuges y sus hijos–, siempre enmarcada en el espacio físico del hogar (Mesa, 2003:109); (Mannarelli, 2004:154); (Fuller, 2004:199). Así lo evidenciamos en las distintas definiciones que sobre la familia han plasmado algunos de los legisladores, en las que se destaca la persistencia de las funciones tradicionales, como la procreación, la socialización de los miembros y la atención de una serie de necesidades (afectivas materiales, educativas, etc.)[24] (Quintero, 2007:70).

[21] *Op. cit.*

[22] *Op. cit.*

[23] *Op. cit.*

[24] A manera de ejemplo, citamos las definiciones halladas en la legislación de Cuba, El Salvador, Guatemala, Honduras y Panamá. Cuba: "El Estado protege a la familia, la maternidad y el matrimonio. El Estado reconoce en la familia la célula fundamental de la sociedad

Ahora bien, debido al pasado común que todos los países de Latinoamérica tienen, ya que a lo largo de varios siglos tuvo vigencia el sistema jurídico implantado por los españoles durante todo el periodo colonial –que además de la legislación real, también regía el canónico y el romano–, nos parece importante identificar entre las características, requisitos, impedimentos y formas de disolución prescritos por los códigos civiles y de familia, los modelos jurídicos del matrimonio romano y el canónico, subyacentes en los mismos. Sin olvidar que al momento de diseñar los códigos también tomaron como fuente lo dispuesto por la legislación de los países católicos de Europa (Italia, España, Francia, Austria y Portugal), los cuales, a su vez, también resultaron influidos por el derecho común[25] (Mesa, 2003:205).

---

y le atribuye responsabilidades y funciones esenciales en la educación y formación de nuevas generaciones", *op. cit.* El Salvador: "La familia es el grupo social permanente, constituido por el matrimonio, la unión no matrimonial y el parentesco. El Estado está obligado a proteger a la familia, procurando su integración, bienestar, desarrollo social, cultural y económico. Toda persona tiene derecho a constituir su propia familia, de conformidad con la ley. El Estado fomentará el matrimonio creando bases firmes para la estabilidad del matrimonio y el más efectivo cumplimiento de los deberes familiares", http://www.pdf.rincondelvago.com/codigocivil-salvadoreño.html.

Guatemala: "La familia es la génesis primaria y fundamental de los valores espirituales y morales de la sociedad guatemalteca", http://www.terra.com.gt/legal/temas/derechocivil/temasfam.htm. Honduras: "Es deber del Estado proteger a la familia, se inspira en la unidad y fortalecimiento de la familia", *op. cit.* Panamá: "La familia la constituyen las personas naturales unidas por el vínculo de parentesco o matrimonio", *op. cit.*

[25] El derecho canónico prestó continuidad al derecho romano, y éste, a su vez, trascendió a las legislaciones civiles de los países católicos de Europa: España, Italia, Francia, Austria y Portugal, los que establecieron en sus códigos civiles el derecho canónico matrimonial y las construcciones técnicas elaboradas por la doctrina canónica.

En este sentido diremos que tanto el derecho romano como el canónico partían de uniones monogámicas y heterosexuales.

La necesaria heterosexualidad de los contrayentes aparece remarcada de manera específica en algunas legislaciones, como la brasileña, mientras que Costa Rica, Panamá, Venezuela y Paraguay especifican a la homosexualidad como impedimento.[26]

En todos los códigos encontramos la influencia del derecho romano a la hora de fijar los requisitos para su validez: la prestación del mutuo consentimiento y la edad mínima de los contrayentes, en su defecto, la prestación del consentimiento de los padres, los representantes legales del o la menor[27] (Mesa, 2003:200). En este punto resulta interesante lo prescrito por la ley venezolana, cuando le otorga a la maternidad y/o a la paternidad un valor emancipatorio, ya que pueden contraer matrimonios válidos sin el consentimiento de los padres: la mujer de menos de 14 que haya dado a luz o esté embarazada, y el menor de 18 cuando la mujer con la quiere casarse haya concebido un hijo reconocido por él o haya sido declarado judicialmente como tal. La ley, entonces, no hace más que reflejar la realidad de algunas mujeres de Latinoamé-

[26] Paraguay: http:/www.leyes.com.py; Brasil, *op. cit.*; Costa Rica, *op. cit.*; Panamá, *op. cit.*; Venezuela, *op. cit.*

[27] Estos requisitos, posteriormente, fueron recogidos por el derecho canónico, pero resultaron resignificados. El matrimonio dejó de ser un hecho social para ascender a una connotación sagrada. El consentimiento o *affectio maritali* dejó de apreciarse continuativo (como expresión de voluntad constante y continuada) para convertirse en un acto instantáneo e inicial que convertiría a la unión conyugal en un sacramento indisoluble y por ende perpetuo entre los cónyuges. Al mismo tiempo, la determinación del momento perfeccionativo del matrimonio permitiría a los canonistas precisar el momento de la colación del sacramento, es decir, la elevación del matrimonio a sacramento.

rica: la maternidad constituye la vía más efectiva para obtener el estatus de adultas y el prestigio social[28] (Fuller, 2004:204); (Aiscar, 2005).

La potencia sexual, exigida actualmente en la legislación colombiana y nicaragüense, fue trasplantada del derecho canónico, ya que era considerada necesaria para realizar el coito y consumar el matrimonio –como forma de ratificar el consentimiento–, pero también para procrear. Sin lugar a dudas, este requisito está relacionado con el reconocimiento expreso que ambos países otorgaron a la jurisdicción eclesiástica y con la definición de matrimonio formulada en el texto, entre cuyos fines reconocen la procreación[29] (Ghirardi, 2004).

En la determinación de los impedimentos, también hallamos una decidida influencia del derecho canónico, que recogió algunos del derecho romano y elaboró un catálogo meticuloso y singular (Mesa, 2003:202-203). A saber:

- Impedimento de consanguinidad: regulado en todos los códigos.
- Impedimento de afinidad: regulado en todos los códigos.
- Impedimento de edad: cuando la edad no es concebida como capacidad física, sino como impedimento, se ha seguido al derecho canónico. Recordemos que la ley eclesial determinaba como edades mínimas 16 para los varones y 14 para las muje-

[28] Venezuela, *op. cit.*

[29] La ley de Colombia lo define como: "un contrato solemne por el cual un hombre y una mujer se unen con el fin de vivir juntos, *de procrear* y de auxiliarse mutuamente"; mientras que en Nicaragua es el "contrato solemne por el cual un hombre y una mujer *se unen por toda la vida y tienen por objeto la procreación* y el mutuo auxilio. El único país que pone que es para toda la vida". El destacado es nuestro.

res. Siguiendo exactamente estas prescripciones legislaron en Bolivia, Cuba y Panamá.[30]

- Impedimento de parentesco legal: la prohibición de matrimonio entre adoptado y adoptante la encontramos expresamente determinada en Argentina, Bolivia y Brasil.[31]
- Impedimento de vínculo de matrimonio anterior que no haya sido disuelto (por muerte, anulación y/o divorcio) regulado en todos los códigos.
- Impedimento por razón de delitos de rapto y retención: en México subsiste el impedimento entre el raptor y la raptada, mientras ésta no sea restituida a lugar seguro, donde libremente pueda manifestar su voluntad.[32]
- Impedimento de crimen: en Panamá y en Uruguay se ha estipulado que no podrá casarse el amante condenado como autor o cómplice de homicidio, ejecutado, frustrado o intentado contra uno de los cónyuges, con el sobreviviente. La legislación panameña agrega que, mientras esté pendiente el juicio criminal, tampoco podrá celebrarse.[33]

Más allá de los señalados, encontramos otros impedimentos que reconocen influencias patriarcales, como en México, cuando la ley prohíbe casarse a las personas que

[30] La edad como impedimento también es considerada en Brasil y Perú (que ha previsto para varones y mujeres, 16 años); en tanto que Colombia señala para ambos, la edad de 14. La falta de edad mínima, asimismo, es entendida como impedimento en Argentina, Costa Rica, Chile, Ecuador, El Salvador y Honduras, *op. cit.*; Chile: http://colegioabogados.org/normas/codice/codigocivil.html; Ecuador: http://www.caipe.org pe

[31] *Op. cit.*

[32] México: http://www.cddhcu.gob.mx/leyinfo.

[33] *Op. cit.*

cometieron adulterio previamente, y este hecho resultó comprobado judicialmente.[34]

En Cuba, mientras subsista una relación de subordinación, como la existente entre tutor y tutelada (o viceversa), tampoco podrá realizarse la boda.[35]

Otro impedimento presente en la mayoría de los países, refleja la consideración tradicional de la mujer como "madre en potencia", en su exclusivo rol de "reproductora" –también proveniente del derecho medieval español– la encontramos en la prohibición de contraer nuevas nupcias a la mujer viuda, divorciada o cuyo matrimonio resultó invalidado, durante un cierto periodo de tiempo, después de la muerte del marido, o la fecha de la sentencia del divorcio y/o anulación. El tiempo, que en la mayoría de los casos se fija en 300 días, está relacionado con la posible gestación de un hijo del anterior marido, para identificarlo como "legítimo", como heredero.[36]

Los paraguayos llegan aún más lejos, al castigar económicamente a la mujer que viola esta normativa, con la pérdida de los "legados o cualquier otra liberalidad o beneficio que el marido le hubiera hecho en su testamento".[37]

La complejidad de las relaciones paterno filiales, como las persistencias de ideales modélicos coloniales que comprenden no sólo a los padres sino también a los hijos, las hallamos en las leyes dominicanas cuando exigen a los "hijos de familia" que hayan llegado a la mayoría de edad, solicitar por "acto formal y respetuoso" el "consejo" de los padres –o en su defecto a los abuelos, cuando estuvieran muertos o no pudieran manifestar su voluntad–. Desde la

[34] *Op. cit.*

[35] *Op. cit.*

[36] Así lo prescriben Bolivia, Argentina, Brasil, Costa Rica, Cuba, Honduras, México, Nicaragua, Panamá, Paraguay y Perú. Chile acorta el tiempo a 270 días y Venezuela a 10 meses. *Op. cit.*

[37] *Op. cit.*

mayoría de edad hasta los 30 años cumplidos (varones) y 25 (mujeres), la solicitud podrá nuevamente pedirse –si el consentimiento hubiera sido negado–, dos veces más de mes en mes; y un mes después de la tercera petición, podrá celebrarse el matrimonio. Una vez cumplidos los 30 años, podrá celebrarse la boda siempre que haya transcurrido un mes después de la petición no consentida.

En este punto debemos mencionar que desde los inicios del siglo XX, las familias fueron perdiendo el control de las alianzas matrimoniales que paulatinamente, pasaron según Fuller, a manos de los individuos, lo que se vio reforzado por la inexistencia legal del contrato de esponsales en la legislación estudiada –salvo en México–, que en tiempos coloniales operaba como un eficaz instrumento para la conformación de matrimonios dispuestos por los padres, según sus conveniencias[38] (Fuller, 2004:102); (Vassallo, 2006).

Ahora bien, aunque el matrimonio ha constituido –y lo sigue haciendo– la norma más aceptada de legitimación de la formación de una unión conyugal, los niveles de adscripción a esta norma no se han generalizado en América Latina. *La unión libre* fue y aún es una modalidad de formación de pareja muy extendida en América Latina, al contrario de lo que sucedía en otras regiones del mundo occidental y en la tradición asiática. Los esfuerzos de la Iglesia y de los estados por imponer la práctica de

[38] Argentina, Colombia, Costa Rica, Honduras, Nicaragua, Paraguay, Panamá y Perú disponen que no se los reconoce, ni se otorga acciones a ninguna de las partes para exigir su cumplimiento. *Op. cit.* Por su parte, la ley mexicana dispone que la promesa de matrimonio que se hace por escrito y es aceptada, constituye los esponsales. Sólo puede celebrarlos el varón que ha cumplido 16 años y la mujer de 14, aunque no producen efectos jurídicos si no han consentido sus padres o representantes legales.

consagrar o legalizar los matrimonios constituyeron, con frecuencia, batallas perdidas (Pellegrino, 1998:119-120).

Esta forma de unión puede ser definida como la "relación de pareja heterosexual u homosexual, voluntaria, consensual, sin meta matrimonial, con o sin procreación, monógama estable o sucesiva", sólo es reconocida legítima y legalmente en 11 de los 18 países analizados, pero sólo si se trata de parejas heterosexuales[39] (Quintero, 2007:121).

Recordemos que durante el periodo colonial, las personas que componían esta clase de parejas eran considerados "delincuentes y pecadores" –"amancebados", según la tipología legal de entonces– siendo sujetos de ser procesados y hasta sentenciados por las autoridades judiciales. Y si bien muchos parejas fueron separadas, otras fueron casadas compulsivamente en la cárcel y luego, liberadas (Vassallo, 2006).

Su significado social ha variado mucho con el transcurso del siglo XX. Tradicionalmente fue asumida como un matrimonio a prueba que buscaba la comprensión entre la pareja antes de llegar al vínculo matrimonial y a la procreación. También contempló el periodo de convivencia que iniciaba una pareja debido a las restricciones legales al matrimonio, como sucede en el caso de los divorciados, que han formado una nueva pareja y están a la espera de su legalización. Pero en la actualidad es una unión muy frecuente, especialmente en la gente joven, donde la procreación no está mediada por la reglamentación de la unión (Quintero, 2007).

Para la legislación civil latinoamericana, se trata de una unión marital formada por un hombre y una mujer que, sin estar casados, hacen comunidad de vida permanente y singular, cumpliendo los requisitos exigidos

[39] También puede aparecer denominada legalmente como unión de hecho o concubinato.

por la ley.[40] Se constituyen en compañeros permanentes, aunque no tengan hijos, es asumida como familia y debe ajustarse a la legislación vigente.

Para constituirla legalmente, las parejas deben tener aptitud legal, y no tener pendiente una unión matrimonial anterior. Produce efectos similares a éste cuando presenta una duración de al menos 3 a 5 años.

Las gestiones se realizan ante la justicia, en donde deberán declarar este estado. Para probarlo, en Colombia, deben declarar haberse tratado "como marido y mujer en sus relaciones domésticas y sociales". Pero además, deben probar –siguiendo un criterio fundado en el patriarcalismo– que la mujer fue "*recibida en este carácter por los deudos y amigos de su marido, y por el vecindario de su domicilio en general*".[41]

El requisito de singularidad también es fundamental: previendo su posible incumplimiento por parte de los hombres –fundada en la supuesta sexualidad natural e irrefrenable de los varones– la legislación de Honduras dispuso que si varias mujeres solteras demandaban la declaración de la unión de hecho con el mismo hombre soltero, el juez debía declarar legal la que fuera debidamente probada; y en su defecto, la más antigua. Lo dispuesto es aplicable siempre que las uniones de hecho que se pretendan declarar, coexistan en el momento de solicitarse la declaratoria respectiva o bien en la fecha en que incurrió la muerte de la persona con quien se mantuvo la unión de hecho.

[40] En Argentina, la unión civil sólo tiene vigencia en la capital del país, Buenos Aires (desde el año 2002). Las parejas homosexuales han usado ese instrumento para legalizar su situación de hecho. Las parejas convivientes, de por lo menos dos años, pueden tener acceso a los beneficios de obra social, licencias laborales por enfermedad de la pareja y subsidios o pensiones que otorgue el gobierno porteño. *Op. cit.*

[41] *Op. cit.*

Otro rasgo de desigualdad de género lo hallamos implícito en la disposición hondureña, al prescribir que si bien ambos tienen el deber de guardarse "lealtad", instaló como "presunción legal" la fidelidad de la mujer, al suponer la legítima paternidad del marido a los hijos nacidos después de 180 días de la fecha fijada como principio de la unión y los nacidos dentro de los 300 días siguientes al día en que la misma cesó.[42]

Ahora bien, las relaciones jurídicas entre cónyuges fueron establecidas, hasta hace poco tiempo, a partir de criterios claramente jerárquicos. La subordinación y la dependencia de la mujer frente al marido resultó explícita, legitimada y justificada a través de la potestad marital, entendida como dominio, el poder del marido respecto a la esposa. La sujeción de la mujer ha formado parte de la tradición jurídica latinoamericana, y si bien en los últimos años la mayoría de los países ha modificado las normas buscando la equidad de género, aún encontramos persistencias patriarcalistas[43] (Espinosa, 1999:233-234).

Entre las obligaciones que denotan un cambio en la situación y la relación entre los cónyuges, hallamos las recíprocas de asistencia y fidelidad, así como el establecimiento conjunto de lugar de residencia en todos los códigos civiles y de familia latinoamericanos.

En este punto cabe destacar que las dos primeras fueron recogidas por los códigos del siglo XIX, al momento de su sanción, por influencia del Código de Napoleón, en combinación con el derecho canónico y las *Partidas* de Alfonso X, vigentes hasta entonces en América, aun después de la independencia con la metrópoli. Sin embargo, debemos decir que el deber de fidelidad resultó más

[42] *Op. cit.*

[43] El poder marital se determina por una institución especial: la de la autorización, que significa que la mujer no puede dar ningún paso jurídico sin que su marido la preceda.

bien estipulado para las mujeres que para los hombres, cuando los códigos establecieron presunciones legales de fidelidad de la mujer, al suponer la legítima paternidad del marido. A manera de ejemplo citaremos lo dispuesto por la ley argentina en su art. 245 (hoy derogado): *"la ley presume que los hijos concebidos por la madre, durante el matrimonio, tienen por padre al marido"*. Mientras que, paralelamente, legislaron en los códigos penales el adulterio, que continuaba siendo un "delito femenino" (Vassallo, 2006).

De esta manera, observamos, siguiendo a Cicerchia, que el sistema de representación patriarcal recreó una nueva "hegemonía masculina", funcional al proceso de modernización porque se estimuló el desarrollo de un discurso de género que definía la identidad femenina en una rigurosa disciplina moral (Cicerchia, 2001:181).

Por su parte, la posibilidad de fijar conjuntamente el lugar de residencia fue posterior y está relacionada con la derogación de la condición de incapaz de la mujer casada, quien debía tener obligatoriamente un "domicilio legal" establecido por su "representante legal", el marido.

Continuando con los deberes y derechos de los cónyuges durante –y con posterioridad– al matrimonio, hallamos importantes modificaciones que han tenido en cuenta los principios de igualdad, autonomía y no discriminación. Según Beatriz Schmukler estos cambios tuvieron que ver con la democratización de los vínculos familiares, ya que se evidencia una mayor igualdad entre los géneros y una distribución más equitativa de las tareas y del poder en el interior de las familias. Tendencia que, a su vez, se inserta en procesos democratizadores en el nivel sociopolítico (Palermo, 2007:139).

De manera reiterada y unánime aparece dispuesta la obligación conjunta de sostener el hogar, compartiendo la responsabilidad y el gobierno de la familia, colaborando económicamente cada uno de acuerdo con sus posibilidades.[44]

En este sentido, cabe destacar que Cuba, México, Honduras, Ecuador y República Dominicana sostienen como principio general que el matrimonio se constituye sobre la base de la "igualdad de derechos y deberes de ambos cónyuges"; y a renglón seguido establecen matices propios relacionados con la historia de cada país.[45]

Los cubanos, entonces, deben criar a sus hijos bajo "los principios de la moral socialista", según ordena el Código de la Familia sancionado como consecuencia de las transformaciones propiciadas por la revolución. Este cuerpo jurídico contempla la igualdad de derechos y deberes a hombres y mujeres en lo relativo a la familia y la vida doméstica. Estas leyes, que regulan los derechos fundamentales de la mujer y propenden el ejercicio de la igualdad, facilitaron la incorporación masiva de las mujeres al ámbito público a través del empleo, la educación y la calificación laboral[46] (Mesa, 2003:208); (Vasallo, 2006:21).

México produjo un cambio legal audaz, al disponer que ambos cónyuges compartirán la autoridad: "El marido y la mujer tendrán en el hogar autoridad y consideraciones iguales; por lo tanto, resolverán de común acuerdo todo lo conducente al manejo del hogar, a la formación y educación de los hijos y a la administración de los bienes que a éstos pertenezcan". Recordemos que la sociedad

[44] Así lo legislan Ecuador, Bolivia, Venezuela, Perú, Chile, Cuba, Honduras, El Salvador, Panamá, México, Uruguay, Paraguay, Colombia y Costa Rica. *Op. cit.*, y República Dominicana, http://www.suprema.gov.do/codigos/codigosrC.asp.

[45] *Op. cit.*

[46] Sostiene Mesa Castillo que "desde 1917 hasta 1950, con la promulgación de leyes significativas, se fueron colocando granos de modificación que fueron conformando el proyecto de lo que sería el nuevo modelo o paradigma de familia, que surge precisamente con el cambio revolucionario y el nuevo sentido de la propiedad en nuestro país".

mexicana es poseedora de estructuras de dominación masculina caracterizadas por una hipermasculinidad hegemónica, que generalmente es asumida, reproducida y hasta defendida por algunas mujeres (Lagarde, 2003:187). Similares afirmaciones hallamos en el código peruano. En tanto que la ley brasileña dispone que "por el hecho de contraer matrimonio se asume mutuamente la condición de compañeros responsables de la familia", y los venezolanos entienden que ambos cónyuges tomarán "de mutuo acuerdo las decisiones relativas a la vida familiar".[47]

Teniendo en cuenta la histórica situación de subordinación de las mujeres, la ley dominicana se encarga de ratificar que la mujer casada tiene la misma capacidad civil que la soltera, a ejercer su profesión y enajenar sus bienes propios, sin consentimiento del marido. Recordemos que el poder marital se determinaba por una institución especial: la de la autorización, por cuanto la mujer no podía dar ningún paso jurídico sin que su marido la precediera (Espinosa, 1999:233).

Similares disposiciones hallamos en las leyes hondureñas y salvadoreñas, cuando disponen que "ninguno de los cónyuges podrá limitar el derecho del otro a desempeñar actividades lícitas o a emprender estudios o perfeccionar conocimientos, y para ello deben prestarse cooperación, y ayuda, cuidando de organizar la vida en el hogar, de modo que tales actividades, perfeccionamiento o estudios no impidan el cumplimiento de los deberes que se les impone". Mientras que los paraguayos prescriben que "los cónyuges tienen los mismos derechos y la misma capacidad jurídica".[48]

Pero a pesar de lo aludido, en Bolivia aún persiste la posibilidad de que el marido pueda obtener a nivel

[47] *Op. cit.*
[48] *Op. cit.*

judicial que se restrinja o no se permita a la mujer el ejercicio de cierta profesión u oficio, "*por razones de moralidad*".[49] Sin lugar a dudas, esta idea responde a la vieja idea del honor familiar, que se sustentaba en la "honra" femenina, es decir, el comportamiento sexual de la mujer (Twinam, 1991). Asimismo, este mandato podemos leerlo juntamente con otro rasgo de desigualdad colonial presente a nivel legal cuando se dispone que el solo padre (durante y después de la disolución del matrimonio) tendrá el usufructo (uso y goce) de los bienes de sus hijos menores de 18 años o hasta cuando se emanciparen (si lo hacen antes de la edad aludida). Recordemos que como parte del ejercicio de la patria potestad en tiempos de la Colonia, el padre disponía del usufructo, es decir, del uso y el goce" de los bienes de sus hijos menores (bienes que, por ejemplo, podrían haber recibido a través de la herencia de un familiar o de una donación realizada por un tercero) (Levaggi, 1987). La diferencia con el ejercicio de la tutoría que podían ejercer por aquellos tiempos, las viudas respecto de sus hijos menores, radica justamente, en la imposibilidad de "usar y gozar" de estos bienes, aun cuando a su cargo estuviera la manutención, vigilancia y educación de sus hijos.

Otro de los intentos de modificación a la idea de mujer como "propiedad" del marido, lo encontramos cuando la legislación salvadoreña y la brasileña remarcan la posibilidad de que la mujer puede elegir libremente si va a utilizar o no el apellido del cónyuge al momento de casarse; hecho que debe constar en el acta correspondiente. Recordemos que históricamente las mujeres debían adquirirlo de manera obligatoria, agregando después del nombre la preposición "de", como ocurrió en Uruguay o Argentina hasta que la norma resultó derogada.

[49] *Op. cit.*

En cuanto a las relaciones patrimoniales, podemos afirmar que la mayoría de los países adoptó, el régimen de comunidad –típica del derecho francés y del antiguo derecho castellano–, que sería administrado por el marido, representante legal de la mujer. La adopción de este sistema era funcional a la idea de la incapacidad de la mujer casada, puesto que el haber dispuesto un régimen de separación –como a fines del siglo XIX ya tenían los países anglosajones, Italia y Rusia– hubiere significado otorgarle total capacidad jurídica. En este punto, y siguiendo a Armand-Duc, desde el punto de vista jurídico, "los países anglosajones son los que con mayor equidad han resuelto el problema, al asegurar una total separación de los patrimonios (Armand-Duc, 2000:147).

Poco a poco y al compás de los cambios legislativos, el régimen de la ganancialidad también resultó modificado en la mayoría de los países. La emancipación de la mujer ha traído la decadencia de los regímenes comunitarios basados en la exclusiva por el marido. En la mayoría de los países aludidos se prefiere, o bien una separación de patrimonios o una comunidad en la que cada uno de los cónyuges administra y dispone de los bienes que ha aportado al matrimonio y de los adquiridos con su trabajo personal (Borda, 1993:210).

En Argentina, luego de la modificación del Código Civil a fines de los años sesenta la mujer tuvo acceso a la administración de la comunidad de bienes, y a la disposición de sus bienes propios.

El caso de las mujeres chilenas resulta peculiar, puesto que salvo que realicen una capitulación matrimonial, todavía padecen una incapacidad relativa de derecho, al no poder administrar sus propios bienes, mientras estén casadas; capacidad que podrán asumir en caso de viudez o de divorcio: "la mujer divorciada perpetuamente administra, con independencia del marido, los bienes que ha sacado del poder de éste, o que después del divorcio ha adquirido".[50]

Las capitulaciones matrimoniales, es decir, los acuerdos que los cónyuges realizan antes de casarse pactando todo lo atinente al orden económico que regulará su matrimonio, resultan muy interesantes, fundamentalmente cuando se conforman familias ensambladas, donde la futura herencia de los hijos (del marido; los de ella o los que han tenido en común) puede disputarse. En estas convenciones las partes pueden adoptar los regímenes antes mencionados o establecer reglas distintas apropiadas a su situación patrimonial, dependiendo del margen de discrecionalidad que la ley permita (Huaita Alegre, 1999:501).

Así hallamos que tanto en Brasil, Perú y Guatemala, el régimen de comunidad parcial es subsidiario, a falta de capitulaciones. Por su parte, en Nicaragua, el régimen de separación es también subsidiario.[51]

México y El Salvador también posibilitan a la pareja optar por un sistema u otro, según su conveniencia: los salvadoreños deberán dejar constancia en el acta de matrimonio, el régimen patrimonial acordado; mientras que en México, la pareja deberán presentar ante el juez del Registro Civil, el convenio que celebraron con relación a sus bienes presentes y los que irán a adquirir durante el matrimonio.[52]

[50] Chile posee un régimen de comunidad parcial, que es subsidiario a falta de capitulaciones matrimoniales. Art. 1715 C de Chile. Es decir, acuerdos que los cónyuges realizan antes de casarse, pactan en relación con las relaciones de orden económico que regularán su matrimonio. En estas convenciones, los cónyuges pueden adoptar uno de los regímenes antes mencionados o establecer reglas distintas apropiadas a su situación patrimonial, dependiendo del margen de discrecionalidad que la ley permita.

[51] *Op. cit.*

[52] *Op. cit.*

Las representaciones de género y el modelo familiar tradicional aludido fueron de tal magnitud que aún hoy encontramos resabios legales. Por ejemplo, cuando Nicaragua legisla que si bien ambos cónyuges pueden decidir el lugar de su residencia, la mujer está obligada a seguir al marido "donde quiera", ya que éste es el "representante de la familia".

La figura del padre proveedor aún subsiste en Costa Rica, cuando se obliga al marido como "principal obligado a sufragar los gastos que demanda la familia", y a renglón seguido dispone que "la esposa está obligada a contribuir en forma solidaria y proporcional, cuando cuente con recursos propios".

Por su parte, en Guatemala, si bien se afirma que el matrimonio se funda en "la igualdad de derechos y obligaciones de ambos cónyuges", a renglón seguido la ley establece que el marido "debe prestar protección a la mujer y la mujer debe atender y cuidar a los hijos y los quehaceres domésticos". Y completa: "el marido tiene la potestad de oponerse a que la mujer se dedique a actividades fuera del hogar".[53]

La legislación también previó, tanto en los siglos anteriores como en la actualidad, la posibilidad de disolución. Y si bien el modelo tradicional católico no admitía la disolución del vínculo, puesto que lo consideraba sacramento, llegó a prever de manera excepcional, la separación de cuerpos[54] (Mannarelli, 2004:165). Atendiendo a que la

[53] *Op. cit.*

[54] Para los conflictos sentimentales en la vida conyugal, los clericales ofrecieron como opción la separación de cuerpos. Por un lado, no se quiere poner en cuestión el poder de la Iglesia para el ejercicio de su labor sacramental; y por el otro, se movilizan las ansiedades que despierta el sexo sin una forma de controlarlo. Lo primero, según Mannarelli, está íntimamente relacionado con la amenaza que suponía para los poderes privados la virtualidad de estar regulados por una autoridad

mayoría de los códigos latinoamericanos tuvo influencia católica y reguló el matrimonio con las leyes canónicas, no estipularon el divorcio sino hasta la segunda mitad del siglo XX, a excepción de Uruguay y Cuba.

La ley uruguaya facilitó a la mujer la demanda del divorcio unilateral, sin expresión de causa alguna, mientras que el hombre debía hacerlo invocando causa justificada. El fundamento de esta posibilidad la otorgó el autor del proyecto, el filósofo Vaz Ferreira, por la presión que padecían las mujeres casadas en matrimonios opresivos y por eso apoyó su derecho de divorciarse sin dar mayores explicaciones. Cuando se sancionó la ley, los antidivorcistas no la consideraron satisfactoria porque insistían en conservar la familia "como célula base de la sociedad". Pero tampoco lo hicieron los pro-divorcistas, porque ellos "encarnaban la cuestión como propia de la igualdad" (Oliver, 2002:47).

En este sentido, por casi un siglo, observamos que los códigos civiles regularon un divorcio sin disolución de vínculo, es decir, la separación de cuerpos, que era la forma canónica de la separación y que no producía la disolución del vínculo matrimonial; que si bien los eximía de la convivencia y la prestación del "débito" conyugal, persistía el deber de fidelidad y mutua ayuda. Según Armand-Duc, la única consecuencia de esta figura fue "el relajamiento del matrimonio" porque dejaba intactos los deberes, "sobre todo la fidelidad, lo cual se opone a una política natalista" (Armand-Duc, 2000:141).

La primera causa de separación perpetua es el adulterio, y otras causas de separación temporal se basan en el grave peligro corporal o "espiritual", el abandono, la

civil. A los hombres les acomodaba el poder eclesiástico. La ausencia de una palabra escrita, laica reguladora, permite la sobrevivencia y las prácticas de los poderes domésticos que, a la larga, tienen un significativo parecido a la familia con la voz del púlpito y del catecismo.

interrupción de la cohabitación por un periodo determinado (entre 1 y 3 años), la dureza de la vida en común, el hecho de que un cónyuge provoque violencia sobre el otro, o sobre la prole.

Como causa de separación en Perú se ha previsto en forma excluyente, la homosexualidad de uno de los cónyuges, sobreviviente durante el matrimonio.[55] Después de transcurridos entre uno y tres años de la sentencia de separación, se podrá solicitar la conversión de la sentencia, en divorcio vincular.

A mediados del siglo XX se aceleraron los cambios en las relaciones de género y en el marco de una revolución jurídica, económica, educativa y reproductiva, se comenzó a legislar el divorcio en los países latinoamericanos[56] (Mannarelli, 2004). El último de ellos fue Chile, que dictó su ley en el año 2003; en tanto, Paraguay aún no lo ha adoptado; sólo la muerte de uno de los cónyuges puede disolver el vínculo. La ley paraguaya recoge lo dispuesto por el derecho canónico –instaurado durante la Colonia–, que prevé como alternativas posibles para separar a una pareja: la nulidad del vínculo y/o la separación de cuerpos.[57] Pero más allá de este caso anecdótico, la gran

[55] *Op. cit.*

[56] Sobre esta "revolución" Mannarelli escribe: "Las mujeres obtuvieron la igualdad de derechos ante la ley, ingresaron masivamente a la educación escolar y superior, se convirtieron en actores políticos, y pudieron controlar su fertilidad de manera efectiva gracias a los modernos anticonceptivos".

[57] Para decidir la separación de cuerpos, el juez escuchará separadamente a los dos cónyuges, dentro del plazo de 30 a 60 días, para que confirmen o no su voluntad de separarse. La separación de cuerpos podrá ser demandada por cualquiera de los cónyuges por las siguientes causas: adulterio; tentativa de uno de los cónyuges contra la vida del otro, y el homicidio frustrado, sea como autor o como cómplice; la conducta deshonrosa o inmoral de uno de los cónyuges, o su incitación al otro al adulterio, la prostitución, etc.; la sevicia; malos

mayoría de los países ha oscilado entre el divorcio exclusivamente basado en las causales y por mutuo acuerdo, optando en la mayoría de los casos por aceptar ambas formas de disolución.

El llamado "divorcio sanción" supone siempre la existencia de un "culpable". Lo solicita el cónyuge que supuestamente no dio motivos para la disolución y que la ley suele denominar "inocente". El divorcio, entonces, deviene en un juicio en el que el "inocente" litiga contra el "culpable", intentando probar sus acusaciones.

En líneas generales, entre las causales (subjetivas) contempladas en las leyes vigentes en los países estudiados encontramos:

- Adulterio (Argentina, Chile, Costa Rica, Guatemala, Perú, Colombia, Ecuador).
- Maltratos o violencia conyugal (Chile, Costa Rica, Guatemala, Perú).
- Injuria grave (Argentina, Chile, Costa Rica, Guatemala, Perú).
- Atentado contra la vida del otro cónyuge (Argentina, Chile, Costa Rica, Guatemala, Perú).
- Abandono del hogar conyugal (Argentina, Chile, Costa Rica, Guatemala, Perú).
- Incumplimiento de los deberes de asistencia y alimentación (Chile, Costa Rica, Guatemala).

En términos de género, algunas de las causales han sido casi exclusivamente alegadas por las mujeres, como es el caso de "maltratos"; o han dado lugar a un doble parámetro (doble moral) en su valoración, como en el caso del adulterio. Ambas situaciones responden a una construc-

tratos e injurias graves; el abandono voluntario y malicioso; el estado habitual de embriaguez, uso de drogas o estupefacientes que hicieren insoportable la vida en común.

ción social de las características de ser varón y ser mujer, en nuestras sociedades[58] (Huaita Alegre, 1999:491-492).

Ahora bien, atendiendo a la peculiaridad del país, en Bolivia se ha prescrito que uno de los cónyuges puede solicitarlo, cuando el otro se dedique al tráfico y/o consumo de *"sustancias peligrosas"*. Otra causal que también contempla de manera exclusiva la ley boliviana –y que por cierto está relacionada con la idea tradicional de matrimonio y familia que sostiene– es la homosexualidad sobreviviente de alguno de los cónyuges.[59]

México y Guatemala, siguiendo una tradición patriarcalista, disponen que el marido puede interponer demanda de divorcio cuando su mujer dé a luz durante el matrimonio un hijo concebido antes de haberse celebrado, y que judicialmente sea declarado hijo "ilegítimo".[60]

Sin embargo, México es uno de los pocos países que expresa de manera contundente y clara la posibilidad de solicitarlo, cuando se padece violencia doméstica, seguramente por influencia del accionar de las feministas de la diferencia, quienes, desde los años setenta, vienen demandando el combate de la violencia contra las mujeres[61] (Zapata, 2002:73).

[58] Según afirma H. Alegre: "la agresividad y violencia de los varones han hecho difícil muchas veces que la causal de 'maltratos' sea admitida como causal de divorcio a menos que se demuestre una excesiva crueldad. Igualmente, respecto de la definición de adulterio, la pretendida 'concupiscencia' de los varones ha hecho que no se considere adulterio el solo hecho de mantener relaciones sexuales con persona extraña a la esposa sino que se exigía, en algunos casos, la existencia de una concubina permanente. Si bien estos parámetros han sido superados en el texto de la ley, en muchos casos siguen vigentes en la mentalidad de los operadores jurídicos (jueces, abogados, fiscales)".

[59] *Op. cit.*

[60] *Op. cit.*

[61] Violencia cometida por uno de los cónyuges hacia el otro o hacia los hijos de ambos o de alguno de ellos; también el incumplimiento

Por su parte, el divorcio iniciado de mutuo acuerdo, que no necesita de "culpables" o "inocentes" –también llamado "divorcio remedio"– permite, según Quintero Velásquez, una culminación más "sana" para las partes y sus hijos, si los tuvieren (Quintero, 2007). Entre las causales (objetivas) que son admitidas por los códigos latinoamericanos, que lo contemplan, encontramos:

- Alcoholismo o uso de sustancias que puedan generar toxicomanía (Argentina, Chile, Guatemala, Perú).
- Condena por delito a pena privativa de libertad (Chile, Costa Rica, Guatemala, Perú).
- Ausencia (Chile, Costa Rica, Guatemala).
- Grave dolencia mental (Argentina, Brasil, Costa Rica, Guatemala).
- Enfermedad grave, incurable y contagiosa (Guatemala, Perú).

Por su parte, la causa objetiva de la imposibilidad de continuar realizando una vida en común, sin que deba probarse por qué se llegó a esa situación, fue muy discutida en Latinoamérica y no todos los códigos la han admitido. Supone un mayor respeto por la libertad individual de cada uno de los cónyuges y ha reemplazado al divorcio por falta en muchos sistemas legales tanto en Europa como en Estados Unidos (Zannoni, 1993:137). Ha sido puesto en vigencia en Argentina, Brasil, Costa Rica y Cuba. Puede solicitarse una vez transcurridos entre uno y tres años de matrimonio.

injustificado de las determinaciones de las autoridades administrativas o judiciales que se hayan ordenado, tendientes a corregir los actos de violencia familiar hacia el otro cónyuge o los hijos, por el cónyuge obligado a ello.

En Cuba, por ejemplo, se procederá a solicitarlo cuando "se compruebe que existan causas de las que resulte que el matrimonio ha perdido su sentido para los esposos y para los hijos, y con ello también para la sociedad". Y a renglón seguido se explica qué se entiende por la "pérdida de sentido": "cuando existen causas que hayan creado una situación objetiva en la que el matrimonio haya dejado de ser o ya no pueda ser en el futuro la unión de un hombre y una mujer en que de un modo adecuado se puedan ejercer los derechos, cumplir las obligaciones y lograrse los fines a los que el matrimonio se refiere".[62]

Entre los efectos jurídicos que comparten los códigos, en relación con el divorcio y la separación personal, debemos mencionar la fijación de pensiones alimenticias para él o la cónyuge y la custodia de los hijos menores según el caso, y la custodia de aquéllos, si los hubiere, sin olvidar que el divorcio produce la disolución del vínculo, con lo cual las personas recuperan su aptitud nupcial.

En lo que respecta a la fijación de cuotas alimentarias, en caso de que exista un culpable declarado, éste debe alimentos al "inocente" y los hijos, así como una mayor porción de bienes de la sociedad conyugal, es decir, que puede obtenerse una ganancia financiera, probándose la falta.

En un divorcio por mutuo acuerdo, no necesariamente se deben alimentos entre los cónyuges, salvo que uno de ellos alegue necesidad; los beneficios financieros se obtienen basados en la equidad (propiedades divididas en partes iguales). Ambos son responsables por la custodia y el alimento de los hijos, si los hubiere.

Las reformas sociales y jurídicas en la materia reflejan que en la mayoría de los países se ha previsto la custodia compartida, lo cual garantiza que los padres sigan cumpliendo sus funciones parentofiliales y acreditan la

[62] *Op. cit.*

equidad de género entre sí. Por lo tanto, la protección de los hijos deja de concederse a un solo cónyuge –la madre– para ser compartida, al igual que los deberes de tutela y educación, la custodia y el cuidado personal.[63] Ambos progenitores tienen la obligación de llegar a un acuerdo por el interés superior de los hijos (El Salvador, Honduras, México y Nicaragua); en su defecto, lo hará el juez, teniendo en cuenta el progenitor que ofrezca mayores garantías para el cuidado de los menores (Bolivia, Brasil, Costa Rica y Cuba).[64]

Un dato importante a destacar es el hecho de que la legislación prevé esta forma de compartir las obligaciones, sin importar quién tome la iniciativa de la separación, lo que no sucede a la hora de fijar alimentos para uno de los cónyuges.

En este punto debemos mencionar que algunas leyes han superado viejos estereotipos y han incluido en el rol de proveedor, a la mujer –cuando el marido así lo necesite–, y en caso de divorcio (a manera de ejemplo, México). Sin lugar a dudas esto se halla ligado a las nuevas formas legales previstas en las relaciones entre cónyuges y a las demandas de la nueva masculinidad y feminidad (Quintero, 2007:109).

Sin embargo, y a pesar de lo afirmado, en la casuística legal establecida para la resolución de la disolución, también hallamos resabios de la cultura patriarcal, ya sea en lo relativo al goce del derecho alimentario, como en la obligación del cuidado de los hijos que en varios países todavía es otorgada de manera exclusiva, a las mujeres.

[63] México agrega: "La protección para los menores incluirá medidas de seguridad, seguimiento y terapias necesarias para evitar y corregir los actos de violencia familiar, las cuales podrán ser suspendidas o modificadas". *Op. cit.*

[64] *Op. cit.*

En Guatemala y Honduras, por ejemplo, la mujer no culpable del divorcio tiene derecho a pensión alimenticia, siempre que no contraiga nuevas nupcias y observe "*buena conducta*"; y las leyes panameñas subordinan la persistencia de este derecho al hecho de que la mujer no "*viva públicamente*" con otro hombre.[65] Disposiciones que no se aplican a los hombres, ya que en todos los casos se los supone "proveedores". Por lo tanto, el goce de un derecho, como la pensión alimentaria de la mujer, está supeditada al cumplimiento de un patrón de conducta establecido por ideales modélicos antiguos, y de cuya representación tampoco escapa el marido.

Idénticas observaciones podemos realizar en relación con la percepción de alimentos por parte de las hijas e hijos que llegan a la mayoría de edad (las mujeres deben ser asistidas por el padre proveedor, no así los varones): en Ecuador, el menor de 18 años ya no puede percibirlos, y en Colombia, después de los 21, salvo impedimento corporal o mental.[66]

La maternidad, erigida en el pilar de la identidad femenina, y uno de los aspectos de la vida de las mujeres que ha cambiado más drásticamente durante la segunda mitad del siglo XX, sigue latente en la legislación de varios países, ya que no la dejan de identificar en su rol de reproductora y socializadora (Lima Costa de, 2002:204). Argentina, Uruguay, Chile, Ecuador, México y Venezuela estipulan que los hijos deberán quedar bajo el exclusivo cuidado de la madre, aunque con algunos matices.

Esta determinación legal tuvo su origen en la "doctrina de los años tiernos" (siglo XIX) y fue considerada inicialmente una victoria para las mujeres, porque se había desarrollado por entonces la costumbre de que los

[65] *Op. cit.*
[66] *Op. cit.*

padres fueran los titulares de la custodia. Y si bien la aplicación práctica de esta teoría permitió a las mujeres ser "cabezas de familia" después de la ruptura matrimonial, también reforzó los roles tradicionales de la esfera privada (Huaita Alegre, 1999a:552).

En Chile, la ley determina que sólo a ella "*toca el cuidado personal de los hijos*". En Argentina y Uruguay los niños de hasta 5 años quedarán bajo su custodia, salvo causas graves que afecten el interés del menor; en México, Perú y Venezuela, lo estarán hasta los 7 años. Por su parte, en Ecuador, las madres deberán hacerse cargo de los hijos impúberes sin distinción de sexo y las hijas en toda edad.[67]

Ninguno de estos países, salvo México y Argentina, recogieron las discusiones sobre la maternidad voluntaria: uno de los ejes en que giró –y aún hoy lo hace– el movimiento feminista. En 1972, más de cien mujeres mexicanas discutieron públicamente la legislación relacionada con el aborto, los métodos anticonceptivos y el concepto del control de natalidad. Años después, el gobierno aceptó en la nueva Ley General de Población, que "toda persona tiene derecho de decidir de manera libre, responsable, e informada sobre el número y el espaciamiento de hijos". En los años subsiguientes, las feministas mexicanas comenzaron a utilizar métodos simbólicos: se manifestaban a favor de la maternidad voluntaria el "día de la madre", o se vestían de negro en señal de luto por todas las mujeres muertas en abortos clandestinos, "para defender la voluntad de las mujeres contra la imposición de la maternidad desde la perspectiva de la reproducción de los hombres y el patriarcado" (Gargallo, 2002:110-120).

Por su parte, en Argentina y durante el gobierno de Raúl Alfonsín (1986) se derogó el decreto 659 –dictado por

[67] *Op. cit.*

la presidenta María Estela Martínez de Perón en 1974– que impedía la venta de anticonceptivos, y al mismo se reconoció "el derecho de la pareja a decidir libremente el número y el espaciamiento de los hijos", destacándose la importancia de la difusión y el asesoramiento en materia de anticoncepción[68] (Gutiérrez, 2004:358-359); (Vassallo, 2004:410).

En México, en tanto, existe verdaderamente una "sanción legal" prevista para el cónyuge "culpable" del divorcio, que no podrá casarse nuevamente sino después de dos años, a contar desde el momento en que se decretó el mismo a nivel judicial.

Sin olvidar que en este país continúa vigente la vieja causal colonial de eximición de responsabilidad "penal", de origen canónico: el perdón que efectuaba el "ofendido", "el cónyuge que no haya dado causa al divorcio puede, antes de que se pronuncie la sentencia que ponga fin al litigio, otorgar al consorte el perdón respectivo; mas en este caso, no puede pedir de nuevo el divorcio por los mismos hechos a los que se refirió el perdón y que motivaron el juicio anterior, pero sí por otros nuevos, aunque sean de la misma especie, o por hechos distintos que legalmente constituyan causa suficiente para el divorcio".

[68] El gobierno de la primera presidenta de Argentina, dispuso una política represiva en materia de derechos sexuales y reproductivos. Prohibió todas las actividades destinadas al control de la natalidad y lanzó una campaña de educación sanitaria para destacar los riesgos de las prácticas anticonceptivas. El argumento de que la Argentina era un país con espacios despoblados, lo que la debilitaba geopolíticamente, fue retomado y usado como piedra angular de las políticas de población de la dictadura militar. El gobierno del radical Raúl Alfonsín, que tuvo lugar luego de la feroz dictadura militar (1976-1983), inició una serie de reformas en el ámbito del derecho de familia, entre ellas, esta disposición mencionada, a la par de la sanción del divorcio vincular, la nueva ley del nombre y la patria potestad compartida.

CONCLUSIONES

Los estados latinoamericanos, siguiendo la tradición occidental, depositaron en la familia la responsabilidad de la reproducción del orden social capitalista y burgués pensado por los actores sociales y políticos que legislaron a fines del siglo XIX.

Como parte del nuevo orden, se reconoció al matrimonio y a la familia legalmente constituida como célula fundamental de la sociedad, tomando características "sui generis" debido al complejo cultural del matriarcado propio de nuestras sociedades.

El orden de género, sustentado en la dupla de hombre proveedor y mujer ama de casa, que fue impuesto durante más de un siglo, resultó revisado y reformado a nivel jurídico gracias a la participación de la mujer en mundos más universales, como trabajos y estudios superiores. El resquebrajamiento del sistema de género sustentado en la jerarquía implicó una revisión de los ejes de las identidades de género tradicionales: la doble moral sexual, la identificación de la feminidad con la maternidad y de la masculinidad con la autoridad en la familia y con la acumulación del capital productivo y simbólico.

En este sentido, se produjeron cambios en la constitución y disolución del matrimonio, se reconoció legalmente al concubinato y se modificaron las relaciones entre cónyuges –a nivel personal y patrimonial–. Sin embargo, en muchas ocasiones, estas modificaciones lograron una mixtura de principios que hace difícil la comprensión de los regímenes matrimoniales vigentes en nuestros países, destinados a regular la vida de hombres y mujeres que ven sus vidas reguladas por leyes externas, y muchas veces lejanas a sus propios deseos y percepciones. No es casual, entonces, que hayamos encontrado persistencias en lo que respecta al goce o restricciones de derechos, tanto para el hombre como para la mujer, basados en estereotipos ideales.

Las funciones de la familia, a nivel jurídico, también han cambiado. Entre ellas podemos mencionar la económica (cuando la mujer es co-providente o asume la jefatura familiar), la socializadora (relacionada con la equiparación de géneros en la asunción de responsabilidades con los hijos) y la reproductiva (es la pareja la que fija el número de hijos deseados, y el momento oportuno de tenerlos).

De la lectura entre líneas de las normas estudiadas evidenciamos que la mujer –identificada tradicionalmente con la maternidad– estaría pasando de una hipervaloración del espíritu de sacrificio, a la responsabilidad del cuidado, en tanto que la identidad del varón estaría en crisis dado que, por las adversas condiciones económicas, cada vez menos puede cumplir con su papel de único proveedor en la familia, y en el ámbito laboral y político se percibe una mayor competencia femenina.

Finalmente, estamos en condiciones de afirmar que el matrimonio convencional, civil o religioso y hasta el concubinato –establecido por las leyes–, resultan expresiones un tanto conservadoras en el campo del derecho de familia comparado.

Si bien aún hoy el matrimonio sigue constituyendo la "norma" mayoritaria, todo parece indicar que está perdiendo peso frente a otro tipo de opciones de unión conyugal que no están reguladas por la ley. Entre otras opciones encontramos la decisión de formar una unión estable sin pasar por la legalización, las que se inician como periodos de prueba que luego culminan en matrimonios, o periodos de convivencia por restricciones legales al matrimonio, como sucede en el caso de los divorciados que han formado una nueva pareja y están a la espera de su legalización.

Asimismo, una variante del matrimonio heterosexual es la unión civil homosexual –que hasta hoy sólo tiene vigencia en la Ciudad de México y Buenos Aires, Argentina–. Sin olvidar las nuevas estructuras familiares –que reflejan un conjunto de cambios producidos en la segunda mitad del siglo XX– como familias reconstituidas, sin hijos, hogares unipersonales y familias transnacionales, conviven junto a las tradicionales.

En definitiva, la familia vive, como señala Silvia Otero, en su proceso de transformación hacia el futuro, una dinámica dialéctica entre lo que es su estructura institucional propiamente dicha y su realidad, formada por las interrelaciones entre sus miembros. Frente a estos procesos de transformación, la realidad cotidiana familiar muestra una diversidad de situaciones que se alejan del modelo ideal, establecido por las leyes.[69]

BIBLIOGRAFÍA

Aiscar, Sonia Cristina (2005), *La maternidad en sectores populares. Representación social en las mujeres y relación con la atención de su salud*, Espacio, Buenos Aires.

Arnaud-Duc, Nicole (2000), "Las contradicciones del derecho", *Historia de las mujeres, siglo XIX*, Duby- Perrot (dir.), t. IV, Madrid, p. 129.

Barragán, Roxana (2004), "¿Dónde están las mujeres? Legislación y prácticas legales en Bolivia en el siglo XIX", *Jerarquías en jaque. Estudios de género en el área andina*, Red para el Desarrollo de las Ciencias Sociales en el Perú, Lima, p. 108.

Borda, Guillermo (1993), *Tratado de derecho civil*, t. I, 9a. ed., Perrot, Buenos Aires, p. 210.

[69] Citado por Palermo, *op. cit.*, p. 139.

Cicerchia, Ricardo (2001), *Historia de la vida privada en la Argentina. Desde la Constitución de 1853 hasta la crisis de 1930,* Troquel, Buenos Aires, pp. 15-16.

Código Civil argentino (1987), Zavalía, Buenos Aires.

Comisión Interamericana de Mujeres (1974), *La mujer en América Latina. Pasado, presente y futuro*, boletín publicado por la Comisión Interamericana de Mujeres, Washington, D. C.

Denegri, Francesca (2004), "Comentarios", *Jerarquías en jaque. Estudios de género en el área andina,* Red para el Desarrollo de las Ciencias Sociales en el Perú, Lima, pp. 247-248.

Espinoza, Silvia Loli (1999), "Cien años de normas sobre relaciones de pareja en el Perú: 1834-1934. Una aproximación a su estudio", *Mujeres y género en la historia del Perú*, Cendoc-Mujer, Lima, p. 220.

Femeninas, María Luisa (2002), "Tres escaneas del feminismo argentino", *Perfiles del Feminismo Latinoamericano*, Femeninas (comp.), Catálogos, Buenos Aires, p. 52.

Fuller, Norma (2004), "Identidades en tránsito: feminidad y masculinidad en el Perú actual", *Jerarquías en jaque. Estudios de género en el área andina,* Red para el Desarrollo de las Ciencias Sociales en el Perú, Lima, p. 199.

Gargallo, Francesca (2002), "El feminismo múltiple: prácticas e ideas feministas en América Latina", *Perfiles del Feminismo Latinoamericano,* Femeninas (comp.), Catálogos, Buenos Aires, pp. 113-114.

Ghirardi, Mónica (2004), *Matrimonios y familias en Córdoba 1700-1850*, Centro de Estudios Avanzados, Universidad Nacional de Córdoba.

González del Riego Espinosa, Delfina (1999), "El divorcio en la sociedad colonial limeña", *Mujeres y género en la historia del Perú*, Cendoc-Mujer, Lima, pp. 131-132.

Guardia, Sara Beatriz (2002), *Mujeres peruanas. El otro lado de la historia*, 4a. ed., Lima, Perú.

Gueznez, Ana (2003), "La mordaza y el incienso sobre la sexualidad de las mujeres", *Feminismos latinoamericanos: retos y perspectivas*, Gloria Careaga Pérez (coord.), Programa Universitario de Estudios de Género, UNAM, México, pp. 177-178 (versión digital).

Gutiérrez, María Alicia (2004), "Vicios privados, virtudes públicas: el impacto del fundamentalismo católico en las políticas públicas sobre sexualidad en la República Argentina", *Jerarquías en jaque. Estudios de género en el área andina*, Red para el Desarrollo de las Ciencias Sociales en el Perú, Lima, pp. 358-359.

Huaita Alegre, Marcela (1999), "Desigualdades de género en las consecuencias económico-financieras del divorcio", *Género y derecho*, Lom Ediciones, La Morada, Santiago de Chile, pp. 487-540.

_____ (1999a), "Derecho de custodia, neutralidad de género, derechos humanos de la mujer e interés superior del niño o la niña", *Género y derecho*. Lom Ediciones, La Morada, Santiago de Chile, p. 552.

Lagarde, Marcela (2003), "Por una izquierda feminista", *Feminismos Latinoamericanos: retos y perspectivas*, Gloria Careaga Pérez (coord.), Programa Universitario de Estudios de Género, UNAM, México, p. 187 (versión digital).

Levaggi, Abelardo (1987), *Manual de historia del derecho argentino*, t. II, Desalma, Buenos Aires.

Lima Costa de, Claudia (2002), "Repensando el género: tráfico de teorías en las Américas", *Perfiles del Feminismo Latinoamericano*, Femeninas (comp.), Catálogos, Buenos Aires, p. 204.

Malgesini, Graciela (2000), "Las mujeres en la construcción de Argentina en el siglo XIX", *Historia de las mujeres*, Duby-Perrot (dir.), t. IV, Taurus, Madrid.

Mannarelli, María Emma (2004), "La escritura, el espacio público y la experiencia femenina", *Jerarquías en jaque. Estudios de género en el área andina*, Red para el Desarrollo de las Ciencias Sociales en el Perú, Lima, p. 157.

Marrero, Adriana (2002), "Iguales oportunidades, recompensas injustas (Construcciones sociales y estrategias de género en estudiantes de Uruguay)", *Perfiles del Feminismo Latinoamericano*, Femeninas (comp.), Catálogos, Buenos Aires, p. 133.

Mesa, Olga (2003), "La perspectiva desde el derecho para los estudios sobre la familia: el derecho romano, el derecho canónico, la llamada crisis de la familia occidental", *La familia y las ciencias sociales* (comp.), Ana Vera Estrada, Centro de Investigación y Desarrollo de la Cultura Cubana Juan Marinello, Cuba, p. 109.

Núñez, Fernanda (2005), "Las mujeres, discursos, prácticas y representaciones sociales en la historia de México" (siglo XIX), *Historias Paralelas. Actas del Primer Encuentro de Historia Perú-México*, Pontificia Universidad Católica de Perú y Colegio de Michoacán, Perú, pp. 351-364.

Oliver, Amy (2002), "El feminismo compensatorio de Carlos Vaz Ferreira", *Perfiles del Feminismo Latinoamericano*, Femeninas (comp.), Catálogos, Buenos Aires, p. 50.

Palermo, Alicia Iratí (2007), *Diccionario de estudios de género y feminismos*, Susana Gamba (coord.), Biblos, Buenos Aires, p. 139.

Pellegrino, Adela (1998), "Vida conyugal y fecundidad en la sociedad uruguaya del siglo XX: una visión desde la demografía", *Historias de la vida privada en el Uruguay. Individuos y soledades. 1920-1990*, vol. III, Taurus, Montevideo, pp. 119-120.

Perrot, Michelle (1997), *Mujeres en la ciudad*, Andrés Bello, Chile, p. 10.

Quintero, Ángela María (2007), *Diccionario especializado en familia y género*, Lumen, Argentina, p. 70.

Rodríguez, Eugenia (2003), "Movimiento de mujeres, feministas y sufragistas en América Central (1900-1960)", *Feminismos latinoamericanos: retos y perspectivas*, Gloria Careaga Pérez (coord.), Programa Universitario de Estudios de Género, UNAM, México, pp. 202-241 (versión digital).

Salazar, Gabriel, y Pinto, Julio (2002), *Historia contemporánea de Chile. Hombría y feminidad. Construcción cultural de actores emergentes*, vol. IV, Lom Ediciones, Santiago de Chile, pp. 165-181.

Twinam, Ann (1991), "Honor, sexualidad e ilegitimidad en la Hispanoamérica colonial", *Sexualidad y matrimonio en la época hispánica*, Asunción Lavrin (coord.), Grijalbo, México.

Vassallo, Jaqueline (2004), "Modelo de mujer y construcción jurídica en el pensamiento de Vélez Sarsfield", *Escenarios y nuevas construcciones identitarias en América Latina*, Centro de Estudios Avanzados, Universidad Nacional de Córdoba, Córdoba, pp. 401-410.

_____ (2006), *Mujeres delincuentes. Una mirada de género en la Córdoba del siglo XVIII*, Centro de Estudios Avanzados, Universidad Nacional de Córdoba, Córdoba.

Vasallo Barrueta, Norma (2002), "Ecos del pasado, voces del presente. Un acercamiento a ideas y objetivos feministas de las cubanas", *Perfiles del Feminismo Latinoamericano*, Femeninas (comp.), Catálogos, Buenos Aires, pp. 14-15.

Zanata, Loris (1996), *Del Estado liberal a la nación católica. Iglesia y ejército en los orígenes del peronismo. 1930-1945*, Bernal, Universidad de Quilmes.

Zannoni, Eduardo (1993), *Derecho civil. Derecho de familia*, t. I, Astrea, Buenos Aires, p. 137.

Zapata, Martha (2002), "El movimiento feminista en México: de los grupos locales de autoconciencia a las redes trasnacionales", *Perfiles del Feminismo Latinoamericano*, Femeninas (comp.), Catálogos, Buenos Aires, p. 74.

Direcciones electrónicas consultadas

Argentina: http://www.saij.jus.gov.ar

Bolivia: http://caipe.org.pe/RIJ/bases/legisla/bolivia/codfamilia/html

Brasil: http://www.planato.gov.br/legislacao

Chile: http://colegioabogados.org/normas/codice/codigocivil.html

Colombia: http://www.superservicios.gov.co/basedoc/códigos/shtml

Costa Rica: http://www.pgr.go.cr

Cuba: http://www.eurosur.org/fiacso/mujeres/cuba/legi-2.htm

Ecuador: http://www.caipe.org.pe

El Salvador: http://www.pdf.rincondelvago.com/codigocivil-salvadoreño.html

Guatemala: "La familia es la génesis primaria y fundamental de los valores espirituales y morales de la sociedad guatemalteca", http://www.terra.com.gt/legal/temas/derechocivil/temasfam.htm.

Honduras: http://www.monografias.com/trabajos21/codigofamilia/codigo-familia.5html

México: http://www.cddhcu.gob.mx/leyinfo

Nicaragua: http://www.biblioteca.jus.gov.ar/Codigo

Panamá: http://www.biblioteca.jus.gov.ar/Codigo-Familia-Panamá.html

Paraguay: http://www.leyes.com.py

Perú: http://www.caipe.org.pe/rij/bases/legisla/peru/codeiv.htm

Rep. Dominicana: http://www.suprema.gov.do/codigos/codigosrc.asp
Uruguay: http://www.parlamento.gub.uy
Venezuela: http://www.comunidad.vlex.com/pantin/codigocivil.htmlcomunidaderecho.org

II. EL CONCUBINATO EN MÉXICO*

CARMEN DÍAZ**

INTRODUCCIÓN

La unión libre, que en términos legales es conocida como concubinato, es un tipo de unión temporal, cuyas características nos hablaban de una población pobre, rural y poco escolarizada. Sin embargo, actualmente, se está produciendo una transformación en la cual la unión libre se está incrementando y probablemente cambiando también sus características.

Hasta 1990 se ven leves incrementos en las proporciones de uniones libres en el Distrito Federal y entidades circundantes. La Encuesta Nacional de Planificación Familiar (Enaplaf, 1995) puso en evidencia la elevación inusitada de las proporciones de mujeres en uniones libres con respecto a la evolución que habían mostrado hasta 1990, aun cuando se estimaba que estos cambios ocurrirían en un futuro no muy lejano, lo que llama la atención es la rapidez y la intensidad con la cual están apareciendo. Las uniones libres aumentaron un 24% entre 1970 y 1990, con tendencia a seguir incrementándose (Quilodrán, 2001).

* Basado en la tesis de licenciatura en derecho "El concubinato en México", Universidad del Pedregal, 2000, Becaria e investigadora del Proyecto Conacyt 29051-S.

** Licenciada en derecho.

Debido a esta práctica, generalizada día con día, surge una demanda del reconocimiento social y jurídico. Las posiciones se apoyan en un mismo fundamento: la moral. Quienes ven en el concubinato una afrenta a las buenas costumbres, un ataque a la familia, a la licitud de su conformación, invocan como más alta razón, la moral lesionada. Quienes propugnan su defensa, entienden en cambio que es inmoral desconocer validez a las obligaciones o acción a los derechos que sean consecuencia del concubinato, aun de modo indirecto, y que se sirvan de esta manera a intereses que a su vez serían ilegítimos.

Así como las uniones concubinarias han ido en aumento, dicha práctica se ha arritmado con campañas gubernamentales de legalización, es decir, el gobierno ha promovido desde siempre que las personas que viven en unión libre, legalicen su situación uniéndose en matrimonio. De este modo, los concubinarios estarían más protegidos y sobre todo los hijos de éstos, ya que contarían con un respaldo legal más sólido. Recientemente se demostró, una vez más, que la proporción de mujeres en unión libre entre 15 y 49 años, según los datos de los censos, es más frecuente en el medio rural, entendiendo por rural, toda la población que habitaba en localidades de menos de 20 000 habitantes, que en el urbano (localidades entre 20 000 y 500 000 habitantes).

El aumento de las uniones libres afecta más que nada a la población menor de 25 años. En 1970, una de cada cuatro uniones celebradas entre los 15 y 19 años era unión libre, ahora lo es una de cada dos; a los 20-24 años, una de cada casi 7 y una de 5, respectivamente. La unión libre supera incluso el incremento de los matrimonios sólo civiles en el grupo 15-19 años. Otro fenómeno importante es la escasa escolaridad de las mujeres que se unen muy jóvenes, es decir, de mujeres que se unen, antes de los 20 años, la mitad de las veces es en unión libre (Quilodrán, 2001).

Lo anterior demuestra la importancia de la escolaridad de las personas, ya que existe una notoria distinción entre los matrimonios y las uniones libres, a este respecto. Esto nos lleva a la conclusión de que a menor escolaridad mayor probabilidad de ingresar en una y caer en situación de vulnerabilidad. De este modo la mayoría de los concubinos son personas de bajo nivel social, que por lo general, desconocen su situación ante la ley y no buscan por lo mismo exigir sus derechos, quedando así desprotegidos, faltos de respaldo legal.

EVOLUCIÓN DEL CONCUBINATO

El concubinato a través de la historia aparece o repudiado enérgicamente o admitido con alternativas que lo consideran con ciertas limitantes, o también, con cierta eficacia jurídica.

Los antecedentes del concubinato los encontramos en los pueblos de la antigüedad en los que era repudiado, pasando por diversas modificaciones hasta su aceptación en Roma, considerada como una figura de menor jerarquía que el matrimonio. “El concubinato fue autorizado expresamente por las leyes de Dracon, y en el año 415 a. C. Después de la expedición de Sicilia, en que el número de ciudadanos jóvenes varones había disminuido notablemente por efecto de varias guerras sucesivas, se llegó a autorizar los matrimonios dobles y la esposa aceptaba pacíficamente las sucesivas infidelidades de su cónyuge” (Chávez, 1990:35).

“En Roma la familia fue la más fundamental de las instituciones integrada por el padre, la madre, los hijos varones solteros y casados, las esposas de los últimos, los esclavos y los clientes, todos estos sometidos a la autoridad del *pater familiae*, considerado el único que poseía derechos ante la ley” (OMEBA, 1992:988).

Con respecto al matrimonio, los padres concertaban el matrimonio de los hijos, que generalmente se casaban jóvenes. La primera etapa eran los esponsales, en los que se constituía un vínculo que tenía valor legal, las estipulaciones debían constar por escrito, la siguiente era el matrimonio, que podía ser de dos tipos:

- *Cum manu.* En el cual el padre entregaba el poder de su hija al marido y/o el suegro, así como la dote, y este vínculo sólo podía ser disuelto por voluntad del marido.
- *Sin manu.* No se requería ceremonia religiosa, bastaba el consentimiento de los cónyuges y las hijas casadas seguían sometidas a la autoridad del *pater familiae* (OMEBA, 1992:989).

Posteriormente desaparece el matrimonio *cum manu* y en la época de Augusto, quien promulga una serie de leyes destinadas al afianzamiento del vínculo matrimonial denominadas "Leyes Julias", encontraríamos tres formas fundamentales de unión.

Contubernio. Consistía en la convivencia sexual entre esclavos o entre un libre y esclavo (Morineau y Román, 1993:73); unión que era autorizada por los señores.

Justae Nuptiae. Era el matrimonio Solemne Romano, el cual tenía amplias consecuencias jurídicas.

Concubinato. Una especie de matrimonio, pero de condición jurídica inferior a la *Justae Nuptiae* (Silva, 1975:63-64).

La *Justae Nuptiae* era la unión conyugal monogámica, llevada a cabo de conformidad con las reglas del derecho civil romano (Morineau y Román, 1993:62). Esta era una forma de matrimonio, que fue reconocida por el derecho romano, con amplias consecuencias jurídicas, sin llegar a tener la importancia jurídica que actualmente tiene el matrimonio (Margadant, 1994:207). El matrimonio está constituido por dos elementos (Morineau y Román, 1993:63):

- *Objetivo.* Consistente en la convivencia del hombre y de la mujer.
- *Subjetivo.* Consistente en la intención de los contrayentes de considerarse recíprocamente como marido y mujer, elemento denominado *affectio maritalis.*[1]

Dentro de los requisitos para la *Justae Nuptiae* encontramos (Margadant, 1994:207): el *connubium* (aptitud legal para estar en posibilidad de contraer la *justae nuptiae*) (Morineau y Román, 1993:65); pubertad de los futuros esposos (sexualmente capaces: el hombre, mayor de catorce años; la mujer, mayor de doce); consentimiento; no existan otros lazos matrimoniales; no exista un parentesco de sangre dentro de ciertos grados; entre otros (Morineau y Román, 1993:66).

De acuerdo con Margadant los principales *Efectos jurídicos de la Justae Nuptiae* (Margadant, 1994:207) eran Fidelidad[2] y Alimentos, y este vínculo se disolvía por la muerte de cualquiera de los cónyuges; por declaración unilateral, hecha por uno de los cónyuges a lo que en Roma se denominaba *repudium* y por la desaparición de *affectio maritalis*, en la que no tenía validez, siquiera, un convenio de no divorciarse (Chávez, 1990:37).

[1] Elemento espiritual, en el que debe sobresalir la intención de quererse como marido y mujer, de crear y mantener la vida en común, de perseguir la consecución de los fines de la sociedad conyugal.

[2] Relación sexual establecida entre personas de distinto sexo cuando una de ellas, al menos, se encuentra unida a otra por el vínculo matrimonial.

Desde el siglo II, los requisitos para el matrimonio justo se extienden en gran parte al concubinato. Sin embargo, en materia de ventajas jurídicas, el concubinato quedaba siempre por debajo de las *Justae Nuptiae*.

Concubinato. Entendemos la cohabitación como la unión del hombre y de la mujer que no están casados y, sin embargo, viven juntos como si lo estuvieran (OMEBA, 1992:616).

Dentro del derecho romano, el concubinato se admitió oficialmente como forma legítima de unión de los sexos hasta el advenimiento del Imperio, bajo el reinado de Augusto (OMEBA, 1992:978). Esto se dio por medio de la *Ley Julia de Adulteris*, dictada por Augusto en el año 9 d. C. (Quintanilla, 1976:218) Con antelación a esa ley, que lo definió y lo reguló y a la cual el concubinato debe su nombre y es legalmente admitido como institución, el concubinato era un hecho ajeno a toda previsión legal, y la mujer que integraba la unión irregular se llamaba entonces *pellex* (OMEBA, 1992:617).

Posteriormente, recibió el nombre de concubina, juzgado como más honorable que el de *pellex*, reservado éste en adelante para la mujer que tenía comercio con un hombre casado. En principio, el concubinato estaba permitido con las mujeres respecto de las cuales no era posible el *stuprum*, es decir, con las manumitidas, las de baja reputación y las esclavas (OMEBA, 1992:617). Pero una mujer honesta podía también descender al rango de concubina, mediante una declaración expresa aunque ésta perdía, al convertirse en concubina, la calidad de *existematio*[3] (OMEBA, 1992:588).

Posteriormente el concubinato era permitido únicamente entre personas púberes y solteras, y sin el parentesco en el grado prohibido para contraer matrimonio;

[3] En Roma era la consideración pública de ciudadano.

además sólo se podía tener una concubina, siempre y cuando no se contara con mujer legítima (Morineau, 1993:73).

Con las disposiciones de la *Ley Julia* y de la *Ley Papia Poppeae* el concubinato adquirió el carácter de una institución legal que vio reafirmada su condición cuando en la compilación de Justiniano, se insertaron los títulos *De Concubinis*, que le dieron una reglamentación minuciosa (Morineau, 1993:73). Así la *Ley Julia de Adulteris* calificaba y castigaba de estupro todo comercio o relación carnal extramarital con una mujer joven o con viuda, cuando esto ocurría sin que se hubiera celebrado con ella la *Justae Nuptiae*, haciendo excepciones en favor de la unión duradera llamada concubinato (Silva, 1975:64).

Debido a que probablemente podía confundirse la *Justae Nuptiae* y el concubinato, es necesario establecer con claridad, las semejanzas y diferencias que existían entre una y otra, esto puede hacerse siguiendo a Margadant de la siguiente manera:

Justae Nuptiae	*Concubinato*
Amplias consecuencias jurídicas Uniones monogámicas Permanencia de las relaciones Socialmente respetada Fin: Ayuda mutua y procreación de hijos	Consecuencias jurídicas reducidas Uniones monogámicas Permanencia de las relaciones Unión con categoría social disminuida Fin: unión de una mujer con diferente rango social

Dentro del concubinato, no se producían los siguientes efectos, que son propios del matrimonio respecto de las personas y de los bienes de los esposos (OMEBA, 1992:617-619).

No existía la dote. Cuando una mujer honesta era entregada en la calidad de uxor gratuita, es decir, sin el aporte de bienes, la presunción era favorable al matrimonio. En cambio, si se trataba de una mujer deshonesta se presumía el concubinato. La disolución del concubinato carecía del carácter de divorcio.

El derecho a suceder de la concubina era sumamente restringido, y tuvo vigencia recién a partir de Justiniano, quien le concedió vocación en las sucesiones *ab intestato*.

Los hijos de la concubina son sus cognados (parentesco que une a las personas descendientes una de otra en línea recta) y quedan fuera de la familia del padre. No es sino hasta la Constitución promulgada por Constantino, cuando los hijos nacidos del concubinato tuvieron un padre legalmente declarado y se encontraban ligados por un lazo de parentesco natural, adquiriendo así, la patria potestad sobre sus hijos y la posibilidad de legitimarlos con lo cual los hijos nacidos del concubinato tenían derecho a exigir alimentos (Morineau, 1993:73).

Los emperadores cristianos buscaron la manera de hacer desaparecer el concubinato y procuraron convencer a los concubinarios de que contrajeran matrimonio. Constantino creyó acertar ofreciendo a las personas que vivieran en concubinato, y tuvieran hijos naturales, legitimarlos siempre que trasformasen su unión en *Justae Nuptiae* (Chávez, 1990:269).

Durante la Edad Media el concubinato entra en crisis, debido principalmente a que la doctrina cristiana que imperó en la vida y legislación de la época, rechazaba el concubinato, en el que veía una de las variedades de la "fornicatio". Durante esta época el concubinato fue severamente perseguido (Silva, 1975:66). Para la doctrina cristiana la única unión válida, posible y legítima entre un hombre y una mujer era el matrimonio, el cual habría elevado a la categoría de sacramento (Silva, 1975:67).

El primer Concilio de Toledo, del año 400, prohibió en su Canon IV la posesión de esposa y concubina, pero permitió la unión monogámica con la concubina (Quintanilla, 1976:224). Sin embargo, se excomulga a aquel que tiene como mujer fiel a una concubina, pero si la concubina ocupa el lugar de la esposa de modo que se contente con la compañía de una sola mujer a título de esposa o concubina a gusto suyo no será desechado de la comunión (Chávez, 1990:269). El Concilio de Trento hizo dos importantes declaraciones:

> Gran pecado es que los solteros tengan concubinas; pero es mucho más grave y en notable desprecio de este sacramento del matrimonio que los casados vivan también en semejante estado de condenación, y se atrevan a mantenerlas y conservarlas algunas veces en su misma casa y hasta con sus propias mujeres.
> (Chávez, 1990:269)

Durante el Medioevo, en España, este tipo de uniones sexuales permanentes entre hombre y mujer no ligados por matrimonio, fue objeto de un cierto tipo de regulación jurídica. Se le conoció con el nombre de "barraganía" (Quintanilla, 1976:216).

Las *Partidas* consagran un título (XIV, Partida Cuarta) que se denomina: "De las otras mujeres que tienen los hombres, que no son de bendiciones"; en esta legislación se autoriza a los solteros a tener barragana siempre que se puedan casar con ella, si quisiere (Galindo, 1990:484).

EL CONCUBINATO EN MÉXICO

En el México prohispánico a la llegada de los españoles, el territorio de la República Mexicana se encontraba habitado por diversos pueblos prehispánicos de América, con un extraordinario parecido a ciertas instituciones primitivas del viejo Continente: "el Fuego Sagrado, la Ofrenda y el Culto a los Muertos", etc. (Silva, 1975:63 y ss.).

Para los aztecas la familia era de carácter patriarcal (García, 1991:59). El matrimonio era poligámico entre las clases sociales superiores, o sea que se podía tener cuantas esposas se pudieran mantener, denominadas concubinas o mancebas, pero dentro de este harem siempre había una esposa principal, cuyo hijo gozaba de los derechos del padre a la muerte de éste (Silva, 1975:63 y ss.). Además del matrimonio al que nos hemos referido, existía "matrimonio temporal", en el cual sólo mediaba la voluntad del hombre. Es decir, era aquel tipo de unión en el que el hombre se unía con una mujer hasta que él quisiese disolverlo, caso en el que la mujer volvía a vivir con sus padres. Para que este tipo de disolución surtiera efectos se requería que la autoridad judicial lo autorizara y que quien pidiera la autorización se separara efectivamente de su cónyuge. En esta clase de uniones no se celebraba ningún rito, pues sólo era preciso el consentimiento del padre de la joven. A esta esposa temporal se le llamaba tlacalcahuilli (Silva, 1975:70).

Tanto las esposas temporales, como las mancebas o concubinas, podían exigir a los esposos la legitimación de una unión, cuando hubiese pasado bastante tiempo, o bien que se le devolviese a los padres. La concubina que tuviese mucho tiempo como tal y se convertía en esposa permanente se llamaba tlacarcavilli (Silva, 1975:70).

Al consumarse la conquista, en el México colonial los pueblos indígenas fueron sometidos a la corona española; los españoles se encontraron con costumbres muy diferentes a las que ellos conocían. Ante este enfrentamiento de dos culturas totalmente diferentes, la más fuerte fue la que dominó y así trasplantaron un derecho y una religión distinta a la del indígena americano (García, 1991:59).

En cuanto al derecho de las personas, familia y sucesiones, estas legislaciones estaban acordes con el derecho canónico, pues el reino de España siempre se mantuvo dentro de los cánones de la Iglesia católica.

Los iberos y los celtas de acuerdo con la historia, son los más antiguos pobladores de la Península Ibérica; se presume que practicaban la monogamia y antes de llevar a cabo el matrimonio, recurrían a los esponsales (García, 1991:59), que era el acuerdo entre los futuros cónyuges o sus padres, mediante el que se comprometían a la celebración del matrimonio (Morineau, 1993:63).

El primer brote de mestizaje en la Nueva España apareció por medio de la unión concubinaria, ya que eran raros los matrimonios de los españoles con los indígenas que siguieron los preceptos establecidos por la Iglesia y si acaso esto llegó a ocurrir, fue solamente como pacto de paz entre los jefes militares españoles y las hijas de indios de alta jerarquía social (Silva, 1975:72).

El misionero español se dedicó a enseñar al indígena a casarse conforme a los ritos religiosos, siendo su principal preocupación convertir a los nativos en fieles de la religión católica, en tratar de suprimir la poligamia, aunque fuera a costa de adaptar el matrimonio indígena al matrimonio cristiano. El Papa Pablo III intentó resolver este conflicto, ordenando que se reconociera como mujer legítima a la primera que había tenido el indígena, y en caso de que no se pudiera precisar cuál fue la primera esposa, se le diera opción al marido para que se quedase con una de las esposas que había tenido. En caso de problema se recurría a la asamblea de ancianos de la comunidad, la cual lo obligaba a designar quién sería su legítima esposa. Esta obligación propició las uniones de naturaleza consensual, ya que de esta forma se evitaban innumerables dificultades (Silva, 1975:72-74).

Tiempo después aparecieron los postulados establecidos en el Concilio de Trento en 1545 y con ello la situación de que los matrimonios de los indígenas que no se efectuaran con todas las ceremonias que establecía la Iglesia, eran considerados como uniones concubinarias dado que las relaciones sexuales fuera de matrimonio eran consideradas como *fornicatio continua* (Quintanilla, 1976:221).

Por lo que respecta a las familias españolas acomodadas, se comenzó a respetar lo establecido en este Concilio. En cambio, cuando se celebraban entre un indígena y un mestizo, que formaban la esfera social baja, las uniones tomaban frecuentemente la forma de concubinato, amancebamiento o barraganía, llegando a ser estas formas una fuente alternativa para la formación de la familia en América. El matrimonio religioso se convirtió en la Colonia en la única forma que daba legitimidad a las uniones. Por su parte, la Iglesia, atacó de manera violenta el concubinato, el cual quiso hacer desaparecer (Silva, 1975:73-74).

Para México, *Las Siete Partidas* tienen una importancia particular, debido a que en materia civil y penal formaron parte fundamental del derecho positivo mexicano hasta la entrada en vigor de los códigos civiles de México (García, 1991:71).

EL CONCUBINATO DESDE EL PUNTO DE VISTA JURÍDICO EN EL MÉXICO INDEPENDIENTE

En el México independiente, a pesar de practicarse el concubinato, no fue considerado dentro de los códigos de 1870, 1884 y la Ley de relaciones familiares de 1917.

En 1859 Juárez encargó al Dr. Justo Sierra la redacción de un proyecto de ley denominado Ley del matrimonio civil, del 23 de julio de 1859, el cual hacía referencia al concubinato dentro de las causas de divorcio (Art. 21, Frac. I). Procedía el divorcio, entre otros motivos por el "concubinato público del marido". En aquel entonces el concubinato era calificado como la relación sexual ilícita habida fuera de matrimonio. Esta ley fue publicada en 1861, pero quedaría sin valor legal al caer el Imperio (Chávez, 1990:274).

El Código Civil de 1870, expedido para el Distrito Federal y territorio de la Baja California tuvo influencia considerable en toda la República, pero fue sustituido por el Código de 1884 que contenía reformas en las partes relativas a las personas y a la familia (García, 1991:72-75).

En los anteriores códigos no se hace mención alguna del concubinato, ni del problema que esta figura representaba en la época. En estos códigos el derecho mexicano lo considera como tabú no dándole importancia a los concubinos ni a los hijos nacidos de uniones no matrimoniales a los cuales se alude de manera denigrante.

El 9 de abril de 1917, el presidente Venustiano Carranza expide la Ley sobre relaciones familiares, que entró en vigor el 2 de mayo del mismo año (Silva, 1975:74). El considerando de esta Ley expresa que su fin principal es establecer a la familia sobre bases más racionales y justas que elevan a los consortes a la alta misión que la sociedad y la naturaleza ponen a su cargo, de propagar la especie y fundar la familia asentando que el cristianismo no influyó directamente sobre la organización de la familia (Chávez, 1990:70).

Dentro de la Ley sobre relaciones familiares encontramos la creación del divorcio con disolución del vínculo, la supresión de la marital potestad, dando con esto a la mujer casada capacidad jurídica y en general, la organización de la familia sobre bases nuevas (García, 1991:75).

El derecho canónico favoreció, por razones de orden moral, la autoridad del marido, pero no le otorgó poder ilimitado al grado que lo hicieron los romanos. En cuanto al problema concubinario, la Ley de 1917 permanece silenciosa y solamente toma como fuente de la familia, el matrimonio civil. Esta Ley quedó a su vez abrogada por el Código Civil para el Distrito Federal y Territorios Federales en materia común y, para toda la República en materia federal, el 30 de agosto de 1928. Este nuevo Código entró en vigor el 1 de octubre de 1932 y tomó como modelos los códigos antes mencionados, así como la Ley sobre relaciones familiares (García, 1991:76).

El legislador de 1928, imbuido del espíritu socializador del derecho imperante en su época, quiso extender la esfera de la justicia a las clases desvalidas. En este sentido trató de incluir dentro de los beneficios que la ley otorga a los casados, a la mujer que vive con un hombre como si fuera su marido, y a la concubina. Los intentos al respecto no pudieron cristalizarse en la magnitud deseada por el legislador; no obstante, la figura del concubinato quedó incluida en el texto del Código, aunque de manera por demás limitada. Con las siguientes palabras expusieron los legisladores su pensamiento:

> Hay entre nosotros, sobre todo en las clases populares, una manera peculiar de formar familia: el concubinato. Hasta ahora se habían quedado al margen de la ley los que en tal estado vivían; pero el legislador no debe cerrar los ojos para no darse cuenta de un modo de ser muy generalizado en algunas clases sociales, y por eso en el proyecto se reconoce que produce algunos efectos jurídicos el concubinato, ya en bien de los hijos, ya a favor de la concubina, que al mismo tiempo es madre, y que ha vivido por mucho tiempo con el jefe de familia. Estos efectos se producen cuando ninguno de los que viven en concubinato es casado, pues se quiso rendir homenaje al matrimonio que la Comisión considera, como la forma legal y moral de constituir la familia, y si se trata del concubinato, es porque se encuentra muy generalizado, hecho que el legislador no debe ignorar" (Montero, 1990:166).

En el Código Civil de 1928, y posteriormente en las reformas hechas a éste en 1974, se reconoce a las uniones libres como un tipo de unión conyugal. Las ideas del legislador de 1928, de transformar el Código Civil en un código privado social, introduciendo en él nuevas disposiciones, armónicas con un concepto de solidaridad, cristalizaron en el reconocimiento del concubinato como una figura jurídica hasta entonces ignorada por los códigos anteriores (Memoria, 1985).

El Código Civil para el Distrito Federal no regulaba las uniones sexuales fuera de matrimonio, excepto cuando se daban en circunstancias particulares y el reconocimiento era indirecto. Originalmente los concubinos sólo tenían derecho a los alimentos. En el caso de sucesión legítima, existe una presunción en el artículo 383 del Código Civil con respecto a los hijos del concubino y la concubina, semejante a la que existe con relación a los hijos habidos de matrimonio (Chávez, 1990:73).

Participan dentro del concubinato la mujer denominada concubina (del latín *concubina*, "manceba o mujer que vive y cohabita con un hombre como si éste fuera su marido") (Chávez, 1990:263) y el hombre denominado concubinario ("el que tiene concubinas") (Chávez, 1990:263). En caso de participar un hombre y varias mujeres o viceversa no se configura el concubinato y, por lo tanto, no se generan derechos ni obligaciones para ninguna de las partes.

Etimológicamente el término concubino se refiere a la comunidad de lecho o sea, una modalidad de relaciones sexuales mantenidas fuera del matrimonio (OMEBA, 1992:616). De esta manera, una definición completa de concubinato sería:

> La unión continuada de un solo hombre y una sola mujer realizada voluntariamente, que se encuentran en aptitud

de contraer matrimonio, es decir, que no se encuentren ligados por ningún vínculo a ninguna persona, así como no caigan en ningún otro impedimento legal, el cual no les permitiere contraer nupcias, que aparenten vivir ligados por un acto formal y regularmente celebrado en forma constante y permanente por un periodo mínimo de dos años o bien si hubieren procreado hijos, sin formalización legal para cumplir los fines atribuidos al matrimonio.

Eduardo Le Riverend Brusone, en su monografía denominada *Matrimonio anómalo* (por equiparación), estudia determinadas condiciones que debe llenar el concubinato para que sea tomado en cuenta por el derecho (Rojina, 1997:349-350).

Para formarse como tal, el concubinato requiere la concurrencia de condiciones o circunstancias, que al darle forma le permiten ser tomadas en cuenta; estos elementos los podemos resumir de la siguiente manera (Silva, 1975:81):

1. *Comunidad en el lecho.* Elemento de hecho consistente en el mantenimiento de relaciones sexuales, para la procreación de la especie, es decir, vivir como marido y mujer imitando la unión matrimonial.
2. *Temporalidad en las relaciones.* Como un concepto de continuidad o permanencia de la relación (Quintanilla, 1976:213), frecuencia que crea un hábito o sea de realizarlas como consecuencia natural de una convivencia franca y absoluta (OMEBA, 1992:618). Nuestro Código Civil, en su artículo 291 bis, reduce el elemento temporal a una duración de dos años o bien a la procreación de hijos.
3. *Publicidad.* Consiste propiamente en el trato ostentoso de los concubinos, ante terceros, dando la apariencia de un matrimonio (OMEBA, 1992:618).

4. *Fidelidad.* Se piensa que este elemento siempre ha sido privativo del matrimonio, sin embargo, creemos que también debe ser típico y característico del concubinato, ya que la exclusividad carnal que han de asumir los concubinos es muy importante.
5. *Singularidad.* La existencia de una sola concubina. Deriva del hecho propio del hombre o de la mujer de mantener una relación con una sola concubina o un solo concubinario (Silva, 1975:83).
6. *Capacidad.* Exige a los concubinos la misma facultad que para contraer matrimonio, principalmente que sean célibes o sea que no exista el impedimento de un vínculo anterior (Silva, 1975:84).
7. *Elementos morales.* El aspecto moral es vital en la estructura del concubinato, puesto que de ello deriva en buena parte la consideración que el derecho toma en cuenta, como son algunos de los elementos antes mencionados (singularidad, capacidad, etc.), los cuales proporcionan una determinada situación jurídica a esta unión (Silva, 1975:85).

Existen otras exigencias que el concubinato requiere para configurarse (Quintanilla, 1976:212-215):

- Que la unión sea voluntaria.
- Heterosexualidad, es decir, el concubinato lo protagonizan un hombre y una mujer.
- Igualdad de tratamiento. La dignidad de esposa, la consideración que se dispensa a la cónyuge auténtica, el sentido reverente del trato, corresponde a la concubina en el juego diario de la vida doméstica.
- Aptitud matrimonial, es decir la capacidad para contraer matrimonio regular, esto excluye la relación adulterina, incestuosa o de impúberes.

- Apariencia matrimonial. La concubina es para todos la mujer, la cónyuge, inclusive en ocasiones adquiere el apellido y la residencia en común, todo en forma ostensible, pública y conocida.

Si alguno de estos requisitos anteriormente enumerados no se diera, el concubinato no se podría configurar, la desaparición posterior a la situación creada del obstáculo que impedía su configuración, vuelve posible la existencia del concubinato con la concurrencia de todos los requisitos que hacen a su esencia.

Cabe aclarar que el concubinato excluye toda idea de trato sexual accidental o meramente circunstancial, el encuentro azaroso, la coincidencia momentánea o el pequeño periodo de convivencia en común, son ineficaces para constituir la figura del concubinato. La unión sexual del hombre y de la mujer, discontinua o accidental, intermitente o con reiteración periódica, aun en lapsos de larga duración, no configura el concubinato. La permanencia en las relaciones, la asiduidad en la aproximación, son elementos y factores esenciales para su integración. Del mismo modo un matrimonio anterior, subsistente durante la unión del hombre y la mujer, conforma la figura del adulterio; entiéndase por adulterio, las relaciones de un hombre casado con una mujer que no es su esposa, o viceversa, esta figura excluye y desvanece la existencia del concubinato (Quintanilla, 1976:212-215).

En conclusión, el concubinato, sin competir con el matrimonio, aparece como suplente, por lo que el adulterio y el concubinato se excluyen y, naturalmente, no pueden coexistir.

En cuanto a los fines que se persiguen en el concubinato, encontramos identidad con los que se atribuyen al matrimonio, como son: ayuda mutua, procreación, educación de los hijos, asistencia recíproca que se procuran los cónyuges y los concubinos, etc. (Silva, 1975:80).

En el caso de la unión concubinaria, a diferencia del matrimonio, no hay disposición que obligue a sus protagonistas a permanecer en esta situación, más que su voluntad, reiterada día a día, de vivir unidos exclusivamente porque así lo desean.

LEGISLACIÓN ACTUAL DEL CONCUBINATO

En mayo de 2000 el Código Civil sufrió reformas. El Código aprobado con esta fecha le dedica un capítulo dentro del Título Quinto al concubinato. A pesar de que encontramos todavía algunas deficiencias, es notoria la evolución que se ha dado en este tema. A nuestra consideración la más importante es aquella donde se acepta el concubinato como una relación jurídica familiar generadora de deberes, derechos y obligaciones.

La figura del concubinato se encontraba regulada de una manera muy precaria, vale decir, causaba efectos jurídicos limitados, pero gracias a estas reformas podemos conceptuar de una manera más extensa este tipo de unión. Veamos a continuación los cambios introducidos en el Libro primero, título quinto, capítulo XI.

> Artículo 291 bis. La concubina y el concubinario tienen derechos y obligaciones recíprocos, siempre que sin impedimentos legales para contraer matrimonio, hayan vivido en común en forma constante y permanente por un periodo mínimo de dos años que precedan inmediatamente a la generación de derechos y obligaciones a los que alude este capítulo.

- No es necesario el transcurso del periodo mencionado cuando, reunidos los demás requisitos, tengan un hijo en común.

- En este artículo podríamos encontrar en el concepto de concubinato un cambio importante que dice relación con el tiempo. Anteriormente, para que se generaran derechos y obligaciones eran necesarios cinco años y ahora sólo dos.
- La exigencia sobre la procreación de un hijo en común, quedó igual.
- Otra aportación importante es en cuanto a la concurrencia de varias uniones conyugales, en las que ninguna se configuraría concubinato.
- Los concubinos pueden ejercer acción legal en contra del otro, cuando alguno de ellos hubiera engañado al otro.

> Artículo 291 ter. Regirán al concubinato todos los derechos y obligaciones inherentes a la familia, en lo que le fueren aplicables.

Este punto es de suma importancia, ya que se incluye al concubinato como una posibilidad de organización familiar, situación que anteriormente no se daba.

> Artículo 291 *quater*. El concubinato genera entre los concubinos derechos alimentarios y sucesorios, independientemente de los demás derechos y obligaciones reconocidos en este código o en otras leyes.
> Artículo 291 *quintus*. Al cesar la convivencia, la concubina o el concubinario que carezca de ingresos o bienes suficientes para su sostenimiento, tiene derecho a una pensión alimenticia por un tiempo igual al que haya durado el concubinato. No podrá reclamar alimentos quien haya demostrado ingratitud, o viva en concubinato o contraiga matrimonio.

El derecho que otorga este artículo podrá ejercitarse sólo durante el año siguiente a la cesación del concubinato.

En el pasado, una vez terminada la relación entre concubinos, los derechos entre éstos se acababan, sólo quedaba la responsabilidad con los hijos, si los hubieran. Con esta nueva reforma cabe la posibilidad de exigir una pensión alimenticia, por el tiempo que duró el concubinato.

Se trata de un gran avance, aunque siempre es difícil probar el inicio del concubinato y el tiempo que duró éste, para así poder establecer cuánto tiempo duraría la pensión alimenticia. Al reconocerle efectos al concubinato el legislador está reconociendo de hecho la realidad social (Montero, 1990:164).

Presunción de la paternidad. Es la posibilidad de investigar la paternidad de los hijos habidos entre los concubinarios, la cual concede a los hijos de los concubinarios el derecho a llevar el apellido del padre y de la madre, el de percibir los alimentos que fija la ley y el de adquirir la porción hereditaria en la sucesión del concubinario, así como los demás que se deriven de la filiación.[4]

Alimentos, ya sea en vida de los concubinos, esto es, la obligación recíproca de los cónyuges de otorgarse alimentos; o alimentos por testamento inoficioso.

En diciembre de 1974 se reformó el Código Civil de 1928 en razón de establecer la igualdad jurídica para las personas de ambos sexos, se otorgó el derecho a recibir alimentos al concubinario a través de testamento inoficioso, derecho que antes sólo se le concedía a la concubina (Montero, 1990:167).

Sucesión legítima. En los inicios del Código Civil de 1928 no se encontraba la herencia recíproca, aun en las reformas de 1974, a pesar de las sugerencias hechas, no se extendió el derecho a heredar por vía legítima al varón en el concubinato; esta omisión fue corregida en las reformas del 27 de diciembre de 1983, con entrada en vigor el 27 de marzo de 1984. No sólo extendió el derecho que tenía a heredar por vía legítima la concubina a su compañero,

[4] Código Civil, 2002, Art. 389.

sino que igualó en forma total el derecho a heredar de los concubinos y de los cónyuges. Originalmente sólo tenía derecho a heredar la mujer en el concubinato, y esto, en condiciones de inferioridad con respecto a la herencia de la esposa. Cuando el concubinario moría intestado y carecía de familiares, a excepto de la concubina, ésta heredaba sólo la mitad del haber hereditario compartiendo la otra mitad con la Beneficencia Pública (Montero, 1990:166).

Cabe aclarar que las relaciones sexuales ocasionales o pasajeras, las impuestas, producto de engaño o de violencia entre un hombre y una mujer, no son jurídicamente concubinato. El derecho sólo reconoce ciertos efectos a la vida en común permanente que, de hecho, sin formalidad alguna legal, tiene lugar entre un hombre y una mujer. Se entiende que debe haber cohabitación, esto es, el disfrute de una casa común entre los concubinos, o bien que hayan procreado hijos en común y que ninguno de los concubinos sea casado. Sólo en estas circunstancias se producirán efectos jurídicos (Quintanilla, 1976:212).

Es preciso insistir en que para que el concubinato produzca los efectos que mencionamos, se requiere que los concubinos, durante todo el tiempo que dure el concubinato, hayan permanecido libres de matrimonio.

Concluimos que la ausencia de una protección adecuada a la concubina y posteriormente al concubino, ha sido uno de los rezagos que presentaba nuestra legislación civil. A lo largo de este trabajo hemos visto cómo ha ido evolucionando la aceptación del concubinato como unión conyugal, empezando en Roma, donde era una unión inferior al matrimonio, y para que fuera aceptada debía cumplir con una serie de requisitos. Inclusive, en un inicio, la concubina, a diferencia de la esposa, no obtenía la condición social del concubinario, ni éste obtenía la patria potestad de los hijos, posteriormente el padre podía legitimarlos.

Así a través del tiempo esta situación fue evolucionando, pasando por varias legislaciones (códigos de 1870 y 1884) que no mencionaban el concubinato hasta que en el Código Civil de 1928 se regulan algunos efectos del concubinato, que se amplían en los años 1974 y 2000. Aunque todavía faltan muchos puntos por aclarar, como podría ser el de los bienes y la situación de la pensión alimenticia, pero es notorio que vamos avanzando en este tema.

ANÁLISIS COMPARATIVO DEL MATRIMONIO Y EL CONCUBINATO

Tenemos como antecedente la Ley del matrimonio civil de 1859, que en su artículo 15, donde trata del día de la boda y su celebración, dice que después de dado el consentimiento por los contrayentes, se les manifestará: "que éste es el único modo moral de fundar la familia, de conservar la especie y suplir las imperfecciones del individuo que no puede bastarse a sí mismo, para llegar a la perfección del género humano".

En esta Ley se reconoce como único medio moral la unión sexual de un hombre con una mujer y para fundar una familia al matrimonio, luego la unión libre va en contra de las buenas costumbres. También hay que tener en cuenta lo que se menciona en la exposición de motivos del Código Civil de 1928, en la que se deduce que el concubinato es contrario a las buenas costumbres (Chávez, 1990:288).

La principal diferencia entre el matrimonio y el concubinato ha sido, a través del tiempo, el hecho de que este último se consideró inferior al matrimonio. Pero analicemos ahora los conceptos del Código Civil actual:

> *Matrimonio* es la unión libre de un hombre y una mujer para realizar la comunidad de vida, en donde ambos se pro-

curan respeto, igualdad y ayuda mutua con la posibilidad de procrear hijos de manera libre, responsable e informada. Debe celebrarse ante el juez del Registro Civil y con las formalidades que esta ley exige.[5]
Concubinato: unión libre de un hombre y una mujer cuyo fin es la ayuda mutua, procreación, la educación de los hijos y la asistencia recíproca, lo mismo que en el matrimonio, por lo que encontramos una identidad entre ambos tipos de unión. Los concubinos tienen derechos y obligaciones recíprocos, siempre que no tengan impedimentos legales para contraer matrimonio, vivan en común en forma constante y permanente por un periodo mínimo de dos años que precedan inmediatamente a la generación de derechos y obligaciones a los que alude este capítulo"[6] (Capítulo XI, Título Quinto del Libro Primero del Código Civil) por lo que encontramos una identidad con el matrimonio.

Otra de las diferencias entre los dos tipos de unión recién mencionados radica en que el concubinato no se celebra ante juez del Registro Civil y carece por completo de formalidades. Por esta razón el concubinato difícilmente puede probarse con documentos públicos, como podrían ser actas del registro civil, se tiene que recurrir, por lo tanto, a pruebas diversas. La falta de solemnidad y formalidades, en el concubinato, origina la falta de compromiso. Los concubinos no desean que surjan responsabilidades semejantes al matrimonio. Aclaremos qué es la solemnidad y las formalidades según Rojina Villegas (Rojina, 1997:305).

A diferencia del matrimonio, observamos que en el concubinato no se genera un estado civil, a pesar de

[5] Código Civil, 2002, Art. 146.
[6] Código Civil, 2002, Art. 291 bis.

que con las últimas reformas, en el artículo 138 *quintus*, se señala:

> Las relaciones jurídicas familiares constituyen el conjunto de deberes, derechos y obligaciones entre las personas vinculadas por lazos de matrimonio, parentesco o concubinato.

Solemnidad

Que se otorgue acta matrimonial; que se haga constar la voluntad de los consortes; y que se determinen nombres y apellidos.

Formalidades

Asentar lugar, día y hora en el acta matrimonial; hacer constar edad, ocupación, domicilio y lugar de nacimiento de los contrayentes, y si son mayores o menores de edad; consentimiento de los padres o tutores haciendo constar los nombres, apellidos, ocupación y domicilio de las personas citadas; hacer constar que no hay impedimentos; manifestar bajo qué régimen se contrae el matrimonio (separación de bienes o sociedad conyugal);[7] nombres, apellidos, edad, estado civil, ocupación y domicilio de los testigos; declaración si son o no parientes y en qué línea.

Asimismo el artículo 294 señala que tanto en el matrimonio como en el concubinato se adquiere el parentesco por afinidad entre los cónyuges o concubinos, así como con sus respectivos parientes.

El concubinato no lo podemos considerar como contrato, aunque existe acuerdo de voluntades, al concubinato le falta el supuesto legal para configurarse como contrato, la validez y el cumplimiento de los contratos no

[7] Código Civil, 2002, Arts. 178-180 y 207-208.

puede dejarse al arbitrio de uno de los contratantes (Art. 1797, C. C.); desde que el acto jurídico se perfecciona por el consentimiento obliga a los contratantes, no sólo a lo expresamente pactado, sino también a las consecuencias, que según su naturaleza "son conformes" a la buena fe, al uso o a la ley (Art. 1796, C. C.).

No es un acto jurídico. Para que haya un acto jurídico, es necesario el acuerdo de voluntades, sin embargo, podría interpretarse que la concubina y el concubinario conscientemente acuerdan unirse en concubinato, es decir, en unión libre, para de ahí derivar la existencia de un acto jurídico, pero se debe tomar en cuenta que en el concubinato no se dan los mismos requisitos de existencia y validez que en el matrimonio, falta la solemnidad como requisito de existencia. El matrimonio es público, en relación con la solemnidad que exige que se celebre frente al juez del Registro Civil y dos testigos, y cumpliendo los requisitos legales, el concubinato puede empezar por una aventura ocasional, no hay una expresión del consentimiento público frente al juez del Registro Civil, sacerdote, testigo y la comunidad, la voluntad de unirse sólo se conoce entre los concubinarios. El compromiso queda oculto y sin prueba alguna.

El objeto no es igual, en el matrimonio es el vínculo jurídico conyugal con sus deberes, obligaciones y derechos. El concubinato, por su parte, es un hecho que produce efectos jurídicos, a diferencia del matrimonio que es una institución jurídica, el concubinato no es una institución jurídica, no es un matrimonio, la pareja no desea casarse ni comprometerse conyugalmente. Es la unión de hecho que produce algunos efectos, en relación con los concubinarios, sin ser una institución jurídica. Es un hecho humano que produce algunos efectos jurídicos en la legislación positiva mexicana (Código Civil, 2002:290).

El matrimonio es un compromiso sancionado por el derecho, por el cual un hombre y una mujer se unen en los términos y con la solemnidad prescrita en la ley. En el concubinato no hay compromiso, sólo la voluntad de unirse de hecho. El momento de iniciación del concubinato es incierto. No hay voluntad de unirse conyugalmente y no desean que de la unión surjan derechos, deberes y obligaciones. Por ley se producen algunos efectos que no constituyen el objeto del concubinato, por no ser éste un acto jurídico. El matrimonio se puede disolver por:

- Muerte.
- Por nulidad. Puede ser solicitada por cualquiera de los cónyuges, declarada por medio de sentencia (Art. 235 y ss. del Código Civil).
- Divorcio que a su vez puede ser (Art. 266, C.C.):

  – Voluntario: Administrativo o judicial.
  – Necesario. Fundado en las causales señaladas en el artículo 267 del Código Civil vigente.

El matrimonio es indisoluble intrínsecamente, esto es, los cónyuges por sí, no pueden dar por terminado el vínculo, requieren de la decisión de una autoridad; en el concubinato observamos que esta unión puede terminar a voluntad de cualquiera de las partes, sin necesidad de previo acuerdo entre ambas, lo que contraría al principio general de los contratos. La disolución de la unión sexual entre la concubina y el concubinario no requiere consentimiento de ambos, ni menos la participación de un funcionario estatal, como es necesario en el matrimonio. Cualquiera puede abandonar al otro sin responsabilidad legal alguna, lo que es un dato más para estimar que no es un acto jurídico. El concubinato se puede disolver por dos causas:

- Muerte de cualquiera de los concubinos.
- Voluntad de cualquiera de los concubinos.

En el primer caso, ambos concubinarios, siempre y cuando cumplan los requisitos de ley, tendrán los derechos: a la sucesión legítima y a los derechos alimentarios correspondientes. En el segundo caso el concubinato no provocaba efecto jurídico alguno en el pasado; actualmente, con las reformas, se prevé que la concubina o el concubinario que carezca de ingresos o bienes suficientes para su sostenimiento, tiene derecho a una pensión alimenticia por un tiempo igual al que haya durado el concubinato (Artículo 291 *quintus*).

CONCLUSIONES

Encontramos así que lo que el legislador trata en la actualidad es lograr una equiparación en cuanto a deberes, derechos y obligaciones entre el matrimonio y el concubinato, aunque, a nuestro parecer, este último tipo de unión nunca logrará causar el mismo impacto social que el matrimonio; sin embargo, sus efectos jurídicos van siendo más justos con el transcurso del tiempo.

En este trabajo nos percatamos también del largo camino que ha tenido que recorrer el concubinato para ser admitido tanto social como legalmente. A través de la historia ha ido desde su prohibición hasta su aceptación, siempre con limitantes, pero avanzando cada vez más hasta llegar a una reglamentación que otorga un respaldo importante tanto a los concubinos como a sus hijos. Las últimas reformas que se llevaron a cabo en México sobre este tema, marcan un avance importante, el legislador ha tratado de igualar la calidad de cónyuge y concubina y con ello tratar de lograr su mayor protección.

En conclusión, el concubinato representa un estado de hecho y constituye una unión caracterizada por ser completamente libre, por lo que no se encuentra supeditada a ningún otro poder que no sea la voluntad de los concubinos de permanecer en esta situación, por esto su naturaleza se encuentra al margen de cualquier solemnidad parecida al matrimonio.

El concubinato se caracteriza como un elemento subjetivo y a la vez constante, el afán de permanencia le brinda estabilidad a ese estado; se encuentra en dichas uniones, la misma intención de pretender alcanzar por este medio todos los fines que persigue el matrimonio, sus fines son paralelos; de igual modo, su formación, en función de un acto bilateral de la voluntad, varía en razón exclusiva de la formalidad que requiere el matrimonio. El concubinato es prácticamente un matrimonio de hecho al que la ley le ha atribuido efectos jurídicos.

BIBLIOGRAFÍA

Chávez, Manuel F. (1990), *La familia en el derecho. Derecho de familia* y *relaciones jurídicas familiares*, 28a. ed., Porrúa, México.

Enciclopedia Jurídica OMEBA (1992), t. III y t. XI, Ed. Driskill, Argentina.

Flores G., Fernando y Gustavo Carvajal (1989), *Nociones de derecho positivo mexicano*, 28a. ed., Porrúa, México.

Galindo, Ignacio (1990), *Derecho civil*, Porrúa, México.

García, Trinidad (1991), *Apuntes de introducción al estudio del derecho*, Porrúa, México.

Ibarrola, Antonio de (1984), *Derecho de familia*, 38a. ed., Porrúa, México.

Lastra, José Manuel (1994), *Fundamentos de derecho*, McGraw-Hill, México.

Margadant S., Guillermo F. (1990), *Derecho romano*, 20a. ed., Ed. Esfinge, México.
Memoria del II Coloquio Nacional de Derecho Civil (1985), Un siglo de derecho civil mexicano, UNAM, México.
Montero, Sara (1990), *Derecho de familia*, Porrúa, México.
Morineau, Marta y Román Iglesias (1993), *Derecho romano*, Harla, México.
Moto, Efraín (1997), *Elementos de derecho*, Porrúa, México.
Pina, Rafael de (2000), *Diccionario de derecho*, Porrúa, México.
Quilodrán, Julieta (2001), *Atisbos de cambios en la formación de las parejas conyugales a fines del milenio*, El Colegio de México, México.
_____ (2001a), *Un siglo de matrimonio en México*, El Colegio de México, Centro de Estudios Demográficos y de Desarrollo Urbano, México.
Quintanilla, Álvaro (1976), *Estudios de derecho civil*, Universidad de Chile, Valparaíso.
Rojina, Rafael (1997), *Compendio de derecho civil*, t. I, Porrúa, México.
Silva, Adalberto (1975), "Del concubinato en las sucesiones", tesis, Escuela Libre de Derecho, México.
Silva, Rubén, *Alimentos y derechos de la concubina*, Universidad Autónoma de Guerrero, México, s/a.

Legislación

Código Civil 2002 para el Distrito Federal, Ed. Sista, México.

EN CONCLUSIÓN. ¿HACIA DÓNDE APUNTAN LOS CAMBIOS OBSERVADOS?

Julieta Quilodrán

En la última década del siglo pasado comenzaron a manifestarse en el país algunos de los cambios que se dieron en los países desarrollados al finalizar la Transición Demográfica, especialmente en el ámbito de la familia. Para entonces México estaba concluyendo este mismo proceso llevado a cabo en tiempos muchos más cortos que los que fueron necesarios en esos países. La innovación tecnológica en los campos de la salud y de la regulación de la fecundidad, acompañada por importantes incrementos en los niveles de escolaridad, especialmente entre las mujeres, así como la incorporación creciente de éstas a la fuerza de trabajo, precipitaron las transformaciones. ¿Qué tan semejantes son estos cambios, comparados con los ocurridos durante la postransición europea? ¿Con qué rapidez e intensidad están avanzando?

Tratando de contestar a estas preguntas, concebimos un proyecto de investigación cuyo propósito principal fuera estudiar la formación de las primeras uniones, incorporando, cuando fuera posible, aspectos relacionados con la práctica sexual y reproductiva de hombres y mujeres jóvenes. Se trataba de documentar la propagación e intensidad de los cambios que estaban surgiendo, recurriendo para ello a comparaciones básicamente de índole generacional. Estudios anteriores sobre estos mismos temas habían mostrado que al menos hasta 1990 la intensidad de la nupcialidad se mantuvo estable y que el calendario se retrasó, pero solamente entre las mujeres. Lo nuevo había sido la incorporación definitiva del matrimonio civil como único matrimonio con efectos legales. Estas disposiciones vigentes desde mediados del siglo XIX –Leyes de Reforma– generaron progresivamente una doble institucionalidad, en el sentido que la mayoría de los matrimonios se celebraban tanto ante las autoridades civiles como religiosas. Con el tiempo, los matrimonios sólo civiles se fueron haciendo más frecuentes, lo mismo que las uniones libres legalizadas. A menudo estas legalizaciones eran alentadas por las propias autoridades con el propósito de otorgar a las mujeres en esta situación la protección legal que gozaban las casadas. El periodo de mayor institucionalización se dio entre los años cuarenta y ochenta del siglo pasado (Quilodrán, 2001).

El descenso de los niveles de la fecundidad ocurrió, en cambio, de manera abrupta. La introducción masiva de los anticonceptivos en los años setenta permitió que en pocos años alrededor de la mitad de las mujeres los usara.[1] Una tecnología relativamente sencilla de manejar como la contraceptiva, combinada con una población *abierta al cambio*, de acuerdo con las precondiciones definidas por Coale, fueron factores decisivos para su rápida adopción. Los contraceptivos permitieron trasladar la regulación de la fecundidad que ejercía la sociedad a través de las normas relativas al momento conveniente para contraer nupcias (edad al casarse), duración del periodo de lactancia y de abstinencia entre otras, al ámbito de la pareja y, en último término, a la mujer. En el marco de la privatización de las decisiones sobre cuándo y cuántos hijos

[1] 47.7% en 1982 (DHS Country Report 1987).

tener que permite el manejo voluntario de los tiempos de exposición al riesgo de concebir, instituciones como el matrimonio comienzan a perder vigencia. Este evento simbólico que marcaba el inicio de la cohabitación de los cónyuges y con él el de una vida en común permanente, va poco a poco perdiendo esta calidad. Desde luego que la disociación de la vida sexual y reproductiva y de ésta con respecto al matrimonio es un proceso que toma tiempo. La autoridad patriarcal y el poder de control asociado a él han venido cediendo paulatinamente. Lo previsible es, entonces, que cada sociedad realice ciertos cambios y no otros, y lo haga con intensidades y ritmos distintos. La cuestión es saber en qué medida esto está ocurriendo y a qué aspectos de la formación de las parejas y de la descendencia está afectando.

Nuestra afirmación inicial respecto a que la sociedad mexicana estaba *abierta al cambio* o, dicho de otra manera, preparada para aceptar innovaciones del tipo de la contracepción en los años sesenta, debe ser ampliada. La disposición al cambio es una de las muchas explicaciones propuestas con el fin de explicar el descenso de la fecundidad. Corresponde a una de las tantas narrativas que distingue Van de Kaa (1997) en su afán de clasificar los diversos esfuerzos teóricos realizados para establecer los determinantes del descenso de la fecundidad. Aunque ninguna de estas narrativas ha logrado una explicación de carácter general respecto al descenso, un elemento común a todas ellas es que el tránsito hacia la modernidad pasa por la adopción de pautas de comportamiento deliberados (voluntarios) que surgen de una mayor individuación y racionalidad de las personas, cambios conocidos también como de orden valórico o ideacional (Inglehart, 1977). En lo que respecta a las "narraciones específicas", muchas de ellas incorporan a la nupcialidad como una de las variables explicativas ya sea que se le conceptualice como determinante próximo –al definir tiempos de exposición al riesgo de concebir– o como un fenómeno de carácter eminentemente cultural con consecuencias sobre la dinámica poblacional. En estas circunstancias, los cambios en los valores que facilitaron la adopción de la tecnología anticonceptiva serían los mismos que fueron transformando las actitudes en torno a la vida conyugal y familiar. En el caso de este libro hemos privilegiado la narrativa "de la innovación-difusión y del cambio cultural e ideacional", según la denominación de Van de Kaa (1997) contenida en los postulados de la Segunda Transición Demográfica. La razón de esta elección se gestó, entre otras cosas, en la inquietud por entender las motivaciones que tuvieron las mujeres pioneras del cambio reproductivo en México para reducir su fecundidad (Juárez y Quilodrán, 1990).

Así fue que hacia el año 2000, se entrevistó a un grupo de mujeres que respondían al perfil obtenido en el trabajo recién mencionado de 1990. Los relatos obtenidos pusieron en evidencia que al comienzo de los años sesenta la población en edades reproductivas buscó, una vez casada, los medios para limitar el tamaño de su descendencia. Este esfuerzo fue tolerado por las familias y la Iglesia, secundado por sus pares y apoyado por el cuerpo médico.[2] Estos mismos relatos nos permitieron conocer también muchos aspectos de la vida conyugal. Las mujeres se refirieron de manera extensa a sus noviazgos y su vida marital dejando traslucir sus inconformidades. Así tenemos que muchos de sus comportamientos, pero, sobre todo, muchas de sus opiniones, anticipan lo ocurrido entre las generaciones más jóvenes analizadas a lo largo de este libro. Las pioneras fueron a la vez tradicionales e innovadoras, respetaron las normas relativas a la formación de las parejas, pero una vez casadas buscaron, junto a sus

[2] Quilodrán y Juárez, Parte IV, Cap. 1.

esposos, reducir el tamaño de la descendencia y desprenderse del temor a un embarazo no deseado. Tenían muy claro que un número menor de hijos les permitía dedicar más tiempo y recursos a cada uno de ellos brindándoles al mismo tiempo la posibilidad de satisfacer otras aspiraciones. Dieron prioridad a la regulación de la fecundidad sin dejar de reivindicar otros cambios. Deseaban un mayor espacio para la relación de pareja dentro del matrimonio cuando los anticonceptivos las liberaron de la presión de un embarazo, pero también querían trabajar fuera del hogar, especialmente aquellas que lo habían hecho antes de casarse.

¿Qué tanto trascendió el modelo de la mujer pionera de los sesenta? A través del análisis comparativo entre las generaciones, que se hace en la mayoría de los capítulos de este libro, buscamos dar cuenta de cómo y cuánto cambió la nupcialidad en el transcurso de las últimas tres décadas del siglo XX. Responder, hasta cierto punto, la pregunta de si el comportamiento innovador y las aspiraciones de las pioneras se difundieron y qué tanto los comportamientos que se han venido instalando van en la dirección de los postulados por la STD. De este modo estaríamos avanzando desde ahora en el que será uno de los temas centrales del presente siglo, la reorganización de la vida en familia.

Desinstitucionalización del matrimonio

Una de las primeras afirmaciones que podemos hacer con base en los resultados de esta investigación es que la intensidad de la nupcialidad (C50), entendida en su sentido amplio de ingreso en una pareja conyugal, no ha disminuido. Es más, ha experimentado una ligera alza y se sitúa alrededor de 970 por mil, siendo siempre algo superior entre los hombres. No sucede lo mismo con el matrimonio civil, el cual se está retrasando de manera notoria, según lo revelan los datos del Registro Civil, así como los de encuesta.[3] Lo que estamos presenciando en este sentido, es que los jóvenes se alejaron primero de la sanción religiosa del matrimonio y luego de la civil. En 1970 siete de diez uniones poseían carácter legal (civil y religiosa o solamente civil), en 1997 esta misma proporción se reducía a poco más de cinco. Los matrimonios sólo civiles se incrementaron 1.5 a 2.4 de cada 10 en el mismo periodo. La proporción de uniones libres se duplicó entre la población menor de 30 años, la cual es eminentemente urbana (77%), se declara católica en 89% de los casos y posee niveles educacionales superiores a los del conjunto de la población (56% con secundaria y más).[4]

Sin embargo, el abandono de la institución matrimonial puede ser aparente si quienes están en uniones libres las legalizan o si luego contraen un matrimonio directo con otra persona. En realidad, la unión libre puede presentarse como en el modelo tradicional con una propensión alta a la legalización temprana, pero también a la disolución, es decir, como el comienzo de una unión estable de carácter legal o no. En entrevistas realizadas a jóvenes de la periferia de la zona metropolitana de la Ciudad de México –estudiantes y trabajadores– éstos se inclinan por definirla como el preludio a una relación con mayor compromiso. En sus relatos ensalzan la conveniencia de una convivencia previa al matrimonio, para saber si se entienden, si funcionan bien como pareja. En los hechos, el noviazgo se transforma rápidamente en una cohabitación que la mujer busca se convierta, a su vez, rápidamente en un matrimonio civil, pero también religioso por ser "el verdadero" dado el compromiso que comporta y el ritual que lo acompaña. La actitud del hombre joven es otra:

[3] Quilodrán, Parte I, Cap. 2.
[4] Quilodrán, Parte I, Cap. 3.

no desea comprometerse porque declara que debe seguir estudiando o mejorar su situación en el trabajo, aunque tampoco rechaza la convivencia.[5] En estas circunstancias no debe sorprender el alza que están experimentando las proporciones de jóvenes menores de 30 años en uniones libres, así como tampoco el incremento de las concepciones prenupciales (más que de los nacimientos fuera de unión).[6] Esto indica que la costumbre del "matrimonio de reparación" persiste, en efecto, las probabilidades de una mujer de casarse por lo civil al ocurrir un embarazo son más elevadas que las de una no embarazada de la misma edad.[7] De hecho se observa una tolerancia frente a la convivencia juvenil que podríamos calificar como un comportamiento moderno, pero frente a un embarazo se adopta el tradicional, presionando por la formalización de la relación en pos de una mayor estabilidad. O sea, la separación de la reproducción del matrimonio es todavía incipiente.

Solos y solteros

La edad de los hombres a la primera unión se mantiene casi constante a través de todo el periodo estudiado aunque se eleva ligeramente en la década de los noventa. Por el contrario, las mujeres la postergan desde los años setenta; en parte como consecuencia de los desequilibrios en las poblaciones casaderas y en parte también, por su permanencia más prolongada en el sistema educacional. El retraso de la edad al unirse, aumenta la población soltera, especialmente la más calificada por la relación existente entre mayor edad al unirse y mayor educación. Las mujeres solteras generalmente trabajan y al alcan-

[5] Morales, Parte II, Cap. III.
[6] Quilodrán, Parte III, Cap. II.
[7] Pérez, Parte III, Cap. III.

zar cierta edad difícilmente aceptan el control familiar. Independientemente del mercado que representan desde el punto de vista económico cabe preguntarse qué tipo de "soltería" ejercen. ¿Mantienen relaciones sentimentales y sexuales sin cohabitación (LAT)? O ¿pertenecen al grupo que espera casarse directamente y por eso lo hacen más tarde?

El tema de la soltería requiere de más atención. El cambio en las estructuras de edades y la migración están en íntima relación con él. De hecho, al cambio del comportamiento frente a la edad al unirse se suma el del funcionamiento de los mercados matrimoniales, que de no estar equilibrados, se suman al resto de los estímulos para migrar.

La población en uniones interrumpidas (separada, divorciada, viuda) es otro de los componentes de la población "sola" o "single", cuyo volumen se acrecienta mientras el de solteros disminuye con la edad. Se trata de otro de los grupos de población que debe recibir una atención creciente por su heterogeneidad: por ejemplo, poblaciones solteras con alto poder adquisitivo o poblaciones de separados con hijos pequeños que deben conciliar trabajo y crianza. Se trata, por lo demás, de grupos cuyo volumen está sujeto a rápidos cambios según la intensidad y el calendario de las interrupciones y de las nuevas nupcias.

Interrupción de uniones

El incremento de las interrupciones de uniones constituye uno de los componentes característicos de la STD. De acuerdo con los resultados obtenidos las interrupciones voluntarias por separación y divorcio no han dejado de incrementarse desde las cohortes que ingresaron en unión en los años setenta. En esos años la incidencia era comparativamente baja en México (alrededor de una separación o divorcio por cada 16 uniones), pero su progresión ha sido continua, entre más joven es la generación mayores son los niveles de interrupción. Esta mayor intensidad va acompañada de un cierto rejuvenecimiento en el calendario. La viudez ha alcanzado, por su parte, niveles bajos acordes con la baja de la mortalidad que experimentó el país.[8]

El patrón al alza continua hace prever una presencia cada vez mayor de parejas separadas o divorciadas en edades cada vez más tempranas. La consecuencia más obvia de un escenario como este es que el reingreso al mercado matrimonial de contingentes importantes de población propicia las nuevas nupcias y con ello la reconfiguración familiar. A las familias mono-parentales se sumarán las familias ensambladas o reconstituidas en proporciones difícilmente previsibles puesto que dependen tanto de la inestabilidad de las parejas como de que se equilibren las probabilidades de "re-matrimonio" de hombres y mujeres. Hasta la fecha las mujeres permanecen más frecuentemente separadas o divorciadas que los hombres, quienes vuelven a contraer nupcias con mujeres más jóvenes y que nunca han estado unidas. Esta es una de las inequidades de género más grandes en el ámbito de la nupcialidad.

Homogamia

Otro de los temas observados en el proyecto fue el de la homogamia conyugal, tema que nunca había sido tratado desde el ángulo demográfico en México y no formaba parte tampoco de las variables contenidas en el esquema de la STD. A diferencia de los demás temas, fue tratado de manera transversal: características de los cónyuges que contrajeron matrimonio civil el año 1990 (alrededor del 80% de quienes ingresan en unión en el país). El propósito fue analizar las semejanzas de quienes se casan en

[8] Gómez, Parte II, Cap. II; Quilodrán, Parte I, Cap. III.

cuanto a sus edades, lugares de residencia y niveles de educación. Los resultados mostraron que a pesar de los cambios que habíamos venido constatando, la sociedad posee mecanismos que siguen actuando para asegurar que la elección de cónyuge se realice entre "semejantes". No es fortuito que 90% de los contrayentes resida en la misma región, que 60% posea los mismos niveles de escolaridad y que la diferencia de edades entre ellos no supere en promedio los 3 años.[9]

Es probable que una vez que se equiparen los niveles educacionales de hombres y mujeres, la homogamia escolar se incremente lo mismo que la etaria dando paso a parejas más igualitarias o al menos, donde la mujer tenga mayor poder de negociación. Tal vez el desplazamiento de los lugares de encuentro desde la familia a los lugares de estudio haga aumentar la homogamia escolar y etaria y disminuir la correspondiente a los lugares de residencia o de origen. De cualquier forma, las familias siguen conservando el poder que les otorga la elección de las escuelas o universidades donde sus hijos estudian, que a su vez, influyen sobre el tipo de lugar donde van a trabajar y la posición que van a ocupar.

Uniones libres

Uno de los temas más controvertidos en la caracterización del avance de la STD en México y en general, en América Latina es el relativo a las uniones libres. La dificultad radica en el hecho de que ha existido desde la época prehispánica en gran parte de la región. A diferencia de la que surge en los países desarrollados en los años sesenta, este tipo de unión libre representa una forma alternativa de formar una familia: los cónyuges cohabitan y tienen hijos.

[9] Quilodrán y Sosa, Parte III, Cap. I.

La cuestión es cómo separar la unión libre tradicional, típica de las capas sociales más desfavorecidas, de la unión libre moderna donde parejas altamente escolarizadas deciden vivir juntos sin formalidades de tipo legal.[10] En los dos casos, se trata de uniones frágiles en el sentido de que duran en promedio menos que los matrimonios. Su propia naturaleza propicia esta inestabilidad, la facilidad para dar por concluida una unión libre forma parte de sus ventajas y desventajas.

Si este tipo de unión sobrevivió a las presiones de la Iglesia es probable que se expanda pero bajo modalidades distintas. Que deje de estar asociada a la población de menos recursos y se convierta más bien en una etapa en la formación de las parejas que en una alternativa al matrimonio sacralizado o no. La historia es demasiado reciente para hacer predicciones medianamente seguras.

Fecundidad

El libro contiene algunos artículos dedicados a la reproducción. Conocida la evolución general de la fecundidad en el país (descenso) el interés se orientó hacia algunos temas especiales. Entre ellos figura un análisis comparado de los niveles de aborto por generaciones y tipos de unión. La lógica indicaba que los niveles de aborto debían descender a medida que se incrementaba el uso de anticonceptivos. Independientemente de que el reemplazo de abortos por anticonceptivos se ha ido verificando de acuerdo con los resultados de nuestro propio análisis, el objetivo iba más allá. Buscábamos establecer si se había dado un comportamiento diferencial entre las mujeres casadas –con mejores condiciones socioeconómicas– y las

[10] Quilodrán, Parte I, Cap. III; Quilodrán, Parte I, Cap. II; Quilodrán, Parte III, Cap. II.

mujeres en uniones libres. En efecto, fueron las mujeres casadas de las generaciones de más edad las que recurrieron al aborto (1.2 abortos por mujer) como medida de control de la fecundidad. Las más jóvenes lo sustituyeron por anticonceptivos. Las mujeres en uniones libres presentaron un comportamiento muy distinto; las de más edad no recurrieron al aborto y entre las más jóvenes lo más frecuente fue la esterilización.[11] Aun cuando la falta de una historia contraceptiva limita las posibilidades de análisis, las diferencias entre mujeres con mejor y peor situación social queda en evidencia.

¿Cuál es el calendario e intensidad de la fecundidad masculina y cómo cambió a través del tiempo? La localización de una distribución de los nacimientos según edad del padre en las estadísticas vitales para los años treinta nos permitió hacer un ejercicio comparativo con las tasas de fecundidad masculina y femenina de los noventa. Las series resultantes se apegan a la lógica de una fecundidad más tardía de los hombres que la de las mujeres, que se extiende más allá de la edad en que las mujeres dejan de ser reproductivas –hecho biológico– y, cuyas TGF son más elevadas. El descenso de las tasas de fecundidad masculinas se produce al unísono con el que experimentan las mujeres, pero conservando una TGF superior y un desplazamiento a la derecha producto de la diferencia de edades entre los cónyuges al unirse.[12]

La heterogeneidad en los modelos de transición de la fecundidad y de la nupcialidad dentro de una región, que se suponía bastante uniforme dado su origen étnico común, queda plasmada en el estudio sobre la zona centroamericana de México. La TD está presente en todas las subregiones que se establecieron, pero con distintas

[11] Quilodrán y Sosa, Parte IV, Cap. II.
[12] Quilodrán y Sosa, Parte IV, Cap. III.

intensidades y en distintas combinaciones con la menor o mayor presencia de la migración. Las probabilidades de crecimiento de las familias son, por su parte, indicadores especialmente elocuentes en lo que respecta a la formación de la descendencia y la manera en que ésta ha ido reduciendo su tamaño.[13]

La DHS 2000 para Haití, con información con representatividad nacional sobre la práctica sexual, marital y reproductiva, dio cabida a la aplicación de una metodología nueva en lo que respecta a la influencia de los determinantes próximos de la fecundidad sobre la TGF. Se trata de un trabajo con información de carácter transversal que ilustra muy bien las diferencias entre el modelo de Bongaarts y el de Stover que es en realidad una modificación del de Bongaarts con información más precisa sobre el inicio de la actividad sexual de las mujeres. Las DHS más recientes contienen este tipo de información permitiendo este refinamiento del modelo original de Bongaarts.[14]

La legislación

El libro concluye con dos artículos sobre la legislación existente sobre los temas desarrollados. Se trataba de introducir la perspectiva del derecho, la cual está generalmente ausente en los trabajos demográficos. A mi entender, esta perspectiva complementa los análisis sobre los comportamientos alrededor de las parejas y sus hijos. ¿Qué tanto en México y en general en América Latina se ha legislado para adecuar los cambios que han venido ocurriendo en este campo? La historia es larga, las legislaciones latinoamericanas tienen orígenes comunes, pero no se han ido actualizando de la misma manera.

[13] Quilodrán, Pérez y Pérez, Parte IV, Cap. IV.
[14] Esquivel, Parte IV, Cap. V.

A pesar de los esfuerzos realizados desde los años setenta persiste en muchos de ellas la impronta de disposiciones que legitimaban las diferencias de género. Sin embargo, el proceso está en marcha y en algunos países, se ha legislado sobre situaciones nuevas como el matrimonio de homosexuales.[15]

Toda vez que fue posible los análisis efectuados se diferenciaron por sexo. Los indicadores obtenidos muestran de manera fehaciente que los modelos de nupcialidad y fecundidad, masculinos y femeninos, son distintos en razón de las características biológicas propias a cada sexo, de las relaciones de poder entre géneros que las generan y de las leyes que las perpetúan. Estos resultados ponen también en evidencia que la dimensión de género es transversal al quehacer disciplinario.

Para terminar cabe agregar que junto con el siglo XX concluye la TD hacia un régimen de baja fecundidad y mortalidad, pero que el proceso de transformación de las ideas y de los valores que lo acompañó –modernización– no se detiene, como tampoco el de sus implicaciones propiamente demográficas. Analizar algunas de estas últimas, aquellas relacionadas con la formación de las parejas y su descendencia, ha sido el objeto de este libro. Los resultados obtenidos apuntan que al finalizar el siglo, México camina en el sentido de los cambios postulados por la denominada STD aunque imprimiendo sus propios ritmos y modalidades.

[15] Vassallo, Parte V, Cap. I; Díaz, Parte V, Cap. II.

Parejas conyugales en transformación
se terminó de imprimir en agosto de 2011
en los talleres de Tipográfica, S.A. de C.V.
Imagen 26, col. Lomas de San Ángel Inn
01790 México, D.F.
Portada: Pablo Reyna.
Tipografía y formación: Irma Martínez Hidalgo.
Cuidó la edición la Dirección de Publicaciones de
El Colegio de México.